prv

Friedrich-Martin Balzer

Klassengegensätze in der Kirche
Erwin Eckert und der Bund
der Religiösen Sozialisten
Deutschlands

Mit einem Vorwort
von Wolfgang Abendroth

Pahl-Rugenstein

© 1973 by Pahl-Rugenstein Verlag, Köln.
Zweite, durchgesehene Auflage 1975.
Lektorat: Jürgen Hartmann
Alle Rechte vorbehalten.
Gesamtherstellung: Plambeck & Co., Druck und Verlag, 404 Neuss.
ISBN 3-7609-0083-6

Inhalt

3 Politische Theorie und gesellschaftliche Praxis bei Erwin Eckert

4 Die Beteiligung der religiösen Sozialisten an den Klassenkämpfen der Weimarer Republik

5 Der Konflikt um Pfarrer Eckert (November 1929 bis Oktober 1931)

6 Der Übertritt Pfarrer Eckerts zur KPD

7 Dokumentarischer Anhang

Vorwort

Die deutsche Kirchen- und Religionsgeschichtsschreibung hat meist die demokratischen und revolutionären Tendenzen, die sich in der wirklichen Geschichte der christlichen Bewegungen und Kirchen gezeigt haben, entweder verschwiegen oder verfälscht und aus ihrem Bewußtsein verdrängt.

Erst in den Jahren nach dem Zweiten Weltkrieg hat sie ernstlich begonnen, diesen Mangel zu beheben. Aber auch bei diesen Versuchen, endlich wissenschaftlich mit der verhängnisvollen Identifikation erst des absolutistischen Staates, dann des angeblich „nationalen", in Wirklichkeit imperialistischen Denkens mit den Landeskirchen in Deutschland kritisch fertig zu werden, wie sie der Kirchenkampf während des Dritten Reiches und die Emanzipation von Teilen der Bekennenden Kirche von dieser Tradition in seiner letzten Phase möglich gemacht hatte, sind – wenn die Periode der Weimarer Republik untersucht wird – meist nur die sozialistischen und demokratischen Kreise in den Vordergrund gerückt, die sich wie die Gruppe um Paul Tillich im wesentlichen auf akademisch-intellektuelle Diskussionen beschränkt haben.

Um so wichtiger ist es, das Denken und die Praxis derjenigen protestantisch-kirchlichen Kräfte und ihre Entwicklung in die wissenschaftlichen Erörterungen einzubeziehen, die sich – wie der Bund der religiösen Sozialisten Deutschlands und seine Vorformen – unmittelbar an das Kirchenvolk, an noch durch christliche Vorstellungsformen gebundene Arbeiter und Kleinbürger wandten, um sie für demokratisches und klassenkämpferisches Denken zu gewinnen. Die Probleme, die sich bei der Überprüfung dieser Gruppierung immer wieder aufdrängen, stellen sich in veränderter Form auch in der Gegenwart immer neu. Stets werden erhebliche Teile der Arbeiterklasse zunächst von Denkweisen bestimmt sein, die sich aus Traditionen ergeben, die von den herrschenden Klassen der Gesellschaft ausgehen, wie es damals die religiös erzogenen Arbeiter in Kleinstädten und Randgemeinden der Großstädte waren.

Immer werden sie nach Vermittlungsvorstellungen drängen, um zu klarerem Bewußtsein über ihre eigene Lage und die Vertretung ihrer Interessen zu kommen. Auch die Frage, wie es gelingt, diejenigen Schichten, denen sich das Problem der Verbindung demokratischer und sozialistischer Aktivität mit christlichem Glauben stellt, von ihren eigenen Vorstellungen aus zum Kampf für Demokratie und Frieden zu gewinnen, zeigt sich in der Gegenwart ähnlich wie damals.

So ist die vorliegende Untersuchung Friedrich-Martin Balzers – wie jede gesellschaftswissenschaftliche und historische Arbeit, die ihre Probleme ernstlich durchdenkt – keineswegs nur von abstrakt-wissenschaftlichem Interesse. Sie ist für jeden wichtig, der seinen Standort in den politischen Widersprüchen der Gegenwart bestimmen will. Sie ist es nicht zuletzt durch die eingehende Analyse der Entwicklung des führenden Mannes der damaligen religiös-sozialistischen Bewegung, Erwin Eckert. Die Kirche hat ihn aus seinem Pfarramt vertrieben, als er – enttäuscht durch die Politik der damaligen Sozialdemokratie, die Notverordnungsdiktatur Brünings zu „tolerieren" und damit die Weimarer Reichsverfassung preiszugeben – der Kommunistischen Partei beitrat. Es war die gleiche Kirche, die bald darauf das Dritte Reiche begeistert begrüßte.

Auch heute wieder gibt es nicht nur jene verfassungswidrigen Ministerpräsidentenbeschlüsse vom 28. Januar 1972, die die angebliche Unvereinbarkeit von Beamtentätigkeit und konsequenter sozialistischer Stellungnahme behaupten, sondern auch starke Tendenzen in den Landeskirchen, in gleicher Weise zu verfahren. und dadurch die innerkirchliche Diskussion zu begrenzen. Damals hat Erwin Eckert deutlicher als jeder andere gezeigt, was dann kam, und auf die Notwendigkeit des energischen Kampfes gegen die nationalsozialistischen Gefahren und deren Ursachen hingewiesen. Ihm wurde die Kanzel genommen. Dafür wurde zwei Jahre darauf von den Kanzeln für Adolf Hitler gebetet. Werden sich nach dieser bitteren Erfahrung genügend Christen finden, die eine Wiederholung solcher Entwicklungen unmöglich machen?

Frankfurt a. M., im Mai 1973   *Wolfgang Abendroth*

Vorbemerkung

Die vorliegende Untersuchung entstand in den Jahren 1966 bis 1972 und ist die nur unwesentlich veränderte Fassung meiner vom Fachbereich Gesellschaftswissenschaften der Universität Marburg im April 1972 angenommenen Dissertation.

Als Materialbasis dienten viele bisher nicht bzw. unzulänglich ausgewertete Quellen, die erst durch langjährige Bemühungen gesammelt werden konnten. Aus Gründen der Anschaulichkeit und Beweisführung habe ich es für angebracht gehalten, umfangreiche Zitate aus diesen nicht ohne weiteres zugänglichen Quellen in Text und Anmerkungen einzufügen.

Bei der Sammlung der Quellen fand ich große Unterstützung vor allem durch das Landeskirchliche Archiv in Karlsruhe. Andere wertvolle Auskünfte und Materialien vermittelten die Landeskirchlichen Archive in Detmold, Stuttgart, Nürnberg, Köln, Darmstadt, Düsseldorf und Bielefeld, die Centralbibliothek der Inneren Mission in Berlin-Dahlem, das Internationale Institut für Sozialgeschichte in Amsterdam, die Wiener-Library in London, die Lagerverwaltung des ehemaligen Konzentrationslagers in Dachau, das Staatsarchiv in Detmold, das Hauptstaatsarchiv in Düsseldorf, die Bibliotheken des Landtages von Baden-Württemberg, des Bundestages sowie des ZK der KPÖ Wien, das Institut für Marxismus-Leninismus in Berlin und die Deutsche Bücherei Leipzig. Als Privatsammlungen ehemaliger religiöser Sozialisten standen mir die von Erwin Eckert, Heinz Kappes und Georg Wünsch zur Verfügung, wobei Eckert und Kappes sie erstmalig der wissenschaftlichen Forschung überließen. Außerdem benutzte ich Aktenbestände aus dem Nachlaß des württembergischen Landesbischofs D. Theophil Wurm und Konsistorialakten der lippischen Landeskirche, soweit sie den Bund der religiösen Sozialisten Deutschlands betreffen. Mündliche bzw. schriftliche Auskünfte erteilten mir Erwin und Elisabeth Eckert, Karl Kleinschmidt, Heinz Kappes, Arthur Rackwitz, Hans Sprenger, Hermann Lambracht und Rudolf Jentzsch sowie die Söhne von Georg Wünsch, Georg Fritze und Eduard Dietz.

Für die kritische Durchsicht einzelner Teile des Manuskriptes danke ich Dr. Lisa Abendroth, Richard Sorg, Heinz Röhr, Gert Meyer und Yorick Spiegel.

Für die Förderung und Betreuung der Arbeit bin ich meinem verehrten Lehrer, Herrn Professor Dr. Wolfgang Abendroth, zu großem Dank verpflichtet.

Mein Dank gilt der Stiftung Mitbestimmung, die mir eine halbjährige Teilzeitbeschäftigung finanziell ermöglicht und einen Teil der Sach- und Druckkosten übernommen hat, ferner dem Evangelischen Oberkirchenrat in Karlsruhe und der Evangelischen Kirche in Hessen und Nassau für die Übernahme eines Teils der Druckkosten. Die Arbeit wird ferner gedruckt mit Unterstützung des Marburger Universitätsbundes.

Ohne die Unterstützung meiner Frau, Gertraud Balzer-Jung, und meiner Mutter, Margarete Balzer, hätte die Arbeit neben dem Schuldienst nicht geschrieben werden können.

Die vorliegende Arbeit ist ein Versuch. Ein großer Teil des zusammengetragenen Materials bleibt einer späteren Auswertung vorbehalten. Leser, die über ergänzende Unterlagen verfügen, werden gebeten, dieses dem Pahl-Rugenstein-Verlag mitzuteilen, dem ich für die Aufnahme meiner Studie in die „Kleine Bibliothek" verbunden bin.

Marburg/Lahn, Anfang 1973   *Friedrich-Martin Balzer*

1 Einleitung

In jüngster Zeit ist ein deutliches Anwachsen des Interesses an der Geschichte der religiösen Sozialisten in der Weimarer Republik festzustellen, nachdem es bis zur Mitte der sechziger Jahre weitgehend gelungen war, diese Sonderformation innerhalb der Sozialgeschichte der protestantischen Landeskirchen und der Arbeiterbewegung der Weimarer Republik zu verdrängen. Belegt wird dieses Interesse durch eine Reihe von überwiegend theologischen Arbeiten, die seit dem Ende der sechziger Jahre zu diesem Fragenkomplex erschienen sind.[1]

Dieses Bemühen um die Aufarbeitung der Geschichte der religiösen Sozialisten hängt offenbar mit der Entwicklung von einer Jenseits- zu einer Diesseitsethik und der Hinwendung von einer Individual- zu einer Sozialethik im theologischen Raum zusammen, bei der in der Tat Anleihen bei den religiösen Sozialisten der Weimarer Republik gemacht werden können, auch wenn es ungerechtfertigt ist, die soziale Bewegung jener Christen, die zugleich Sozialisten sein wollten, schlechthin als ein Beispiel sozialethischer Handlungsmodelle zu verkürzen. Das erwachende Interesse an der Geschichte der religiösen Sozialisten in der Weimarer Republik fällt zusammen mit der verstärkten Beteiligung von Christen am Kampf gegen soziale

---

[1] Vgl. u. a. E. Schwerdtfeger, Die politische Theorie in der Theologie Paul Tillichs, Diss. phil., Marburg 1969; H. Eberhard, Der Reich-Gottes-Begriff im Denken Paul Tillichs. Eine Studie zur Grundlage der (Sozial-)Ethik durchgeführt am Reich-Gottes-Begriff Paul Tillichs, Diss. theol., Münster 1969; H. D. Wolfinger, Der unvollendete Sozialismus, Ein vergessener Auftrag der Kirche, Hamburg 1970; W. Deresch, Predigt und Agitation der religiösen Sozialisten, Hamburg 1971; Th. Ulrich, Ontologie, Theologie, gesellschaftliche Praxis, Studien zum religiösen Sozialismus Paul Tillichs und Carl Mennickes, Zürich 1971; R. Breipohl, Religiöser Sozialismus und bürgerliches Geschichtsbewußtsein zur Zeit der Weimarer Republik, Zürich 1971; Der Glaube der religiösen Sozialisten, Ausgewählte Texte, hrsg. und eingeleitet von W. Deresch, Hamburg 1972; Dokumente zum religiösen Sozialismus in Deutschland, hrsg. von R. Breipohl, München 1972.

Unterdrückung und imperialistischen Krieg einerseits[2] und den Bemühungen um einen „Dialog" zwischen Christen und Marxisten andererseits.

In dieser Situation scheinen mir folgende aktuelle Bemerkungen angebracht zu sein:

Erstens. Bei der Rückschau auf die Weimarer Republik ist deutlich zu unterscheiden zwischen der sozialen Bewegung von Christen einerseits, die im „Bund der religiösen Sozialisten Deutschlands" seit 1926 ihren organisatorischen Ausdruck fand, und jenen intellektuell-akademischen Vertretern andererseits, die sich um eine theoretische Klärung des Verhältnisses von Religion und wissenschaftlichem Sozialismus mit einer im Grunde theologisch-existentialistischen Fragestellung bemühten, also jenem Kreis um Tillich, Mennicke und Heimann, der die „Neuen Blätter für den Sozialismus" herausgab. Während sich der Bund an den Klassenkämpfen der Weimarer Republik aktiv beteiligte und um so größere Wirksamkeit erzielte, je enger seine Verbundenheit mit der Arbeiterklasse war – wie etwa in der Auseinandersetzung um die entschädigungslose Enteignung der Fürsten 1925/26 –, und politisch durchaus eine, wenn auch begrenzte Rolle gespielt hat, war die Wirkung jener Intellektuellenkreise auf die politische Entwicklung höchst beschränkt, wenn nicht gar bedeutungslos. Während sich der Bund der religiösen Sozialisten an Arbeiter und andere Werktätige wandte, die noch der Kirche angehörten, und dabei solche Arbeiterschichten partiell mit Erfolg in Richtung auf den Klassenkampf mobilisieren konnte, die in industriell wenig entwickelten Gebieten mit breiter kirchlicher Tradition lebten, war der Kreis Tillich-Mennicke im Grunde um eine rein intellektuelle Auseinandersetzung im theologischen Bereich und eine quasi existentialistische Kritik und Adaption des Marxismus bemüht. Seine Version des religiösen Sozialismus war an Intellektuelle adressiert und beabsichtigte nur die Diskussion mit Professoren und dem

---

[2] Vgl. u. a.: E. Hochmann und H. R. Sonntag, Christentum und politische Praxis: Camillo Torres, Frankfurt/M. 1969; P. Berrigan, Christen gegen die Gesellschaft, US-Prediger im Gefängnis, Reinbek bei Hamburg 1971.

Bildungsbürgertum. Er gewann auch nur ein intellektuelles Leserpublikum und war am politischen Kampf sozusagen nur als Nebenbestandteil seiner Tätigkeit ernstlich interessiert.

Dagegen war die Intention des Bundes und seines Kampforgans „Sonntagsblatt des arbeitenden Volkes" von vornherein an eben dieses „arbeitende Volk" gerichtet, allerdings aus unterschiedlichen Motiven. Diejenigen, die ihn gründeten, waren teilweise Taktiker des revisionistischen Flügels der SPD, die den Bund zu einer „Hilfsorganisation der SPD zur Erschließung des Mittelstandes"[3] für die revisionistische Taktik der SPD machen wollten. Daneben war von Anfang an innerhalb des Bundes auch eine proletarische Tendenz wirksam vorhanden, deren entschiedenster Sprecher der von 1926 bis 1931 geschäftsführende Vorsitzende des Bundes, Pfarrer Erwin Eckert in Mannheim, wurde.

Da der Bund zweifellos im Mittelpunkt der religiös-sozialistischen Strömungen nach dem Ersten Weltkrieg in Deutschland stand[4] und sich sowohl zahlenmäßig als auch von seiner politischen Wirkung her wesentlich von den am Sozialismus bloß theologisch und intellektuell Interessierten abhob[5], ist eine Dif-

---

[3] Austrittserklärung Eckerts aus dem Bund der religiösen Sozialisten vom 9. Dezember 1931, Abschrift befindet sich im Privatarchiv Eckert.
[4] Vgl. H. Beyer, Der „religiöse Sozialismus" in der Weimarer Republik, in: „Deutsche Zeitschrift für Philosophie", Heft 11–12/1960, S. 1464.
[5] Während die Auflage des von Eckert redigierten „Sonntagsblatt des arbeitenden Volkes" im Juni 1931 17 000 betrug und die Auflage der „Zeitschrift für Religion und Sozialismus" 1932 auf 935 zurückging, hatten die „Neuen Blätter für den Sozialismus", u. a. herausgegeben von den Professoren Tillich und Heimann, 1930 eine Auflage von 3000, und dies, obwohl die beiden zuletzt genannten Monatsschriften von wirtschaftlich sehr viel besser gestellten Abonnenten bezogen wurden als die unter der Massenarbeitslosigkeit leidenden Leser des „Sonntagsblatt des arbeitenden Volkes".
Zur Differenzierung des Bundes vom Tillich-Mennicke-Kreis, siehe auch C. Grünberg/H. Grossmann in ihrem Artikel „Christlicher und religiöser Sozialismus", in: Wörterbuch der Volkswirtschaft, 4. Aufl., 1931, S. 552: Während der Bund trotz der ideologischen Differenzierung seiner Bestandteile eine „praktisch-proletarische, geschlossene Kampforganisation" sein wolle und eine „organisierte Vereinigung ist, die an der proletarischen Bewegung praktisch teilnimmt und sie zu verstehen sich bemüht" und u. a. den Faschismus aktiv bekämpfe – „steht abseits von all dem, ein anderer mehr theoretisch eingestellter Kreis ohne organisatorischen Unterbau, der sich um

ferenzierung zwischen der sozialen Bewegung der religiösen Sozialisten und jenen Intellektuellen nicht nur *historisch* erforderlich – Eckert selbst grenzte den Bund hart von Tillich und den „Neuen Blättern für den Sozialismus" ab[6] –, sondern auch von *aktueller* Bedeutung in dem beginnenden „Dialog" zwischen Christen und Marxisten.

Dieser „Dialog" steht vor der Alternative, in der gegenwärtigen Situation entweder an jene akademisch-intellektuelle Tradition unter veränderten Bedingungen anzuknüpfen oder aber die „demokratische Aktivität der Volksmassen"[7] zu fördern, die einzig in der Lage ist, die Demokratie „gegen ein Bündnis

die ‚Blätter für religiösen Sozialismus', von 1930 ab um die ‚Neuen Blätter für den Sozialismus' gruppiert."

[6] „Die evangelischen Sozialisten haben nichts mit den dialektisierenden Methoden Tillichs zu tun, auch nichts unmittelbar mit der Theologie Karl Barths und dem Troß seiner Verhimmler und Epigonen … Die modernen Theologien, unter denen die Karl Barths die bedeutendste ist, sind *Abgesänge des Vergangenen und Vergehenden,* sind *Reaktionstheologien* auf die überspannten Methoden der religionsgeschichtlichen und religionspsychologischen Schulen." E. Eckert, in: SAV 1925, Nr. 27, S. 62 (Hervorhebung im Original).

1929 distanzierte sich Eckert scharf von dem sogenannten „Heppenheimer Kreis", zu dem Tillich, Mennicke und Heimann gehörten, und der beabsichtigten „intellektualistisch theoretisch orientierte(n) Zeitschrift", die ab 1930 als „Neue Blätter für den Sozialismus" erschien und „lediglich akademischen Diskussionsstoff liefern soll". Wer Wert auf den „Kontakt mit dem kämpfenden Proletariat und seinen Organisationen" lege, dürfe sich vom Bund aus nicht an dieser Zeitschrift beteiligen. Rundschreiben der Geschäftsstelle des Bundes der religiösen Sozialisten, Nr. 4, Juni 1929. – K. Barth, der 1933 im Unterschied zu Tillich „keine Rückzugslinie zu einem esoterischen Sozialismus" hatte, schrieb am 2. 4. 1933 an Tillich: „… Zugehörigkeit zur SPD bedeutet für mich nicht das Bekenntnis zur Idee und Weltanschauung des Sozialismus. Ich kann mich nach meiner Auffassung von der Exklusivität des christlichen Glaubensbekenntnisses zu keiner Idee noch Weltanschauung in ernsthaftem Sinne ‚bekennen'. So habe ich auch zum ‚Marxismus' als solchem kein innerlich notwendiges Verhältnis". Zit. n. E. Wolf: Politischer Gottesdienst zum 80. Geburtstag des „Politikers" Karl Barth, in: Blätter für deutsche und internationale Politik, 4/1966, S. 290.

Während Barth neben seinem begrenzten politischen Engagement bei seiner theologischen Exklusivität blieb, war für Eckert und einige andere „religiöse Sozialisten" ihre religiös-sozialistische Position ein wenn auch widerspruchsvolles Durchgangs- und Übergangsstadium von der Exklusivität der Religion zur Exklusivität des wissenschaftlichen Sozialismus.

[7] W. Abendroth, Aufgaben einer deutschen Linken, in: Was ist heute links, München 1963, S. 153.

von Teilen des Managements der großen Konzerne und des Staatsapparates"[8] zu schützen und Frieden und gesellschaftlichen Fortschritt zu erringen.

Zweitens. Es wäre, ohne die weltanschaulichen Differenzen als Hindernis für einen gemeinsamen Kampf von Christen und Marxisten allzusehr in den Vordergrund zu stellen, eine Selbsttäuschung zu glauben, es könne zwischen Christen und Marxisten eine weltanschauliche Koexistenz geben, da der Atheismus konstitutiver und unverzichtbarer Bestandteil des wissenschaftlichen Sozialismus ist, wie er von Marx, Engels und Lenin begründet wurde.[9] Der wissenschaftliche Sozialismus bedarf seinem Bewußtsein nach keiner religiösen Begründung, Ergänzung und Vertiefung, wie die Begriffsbildung des „religiösen Sozialismus" es nahelegt, ein Begriff, gegen den sich im übrigen der Bund selbst sehr viel stärker abgegrenzt hat, als das in der heutigen Diskussion deutlich wird. So hieß die theoretisch orientierte Zeitschrift des Bundes, deren Herausgeber Professor Georg Wünsch noch am ehesten einer eklektischen Verbindung von Religion und Sozialismus zuneigte, „Zeitschrift für Religion u n d Sozialismus".[10]

---

[8] Ebd.

[9] Über die Stellung des Marxismus-Leninismus zur Religion vgl. K. Marx und F. Engels, Über Religion, Berlin (DDR) 1958; W. I. Lenin, Über die Religion, Berlin (DDR) 1968; zur aktuellen Diskussion: siehe: M. Robbe, Ideologische Aspekte des antiimperialistischen Bündnisses von Marxisten und Christen, in: „Deutsche Zeitschrift für Philosophie", Heft 2/1971, S. 176—192. R. Steigerwald, Marxismus — Religion — Gegenwart, Frankfurt/ Main 1973.

[10] Siehe zu dieser Frage den Brief von Kappes an Wünsch vom 3. 2. 1930: „Unserer Überzeugung nach gibt es doch keinen ‚religiösen Sozialismus', sondern nur religiöse Sozialisten. Wir suchen doch nicht eine neue *Begründung* des Sozialismus aus der Religion, wie etwa Hendrik de Man aus der Ethik. Hier scheint mir auch die Abgrenzung gegen Ragaz zu liegen ... Ich weiß, daß Eckert und wohl auch Dietz gegen die Formulierung ‚religiöser Sozialismus' sofort protestieren würden." (Hervorhebung im Original.) in: SPK VKBrS, Rel. soz. Theologentagung Ostern 1930, ungeordnet.
Zum Begriff „religiöser Sozialist" schrieb Kappes an Erhardt am 30. 1. 1933: „Selbstverständlich ist der Begriff ‚religiöser Sozialist' so unangemessen wie jeder andere. Wenn *wir* sagen, daß wir ‚Sozialisten und Christen' sein wollen, so ist das etwas ganz anderes, wie wenn es die Dialektiker sagen. Denn die Dialektiker reißen eben die Welt grundsätzlich von Gott los." (Hervorhebung im Original.) in: SPK VKBrS, Generalia 1932/33, Blatt 330.

Aber selbst wenn *historisch* der *systematische* Unterschied von Religion und Sozialismus nicht immer streng eingehalten worden ist, so ist auch hier die Geschichte der religiösen Sozialisten lehrreich. Die Hoffnungen, die Teile des Bundes und liberale Theologen an die Aufnahme des Pfarrers Erwin Eckert in die KPD knüpften, die Ehe von Marxismus und Atheismus könne durch diesen Akt aufgelöst werden, erwiesen sich als vergeblich.

Drittens. Eine wenn auch soziographisch begrenzte Wirksamkeit konnten die im Bund zusammengefaßten religiösen Sozialisten – die Mitgliederzahl betrug 1930 etwa 10 000 – nur dank der Erkenntnis entfalten, daß der objektive, antagonistische Klassenwiderspruch quer durch die Kirche und das sogenannte kirchentreue Volk verlief. Dadurch, daß der Bund auch innerhalb der Kirche gegen Kapitalismus, Militarismus und Faschismus sowie für Frieden, demokratischen Fortschritt und Sozialismus kämpfte, war er in der Lage, den Widerspruch zwischen der Bindung der institutionalisierten Kirche und ihrer Theologien an die „antisozialistische Kampffront"[11] einerseits und den Interessen der kirchlich noch gebundenen Unter- und Mittelschichten andererseits durch ihren Kampf an der Seite der Arbeiterbewegung aufzudecken.

Viertens. Die Entwicklung des Bundes der religiösen Sozialisten, dessen soziale Basis sich, von wenigen Ausnahmen abgesehen, überwiegend aus den unteren Schichten in kleineren und mittleren Städten sowie in Industriedörfern rekrutierte, vollzog sich prozeßhaft als Teil der gesamtgesellschaftlichen Entwicklung. Deutlich ablesbar wird dies mit der Zuspitzung der gesellschaftlichen Widersprüche, vor allem seit dem Beginn der kapitalistischen Weltwirtschaftskrise, deren Anfänge sich bereits 1928 abzeichneten. Ideologiekritische und textkritische Untersuchungen der religiös-sozialistischen Bewegung werden erst sinnvoll, wenn diese in Abhängigkeit von ihrer sozialen Basis

---

[11] E. Eckert, Arbeitsmethoden und Taktik der religiösen Sozialisten Deutschlands, in: SAV 1929, Nr. 50, S. 373.

und von dem gesamtgesellschaftlichen Entwicklungsprozeß in ihrem geschichtlichen Verlauf untersucht wird.

Fünftens. In seinem geschichtlichen Verlauf hat der Bund der religiösen Sozialisten sich unter dem Einfluß der wachsenden Spannungen und Widersprüche der kapitalistischen Gesellschaft, von denen auch die Arbeiterbewegung betroffen wurde, zunehmend polarisiert. Während er in der Periode der relativen Stabilisierung des Kapitalismus trotz aller divergierenden Strömungen dem linken, marxistischen Flügel der SPD insgesamt näher stand als der „Passivitätspolitik und Staatstreueideologie"[12] des SPD-Vorstandes, zerfiel er mit dem vollen Hereinbrechen der Wirtschaftskrise um die Jahreswende 1929/30 zunehmend in sich bekämpfende Flügel und widerstreitende Gruppierungen. Am Ende dieser Entwicklung stand die Neutralisierung und Ausschaltung des bis dahin großen politischen Einflusses seines Bundesvorsitzenden, noch bevor die SPD ihn wegen seiner Zugehörigkeit zur linken Opposition ausschloß und Eckert im Oktober 1931 zur KPD übertrat.

Auf dem Scheitelpunkt der Bewegung trat die Zwiespältigkeit des Bundes der religiösen Sozialisten offen zutage. Während Eckert – in scharfer Abgrenzung von der revisionistischen, antikommunistischen SPD – durch den Bund eine *politische* Aufgabe lösen wollte, nämlich die Herstellung einer antifaschistischen Aktionseinheit zum Sturz der kapitalistischen Gesellschaft, zog sich die Mehrheit des Bundes – bei gleichzeitiger Unterwerfung unter die revisionistische SPD-Führung – auf seine angeblich *theologischen* Fundamente zurück.

Die Versuche einer Rezeption der geschichtlichen Tradition der religiösen Sozialisten, wie sie sich gegenwärtig vereinzelt andeuten, haben von dieser Zwiespältigkeit des Bundes auszugehen, von der in der Krise seine Existenz bedroht und seine ursprünglich intendierte Wirksamkeit eingeschränkt wurde.

Angesichts der geschichtlichen Entwicklung des Bundes ist es verfehlt, ihn entweder als eine rein bürgerliche Angelegenheit

---

[12] W. Abendroth, Aufstieg und Krise der deutschen Sozialdemokratie, Frankfurt/Main 1964, S. 64.

zu verwerfen oder als Beispiel einer Synthese von Religion und Sozialismus zu benutzen, um die systematischen Unterschiede von Christentum und Marxismus zu verwischen. Nur eine sozialgeschichtliche Untersuchung der Bewegung des Bundes der religiösen Sozialisten kann verhindern, daß eine modern gewordene Tendenz sich der religiösen Sozialisten in der Weimarer Republik bemächtigt und gleichzeitig die revolutionäre, klassenkämpferische Tradition innerhalb des Bundes nicht zur Kenntnis nimmt, deren Exponent Erwin Eckert auf mehr als vierzig Jahre ununterbrochenen Kampfes als Mitglied der Kommunistischen Partei zurückblicken konnte.

Aus diesen Überlegungen ergeben sich folgende Schlußfolgerungen für den Aufbau der vorliegenden Arbeit. Gegenstand ist der Bund der religiösen Sozialisten von 1926 bis 1931. Die Methode ist religionssoziologisch und sozialgeschichtlich. Im Mittelpunkt steht der Pfarrer und Bundesvorsitzende Erwin Eckert, der den Weg von der Religion zum Sozialismus ging und durch seinen Eintritt in die KPD den Rahmen des Bundes sprengte und über ihn hinauswuchs.

Nach einer religionssoziologischen Untersuchung der sozialen Grundlagen der Entfaltung des Klassenkampfes innerhalb der protestantischen Landeskirchen (Teil 2) wird die Entwicklung der politischen Theorie und gesellschaftlichen Praxis bei Eckert dargestellt (Teil 3). Weiter wird die Beteiligung des Bundes an den Klassenkämpfen der Weimarer Republik an einigen Wendepunkten ihrer Geschichte aufgezeigt (Teil 4). Ausgehend von der Reichspräsidentenwahl 1925, die wegen ihrer Ausgangslage für den Bund vor dessen Gründung 1926 noch miteinbezogen werden soll, geht die Beteiligung des Bundes von der Auseinandersetzung um die entschädigungslose Enteignung der Fürsten 1926 über die Panzerkreuzerfrage 1928/29 zur Stellung des Bundes zur Sowjetunion über. Da mit dem Beginn der Weltwirtschaftskrise die von Anbeginn an zwiespältigen ideologischen Tendenzen sich zunehmend polarisierten und die internen Auseinandersetzungen immer mehr den Charakter der Auseinandersetzung um den Bundesvorsitzenden Eckert annahmen, beschäftigt sich der folgende Abschnitt mit der politischen

Entwicklung Eckerts von 1929 bis 1931 und deren Folgen für den Bund der religiösen Sozialisten (Teil 5). Der allgemein politische wie der bundesinterne Konflikt um den Pfarrer Erwin Eckert endete schließlich mit dessen Ausschluß aus der SPD und seinem Eintritt in die KPD (Teil 6). Die Arbeit wird ergänzt durch einen dokumentarischen Anhang, der tabellarische Angaben enthält und einige Wortführer des Bundes biografisch vorstellt.

2 Die sozialen Grundlagen der Entfaltung des Klassenkampfes innerhalb der protestantischen Landeskirchen der Weimarer Republik

Vorbemerkung

Wie kaum ein anderes Problem der Sozialgeschichte der Kirchen seit den Bauernkriegen ist die Bewegung des Bundes der „religiösen Sozialisten" in der Weimarer Republik geeignet, Gegenstand religionssoziologischer Untersuchungen zu sein.[1] Die Tatsache, daß dies bisher nicht geschehen ist, wirft ein bezeichnendes Licht auf die Gegenstände, Methoden und theoretischen Implikationen der herrschenden Religionssoziologie, die wenig Interesse an einer spezifisch sozialgeschichtlichen Untersuchung der Beziehungen von Gesellschaft, Religion und Kirche zeigt. Auch da, wo in kritischer Absicht der Bund der religiösen Sozialisten zum Gegenstand der Forschung gemacht wird, betreibt man eher Kirchen- und Theologie- bzw. Geistesgeschichte als religionssoziologisch orientierte Sozialgeschichte.

Die soziologische Untersuchung der Geschichte der religiösen Sozialisten vermag einen Beitrag zu leisten zu der spätestens seit Max Weber und Ernst Troeltsch zwischen bürgerlicher und marxistischer Religionssoziologie diskutierten Streitfrage, ob die Religionssoziologie vornehmlich die *religiöse* Bedingtheit sozialen Handelns oder die *soziale* Bedingtheit religiösen Handelns und religiöser Inhalte zu untersuchen habe. Solange die in der bürgerlichen Religionssoziologie vorgenommene Trennung zwischen Religion und Gesellschaft aufrechterhalten bleibt und

---

[1] Ziel der folgenden Untersuchung ist vornehmlich der Nachweis, daß es sich bei den Auseinandersetzungen zwischen religiösen Sozialisten und ihren kirchlichen Gegenspielern *in letzter Instanz* um eine *soziale* Auseinandersetzung gehandelt hat, daß diese Auseinandersetzung *letztlich* eine Ausdrucksform des grundlegenden Klassengegensatzes von Lohnarbeit und Kapital innerhalb der Kirchen gewesen ist. Andere außerökonomische Bedingungen und Voraussetzungen der Entstehung und Entfaltung der religiös-sozialistischen Bewegung werden dagegen weitgehend vernachlässigt.
Vgl. F. Engels an Joseph Bloch vom 21./22. 9. 1890, MEW 37, S. 463.

beide überwiegend als autonome Größen bzw. als gʳ
einander existierende Bereiche betrachtet werde.
Interesse an der Untersuchung des Zusammenhangʷ
giös-sozialistischer Bewegung und ihrer sozialen Basis sɪ
gesamtgesellschaftlichen Entwicklung gering bleiben.

Dem Bearbeiter der religiös-sozialistischen Bewegung in
Weimarer Republik stellt sich das Problem, worauf die unter
schiedlichen Interpretationen der christlichen Traditionen ur-
sächlich zurückzuführen sind. Wie kam es dazu, daß die religiösen Sozialisten ihre Beteiligung an den Klassenkämpfen der
Weimarer Republik, ihren Kampf gegen Kapitalismus und
Militarismus und für Frieden, demokratischen Fortschritt und
Sozialismus als eine „gottgewollte", also religiös motivierte
Aufgabe ansahen, während andererseits der offizielle Protestantismus die Wiederherstellung der Monarchie, die Bekämpfung der Novemberrevolution und ihrer Ergebnisse als „Unrecht", die Verteidigung des Kapitalismus und die Unterstützung militaristischer Verbände und Ziele auf seine ebenfalls
„gottbefohlenen" Fahnen geschrieben hatte?

Eine befriedigende Antwort auf diese Frage ist nur möglich,
wenn als methodische Voraussetzung der wissenschaftlichen
Analyse die *soziale Natur der Religion* nicht geleugnet wird,
wenn Religion und Kirche als gesellschaftlich-geschichtliche
Phänomene verstanden werden. Erst wenn die Religion nicht
mehr als ein „metasoziales Phänomen"[2] und eine von der
Sozialgeschichte „unabhängige Variable"[3] angesehen wird,
können die geschichtlichen Wandlungen religiöser Vorstellungen und die in einer geschichtlichen Periode widerstreitenden
religiösen Formationen in angemessener Weise einer wissenschaftlichen Untersuchung unterzogen und zureichend erklärt

---

[2] J. Klügl, Theoretische Grundlagen und Ergebnisse der bürgerlichen Religionssoziologie, in: Religion und Atheismus, Ergebnisse und Aufgaben marxistischer Religionssoziologie, hrsg. v. Olof Klohr, Berlin (DDR) 1966, S. 71.
Siehe R. Sorg, Zur Konzeption einer marxistischen Soziologie der Religion,
in: ders., Marxismus und Protestantismus in Deutschland, Köln 1974,
S. 11–65. Zur marxistischen Kritik und Soziologie der Religion in der DDR
seit 1963 siehe F. M. Balzer/R. Sorg, Auswahlbibliographie, in: IDZ 3/1973,
S. 281 f.
[3] G. Kehrer, Religionssoziologie, Berlin 1968, S. 6.

welche objektiven Schranken den ursprünglichen Intentionen des Bundes entgegenstanden.

2.1.1 Der Widerspruch zwischen formaler Kirchenzugehörigkeit der werktätigen Bevölkerung und faktisch weitgehender Entkirchlichung

Grundsätzlich und jeweils bei Kirchenwahlen betonten die religiösen Sozialisten die „statistische Notwendigkeit"[6] der religiös-sozialistischen Bewegung. Sie gingen von der *Fiktion* aus, als könnten die protestantischen Kirchen mit Hilfe des 1918 als scheindemokratisches Zugeständnis teilweise eingeräumten Urwahlrechts[7] erobert werden, da die überwältigende Mehrheit der Arbeiterklasse noch einer der beiden großen Religionsgemeinschaften angehörte und folglich ihr Wahlrecht zugunsten der religiösen Sozialisten hätte ausüben können. Bei der Volkszählung vom Juni 1925 gehörte die große Mehrheit aller Deutschen zu einer der Religionsgemeinschaften. Von der Gesamtbevölkerung in Baden beispielsweise zählten sich nicht weniger als 97,1% zur katholischen bzw. evangelischen Kirche. Der Anteil der evangelischen Kirchenmitglieder betrug 895 609 oder 38,7% der Bevölkerung. Auch wenn unter kommunistischen und sozialdemokratischen Mandats- und Funktionsträgern die Zahl der aus der Kirche Ausgetretenen überwog, war in Baden nachweislich nur 1% der Gesamtbevölkerung aus der Kirche

---

[6] E. Dietz, Die Notwendigkeit der religiösen Sozialisten statistisch nachgewiesen, in: „Der religiöse Sozialist" (RS) 1931, S. 7.

[7] Dieses Urwahlrecht existierte nur in wenigen Landeskirchen, so in Baden. In der altpreußischen Union war es beschränkt, da nur der wählen konnte, der sich vorher zur kirchlichen Wahlliste angemeldet hatte. Außerdem existierte z. B. in Württemberg ein Mehrheitswahlrecht, das dazu führte, daß bei den Kirchenwahlen 1931 die Liste der religiösen Sozialisten zwar ca. 50 000 Stimmen = 12% der abgegebenen Stimmen auf sich vereinigte, aber ohne Sitz und Stimme im Kirchenparlament blieb. Im Kirchenbezirk Stuttgart erzielten die religiösen Sozialisten allein 21 869 Stimmen, während die kirchlichen Gegenspieler in ländlichen Kirchenbezirken nur zwischen 2000 und 5000 Stimmen benötigten, um einen Sitz zu erhalten; siehe: Kritik an den württembergischen Kirchenwahlen, in: RS 1931, S. 54.

ausgetreten. Obwohl zu vermuten ist, daß ein Großteil der aktiven Funktionäre beider Arbeiterparteien und der Gewerkschaften den proletarischen Freidenkerverbänden angehört hat, verließen selbst an den Brennpunkten des proletarischen Lebens, vor allem in den Großstädten und in den industriellen Zentren, nur etwa 10% der Bevölkerung die Kirche.[8] War der Funktionsaufstieg in der KPD, anders als in der SPD, nur bei Kirchenaustritt möglich, so waren ca. 90% auch des politisch wie gewerkschaftlich organisierten Proletariats nicht zum Austritt aus der Kirche zu bewegen.

Die religiösen Sozialisten übersahen bei dieser Ausgangslage die „mit dem Klassenantagonismus verbundene Seite des Säkularisierungsprozesses"[9] und die Tatsache, daß die Arbeiterklasse, an die sie sich vornehmlich richteten, „die am weitesten entkirchlichte Klasse der Gesellschaft"[10] ist. Sofern die religiösen Sozialisten die bereits vom kirchlich-theologischen Einfluß

[8] P. Piechowski, Die religiös-sozialistische Bewegung in Deutschland, in: Stockholm, „Internationale Sozial-Kirchliche Zeitschrift", 3 (1930), S. 154; Während die Freidenker im Gegensatz zur rel.-soz. Bewegung eine Massenbewegung waren, spielten die Freidenker einschließlich der Gemeinschaft proletarischer Freidenker und dem Verein der Freidenker für Feuerbestattungen in Baden eine geringe Rolle. Nach dem Stand der Volkszählung von 1925 gab es in Baden 796 Freidenker (502 männliche, 294 weibliche). Nach Amtsbezirken verteilt gab es in 32 Amtsbezirken Badens Freidenker. Keine Anhänger der Bewegung gab es in den Bezirken Meßkirch, Pfullendorf, Müllheim, Waldkirch, Bretten, Adelsheim, Buchen und Sinsheim. Die wichtigsten Bezirke waren: Mannheim mit 392 Freidenkern in 7 Gemeinden, Konstanz mit 75 in 5 Gemeinden, Karlsruhe mit 64 in 2 Gemeinden, Weinheim mit 52 in 2 Gemeinden, Heidelberg mit 35 in 4 Gemeinden und Rastatt mit 37 in 7 Gemeinden. Nach Gemeinden verteilt befanden sich in 77 Gemeinden Freidenker. Dabei standen an erster Stelle die städtischen Gemeinden: Mannheim 378 Freidenker, Weinheim 50, Karlsruhe 48, Konstanz 44 und Heidelberg 30. Es folgten Singen (Amt Konstanz) mit 16, Freiburg, Durlach und Gaggenau mit je 15 und Lörrach mit 10 Freidenkern. In 67 Gemeinden wurde die Zahl 10 nicht erreicht. Im Verhältnis zur Einwohnerzahl erreichten die Freidenker in keiner Gemeinde 1%. Die Religionszugehörigkeit in Baden, Freiburg/Br. 1928, S. 130.
[9] J. Klügl, Theoretische Grundlagen und Ergebnisse, a. a. O., S. 54; P. Piechowski, Die religiös-sozialistische Bewegung, a. a. O., S. 153: „Die Kirche ist im organisierten Proletariat völlig bedeutungslos geworden. Ihre Verkündigung trifft ins Leere. Klassenbewußte Genossen meiden sie oder hassen sie als Hemmschuh im Fortschreiten der Arbeiterbewegung".
[10] J. Klügl, a. a. O., S. 57.

praktisch emanzipierten Massen der Arbeiterklasse[11] aufgrund ihrer formalen Zugehörigkeit zur Kirche meinten mobilisieren zu können, war dies sicher von vornherein illusorisch und brachte dem Bund von marxistischer Seite den Vorwurf des „religiösen Revisionismus"[12]ein. Sofern der Bund jedoch jene Arbeiter- und Mittelschichten, die sich ungeachtet ihrer Zugehörigkeit zur Arbeiterschaft, zur SPD oder zu den Gewerkschaften noch mit religiösen Vorstellungen verbunden fühlten, an den Kampf der Arbeiterbewegung heranzuführen vermochte, ohne gleichzeitig vom Bund aus den Marxismus zu bekämpfen[13], war dies sicher auch objektiv ein wenn auch begrenzter Gewinn für die Arbeiterbewegung im Ganzen.

[11] F. Engels schrieb 1894: „Von der großen Mehrzahl der deutschen sozialdemokratischen Arbeiter kann man sogar sagen, daß der Atheismus bei ihnen sich schon überlebt hat; dies rein negative Wort hat auf sie keine Anwendung mehr, indem sie nicht mehr in einem theoretischen, sondern nur noch in einem praktischen Gegensatz zum Gottesglauben stehen: Sie sind *mit Gott einfach fertig*, sie leben und denken in der wirklichen Welt und sind daher Materialisten"; in: K. Marx/F. Engels, Werke Bd. 18, S. 531 f. Berlin (DDR) 1962; vgl. G. Gottschling, Die weltanschaulichen Grundlagen und der historische Charakter des marxistischen Atheismusbegriffes, in: „Deutsche Zeitschrift für Philosophie", 5 (1970), S. 534—544.
[12] Eckert begegnete dem Vorwurf des „religiösen Revisionismus" mit den Sätzen: „Es gibt ebenso wenig einen ‚religiösen Sozialismus', als es einen ‚religiösen Feudalismus' und einen ‚religiösen Kapitalismus' gibt... Nichts liegt den religiösen Sozialisten ferner als ein religiöser Revisionismus der sozialistischen Bewegung, als ein religiös-sozialistischer Reformismus der klassenbewußten Arbeiterbewegung... Die religiösen Sozialisten denken nicht daran, zu irgendeiner neuen Form des utopischen Sozialismus zurückzukehren und den sachlichen Kampf des Proletariats etwa aufzuhalten, seine staats- und wirtschaftspolitischen Motive und Methoden zu revidieren... Diese Feststellung wird die kirchlichen Kreise enttäuschen, die irgendwie doch hofften, daß die sozialistische Bewegung durch die religiösen Sozialisten zahm gemacht werden soll und von ihrer klassenkämpferischen Orientierung losgelöst, zu einer Angelegenheit nur des sittlichen Bewußtseins, zu einer Angelegenheit des ‚reinen Menschentums' werden soll. Die religiösen Sozialisten machen den sozialistischen Kampf nicht salonfähig und kirchenfähig. Zu gleicher Zeit werden sich die Genossen beruhigen, die fürchten, daß sie durch die Arbeit des Bundes der religiösen Sozialisten nun plötzlich fromm gemacht und treue Kirchgänger werden sollen." E. Eckert, Religiöser Revisionismus in der sozialistischen Bewegung? in: „Zeitschrift für Religion und Sozialismus" (ZRS) 1929, Heft 1, S. 24 ff.
[13] Die von Eckert inspirierten, vom preußischen Landesverband November 1927 angenommenen und innerhalb des Bundes heftig umstrittenen Richtlinien besagten, daß „antimarxistische Propaganda vom Boden des Bundes"

Die ersten Kirchenwahlen, an denen der Bund teilnahm, zeigten, wie schmal seine Basis bei denjenigen Werktätigen war, die noch zur Stimmabgabe bei Kirchenwahlen zu bewegen waren. Bei den Synodalwahlen 1926/27 in Baden, Thüringen und der Pfalz errang er durchschnittlich 12% der zu vergebenden Abgeordnetenmandate in den Kirchenparlamenten. Diese Grenze vermochte er auch später, trotz aller ansteigenden außerparlamentarischen Wirksamkeit im übrigen, nicht zu überschreiten.[14]

2.1.2 Die soziale Herkunft der protestantischen Pfarrer in der Weimarer Republik

1930 gehörten etwa 160 Pfarrer und Dozenten der von Paul Piechowski 1926 gegründeten „Bruderschaft sozialistischer Theologen" an. Die Zahl der im Bund organisierten und aktiven Pfarrer war wesentlich kleiner und dürfte etwa ein Drittel der Bruderschaftsmitglieder ausgemacht haben.[15] Gegenüber den mehr als 16 000 protestantischen Pfarrern in der Weimarer Republik stellte die Zahl der im weitesten Sinne religiös-sozialistisch gesinnten Pfarrer eine winzige Minderheit oder nicht einmal 1% der Pfarrerschaft dar.[16] Bei dem Versuch, die Arbeiterklasse über religiös-sozialistische Pfarrer zu mobilisieren, stie-

nicht betrieben werden dürfe. Richtlinien für den Landesverband Preußen, in: SAV 1927, S. 275.

[14] Als Höhepunkt der außerparlamentarischen Wirksamkeit des Bundes kann die Mobilisierung von rund 100 000 Protestanten in Baden angesehen werden, die 1931 durch ihre Unterschrift die Wiedereinsetzung des Mannheimer Stadtpfarrers Eckert in sein Amt forderten; der badische Kirchenpräsident hatte Eckert seines Amtes enthoben, nachdem dieser sich geweigert hatte, sich in seiner Agitationstätigkeit gegen den Faschismus durch Maßregelungen der Kirchenregierung einschränken zu lassen.

[15] E. Dietz wies Eckert am 7. September 1927 darauf hin, daß nach der „so glanzvoll verlaufenden Meersburger Tagung vom Jahre 1926" sich gezeigt habe, „daß unter den Teilnehmern doch immer wieder ziemlich viel Persönlichkeiten aus anderen Kreisen sind, welche kaum noch als Sozialisten angesprochen werden können, die aber aus verschiedenen, an sich zumeist nicht unschönen Motiven heraus glauben ,auf dem Boden der religiösen Sozialisten ein geeignetes Betätigungsfeld für ihre manchmal recht confusen nationalökonomischen und religiösen Anschauungen zu finden". Dietz warnte vor der „Gefahr des Eindringens derartiger Elemente in größerem Umfang".

[16] Vgl. K. W. Dahm, Pfarrer und Politik, Soziale Position und politische Mentalität des deutschen evangelischen Pfarrstandes zwischen 1918 und 1933,

ßen sie auf eine zweite Schranke, die „Klassengebundenheit"[17] des Pfarrerstandes.

Über die soziale Herkunft der protestantischen Pfarrer in der Weimarer Republik kam das „Kirchliche Jahrbuch" von 1930 zu folgendem Ergebnis[18]: 60,4% der evangelischen Pfarrer entstammten den akademischen Mittelschichten; 28% der Geistlichen waren Söhne von evangelischen Pfarrern, 9,7% von Lehrern mit akademischer Vorbildung, 7,1% von Beamten mit akademischer Vorbildung, 6,3% von Hochschullehrern, 5,3% von Rechtsanwälten und Notaren und 4% von Ärzten. Insgesamt gaben etwa 70% der Pfarrer einen bürgerlichen Beruf ihres Vaters an. Als Berufsbezeichnungen wurden u. a. genannt: Direktoren und leitende Angestellte, Offiziere, Techniker, Chemiker, Schriftsteller, Journalisten und Politiker.

In diese starke Front protestantischer Pfarrer, die aus den bürgerlichen Mittel- und Oberschichten kamen und die durch die Rollenerwartung der bürgerlich-kleinbürgerlich gestimmten Kirchengemeinden in ihrer Prädisposition noch bestärkt wurden, vermochte der Bund der religiösen Sozialisten nur wenig einzubrechen.

Köln und Opladen 1965, S. 25. Dahm unterscheidet vier Einstellungstypen: „der ‚konservativ-nationale' Pfarrertyp, dem der weitaus größte Teil aller evangelischen Pastoren (70 bis 80 Prozent) zuzurechnen ist; weiter der ‚religiös-sozialistische', der ‚demokratisch-liberale' und der ‚völkisch-deutschgläubige' Pfarrertypus". Dahm schätzt die Zahl der dezidierten Anhänger der drei letztgenannten Einstellungstypen während ihrer jeweiligen Blütezeit auf nicht mehr als je „höchstens 5 bis 8 Prozent aller Pfarrer". Dahms Auffassung, daß „zu Beginn der dreißiger Jahre" die Anhängerschaft des religiös-sozialistischen Typus zurückgegangen sei, nachdem er seine Blütezeit „um die Mitte der zwanziger Jahre" gehabt habe, läßt sich mit der tatsächlichen Entwicklung der „Bruderschaft sozialistischer Theologen Deutschlands" ebensowenig vereinbaren wie die von Dahm geäußerte Vermutung, „daß die von der ‚Dialektischen Theologie' geforderte politische Entideologisierung unter den religiösen Sozialisten den relativ größten Widerhall" hatte. Der Weg Günther Dehns ist keineswegs repräsentativ für die Entwicklung der dem Bund bzw. der Bruderschaft angeschlossenen religiös-sozialistischen Pfarrer und Theologen. Während 1926 sich 63 Pfarrer und Dozenten zur Bruderschaft zählten, waren es Ende 1931 inzwischen 198; s. Rundbrief der Bruderschaft sozialistischer Theologen Deutschlands vom 1. Dezember 1931.
[17] E. Fuchs, Kirche und gesellschaftliche Neugestaltung, in: Sozialistische Monatshefte, Juni 1926, zit. n. SAV 1926, S. 188.
[18] J. Schneider, Kirchliche Statistik, in: KJB 1930, S. 113.

Emil Fuchs beklagte denn auch 1926, daß die Kirche in starkem Maße „Klassenkirche"[19] sei und verwies dabei besonders auf die „Klassengebundenheit ihres Pfarrerstandes".[20] „Der Pfarrerstand ist ein Stück des ‚gebildeten' Deutschland, innerlich stark durch studentischen Korporationsgeist mitgebildet, politisch völlig abhängig von dem Eingebettetsein in jene Kreise, die des Staates Fürsorge vor dem Erleben der Schicksale des Volkes schützt ... Sie lesen „Reichsbote", „Tägliche Rundschau". Sie erfahren nichts von dem, was an ernster Not, innerer und äußerer Schicksalsumwandlung, Demokratie, Sozialismus, die Arbeiterklasse bewegt. Ahnungslos halten sie überlieferte sittliche Maßstäbe und überlieferten Untertanengeist noch für gestaltende Mächte, und ihr Tun, Predigen, Daseinsgestalten ist bei aller bürgerlichen Ehrbarkeit der gequälten Volksmasse ein unerträgliches Ärgernis."[21] Die Kirche predige dem Volk nicht das „Evangelium, das ihre Botschaft in die Tatsachen des heutigen Lebens stellt, sondern eine Klassenethik und Klassenreligion".[22]

Die von Fuchs angesprochene Klassenkirche und der Klassencharakter der Auseinandersetzungen zwischen religiösen Sozialisten auf der einen Seite und den orthodoxen wie liberalen Kirchenvertretern auf der anderen Seite wird unmittelbar deutlich, wenn die soziale Zusammensetzung der Landeskirchenleitungen, der Landes- und Kirchensynoden und die soziale Zusammensetzung des Bundes der religiösen Sozialisten gegenübergestellt werden.

2.1.3 Die soziale Zusammensetzung der Landeskirchenleitungen und der Landes- und Kirchensynoden

Unter der Überschrift „Die deutschen evangelischen ‚Volkskirchen'"[23] berichtete der von Pfarrer Eckert herausgegebene

---

[19] E. Fuchs, Kirche u. gesellschaftliche Neugestaltung, ebd.
[20] Ebd.
[21] Ebd.
[22] Ebd.
[23] „Religiös-Sozialistischer Pressedienst", März 1928.

„Religiös-Sozialistische Pressedienst" im März 1928 über die soziale Zusammensetzung der Kirchenregierungen. Es sei nach 1918 viel von den deutschen evangelischen „Volkskirchen" gesprochen worden, und man habe den Anschein erweckt, als ob der alten Obrigkeitskirche ein Ende gemacht worden sei. Wenn man aber die Kirchenregierungen in den einzelnen deutschen Landeskirchen auf ihre soziale Zusammensetzungen untersuche, müsse man konstatieren, „daß die deutschen evangelischen Landeskirchen alles andere sind als ,Volkskirchen'. In diesen Kirchenregierungen sitzen die Vertreter der feudalen orthodoxen Kreise und die kapitalistisch-liberalen Vertreter des zur Macht gelangten Bürgertums. Das Volk ist überhaupt nicht vertreten".[24]

Eckert belegte seine Auffassung mit einer Tabelle, wonach in den Regierungen der deutschen evangelischen Landeskirchen folgende soziale Gruppierungen vertreten waren:

„Grafen: 7; Barone: 2; Freiherren: 5; Majoratsherren: 2; Rittergutsbesitzer: 28; Generalleutnants: 1; Kammerherren: 2; Hofbesitzer: 6; Ehemalige Reichskanzler: 1; Staatsminister a. D.: 2; Ministerialdirektoren: 4; Oberregierungsräte: 4; Regierungspräsidenten: 6; Senats- und Polizeipräsidenten: 5; Gerichtspräsidenten und Geheime Räte: 31; Oberstaatsanwälte und Generalstaatsanwälte: 3; Justizräte, Amtsrichter, Amtsmänner: 11; Oberbürgermeister und Bürgermeister: 14; Forsträte: 2; Rechtsanwälte: 11; Landräte: 10. Die Mehrzahl dieser höchsten Beamten ist außer Dienst. Fabrikanten: 7; Kommerzienräte: 2; Bankdirektoren: 5; Kaufleute: 6; Generaldirektoren: 5; Ärzte: 3; Lehrer: 3; Studiendirektoren, Studienräte: 38; mittlere und untere Beamte: 0; Arbeiter: 0; Angestellte: 0; Bauern: 0. Geistliche sind an der Regierung der Kirchen beteiligt: 207. Vom Adel unter den Mitgliedern der Kirchenregierungen sind: 58."[25]

Diese nüchternen Tatsachen, schrieb Eckert, zeigten mehr als die längste Abhandlung, wie sehr „die Kirche mit den politisch und wirtschaftlich Mächtigen verbunden" sei, wie sehr sie „dem

[24] Ebd.
[25] Ebd.

Adel und dem Bürgertum ausgeliefert" sei und „von diesen Kreisen ausgenützt" werde.[26]

Als Beispiel einer einzelnen Landeskirche sei hier die soziale Zusammensetzung der obersten preußischen Kirchenbehörde, des Kirchensenats der altpreußischen Union, der damals größten Landeskirche, angeführt, an deren Spitze 1929 der deutschnationale Rittergutsbesitzer Winckler stand. Im Kirchensenat der altpreußischen Union waren außer den 23 „geistlichen" Repräsentanten folgende Mitglieder vertreten:

Majoratsherr Graf von Seidlitz-Sandrecki, Rittergutsbesitzer von Bernuth, Majoratsherr Graf von Arnim-Kröchlendorf, wirklicher Geheimer Rat D. von Berg, Regierungspräsident a. D. von Gersdorff, Regierungspräsident a. D. Dr. Schilling, Geheimer Oberjustizrat und Senatspräsident am Kammergericht Berlin-Lankwitz Dr. Preiser, Justizrat, Rechtsanwalt und Notar Hallensleben, der deutsch-nationale Oberstudiendirektor Glage sowie der deutsch-nationale Arbeitersekretär Hartwig. Stellvertretende Mitglieder des Senats waren der Ritterschaftsdirektor von Alvensleben, der ehemalige Reichskanzler und Oberpräsident D. Dr. Michaelis, Fabrikant W. Siebel, Ministerialrat Direktor Dr. Conze, der Oberbürgermeister von Görlitz Snay, Generaldirektor von Krosigk, Landrat a. D. von Brockhusen, sowie schließlich der deutsch-nationale Oberstudiendirektor Schlemmer. Der entscheidende engere Ausschuß des Kirchensenats bestand außer den „geistlichen" Mitgliedern aus dem Rittergutsbesitzer und Mitglied der DNVP Winckler und den beiden Grafen und Rittergutsbesitzern von Arnim-Boitzenburg und von Seidlitz-Sandrecki.

Eckert, der diese Tatsachen im „Sonntagsblatt des arbeitenden Volkes" abdruckte, fügte den Nachsatz an: „Das ist also die Führung der größten deutschen ‚Volkskirche'! Und da wundert man sich über die Kirchenfeindschaft des Proletariats, über das ‚Sterben der Kirche'."[27]

War der Kirchensenat der altpreußischen Union stärker durch

[26] Ebd.
[27] E. Eckert, Tatsachen, in: SAV 1929, S. 326.

die feudalen Besitzverhältnisse dieses Landes geprägt, so zeigte die soziale Zusammensetzung der Landessynode des Freistaates Sachsen eine stärkere Repräsentanz der Besitz- und Bildungsschichten. Von den sechzig Mitgliedern der Landessynode waren acht Ritterguts- und Gutsbesitzer, vier Fabrikbesitzer, ein Bankdirektor, ein Kaufmann, ein Apotheker, ein Syndikus, ein Hofrat, ein Oberlandwirtschaftsrat, drei Schuldirektoren, zwei Oberstudiendirektoren, ein Oberstudienrat, zwei Studienräte, ein Schulleiter, achtzehn Pfarrer, zwei Kantoren, zwei Oberkirchenräte, ein Landgerichtsdirektor, ein Ministerialdirektor, ein Amtshauptmann, ein Stadtrat, ein Landmesser, ein Finanzamtssekretär, zwei christliche Gewerkschaftssekretäre, ein Verbandsgeschäftsführer, ein Schriftsetzer und eine Frau von Stieglitz. Das Bild dieser „Volkskirche" wird noch deutlicher, wenn die vom Kirchenrat berufenen „weltlichen" Mitglieder der Landessynode hinzugezählt werden: ein Generalleutnant a. D., ein Geheimer Hofrat, ein Oberlandesgerichtsrat, ein Kreishauptmann i. R. und ein Kirchenverwaltungsoberinspektor.

Im Anschluß an diese Aufstellung fragte Eckert die Leser des „Sonntagsblatt des arbeitenden Volkes": „Wann werden die Arbeiter diese kapitalistisch-feudale Klassenherrschaft in der Kirche brechen?"[28]

Ähnliche Zusammensetzungen wiesen die Landessynoden in der Provinz Sachsen[29], in Bayern[30], Württemberg[31] und Baden[32] auf. Eckerts Kommentar zur sozialen Zusammensetzung des württembergischen Kirchenparlaments, dessen Präsident der ehemalige deutsch-nationale Landtagsabgeordnete und spätere Landesbischof Wurm war, lautete: „Arbeiter war und ist kein

---

[28] E. Eckert, Die Kirche, eine Organisation des Besitzes, in: SAV 1930, S. 164.
[29] Soziale Zusammensetzung der 18. Sächsischen Provinzialsynode, in: SAV 1928, S. 43.
[30] Die bayerische „Volkskirche", in: SAV 1930, S. 106.
[31] Ohne Sinn für Recht und Billigkeit! Die Kirche verzichtet auf Arbeiter, in: RS 1931, S. 97.
[32] Ergebnis der Wahlen zur zweiten ordentlichen Landessynode am 11. Juli 1926, in: Beilage zum Gesetzes- und Verordnungsblatt für die Vereinigte Ev. protestantische Landeskirche Baden für das Jahr 1926, Einzelergebnisse.

einziger im Kirchenparlament. Auf Arbeiter legt die Kirche des Nazareners also kein Gewicht! Aber auf Fürsten, Freiherren, Fabrikanten und Großgrundbesitzer, Generalstaatsanwälte und andere ‚Mühselige und Beladene'. Die Arbeiterschaft ist auch hier nur dazu da, Steuern zu bezahlen. Wenn Freidenker den Geist der Kirche kritisch beleuchten wollen, brauchen sie sich bloß auf die Zusammensetzung dieses Kirchenparlaments berufen."[33]

Bei der Zusammensetzung der badischen Landessynode fällt auf, daß kein Einfluß der Feudalbesitzer feststellbar ist, da der Großgrundbesitz in katholischen Händen lag, und Kapitaleigner und Produktionsmittelbesitzer weniger repräsentiert sind als in den bereits aufgeführten Landessynoden, eine Tatsache, die auf die industriell weniger entwickelte Sozialstruktur Badens hindeutet. In der badischen Landessynode, die 1926 für sechs Jahre gewählt wurde, standen den acht religiös-sozialistischen Abgeordneten (drei Pfarrer, ein Realschuldirektor, zwei Hauptlehrer, ein Goldschmied und ein Fabrikarbeiter) auf der Gegenseite 25 Theologen gegenüber sowie zwei Landwirte, ein Forstmeister, zwei Fabrikanten, ein Bankdirektor, ein Kaufmann, ein Bäckermeister, zwei Oberstaatsanwälte, ein Geheimrat, ein Landgerichtsrat, ein Notar, ein Professor, zwei Stadtoberrechnungsräte, ein Stadtrat, ein Steueramtmann, ein Oberpostmeister, ein Oberpostsekretär, ein Realschuldirektor und ein Hauptlehrer a. D.[34]

Höchste kirchliche Körperschaft des deutschen Protestantismus war der Deutsche Evangelische Kirchentag (DEK), der auf der Verfassung des Deutschen Evangelischen Kirchenbundes vom 15. September 1921 beruhte. Er bestand aus 210 Mitgliedern. Von diesen wurden 150 von den obersten Synoden der einzelnen Landeskirchen gewählt.[35] Eine Selbstdarstellung und ein

[33] s. Anm. 31
[34] s. Anm. 32
[35] Verhandlungen des Dritten Deutschen Evangelischen Kirchentages 1930, hrsg. v. Deutschen Evangelischen Kirchenausschuß, Berlin-Steglitz o. J. Die folgenden Berechnungen beruhen auf dem Teilnehmer-Verzeichnis S. 173 ff.

Spiegelbild der im deutschen Protestantismus der Weimarer Republik wirkenden Kräfte kann also von der Gesamtheit des DEK erwartet werden. Nach dem Protokoll nahmen am Dritten DEK 1930 in Nürnberg 209 Delegierte teil.[36] Von diesen waren 175 = 83% Akademiker, von denen wiederum 57% promovierte. Von den 150 von den Landessynoden gewählten Abgeordneten waren 68 Theologen, wobei der Anteil der kirchlichen Organisationsspitzen bei weitem überwog. Die soziale Zusammensetzung der übrigen 82 „weltlichen" Delegierten ist aufschlußreich für die gesellschaftliche Rolle des deutschen Protestantismus in der Weimarer Republik.

15 = 18,3% dieser Delegierten waren Großgrundbesitzer, darunter ein Erblandmarschall sowie Ritter- und Fideikommißbesitzer, obwohl die Weimarer Reichsverfassung in Artikel 155 die Auflösung der Fideikommisse bestimmte. 20 = 24,4% der Abgeordneten waren Juristen. Die Berufsbezeichnungen lauteten u. a.: Professor der Rechte, Landgerichtspräsident, Oberlandesgerichtsrat, Generalstaatsanwalt, Amtsgerichtsdirektor, Geheimer Justizrat. 32 = 39% waren höchste und hohe Beamte. Unter ihnen befanden sich ein Reichskanzler a. D., zwei Staatsminister, ein Senator, ein Regierungspräsident, ein Generalleutnant, ein Professor, ein Oberregierungsrat und ein Oberstudiendirektor.

Insgesamt machten diese drei Gruppierungen bereits 82,7% der nichttheologischen Mandatsträger aus. Hinzu kam eine Gruppe aus der Privatwirtschaft, die 8,5% der Abgeordneten stellte und sich aus einem Generaldirektor, einem Direktor der Bayeri-

[36] Weitere 35 Mitglieder wurden vom Kirchenausschuß berufen, und zwar 8 auf Vorschlag der theologischen Fakultäten, 12 auf Vorschlag der Religionslehrer und 15 auf Vorschlag der auf die Gesamtheit der Landeskirchen sich erstreckenden Vereinsorganisationen. Nach freier Entschließung berief der Kirchenausschuß weitere 25 Mitglieder als „Ausgleichsgruppe". Zur „Ausgleichsgruppe" wurden u. a. berufen: der Vorsitzende des Reichsverbandes ländlicher Arbeitnehmer und deutsch-nationale Reichstagsabgeordnete Behrens, ein Vizepräsident des preußischen Oberverwaltungsgerichts i. R., ein Reichstagsabgeordneter der DVP und Universitätsprofessor wie Geheimer Justizrat, der deutsch-nationale Reichstagsabgeordnete und Pfarrer D. Mumm, ein Akademie-Professor, ein Feldpropst des Heeres und der Marine, der deutsch-nationale Oberstudiendirektor Schlemmer sowie der ehemalige Reichsgerichtspräsident D. Dr. Simons.

schen Handelsbank, einem Mitglied der Geschäftsführung des Bergbauvereins, einem Fabrikanten, einem Zimmermeister, einem Fabrikaufseher und einem Berginvaliden rekrutierte. Schließlich war noch eine Gruppe von Funktionären konservativer Verbände und Organisationen mit insgesamt 9,8% der gewählten Delegierten vertreten. Zu ihnen gehörten u. a. ein Gewerkschaftssekretär im Reichsverband ländlicher Arbeitnehmer und ein deutsch-nationaler „Arbeitersekretär" und Reichstagsabgeordneter. Von den 82 „weltlichen" Abgeordneten waren 21 = 25,6% adeliger Herkunft. So repräsentierten u. a. zwei Fürsten, sechs Grafen und drei Freiherren den deutschen Protestantismus auf dem Kirchentag. Unter den 150 gewählten Abgeordneten befanden sich sechs Reichs- bzw. Landtagsabgeordnete der DNVP und ein Landtagsabgeordneter der DVP, womit sich einmal mehr bestätigte, daß der ideologische und soziale Standort der protestantischen Kirche dem der antirepublikanischen und antidemokratischen DNVP weitgehend entsprach. Von den 209 Delegierten des DEK waren zehn Reichs- bzw. Landtagsabgeordnete der DNVP, drei waren Landtags- bzw. Reichstagsabgeordnete der DVP.

Eckert war der einzige religiöse Sozialist auf dem DEK, nachdem er 1927 von der badischen Landessynode zum Delegierten gewählt worden war. Die Erfahrungen, die er auf dem DEK machte, lehrten ihn, daß er „einer geschlossenen bürgerlichen Einheitsfront"[37] gegenüberstand.

---

[37] E. Eckert, Auf dem Deutschen Evangelischen Kirchentag in Augsburg und Nürnberg vom 24. bis 30. Juni 1930, in: SAV 1930, S. 213; Präsident des DEK in der Periode von 1924 bis 1930 war D. Wilhelm Freiherr von Pechmann, Direktor der Bayerischen Handelsbank und Geheimer Hofrat, der im September 1929 in den „Süddeutschen Monatsheften", einer Zeitschrift „der intellektuellen Monarchisten und Faschisten" (SAV 1929, S. 316) geschrieben hatte: „Von größerem und folgenschwererem Unrecht wissen wir nicht, als von dem Unrecht des mit der Mordtat von Sarajewo eingeleiteten Vernichtungskrieges und von dem *Unrecht der Revolution, in welcher der Erfolg des Krieges entschieden worden ist. Das Unrecht der Revolution* umschließt, ohne sich darin zu erschöpfen, *das Unrecht, dem das gute alte Recht der Fürstenhäuser zum Opfer gefallen ist.* Und so wenig wie all dem anderen Unrecht, so wenig will Gott, daß wir uns diesem beugen. Als Christen sollen und dürfen wir nicht dazu mitwirken, auch nicht unterlassend und schweigend, daß *das Unrecht zunehme und erstarke,* das Recht aber vergessen

38

Der Vorsitzende des Bundes der religiösen Sozialisten faßte sein Urteil über die soziale Basis und die mit ihr verknüpfte gesellschaftliche und politische Rolle der protestantischen Kirche zusammen, indem er auf der internationalen Führertagung der religiösen Sozialisten, die im November 1929 in Köln stattfand, dem „mehr instinktiven Urteil des Proletariats" zustimmte: „Die Bindung der deutschen Kirchen an die antisozialistische Kampffront ist unbestreitbar. Handgreiflich deutlich wird es für jeden, der die Zusammensetzungen der Regierungen der evangelischen Landeskirchen Deutschlands prüft. Sie ist vorwiegend feudalistisch, gelegentlich gemischt mit einigen Vertretern der Spitzen des liberalen Bürgertums. Das kirchliche ,Leben' ist getragen vom kleinen Bürgertum, zerbrechendem Mittelstand, es fehlen die Besitzenden, die Intellektuellen, die Massen des werktätigen Volkes."[38]

2.2 Die Klassenbasis des Bundes der religiösen Sozialisten Deutschlands

Da die große Majorität der industriellen Arbeiter schon in der Periode des Aufstiegs der Sozialdemokratie in den letzten bei-

werde und verkümmere. Nein, mit allem, was wir vermögen und sind, haben wir zu dem vergewaltigten Recht uns zu bekennen. Daß es wiederhergestellt werde, wenn Gottes Stunde schlägt, muß uns Sache des Herzens sein und des christlichen Gewissens. Und wenn wir beten ,Dein Wille geschehe!', dürfen wir nie vergessen: Gott will nicht das Unrecht, sondern das Recht" (zit. n. SAV 1929, S. 316). Anstelle dieses „ausgesprochenen Reaktionärs und Gegners der Republik" (s. Anm. 37, SAV 1930, S. 212) wurde auf dem Nürnberger Kirchentag 1930 Graf Vitzthum von Eckstädt, Generalleutnant a. D., gewählt, der mit dem EK I auf der Brust am Vorstandstisch erschien und den Nachweis seiner Eignung zur Führung des DEK aus seiner 40jährigen Tätigkeit als Offizier und General herleitete und in der Kadettenanstalt den Grundsatz aller Strategie gelernt habe: „Auf Gott vertrauen im Beruf der Soldaten". „Die Wahl des Generals zum Präsidenten des DEK von Nürnberg entsprach nicht nur dem ökonomisch-politischen Kräftespiel in der Weimarer Republik in diesem Zeitraum, sondern wurde auch geradezu ein Symbol für diesen Kirchentag" (E. A. Suck, Der religiöse Sozialismus in der Weimarer Republik, Diss. phil. [Masch.] Marburg 1953, S. 179).
[38] E. Eckert, Arbeitsmethoden und Taktik der religiösen Sozialisten Deutschlands, in: SAV 1929, S. 373.

den Jahrzehnten des Kaiserreichs dem kirchlichen Leben vollständig entfremdet und nur noch als Konsument der Tauf-, Konfirmations-, Eheschließungs- und Beerdigungsriten mit ihm verbunden war, gelang es dem Bund der religiösen Sozialisten Deutschlands auch niemals, diesen Teil der nur noch formell der Kirche angehörenden Wähler und Mitglieder der Arbeiterparteien für sich zu mobilisieren. Sein Einfluß blieb vielmehr auf diejenigen sozialdemokratischen Arbeiter beschränkt, die erst durch den Revolutionsprozeß 1918/19 politisiert worden waren. Er erstreckte sich im übrigen nur auf kleine Gruppen der Mittelschichten.

2.2.1 Die soziale Zusammensetzung der Kongresse des Bundes der religiösen Sozialisten

Das Wissen um die soziale Gebundenheit der eigenen religiösen und politischen Position geht aus der Veröffentlichung der sozialen Zusammensetzung der Teilnehmer und Delegierten an den Kongressen des Bundes hervor. Am 3. Kongreß, dem ersten des Bundes der religiösen Sozialisten Deutschlands, der vom 1. bis 4. August 1926 in Meersburg stattfand, nahmen über 100 Personen teil. Davon waren 14 Pfarrer. Unter den übrigen: acht Akademiker, elf aus dem Lehrerberuf, einige Sozial-, Gemeinde- und Staatsbeamte. „Die Mehrheit waren Arbeiter. Zum Sozialismus bekannten sich alle; fast alle waren Mitglieder der SPD."[39]

Von den dauernden Teilnehmern am 4. Kongreß der religiösen Sozialisten 1928 in Mannheim waren 96 Arbeiter, Arbeiterinnen und Angestellte, 28 Pfarrer, 16 Lehrer und Studienräte, acht Studenten, sieben Ärzte, Journalisten, freiberuflich Tätige, sechs Beamte und sechs sozialdemokratische Abgeordnete. Hiervon waren 136 = 79,5% eingetragene Mitglieder der SPD, die übrigen waren parteilos. Einer bürgerlichen Partei anzugehören

---

[39] H. Kappes, Der dritte Kongreß der religiösen Sozialisten Deutschlands in Meersburg, in: CW 40 (1926), Sp. 91.

war nach den auf dem Kongreß verabschiedeten Richtlinien des Bundes ohnehin nicht möglich.[40]

An diesem Überwiegen der proletarischen Repräsentanz ändert sich nur wenig, wenn man die soziale Zusammensetzung des 5. Kongresses, der 1930 in Stuttgart stattfand, zum Vergleich heranzieht. An diesem letzten Bundeskongreß nahmen teil: 74 Arbeiter und Arbeiterinnen, 35 Angestellte, 21 Lehrer, 52 Pfarrer, sechs Beamte, 17 Studenten, sechs Sozialbeamte und sechs Angehörige freier Berufe.[41]

Um näheren Aufschluß über die Kategorien von lohnabhängigen Arbeitern zu erhalten, die die überwiegende Basis des Bundes stellten, sei ein kurzer Blick auf die Berufszugehörigkeit derjenigen religiösen Sozialisten geworfen, die sich bei Kirchenwahlen in Baden, der Pfalz und Württemberg als Kandidaten auf den Listen des Bundes aufstellen ließen. Gemeinsames Merkmal aller Wahllisten ist, daß auch hier die proletarische Repräsentanz überwiegt. Bei den badischen Kirchenwahlen 1926 ließen sich folgende Kandidaten aufstellen: drei Pfarrer = 5,3%, sieben Lehrer = 12,5%, 23 Arbeiter und Angestellte = 41%.[42]

---

[40] Zusammensetzung der Teilnehmerschaft am 4. Kongreß der religiösen Sozialisten in Mannheim, in: SAV 1928, S. 189.

[41] Zusammensetzung des 5. Kongresses, in: SAV 1930, S. 259.

[42] Im I. Wahlkreis, der die Kirchenbezirke Konstanz, Schopfheim, Lörrach, Müllheim, Freiburg, Emmendingen und Hornberg umfaßte, waren bei den Kandidaten der rel. Soz. folgende Berufsbezeichnungen einschließlich Wohnort angegeben: 1. Pfarrer – Riegel, 2. Polizeiwachtmeister – Freiburg, 3. Bürgermeister – Maulburg, 4. Werkführer – Mönchweiler, 5. Hauptlehrer – Feuerbach, 6. Verwaltungsinspektor – Freiburg-Haslach, 7. Stellwerkmeister – Weil-Leopoldshöhe, 8. Schreinermeister – Teningen, 9. Schriftleiter – Singen a. H., 10. Lagerhelfer – Schopfheim, 11. Witwe – Freiburg, 12. Säger – Waldkirch, 13. Hauptlehrer – Malterdingen, 14. Postsekretär – Fahrnau. Im II. Wahlkreis (Lahr, Rheinbischofsheim-Baden, Karlsruhe-Stadt, Karlsruhe-Land) waren folgende Kandidaten aufgestellt: 1. Jugendpfarrer – Karlsruhe, 2. Hauptlehrer – Karlsruhe, 3. Betriebsmeister – Karlsruhe, 4. Former – Karlsruhe-Mühlburg, 5. Maurer – Knielingen, 6. Schreinermeister – Graben, 7. Oberpostinspektor – Karlsruhe, 8. Bürgermeister – Welschneureut, 9. Regierungsratsehefrau – Karlsruhe, 10. Werkmeister – Hagsfeld, 11. Bäcker – Ettlingen, 12. Steindrucker – Karlsruhe, 13. Obertelegrafensekretär – Karlsruhe, 14. Maler – Liedolsheim, 15. Werkführer – Karlsruhe. Im III. Wahlkreis (Durlach, Pforzheim-Stadt, Pforzheim-Land, Bretten, Eppingen) kandidierten: 1. Realschuldirektor – Karlsruhe-Rüppurr, 2. Haupt-

Als Beispiele für lohnabhängige Kandidaten des Bundes bei den pfälzischen Kirchenwahlen können folgende Berufsbezeichnungen gelten: Fabrikarbeiter – Weilerbach, Schneiderin – Ludwigshafen, Steinhauerpolier – Alsenz, Tabakarbeiterin – Speyer, Monteur – Neuhofen, Tischler – Erfenbach, Bauführer – Oppau, Lagerhalter – Waldfischbach, Steinhauer – Ebertsheim, Bleilöter – Dannstadt, Steinzähler – Rammelsbach.[43]

Bei den württembergischen Landessynodalwahlen lauteten die Berufsbezeichnungen der werktätigen Kandidaten u. a.: Gerber – Backnang, Spinnereiarbeiter – Sulzbach, Reichsbahnobersekretär – Kirchheim, Schlosser – Kirchheim, Maurer – Blaubeuren, Hilfsarbeiter – Gerhausen, Obergärtner – Göppingen, Zeichner – Heidenheim, Dreher – Heidenheim, Ratschreiber – Böckingen, Buchdrucker – Jesingen, Schreiner – Eltingen, Sekretär – Ludwigsburg, Mechaniker – Erdmannshausen, Polier – Möhringen/Fild, Obermeister – Schwäbisch-Hall, Monteur – Stuttgart, Lokomotivführer – Stuttgart, Kassenbote – Stuttgart, Bahnpostschaffner – Stuttgart, Instrumentenmacher – Tuttlingen, Harmonikamacher – Trossingen, Betriebsleiter – Urach, und Krankenassistent – Urach.[44]

Gehen aus der Gegenüberstellung der sozialen Zusammensetzung der Kongresse des Bundes einerseits und der Landes- und Kirchensynoden andererseits bei aller Spezifizierung im übrigen die klassenmäßigen Gegensätze beider Gruppierungen bereits generell hervor, so bedarf es, wie die Wohnorte der

lehrer – Pforzheim-Brötzingen, 3. Werkmeister – Durlach, 4. Maurer – Berghausen, 5. Malermeister – Durlach, 6. Goldschmied – Wilferdingen, 7. Bürgermeister – Säckingen, 8. Landtagsabgeordneter – Grötzingen, 9. Dreschmaschinenbesitzer – Langensteinbach, 10. Verwaltungssekretär – Pforzheim, 11. Kontrolleur – Grünwettersbach, 12. Landwirt – Stein, 13. Goldschmied – Würm. Im IV. Wahlkreis (Mannheim, Ladenburg-Weinheim, Oberheidelberg) standen zur Wahl: 1. Diasporapfarrer – Meersburg, 2. Fabrikarbeiter, 3. Schneiderin, 4. Professor, 5. Vorarbeiter, 6. Arbeiter, 7. Witwe, 8. Fräser – Mannheim-Käfertal, 9. Hauptlehrer, 10. Ehefrau, 11. Fabrikarbeiter, 12. Kaufmann, 13. Bankangestellter, 14. Hausfrau. Alle Kandidaten hatten, wenn nicht anders vermerkt, ihren Wohnsitz in Mannheim. Angaben s. Anm. 32.
[43] SAV 1927, S. 79 f.
[44] RS 1931, S. 46.

religiös-sozialistischen Kandidaten bei Kirchenwahlen vermuten lassen, einer näheren Untersuchung, *wo* es dem Bund gelang, bestimmte Schichten *innerhalb* der Arbeiterklasse zu mobilisieren und um welche Kategorien von Werktätigen es sich dabei gehandelt hat.

2.2.2 Das soziographische Rekrutierungsfeld des Bundes der religiösen Sozialisten Deutschlands

Die Entfaltung des Bundes erstreckte sich keineswegs gleichmäßig über das Reichsgebiet, sondern bildete bestimmte regionale Schwerpunkte. Am stärksten war die Bewegung in Süddeutschland, dort vor allem in Baden, daneben in Württemberg und der Pfalz. In Mitteldeutschland bildete sich ein weiterer Schwerpunkt in Thüringen. Ein sehr reger Landesverband entstand 1929 in Lippe.[45] Ein genaueres Bild als die Aufzählung der Landesverbände ergibt die Entwicklung der Ortsgruppen des Bundes. Den höchsten Organisationsgrad erzielte bei weitem der badische Landesverband mit vierzig Ortsgruppen, die in Nord- und Mittelbaden zu Bezirksgruppen zusammengefaßt waren, während Preußen einschließlich Berlin weniger Ortsgruppen hatte als Lippe und Württemberg weniger als die Pfalz. Die Einwohnerzahlen der Orte, in denen der Bund Ortsgruppen oder zumindest Lesergemeinden des „Sonntagsblatt des

[45] Landesverbände existierten 1931 in der Reihenfolge ihrer Beteiligung an der Finanzierung der Geschäftsstelle in Baden mit einem Beitrag von 20 RM, in Württemberg und Preußen mit 15 RM, in Lippe, Thüringen und der Pfalz mit 10 RM, in Hessen, Frankfurt und Bayern mit 5 RM (Mitteilungen der Geschäftsstelle, Rundschreiben Nr. 21 vom 17. 6. 1931). Ende 1931 wurde eine Neuverteilung vorgenommen: Baden, Württemberg und Preußen je 20 RM, Thüringen, Pfalz und Lippe je 10 RM, Bayern, Hessen, Rheinland und Frankfurt je 5 RM und Hamburg, Sachsen und Anhalt je 3 RM (Rundschreiben Nr. 3 vom 28. 11. 1931). Diese Aufstellung täuscht, sofern hinter diesen Beiträgen Mitgliederzahlen vermutet werden. In Berlin und Preußen war die Zahl der eigentlichen Mitglieder des Bundes sehr gering (s. P. Piechowski, Die religiös-sozialistische Bewegung, a. a. O., 1952). Der preußische Landesvorsitzende Bernhard Göring schätzte sie auf etwa 100, obwohl „Preußen um ein Vielfaches größer ist als Baden" (B. Göring an Kappes vom 15. 6. 1932, in: Sammlung Pfarrer Kappes, Generalia 1932/33, Blatt 178).

arbeitenden Volkes" gründen konnte, spiegeln die Tatsache wider, daß der Bund vornehmlich in Industriedörfern, Klein- und Mittelstädten Fuß fassen konnte, die in Regionen mit ähnlicher Sozialstruktur angesiedelt waren. Da der Bund hauptsächlich Protestanten mobilisieren konnte, spielt der Konfessionsproporz eine weitere Rolle.

Typische Belege für diesen Sachverhalt außerhalb Badens sind in Thüringen: Eisenach, Eisenberg, Gera, Möhrenbach und Weimar; in Anhalt: Bernburg; in Württemberg: Waiblingen; in Lippe: Barntrup, Brake, Blomberg, Salzuflen, Lage, Heidenoldendorf, Oerlinghausen, Detmold, Lemgo; in der Pfalz: Hochspeyer, Speyer, Zweibrücken und Pirmasens. Die Großstädte blieben dem Bund als Rekrutierungsfeld generell verschlossen. Wo es trotzdem zur Gründung einer Ortsgruppe kam, war diese in ihrer Wirksamkeit sowohl von dem hohen Grad der Entkirchlichung – bei den Wahlen zum Kirchenvorstand der Frankfurter Paulskirche im Jahre 1929 betrug die Wahlbeteiligung 7%[46] – als auch von den in den Großstädten konzentrierten Freidenkerverbänden eingeschränkt. Lediglich in den Vororten bzw. in bestimmten Wohngebietseinheiten einiger Großstädte entfaltete sich in den Ortsgruppen eine starke Aktivität. Als Belege wären folgende Ortsgruppen zu nennen: Berlin-Südwest, Berlin-Südost, Berlin-Moabit, Berlin-Neukölln, Stuttgart-Zuffenhausen, Stuttgart-Vaihingen, Stuttgart-Feuerbach, Mannheim-Käfertal, Mannheim-Neckarau, Karlsruhe-Rüppurr, Karlsruhe-Mühlburg, Karlsruhe-Rintheim, Ludwigshafen-Friesenheim und Heidelberg-Handschuhsheim.

2.2.3 Die Bedeutung der Sozialstruktur für die Mobilisierung religiöser Sozialisten, dargestellt am Landesverband Baden

Deutete sich mit der geographischen Verbreitung der Ortsgruppen des Bundes im Reichsgebiet bereits der Zusammenhang von

---

[46] E. Eckert, Zur kirchenpolitischen Lage, in: ZRS 1929, Heft 3, S. 65.

Sozialstruktur und schichtenspezifischer Mobilisierbarkeit der religiösen Sozialisten an, so ergibt eine genauere Untersuchung über diesen Zusammenhang in Baden Ergebnisse, die sich tendenziell verallgemeinern lassen.[47]

2.2.3.1 Die Sozialstruktur Badens um 1925

Bereits vor 1918 gehörte das Großherzogtum Baden zu den industriell zurückgebliebenen und politisch liberal entwickelten Gebieten in Deutschland. Martin Offenbacher, der als Schüler Max Webers in seiner Studie über Konfession und soziale Schichtung in Baden die religiöse Bedingtheit sozialen Verhaltens nachzuweisen suchte[48], stellte fest, daß 1895 noch drei Siebentel der erwerbstätigen Bevölkerung (= 362 000) in der badischen Landwirtschaft beschäftigt waren.[49] Ein Großteil der badischen Hauptindustrien bestand aus solchen mit örtlich rekrutierter Arbeiterschaft und nicht oder wenig gelernten Arbeitern und aus Industrien mit nicht örtlich rekrutierter Arbeiterschaft und nicht oder wenig gelernten Arbeitern. Die Textilindustrie, die Edelmetallindustrie, vor allem im Raum Pforzheim, und die Verfertigung von Zeitmaßinstrumenten rekrutierte sich aus ortsansässigen gelernten Arbeitern. Die Ma-

[47] Baden ist als Untersuchungsgegenstand besonders geeignet, weil der Landesverband Baden sich nicht nur als erster 1920 an Kirchenwahlen beteiligte, sondern auch bei den Wahlen 1926 und 1932 die relativ größten Wahlerfolge zu verzeichnen hatte. Von Baden ging die organisatorische Zusammenfassung der rel. Soz. auf dem 1. Meersburger Kongreß 1924 aus. Zwei von insgesamt 3 Bundeskongressen fanden in Baden statt, und zwar 1926 in Meersburg und 1928 in Mannheim. Der 3. Bundeskongreß fand 1930 in Stuttgart statt. In Mannheim befand sich seit 1927 die Geschäftsstelle und der Verlag des Bundes, der u. a. auch das Bundesorgan „Sonntagsblatt des arbeitenden Volkes", das ab 1931 „Der religiöse Sozialist" hieß, herausgab. Es erscheint demnächst als Reprint beim Verlag Arnulf Liebing, Würzburg, mit einer gemeinsamen Einleitung von Erwin Eckert und F. M. Balzer.
[48] M. Offenbacher, Konfession und soziale Schichtung, Ein Studie über die wirtschaftliche Lage der Katholiken und Protestanten in Baden, Tübingen und Leipzig 1900; die Berufung M. Webers auf Offenbachers Studie in: M. Weber, Die protestantische Ethik und der Geist des Kapitalismus, in: M. Weber, Die protestantische Ethik, Eine Aufsatzsammlung, München und Hamburg 1965, S. 78 ff.
[49] M. Offenbacher, a. a. O., S. 33.

schinenbauindustrie und die Eisengießereien waren Industrien mit nicht örtlich rekrutierten gelernten Arbeitern. Die Tabakindustrie beschäftigte eine „sozial und ökonomisch niedrig stehende Arbeiterschaft".[50] Ebenso standen die Arbeiter in der Ziegeleiindustrie „ziemlich niedrig"[51] und waren „schlecht bezahlt".[52] Auch bei der Bauindustrie hatte man es mit einer „niedrig stehenden Arbeiterklasse"[53] zu tun. Die Facharbeiter erfordernde Maschinenbauindustrie war wenig entwickelt. 1899 stand die Tabakindustrie mit 470 Betrieben und 30 464 Arbeitern noch an erster Stelle.[54] Dann folgte die Textilindustrie mit 164 Fabriken und 27 407 Arbeitern. Die durchschnittliche Arbeiterzahl eines Betriebes betrug 84. Die Zahl der Betriebe, die über 1000 Arbeiter beschäftigten, war von 1882 bis 1899 auf sechs und bis zum Jahre 1912 auf 19 „gestiegen". Dieses Bild hatte sich bis 1925 nur unwesentlich verändert. Nach der Volks-, Berufs- und Betriebszählung vom 16. Juni 1925 bestand der Anteil der abhängig Beschäftigten an der erwerbstätigen Bevölkerung, also der Arbeiter, Angestellten und Beamten in Baden nur aus 52,3%, während er im Reichsdurchschnitt bereits 61,6% und in Preußen 64% ausmachte.[55] Der Klein- und Mittelbetrieb herrschte auch noch 1925 in der badischen Industrie vor. Die Gesamtzahl der Fabriken mit 20 und mehr Arbeitern betrug 3,3% aller in Baden ermittelten Gewerbe- und Handwerksbetriebe. In mehr als drei Viertel aller Fabriken (77,7%) wurden nach dem Ergebnis der Gewerbezählung von 1925 unter 100 Arbeiter beschäftigt. Der Anteil der Kleinfabri-

---

[50] Ebd., S. 43; Offenbacher bezog sich auf die Studie „Die soziale Lage der Fabrikarbeiter in Mannheim und dessen nächster Umgebung", Karlsruhe 1891, wonach der durchschnittliche Wochenlohn 8—10 Mark betrug.
[51] M. Offenbacher, a. a. O., S. 44.
[52] Ebd.
[53] A. a. O., S. 47.
[54] Diese und die folgenden Angaben in Abschnitt 2.3.1. sind, wenn nicht anders vermerkt, entnommen aus: Die Industrie in Baden im Jahre 1925; bearbeitet und hrsg. v. Badischen Statistischen Landesamt, Karlsruhe 1926, vor allem 3—38.
[55] Statistisches Jahrbuch für das Deutsche Reich, hrsg. v. Stat. Reichsamt, Jg. 46, 1927, Berlin 1927, S. 24.

ken (20–50 Arbeiter) an der Gesamtzahl aller Fabriken betrug 1925 rund 53%. Geht man jedoch von der Zahl der in den Fabriken beschäftigten Arbeiter aus, so zeigt sich, daß in den Großbetrieben mit mehr als 100 Arbeitern über 160 000, das sind zwei Drittel aller Arbeiter, beschäftigt waren. Der niedrige Grad der Industrialisierung in Baden geht auch aus dem Verhältnis der Fabrikarbeiter zur Gesamtbevölkerung hervor. Danach entfiel 1925 auf neun Einwohner ein Fabrikarbeiter. Auf die einzelnen Industriezweige verteilt entfielen von den 251 000 Fabrikarbeitern 96 226 auf die Gruppe der Metall- und Maschinenindustrie, 38 451 auf die Tabakindustrie, 38 310 auf die Textilindustrie und 21 210 auf die Schmuckwarenherstellung in Pforzheim.

Ein wesentliches Moment der sozialen Lage der Arbeiterklasse in Baden war der Wohnort der Fabrikarbeiter. In den meisten Fällen zog der Fabrikarbeiter vor, unmittelbar an seinem Arbeitsort oder in der Nähe zu wohnen. Während jedoch die Zahl der Gemeinden, in denen es Fabriken gab, rund 500 betrug, verteilte sich der Wohnsitz der Fabrikarbeiter auf rund 1150 Gemeinden. Etwa 100 000 Fabrikarbeiter hatten ihren Wohnsitz in den Städten, rund 155 000 in Landgemeinden. Da es in 650 Wohngemeinden keine Fabriken gab, waren über 100 000 Arbeiter genötigt, Tag für Tag ihren Arbeitsort teils zu Fuß, teils mit dem Rad oder mit der Bahn aufzusuchen (Pendler). Versteht man unter einer Industriearbeitergemeinde eine Gemeinde, in der über 20% der Einwohnerschaft aus Fabrikarbeitern besteht, so läßt sich sagen, daß es in Baden 1555 solcher Industriegemeinden gab, und zwar betrug in 89 Gemeinden dieser Anteil der Fabrikarbeiter an der Einwohnerschaft 20–30%, in 44 Gemeinden 30–40%, in 22 Gemeinden 40% und mehr.

2.2.3.2 Die Synodalwahlen in Baden 1926

Legt man die badische Sozialstruktur bei der Analyse der badischen Kirchenwahl 1926 zugrunde, so ergibt sich folgendes Bild: Über 25% der abgegebenen Stimmen erzielte der Bund nur in den Kirchenbezirken Mannheim (26%), Durlach (25,8%)

und Schopfheim (25,7%).[56] In Karlsruhe-Stadt erreichte der Bund 24,4% der abgegebenen Stimmen. Zwischen 15 und 20% wurden in den Kirchenbezirken Pforzheim-Land (17,1%) und Ladenburg-Weinheim (16%) abgegeben. Der Landesdurchschnitt belief sich auf 14,5%. Das gemeinsame Merkmal der überdurchschnittlichen Gewinne ist, daß sie in Bezirken mit einem relativ hohen Fabrikarbeiteranteil und mit überwiegend protestantischer Bevölkerung in dem überwiegend katholischen Baden erzielt wurden. Dagegen blieben die religiösen Sozialisten in Bezirken mit sehr geringem Industrialisierungsgrad, in den agrarisch bestimmten Regionen, ungeachtet des konfessionellen Mischungsverhältnisses unter 5%: so in Wertheim, Boxberg, Adelsheim, Neckarbischofsheim, Sinsheim und Müllheim.[57]

Genauere Auskunft über die Mobilisierbarkeit religiös-sozialistischer Wähler zu den Kirchenwahlen ergeben sich, wenn man nicht die Kirchenbezirke, sondern die einzelnen Gemeinden zugrundelegt. So vereinigte der Bund in der Industriearbeitergemeinde Rheinfelden, dessen Einwohner zu 55% Fabrikarbeiter waren[58], 49,1% der abgegebenen Stimmen auf sich. In Kollnau, dessen Einwohner zu 62% Fabrikarbeiter waren[59], erzielte der Bund 37,5% der Stimmen. Auch in den großen Städten, so vor allem in Mannheim, der badischen Industrie- und Handelsmetropole, unterschied sich die Höhe des Stimmenanteils je nach dem schichtenspezifischen Wohngebiet. So errang der Bund in den Stimmbezirken XIII, XIV und XV, einer typischen Arbeiterwohngegend, der Neckarvorstadt, im Schnitt 44,4% der Stimmen. In den den Großstädten vorgelagerten Wohn- und Stimmbezirken der Arbeiter lag der Stim-

---

[56] Der Stimmenanteil des Bundes der rel. Soz. ist berechnet nach: Verordnungsblatt der badischen Landeskirche, Einzelergebnisse der Landessynodalwahl vom 11. Juli 1926.

[57] Die Bedingungen, die für die Wahlerfolge des Bundes 1926 in Baden ausschlaggebend waren, gelten ebenso für die Organisierung von Ortsgruppen und die Verbreitung von Lesergemeinden des Bundesorgans, nach dessen Mitteilung zwischen 1922 und 1931 ca. 100 in Baden existierten.

[58] Die Industrie in Baden, a. a. O., S. 37.

[59] Ebd.

menanteil gewöhnlich höher als in den Städten selbst, so in Mannheim-Ilvesheim (58,6%), Mannheim-Waldhof (50%), Karlsruhe-Rintheim (51,4%), Karlsruhe-Mühlburg II (43%), Heidelberg-Pfaffengrund (49,7%), Pforzheim-Huchenfeld (44,2%) und Pforzheim-Ispringen (40,4%). Vier Gemeinden erzielten über 60%, sechs über 50%, 15 über 40%, 24 über 30% und 60 über 20% der abgegebenen Stimmen.

Auch das Wirken einzelner im Bund organisierter Pfarrer – 1926 waren es die Pfarrer Kappes, Karlsruhe, Pfarrer Löw, Riegel, und Diasporapfarrer Eckert, Meersburg, – spiegelte sich in den Einzelwahlergebnissen wider. So erreichte Pfarrer Löw in Riegel 55,2% und Eckert, der 1926 noch Diasporapfarrer in Meersburg und zugleich Spitzenkandidat in Mannheim war, 63,8% der abgegebenen Stimmen in Meersburg.

Daß mit der Veränderung der Sozialstruktur, d. h. mit einer stärkeren Industrialisierung, vor allem in den großstädtischen Ballungsgebieten[60], der Grad der kirchlichen und religiösen Bindung abnimmt, läßt sich bereits anhand der badischen Kirchenwahlen von 1926 ablesen. Auch wenn die Wahlbeteiligung nicht unbedingt etwas über kirchliche Bindung aussagt, erlaubt ein Vergleich der unterschiedlichen Wahlbeteiligung je nach sozialstrukturiertem Wahlbezirk bei einer gegebenen Kirchenwahl Rückschlüsse auf den Zusammenhang von Sozialstruktur und Kirchenbindung. Die Wahlbeteiligung war 1926 in den Großstädten wesentlich niedriger als in den Klein- und Mittelstädten Badens. In der größten Industriearbeiterstadt Badens[61], in Mannheim, war die Wahlbeteiligung die niedrigste.

---

[60] Der Prozeß der Verstädterung hat seit 1926 erheblich zugenommen. Die 1926 selbständigen Gemeinden mit starkem Anteil von Arbeitern an der Einwohnerzahl in der Nähe der Großstädte sind inzwischen alle eingemeindet. Selbst eine einwohnermäßig so große Gemeinde wie Durlach wurde 1938 Stadtteil von Karlsruhe.

[61] Geht man von der Zahl der beschäftigten Arbeiter aus, dann stand 1925 an 1. Stelle die Stadt Mannheim mit ca. 44 000 Arbeitern; etwas mehr als die Hälfte waren in der Stadt Pforzheim (24 118) beschäftigt; an 3. Stelle stand die Stadt Karlsruhe mit 16 134 Arbeitern; es folgten die Städte Weinheim mit 5933, Freiburg mit 5120, Durlach mit 4967, Heidelberg mit 4862, Singen mit 4219, Rastatt mit 3613, Lahr mit 3438 und Lörrach mit 3422. Die Angaben sind entnommen aus: Die Industrie in Baden, a. a. O., S. 13. In Mannheim, Pforzheim, Karlsruhe, Weinheim, Freiburg, Durlach, Heidelberg,

Sie lag für Männer bei 25,6% und für Frauen bei 28,9%. Es folgten Karlsruhe mit einer Wahlbeteiligung für Männer bei 29% und für Frauen bei 33,6%, Heidelberg mit 30,9 bzw. 36,5% und Pforzheim-Stadt mit 32,3 bzw. 41,8%. Die höchste Wahlbeteiligung dagegen lag in agrarischen Kirchenbezirken, und zwar relativ unabhängig vom jeweiligen konfessionellen Mischungsverhältnis, so im Kirchenbezirk Wertheim (Männer: 58,5%, Frauen: 59,8%), Boxberg (Männer: 54,1%, Frauen: 51,2%), Adelsheim (Männer: 55,4%, Frauen: 53,4%), Mosbach (Männer: 53,9%, Frauen: 55,5%) und Neckarbischofsheim (Männer: 54,9%, Frauen: 52,1%). In allen diesen Kirchenbezirken erzielte der Bund weniger als 5% der abgegebenen Stimmen.

Diese Analyse der badischen Synodalwahlen, die die Abhängigkeit der religiös-sozialistischen Bewegung von einer bestimmten Sozialstruktur nachzuweisen versuchte, wird durch die Einschätzung eines Kenners der badischen Verhältnisse bestätigt und ergänzt, nämlich durch die Wahlanalyse des badischen Landesvorsitzenden, Heinrich Dietrich.[62]

Rastatt befanden sich Ortsgruppen des Bundes, in Lahr und Lörrach Lesergemeinden. Wegen der überwiegend katholischen Bevölkerung in Singen bestand dort kein organisatorischer Kern des Bundes. Die oben aufgeführten Städte hatten dagegen einen durchschnittlichen protestantischen Bevölkerungsanteil von 54,4 %. Insgesamt betrug der Anteil der protestantischen Bevölkerung in allen badischen Orten, in denen Ortsgruppen gegründet wurden, durchschnittlich 70,6 %, während ihr Anteil an der Gesamtbevölkerung Badens lediglich 38,7 % betrug. Die Berechnung des Konfessionsproporzes erfolgte anhand von: Die Religionszugehörigkeit in Baden, Freiburg 1928. Neben der Beteiligung an Kirchenwahlen kann die Teilnahme am Abendmahl und der Kirchgängerbesuch an Hauptgottesdiensten als Indiz für die Kirchenbindung angesehen werden. Nach der kirchlichen Statistik betrug der Anteil der Abendmahlsteilnehmer 1926 in Mannheim 21,3 %. Der Kirchgängeranteil lag in Mannheim bei 5,6 %. Die Zahlen für die folgenden Kirchenbezirke lauteten (Abendmahl vor Kirchgang): Pforzheim-Stadt (19,1 %/7,3 %), Heidelberg (32,1 %/9,5 %), Karlsruhe-Stadt (38,7 %/10,5 %). Entsprechend den Wahlbeteiligungsziffern verhielt es sich auch mit der Abendmahls- und Kirchgangsbeteiligung in den agrarischen Kirchenbezirken: Boxberg (80,5 %/43,4 %), Wertheim (76,5 %/38,0 %), Adelsheim (68,1 %/35,1 %), Neckarbischofsheim (67,3 %/34,0 %) und Mosbach (66,9 %/27,4 %), s. Gesetzes- und Verordnungsblatt für die Vereinigte Ev. protestantische Landeskirche Baden für das Jahr 1927, S. 107 f.
[62] H. Dietrich, Die Kirchenwahlen in Baden, in: CW, Jg. 40, 1926, vom 9. 9. 1926.

Dietrich zog aus den badischen Synodalwahlen von 1926 den Schluß, daß der Weg zum Erfolg über die Industriearbeitergemeinde führte. „Das badische Industriedorf hat keine großstädtischen Proletariertypen; der Industriearbeiter ist der Fortsetzer jener Kleinbauernschicht, die zur Industrie übergeht, weil die Kinder des Kleinbauern sich auf dem väterlichen Boden nicht mehr ernähren können. Sie behalten aber noch ihren Acker, wohl auch ihr Häuschen, und nehmen mit diesem Kleinbesitz auch die kirchliche Tradition mit hinüber. Obwohl der gewöhnlich deutsch-nationale Pfarrer sie aus der Kirche hinausgepredigt hat, empfinden sie es als gesellschaftlichen Mangel, kirchlich nicht als vollwertige Bürger angesehen zu werden."[63] Diese Kreise, so schrieb Dietrich 1926, begrüßten den „religiösen Sozialismus, weil er ihnen stimmungsmäßig das brachte, was sie unbewußt in sich trugen".[64] Aus den Industriedörfern, so beobachtete Dietrich, ging die Bewegung der religiösen Sozialisten in die Stadt über. „Diese in die Stadt Zugezogenen, deren Wiege noch draußen im Dorfe stand, sind bis zum heutigen Tag die Träger des religiösen Sozialismus. Von diesen Schichten aus, wo die kirchliche Tradition ebenfalls noch eine Rolle spielt, stieß der religiöse Sozialismus in das eigentliche Proletariat vor."[65]

Wenn Dietrich jedoch glaubte, aus der Tatsache, daß es einigen Wortführern des Bundes gelang, im eigentlichen Proletariat Resonanz zu finden, so vor allem der Typus des Volkstribunen Erwin Eckert, weil sie als Mitglieder der SPD im politischen Kampf, hauptsächlich in Süddeutschland, mit an erster Stelle standen, schließen zu können, daß das Mißtrauen zwischen dem Bund und der klassenbewußten Arbeiterbewegung überwunden sei oder überwunden werden könne, so war dies sicher ein Trugschluß.

[63] Ebd.; die Proletarisierung der Kleinbauern wurde durch die in Baden vorherrschende Realerbteilung unterstützt. Von dieser Proletarisierungstendenz und der damit verbundenen Abwanderung in die Städte war vermutlich auch die in Baden breite Schicht der Handwerker betroffen, die von den kleineren Gemeinden in die größeren und großen Städte abwanderten und zu unselbständiger Arbeit übergingen.
[64] Ebd.
[65] Ebd.

Geht man von der Zahl der Stimmen aus, die in Baden bei der Reichstagswahl am 14. September 1930 für SPD (210 549) und KPD (112 975), zusammen rund 28%[66], abgegeben wurden, so bleibt die Zahl derjenigen SPD- und KPD-Wähler, die gleichzeitig bei Kirchenwahlen mobilisiert werden konnten, nämlich 1932 rund 30 000, auch unter Berücksichtigung des Konfessionsproporzes sehr gering, jedoch höher als in Gebieten mit entwickelterer Sozialstruktur, zahlenmäßig stärker entwickelter Arbeiterbewegung und geringer religiöser Verwurzelung der Arbeiterklasse.

2.3 Zusammenfassung und Schlußfolgerungen

Die eingangs gestellten Fragen wurden durch die soziologische Analyse beantwortet. Die soziale Basis der religiös-sozialistischen Bewegung hatte einen eindeutig klassenspezifischen Charakter. Der Bund der religiösen Sozialisten Deutschlands, die einzige im deutschen Sprachbereich auf eine breitere Grundlage von Mitgliedern gestützte Bewegung religiöser Sozialisten, die nicht lediglich eine schmale Intellektuellen-Gruppe repräsentierte und die Ansätze zu proletarischem Bewußtsein mit christlichen Vorstellungen verbunden hat, rekrutierte sich überwiegend aus der Arbeiterklasse. Dabei handelte es sich um diejenigen Teile der werktätigen Bevölkerung, die in Klein- und Mittelstädten bzw. in Industriedörfern lebten. Es sind im wesentlichen die Nachkommen der proletarisierten, zur Industriearbeit übergegangenen Kleinbauernschicht. Zusammen mit dem z. T. noch vorhandenen Kleinbesitz haben sie auch die Bindung an die kirchliche Tradition der Landbevölkerung übernommen. Es sind diejenigen Übergangsgruppen der Werktätigen, die sich auf dem Weg zum Proletariat befinden und demzufolge ihre ideologische Bindung an Kirche und Religion noch nicht ganz verloren haben. Es ist darum bezeichnend, daß die religiösen

[66] Statistisches Jahrbuch für das Land Baden, Karlsruhe 1930, zit. n. RS 1931, S. 7.

Sozialisten bei den großstädtischen Arbeitern mit längerer proletarischer Tradition kaum Resonanz fanden. Hier war die Loslösung von bäuerlichen und bürgerlichen Traditionen und damit die Entkirchlichung bei den arbeitenden Massen schon viel zu weit fortgeschritten, als daß diese großstädtischen Massen durch religiös-sozialistische Parolen hätten mobilisiert werden können.

Ergab die soziologische Untersuchung den proletarischen Charakter der religiös-sozialistischen Bewegung, so kristallisierte sich ebenso eindeutig die Klassenbindung der kirchlichen Gegenspieler der religiösen Sozialisten heraus. Die soziale Zusammensetzung der führenden Organe des offiziellen Protestantismus spiegelte recht getreu die Struktur der nach der gescheiterten Novemberrevolution wieder zur Macht gelangten herrschenden Klassen der Weimarer Zeit wider: Feudaladel und Großbourgeoisie ergänzt durch Teile des liberalen Bürgertums. Die Ausgangsfrage, warum dieselbe christliche Tradition innerhalb der protestantischen Kirche der Weimarer Republik so gegensätzlich interpretiert wurde, läßt sich durch den empirischen Befund beantworten, der die Fruchtbarkeit des methodischen Ansatzes einer marxistischen Religionssoziologie unter Beweis stellt. Es ging um den Kampf antagonistischer Klasseninteressen, die z. T. durch das religiöse Gewand verhüllt waren. Die innerkirchlichen Auseinandersetzungen zwischen den religiösen Sozialisten und den Vertretern des offiziellen Protestantismus waren ein Teil des allgemeinen Klassenkampfes in der Weimarer Republik zwischen dem Proletariat auf der einen und den bürgerlichen und feudalen Klassen auf der anderen Seite.

Die religiösen Sozialisten sind mit ihrer Zielsetzung, die Arbeiterklasse gegen die bestehende Kirche zu mobilisieren, um in dem gesellschaftlichen Teilbereich der Kirche den Klassenkampf zugunsten des Proletariats zu entscheiden, gescheitert. Die Gründe für dieses Scheitern dürften zum einen darin gelegen haben, daß die Pfarrer aufgrund ihrer überwiegend bürgerlichen Herkunft nicht als Bündnispartner zu gewinnen waren und daß überhaupt die Macht der in den Kirchenleitungen vertretenen herrschenden Klassen unterschätzt wurde, während das mobilisierbare Potential der Arbeiterklasse überschätzt wurde, da letzten Endes die Tatsache der praktischen Emanzipation der großen Majorität der Industriearbeiter den religiösen Sozialisten verstellt blieb. Das Scheitern der religiös-sozialistischen Bewegung hängt schließlich auch mit dem Scheitern von SPD und KPD zusammen, die Liquidation der Weimarer Demokratie durch den Faschismus zu verhindern. Aber trotz ihres notwendigen Scheiterns und obwohl die Bewegung des Bundes der religiösen Sozialisten Deutschlands nie Massenbewegung war und werden konnte – die Schätzungen der Mitgliederzahlen reichen von 2000 über 10 000 bis zu 25 000 und 30 000[67], das wöchentliche Bundesorgan der religiösen Sozialisten erreichte auf dem Höhe- und Scheitelpunkt der Bewegung im Juni 1931 eine Auflage von 17 000[68] – kommt der sozialen Bewegung von Christen, die zugleich Sozialisten sein wollten, bei aller ideologischen Ambivalenz und Divergenz im einzelnen insgesamt das Verdienst zu, den Klassenwiderspruch innerhalb der protestantischen Landeskirchen aufgedeckt und einen Beitrag zum Kampf der Arbeiterbewegung der Weimarer Republik geleistet zu haben.

[67] Die Zahl 2000 herrscht in der kirchlichen Publizistik vor (s. G. Dehn, Religiös-sozialistische Bewegung, in: ESL, S. 1038; K. Kupisch, Die deutschen Landeskirchen im 19. u. 20. Jahrhundert, Göttingen 1966; W. Deresch, Der Glaube der religiösen Sozialisten, Hamburg 1972, S. 29). Realistischer dagegen ist die Schätzung von 10 000 (H. Beyer, Der „religiöse Sozialismus" in der Weimarer Republik, in: Deutsche Zeitschrift für Philosophie, 1960, S. 1469). Helga Grebing (Geschichte der deutschen Arbeiterbewegung, München 1970, S. 173) gibt die Gesamtzahl der religiösen Sozialisten mit 25 000 bis 30 000 an. Siehe F. M. Balzer, Zur Bedeutung des Bundes der Religiösen Sozialisten Deutschlands in der Weimarer Republik, in: neue stimme, 8/1974, S. 15.
[68] Material zur Aufsichtsratssitzung des Verlages der rel. Soz. am 30. September 1932, erstellt von H. Dietrich am 23. September 1932.

3 Politische Theorie und gesellschaftliche Praxis bei Erwin Eckert

Vorbemerkung

Nachdem versucht wurde, den Charakter der sozial-ökonomischen Formation zu klären, in welcher die soziale Bewegung „religiöser Sozialisten" entstand und sich entfalten konnte, soll aus der Anonymität des sozialen Prozesses die politische Theorie und gesellschaftliche Praxis Erwin Eckerts in ihrer sozialgeschichtlichen Entwicklung herausgelöst werden. Wenn von Eckert die Rede ist, so bedeutet dies nicht, daß Eckert typisch für den Bund der religiösen Sozialisten und die Zwiespältigkeit seiner ideologischen Bestandteile gewesen ist, so sehr er auch in der Öffentlichkeit als der „Führer" des Bundes galt und seine Funktion innerhalb des Bundes und seine überragende Tätigkeit in der Öffentlichkeit diesen Eindruck nahelegten.

Nicht der von Max Weber entwickelte Begriff des Idealtypus soll zugrundegelegt werden, der die Existenz objektiver Entwicklungsgesetze leugnet und stattdessen das empirische Material der Geschichte nach konstruierten Idealtypen subjektiv auswählend „ordnet"[1], der Verfasser folgt hier vielmehr dem von Ernst Werner entwickelten methodischen Ansatz. „Im

[1] Vgl. Wörterbuch der marxistisch-leninistischen Soziologie, Opladen 1971, 2. Aufl., S. 201 f., Art.: Idealtypus; vgl. auch: Art.: Typologie, soziale, S. 486 f. Idealtypen im Weberschen Sinne hat dagegen R. Breipohl (Religiöser Sozialismus und bürgerliches Geschichtsbewußtsein, Zürich 1971) herauszuarbeiten versucht. Dabei wird der dialektische und historische Entwicklungsprozeß von Individuum und Gesellschaft vernachlässigt. Siehe z. B. „Wirklichkeit und marxistische Geschichtsauffassung bei Erwin Eckert" (a. a. O., S. 137 ff.). Vgl. Robert Schulz, der im Hinblick auf den Weberschen Idealtypus feststellte, daß dieser „die Praxis als Kriterium der Wahrheit, der relativ richtigen Widerspiegelung der Wirklichkeit mißachtet bzw. unterschätzt" und „die Existenz objektiver Struktur-, Funktions- und Entwicklungsgesetze im vielfältigen Strom sozialer Prozesse, Beziehungen und Erscheinungen" leugnet und „das empirische Material der Geschichte nach konstruierten Idealtypen ,ordnet'" (Wörterbuch a. a. O., S. 201 f.). Vgl. auch G. Korf, Der Idealtypus Max Webers und die historisch-gesellschaftlichen Gesetzmäßigkeiten, in: DZfPh 11/1964, S. 1328 ff.

Typus werden wie in einem Brennspiegel die Reflexe der gesellschaftlichen Realität eingefangen und die ‚Übersetzung' der von außen wahrgenommenen Erscheinungen der Wirklichkeit sichtbar gemacht."[2] Die dialektische Typologie geht von dem Wechselverhältnis von Individuum und Gesellschaft aus, wobei der Typus sich mit der Entwicklung der Gesellschaft und mit dem Wachstumsprozeß der Widersprüche entwickelt. Die dialektische Typologie hat die Aufgabe, den Entwicklungsprozeß innerhalb einer gesellschaftlichen Formation an Hand eines Repräsentanten eines bestimmten ideologischen „Prinzips" aus der Stufenfolge des gesellschaftlichen Entwicklungsprozesses abzuleiten. Religion bzw. religiöse Überzeugungen werden dabei in Übereinstimmung mit Norman Birnbaum wie Ideologien behandelt[3], was sich von selbst versteht, wenn die Religionssoziologie nicht zu einer „Hilfswissenschaft" der Theologie, die von der Existenz jenseitiger Mächte ausgeht, werden will.

„Nur indem wir eine Religion (bzw. religiöse Überzeugungen, F. M. B.) wie eine Ideologie behandeln, können wir die historischen Bedingungen näher beschreiben, unter denen – für gewisse gegebene Gruppen – eine säkularisierte Weltbewältigung die religiöse Quelle als letzte moralische Konzeption ablöst."[4] Als ideologisch bezeichnet Birnbaum jene Feststellungen über die Gesellschaft, die den Eindruck erwecken, als stellten sie Tatsachen dar, die jedoch in Wirklichkeit, gewöhnlich implizit, Werturteile enthalten – positive oder negative Werturteile über die Verteilung von Macht in den Gesellschaften, in denen solche Feststellungen entwickelt und verbreitet werden.[5] Birnbaum geht davon aus, daß eine Gruppe gewöhnlich eine Auffassung von der Gesellschaft entwickelt, die im Zusammenhang mit ihren eigenen Interessen steht. Die religiös-sozialistische Bewegung ist danach als eine Artikulation der „Intentionen und

---

[2] E. Werner, Messianische Bewegungen im Mittelalter, in: Zeitschrift für Geschichtswissenschaft, Heft 3, 1962, S. 621 f.
[3] N. Birnbaum, Ideologiebegriff und Religionssoziologie, in: Probleme der Religionssoziologie, Köln und Opladen 1962, S. 81.
[4] Ebd.
[5] Ebd., S. 79.

Hoffnungen der Ausgebeuteten und Unterdrückten"[6] aufzufassen. Die Klassenfunktion der Religion und der Institution Kirche kann nicht gleichgesetzt werden mit der des sozialen und politischen Engagements solcher Unter- und Mittelschichten, die ihre Kirchen- und Religionsbindung noch nicht aufgegeben haben und deren Interessen den Interessen der Herrschenden widersprechen. Die religiös-sozialistische Bewegung ist ein geschichtliches Beispiel dafür, daß der Widerspruch zwischen den objektiven Interessen der werktätigen Schichten, die noch irgendwie kirchlich-religiös gebunden sind, und dem institutionalisierten Christentum offen ausgebrochen ist, und zwar, wie Martin Robbe schreibt, nicht durch Diskussionen, sondern durch die Beteiligung am Klassenkampf zur Überwindung der Klassengesellschaft.[7]

Erwin Eckert ist als Untersuchungsgegenstand besonders geeignet, weil sich an ihm am deutlichsten der Prozeß der Ablösung der Religion als Quelle und Motiv der Weltbewältigung durch eine säkularisierte Weltbewältigung, durch den wissenschaftlichen Sozialismus, aufzeigen läßt.

Die folgende Studie über Erwin Eckert, die von dem dialektischen Wechselverhältnis der Sozialgeschichte der Weimarer Republik und der Entwicklung Eckerts ausgeht, gliedert sich in sieben Abschnitte:

1. die ersten 30 Jahre (1893 bis 1923),
2. die Etappe von 1924 bis 1925,
3. die Etappe von 1926 bis 1927,
4. die Etappe von 1928 bis Oktober 1929,
5. die Etappe von November 1929 bis August 1930,

[6] M. Robbe, Ideologische Aspekte des antiimperialistischen Bündnisses von Marxisten und Christen, in: „Deutsche Zeitschrift für Philosophie", 2/1971, S. 180.
[7] Ebd., S. 180 f. „Diskussionen sind in diesem Kampf sinnvoll, insofern und soweit sich Menschen in ihnen verständigen, die gemeinsam gegen den Imperialismus kämpfen. Eine antiimperialistische Parteinahme gibt auch erst dem Gespräch zwischen Marxisten und Christen, das dann notwendigerweise ein *politisches* Gespräch ist, seine historische Berechtigung" (S. 181) (Hervorhebung F. M. B.).

6. die Etappe von September 1930 bis Juni 1931 und
7. die Etappe von Juli 1931 bis Dezember 1931.[8]

3.1 Die ersten 30 Jahre (1893 bis 1923)

Geboren am 16. Juni 1893 in Zaisenhausen, Kreis Bretten/Baden, wuchs Erwin Eckert als ältestes von acht Kindern eines Hauptlehrers in einem Mannheimer Arbeiterviertel, der Nekkarvorstadt, auf, wo er seine ersten Eindrücke vom sozialen Elend der Arbeiter erhielt.[9] Nach dem Besuch des humanistischen Gymnasiums in Mannheim trat der 18jährige 1911 zu einem Zeitpunkt der SPD bei, als noch keiner der in der Wei-

---

[8] Den sozialgeschichtlichen Hintergrund im einzelnen deutlich sichtbar zu machen, hätte den Rahmen der vorliegenden Arbeit gesprengt. Exemplarisch wird dieser Zusammenhang im Kapitel 5.1.5 untersucht.

[9] Siehe Eckerts „Vernehmung zur Person" am 10. November 1959 im Düsseldorfer Prozeß gegen führende Mitglieder des westdeutschen Friedenskomitees: „Als ich sechs Jahre alt war, wurde mein Vater nach Mannheim an eine Volksschule der Arbeitervorstadt, der Neckarvorstadt, versetzt. Mannheim war damals eine aufblühende Industriestadt. Jahrelang wirkte er dort neben seiner Tätigkeit an der Schule ehrenamtlich als Armenpfleger der Stadt. Und nun kommt etwas, was für mein Leben sehr wichtig ist. Jeden Mittwoch und Samstag nahm er mich mit, wenn er die hilfsbedürftigen, kinderreichen Familien, die Kranken, die alleinstehenden alten Leute in den engen, dumpfen und überfüllten Wohnungen aufsuchte, um nach ihnen zu sehen, sie zu beraten und ihnen gegen die äußerste Not Unterstützung auszuzahlen. Die Eindrücke dieser Besuche haben sich damals unauslöschlich in mein Kindergemüt eingegraben. Die Situation war erschütternd für mich, und ich bin froh, daß mein Vater mir das damals alles gezeigt hat, wie es in Wirklichkeit war. Ich fragte warum das so sei. Dann erklärte er mir die Ursachen dieses Elends und daß diese Menschen nichts dafür könnten, daß es nicht ihre eigene Schuld sei, daß sie zwangsläufig in ein solches Leben eingespannt wären. Später lehrte er mich die Ursachen des Elends und den Weg zu seiner Überwindung erkennen. In seiner Weise erklärte er mir die Grundzüge der sozialistischen Arbeiterbewegung, zu der er sich bekannte." Abschrift des stenografischen Protokolls im Privatarchiv Eckert. Eckerts Vater „stammte aus einer der vielen badischen Familien, die entschieden republikanisch und demokratisch gesinnt waren und 1848 auf Seiten der Revolutionäre standen. Dadurch hatte er große Schwierigkeiten". (ebd.) Über seine Mutter sagte Eckert 1959: „Meine Mutter war eine ausgesprochen innerlich gerichtete Frau, die ganz in der Sorge um ihre vielen Kinder aufging. Sie war von einer tiefen und lebendigen Religiosität erfüllt, die vor allen Dingen nicht Ungerechtigkeit dulden konnte." (ebd.)

marer Republik dem Bund angehörenden religiös-sozialistischen Wortführer sich zur SPD bekannte. Er studierte Theologie und Philosophie in Heidelberg, Basel und Göttingen, u. a. bei den Professoren Windelband, Husserl, Troeltsch, Bauer und Wobbermin. Zunächst konnte er die politische Situation nicht erkennen; im Strom der Stimmung von 1914 hielt er unter dem Einfluß des Mannheimer revisionistischen Arbeiterführers Ludwig Frank den Weltkrieg noch für einen Verteidigungskampf seines Volkes und meldete sich freiwillig zum Kriegsdienst. Nach mehreren Verwundungen und dem Erlebnis der Schlachten um Verdun kehrte er aus dem Krieg als Gegner des Krieges zurück. Er erkannte, daß der Geist von 1914, den die Kriegstheologen als „heiligen" Geist, als „Pfingstgeist" verklärten, der „Geist Kains" war, „der den Bruder erschlug; kapitalistische Wirtschaftsordnung und die daraus resultierende imperialistisch orientierte Staatsraison aller Länder Europas haben ihn genährt."[10]

[10] E. Eckert, Pfingstgeist 1914, in: CVB 1922, Nr. 23, S. 4.
Siehe Eckerts „Vernehmung zur Person": „1914 meldete ich mich freiwillig beim Ausbruch des Krieges in Mannheim. Mit anderen jungen Sozialdemokraten war ich der Meinung – vor allem, als der von uns schwärmerisch verehrte Reichsanwalt und Reichstagsabgeordnete Dr. Ludwig Frank sich freiwillig zum Heer gemeldet hatte –, daß es unsere Pflicht sei, Deutschland, dessen republikanische und sozialistische Zukunft nur eine Frage der Zeit sein konnte – das war unsere Meinung – vor der Niederlage zu bewahren und daß der Einfluß der Sozialdemokratischen Partei nach dem Kriege sichergestellt bleiben müsse. Später, als ich erkannte, welche Ursachen zum Kriege 1914 bis 1918 führten, habe ich meine damaligen Auffassungen gründlich revidiert. Mit dem aus Schneeschuh-Bataillonen zusammengesetzten Alpenjäger-Regiment Nr. 5 stand ich an der Karpatenfront russischen Regimentern gegenüber, an der italienischen Front im Marmolata-Gebiet, in Frankreich bei den Kämpfen in der Champagne. Außerdem habe ich den ganzen Feldzug in Serbien mitgemacht, zuletzt als Leutnant der Reserve. Ich bin verwundet und ausgezeichnet worden. Aus dem Krieg kam ich völlig vernichtet und zerschlagen zurück. Ich war vor allem im Innersten bedrückt, daß ich das alles nicht nur habe machen müssen, sondern mitgemacht habe." (ebd.) Siehe auch Eckerts Wahlaufruf für die Synodalwahlen 1920 in der Pforzheimer „Freien Presse" vom 6. 11. 1920: „Die evangelische Kirche darf nie mehr für den Krieg predigen. Sie soll künden von allen Kanzeln und bei allen Gelegenheiten: Völkerversöhnung und Völkerfrieden", in: H. Dietrich, Wie es zum Bund der religiösen Sozialisten kam, Schriften der religiösen Sozialisten, Nr. 2, Karlsruhe-Rüppurr 1927, S. 31.

1918 forderte er, der Mehrheitssozialdemokratie angehörend, im Mannheimer Rosengarten die Gründung eines sozialistischen Deutschland. Erst die politischen Auseinandersetzungen nach dem Zusammenbruch des deutschen Imperialismus im Weltkrieg und die Kämpfe um die Weimarer Republik führten ihn von der lediglich ethischen Hinneigung zur unterdrückten Klasse zu der Einsicht in deren Kampfbedingungen. Als Vikar schloß er sich nach 1919 der Bewegung „religiöser Sozialisten" an, die – unter dem Eindruck des Weltkrieges, der revolutionären Kämpfe der Arbeiterklasse in der Novemberrevolution und der zunehmenden Isolierung der Kirche von den Massen – an verschiedenen Orten in Deutschland entstanden war, 1920 gründete er in Pforzheim den „Bund evangelischer Proletarier", der sich am Widerstand gegen den Kapp-Putsch beteiligte. Anders als der ebenfalls nach Kriegsende entstandene Volkskirchenbund in Baden sollte der „Bund evangelischer Proletarier" ein „Aktionsverband in Anlehnung an den Bekanntenkreis aus den drei sozialistischen Parteien (sic)"[11] sein. 1922 kam es zur Verschmelzung des „proletarischen" Bundes mit dem badischen Volkskirchenbund, der wesentlich von der in Baden revisionistischen SPD inspiriert war und sich erst allmählich von der Verbindung mit den Liberalen lösen konnte.[12] Eckert half sogleich, den „Volkskirchenbund evangelischer Sozialisten Süddeutschlands" zu organisieren und zu politisieren. 1922 legte er einen Entwurf über „Form, Gliederung und Kampfesweise"[13] des Bundes vor, 1923 einen Entwurf zu einem „Programm der evangelischen Sozialisten Süddeutschlands".[14] Gleichzeitig

[11] Eckert an G. Wünsch vom 30. März 1920, in: Sammlung Wünsch, ungeordnet. Zur Programmatik des „Bundes evangelischer Proletarier", der im November 1920 inzwischen in „Bund evangelischer Sozialisten" umbenannt worden war, siehe Eckerts Wahlaufruf in der Pforzheimer „Freien Presse" vom 6. November 1920, in: H. Dietrich, Wie es zum Bund . . . a. a. O., S. 31 f.
[12] Zur Geschichte des badischen Volkskirchenbundes siehe H. Dietrich, Wie es zum Bund . . ., ebd.
[13] E. Eckert, Form, Gliederung und Kampfesweise des VKB ev. Sozialisten Süddeutschlands, in: CVB 1922, Nr. 20/21, S. 2f.
[14] E. Eckert, Entwurf zu einem Programm der ev. Sozialisten Süddeutschlands, in: CVB 1923, Nr. 24, S. 2–4, 17. Juni 1923. Eckerts Programmentwurf stieß innerhalb des badischen VKB auf Ablehnung und Kritik. Siehe

setzte er sich erstmalig mit dem Problem der „materialistischen Geschichtsauffassung"[15] auseinander. „Die Geschichte wird nicht hier auf der Erde vorwärts getrieben, in letzter Instanz

H. Ehrenberg, Erklärung zu Eckerts Programmentwurf, in: CVB 1923, Nr. 28, S. 3. Ehrenberg, der später zum Christlich-Sozialen Volksdienst übertrat und auf dem Nürnberger Kirchentag gegen Eckert stand, vermißte in Eckerts Programm den „christlichen Ausgangspunkt, die eigene Buße, das Bewußtsein der eigenen Not", der Sozialismus war ihm „eine sittliche Forderung und Aufgabe, die wir zu erfüllen haben", er rechnete das „Programm-machen zum Aberglauben", Eckerts Programm erwecke den „Anschein, als könne man religiöse Fragen durch Organisierung, durch ‚Machen' entscheiden", Ehrenberg befürchtete, daß sich durch dieses Programm eine neue Orthodoxie festsetze. „Wenn überhaupt Orthodoxie sein muß, das muß ich unserem Freunde Eckert ganz deutlich und öffentlich sagen, dann würde ich meinerseits die alte Orthodoxie jeder anderen vorziehen." (Alle Zitate ebd.) Der Schriftleiter des CVB, Löffler, distanzierte sich von Eckerts Entwurf, indem er ihn als eine „Privatmeinung unseres Freundes Eckert" deklarierte (in: CVB 1923, Nr. 28, S. 3). Auf zustimmende Erklärungen zu Eckerts Programmvorstoß verwies das CVB in Nr. 31, S. 3, und Nr. 30, S. 4. Eckert nahm zur Wirkung des Programmentwurfs abschließend Stellung und konstatierte: „Die Stellungnahme zum Entwurf selbst ist eine sehr verschiedenartige, von leidenschaftlicher Absage bis zur begeisterten Bejahung" (E. E., Zum Programmentwurf, in: CVB 1923, Nr. 34, S. 4). Es habe sich bei seinem Entwurf darum gehandelt, „klar und eindeutig festzulegen, was als *praktische Betätigung und Forderung für die Zukunft* aus der Gesinnung und religiösen Überzeugung der evangelischen Sozialisten resultiere". (Hervorhebung E E.) Es sei eigentümlich, daß die *akademisch* orientierten in unserem Kreis zum Teil ohne sachlich wertvolle Begründung offene oder eingekleidete Erklärungen abzugeben sich gezwungen fühlten, die im Grunde *Nebensächlichkeiten* angreifen oder *völlig fruchtlose Dialektik* über Begriffe und ihre Zulänglichkeit enthalten. Er stellte an die Kritiker des Entwurfs folgende Fragen: „1. Ist ein Programm (jetzt) notwendig und welche Bedeutung hätte es für den Bund? 2. Soll ein solches *Aktionsprogramm* sein wie das vorliegende oder *ein religiöses Manifest*? 3. Wozu soll die organisch-praktische Einheit und Zielarbeit des Bundes erhalten bleiben *ohne* Programm." – „Vielleicht wird in nicht ferner Zeit von uns Zielklarheit und praktische Entschlußfähigkeit verlangt werde, werden allgemeine Gefühle und Reden nichts mehr nützen – wird es gelten, aus dem unmittelbar religiösen Erfaßtsein und Leben in uns die Tat zu finden. Diesem Vorwärts vom Religiösselbstverständlichen und Absoluten zur Klarheit des Handelns im Relativen wollte der Verfasser des Entwurfs dienen, so gut er es eben vermochte." (Alle Zitate E. E., Zum Programmentwurf, in: CVB 1923, Nr. 34, S. 4.)

[15] E. Eckert, Materialistische Geschichtsauffassung und Religion in: CVB 1923, Nr. 15, S. 1 f., 15. April 1923. Es handelt sich bei diesem Text um einen öffentlichen Vortrag, den Eckert am 1. Februar 1923 auf Einladung des Volkskirchenbundes evangelischer Sozialisten in Karlsruhe hielt. Siehe auch den Bericht über die Vortragsveranstaltung in CVB 1923, Nr. 6, S. 4.

von geistigen Kräften, von Reden und Schreiben der Literaten und Schwätzer, sondern durch ein dem wirtschaftlichen Geschehen immanentes (eigentümliches) Gesetz. Dieses Gesetz lautet: eine Wirtschaftsform kann nur solange existieren, als sie die Bedürfnisse der Menschen ihrer Zeit befriedigt. Kann sie das nicht mehr, muß sie untergehen und einer neuen Platz machen, welche dieser Aufgabe gewachsen ist. Diejenige Schicht eines Wirtschaftsverbandes, eines Volkes also, welche unter der Unzulänglichkeit der alten Wirtschaftsordnung zu leiden hat, wird der Träger und Kämpfer für die kommende sein ... Ihr Kampf ist der Klassenkampf ... Alle Hemmnisse aber, die als Widerstände der Selbstsucht einzelner, als gemeiner Vernichtungswille der wirtschaftlich Starken erkannt werden, müssen im letzten Stadium durch die übergewaltige Macht der in der Klasse Zusammengeschlossenen gebrochen werden."[16] Eckert wandte sich gegen „Versöhnungsapostel" und „Verkleisterungsbeflissene", die sich in „allgemeinen sozialen Gefühlen und gelegentlichen Hilfeleistungen ... ergehen" und den Klassenkampf als „fürchterlich" ablehnten.[17] Er dagegen hielt den Klassenkampf „nach Gottes Willen" für notwendig und konnte sich eher vorstellen, daß „ein Geistlicher den Kampf der Unterdrückten, Entrechteten von Licht und Leben segnet aus innerstem Glauben, als daß er den Vernichtungskampf der Völker segnet".[18] Der Klassenkampf sei ein „geistiges Ringen voll Aufopferung und Entsagung, ein Kampf um Recht, um Frieden und Freude, um Wahrheit, um Glück und Reinheit, um Brüderlichkeit und Menschlichkeit".[19] – „Ein Christ kann also nicht nur Sozialist sein, er muß es sein."[20]

3.2 Die Etappe von 1924 bis 1925

Die Periode von 1924 bis 1929 gilt in der Geschichtsschreibung der Weimarer Republik als die Periode der „relativen Stabili-

---

16 E. Eckert, Materialistische Geschichtsauffassung, a. a. O., S. 1.
17 Ebd.
18 Ebd.

sierung des Kapitalismus". Daß es sich hierbei um eine „relative" Stabilisierung gehandelt hat, geht u. a. auch aus der großen Zahl der Erwerbslosen hervor, die auch in dieser Periode des wirtschaftlich-konjunkturellen Aufschwungs bestand.[21] Mit dieser Phase zusammen fällt die organisatorische und programmatische Zusammenfassung der religiösen Sozialisten im Bund der religiösen Sozialisten Deutschlands und der gleichzeitige Aufstieg Erwin Eckerts zu einem populären Sprecher der Arbeiterklasse in Süddeutschland und zum Wortführer des Bundes. Die Stabilisierungsphase von 1924 bis Oktober 1929 zerfällt dabei in deutlich unterscheidbare Etappen, die sich in der Entwicklung Eckerts widerspiegeln.

In dem 1924 entbrannten Kampf um den Achtstundentag sah Eckert, daß es sich bei dem Sturm gegen den Achtstundentag „um einen Sturm für den Profit" handelte, der „auf Kosten der Gesundheit" und der persönlichen und kulturellen Bedürfnisse der Arbeiter durchgeführt wurde.[22] Angesichts der großen Zahl der Erwerbslosen beschränkte sich Eckert 1924 nicht auf eine mitleidige Darstellung der sozialen Not der Erwerbslosen, sondern fragte nach den Ursachen der Arbeitslosigkeit. „Es liegt nicht an dem Willen einzelner, – nicht an der Bosheit einzelner Kapitalisten, sie sind selbst nichts als Werkzeuge, die gebraucht werden. Es liegt am Kapitalismus, am System, an der Art und Weise unserer heutigen Wirtschaftsform überhaupt."[23] Es gelte „auch aus sittlichen und religiösen Gründen zu kämpfen gegen die Wirtschaftsordnung, welche Arbeitslosigkeit heraufbeschwört"[24], weil „Gott will, daß allen Menschen geholfen wer-

[19] Ebd.
[20] Ebd., S. 2.
[21] So waren beispielsweise im November 1925 fast eine Million Arbeiter erwerbslos, im Februar 1926 annähernd 2,3 Millionen. Angaben in: Geschichte der deutschen Arbeiterbewegung, Band 4, Berlin 1966, S. 107.
[22] E. Eckert, Der Achtstundentag, in: CVB 1924, Nr. 7, S. 1. 17. 2. 1924.
[23] E. Eckert, Arbeitslos, in: CVB 1924, Nr. 13, S. 2.
[24] Ebd. „Es ist im Wesen und der Tendenz der kapitalistischen Wirtschaftsordnung beschlossen, daß Arbeitslosigkeit sein muß; ein Reserveheer, aus dem jederzeit billige Arbeitskräfte rekrutiert werden können, ohne das müßte der Kapitalismus sich selbst aufgeben und seine Kraft verlieren. Sein oberstes Prinzip aber ist Arbeit um des Profits willen, nicht Arbeit um des

de".[25] Um alle entschlossenen Christen zu einer sozialistischen Kampfgemeinschaft zusammenzufassen, lud Eckert im April 1924 die Vertreter der verschiedenen religiös-sozialistischen Bewegungen zu einer Arbeitstagung nach Meersburg ein, auf der im August 1924 die „Arbeitsgemeinschaft der religiösen Sozialisten Deutschlands" gegründet wurde. Er selbst legte auf dieser Tagung Thesen über die Stellung der religiösen Sozialisten „zur Wirtschaft, zum Staat und zum Völkerleben"[26] vor. Er wiederholte seinen historisch-materialistischen Ansatz, wonach die „Art und Weise der Beherrschung aller naturgegebenen Vorräte und Kräfte, der Eigentumsverhältnisse, der Herstellung und des Verbrauches der Waren, kurz die Wirtschaft ... die Form des gesamten menschlichen Lebens bestimmt".[27]

Das Ziel der „sich nach bestimmten eigenen Gesetzen ablösenden Formen der Wirtschaft" sei die „sozialistische Ordnung der Wirtschaft". Sie zu erkämpfen sei die „Aufgabe der Klasse in

Menschen willen. Die Arbeit aber ist um des Menschen willen da, nicht der Mensch um der Arbeit willen" (ebd.). Vgl. E. Eckert, Opfer der „göttlichen" Weltordnung, in: SAV 1925, Nr. 7, S. 7: „Was nützen Almosen, was nützen die wenigen Pfennige Arbeitslosenunterstützung – an der Wurzel muß die Änderung geschehen, es gilt den Sozialismus zu erkämpfen, der die Güter dieser Welt gerechter verteilt und den Glauben an eine göttliche Weltordnung nicht im Herzen der Menschen sterben läßt."

[25] Ebd.

[26] E. Eckert, Unsere Stellung zur Wirtschaft, zum Staat und zum Völkerleben, in: CVB 1924, Nr. 30, S. 5, 27. Juli 1924.

[27] Ebd. Die folgenden Zitate bis zur Anmerkung 28, ebd. Zum „Verständigungspakt" von Locarno bemerkte Eckert am 15. November 1925: „Was keine Religion, was keine Sittlichkeit, was keine Idee und ihre Verkündigung fertiggebracht hat, wurde durch die wirtschaftliche Krise, das wirtschaftlich Aufeinanderangewiesensein erreicht." Der sogenannte „Verständigungspakt" sei „nur ein Anfang, ein kaltes Rechenexempel und Sicherungssystem, aus der Angst geboren, nicht aber aus dem Zusammengehörigkeitsgefühl der Menschen und Völker". Weder ein „in der Gesinnung fundamentierter Friede" noch eine „Verständigung aus sozialistischen Geiste" sei da. „Noch sind die Fäuste im geheimen geballt, noch herrscht die kapitalistische Wirtschaftsordnung. Solange die Hände sich nicht ausstrecken nach den Händen der anderen, solange Bedarf-, Plan- und Gemeinwirtschaft nicht ist, wird die Formel vom ‚ewigen Frieden' unter den Völkern, und das ‚ne varietur' (‚es soll niemals geändert werden') im Vertrag von Locarno Phrase bleiben, trotz des guten Willens der aufrichtig Gesinnten unter den Verantwortlichen der Länder, die den Vertrag unterzeichnet haben" (E. E., Locarno, in: SAV 1925, Nr. 45, S. 143).

den einzelnen Völkern, die unter der Unzulänglichkeit der gegenwärtigen Ordnung leidet". Eckert erkannte die soziale Funktion des Staates, der ein „durch die jeweilige wirtschaftliche Struktur der Gesellschaft geformter Verband" sei, der das „für die wirtschaftlich Mächtigen Vorteilhafte und Zweckmäßige zur Gesetzmäßigkeit erhebt und ihm Allgemeingültigkeit zu verschaffen bestrebt ist". Er bejahte die republikanische Staatsform und die demokratische Methode in Regierung und Verwaltung, weil sie „für die Gegenwart die einzige Gewähr der Einschränkung kapitalistisch-imperialistischer Willkür" boten und die „Vorbereitung der an Stelle des Staates tretenden Wirtschafts- und Kulturgemeinschaft des Volkes" ermöglichten. „Kein evangelischer Sozialist kann also einer politischen Partei angehören, die den Sozialismus als Ziel, die demokratische Republik als Gegenwartsforderung verneint." Entspannung im Leben der Völker untereinander sei erst gegeben, „wenn die Ursachen, die zu Übervorteilen und Krieg führen, aufhören, nur möglich durch die internationale sozialistische Wirtschaft, die an die Stelle der kapitalitisch-imperialistischen vaterländischen Nationalstaaten" trete. Eckert grenzte sich von den „pazifistischen Bestrebungen" ab, die von den „Ideen des Friedens und der Liebe" ausgingen, da sie solange unwesentlich seien, als sie sich nicht dem internationalen Kampf um den Sozialismus einordnen.

Bei einer Gedächtnisfeier für die Gefallenen des Weltkrieges gelobte er, „alles zu tun, um einen neuen Krieg unmöglich zu machen".[28] „Die Toten sollen nicht umsonst gefallen sein in allen Völkern Europas, sie werden uns mahnen, wenn neue Versuchung an uns kommt. – Haltet ein, besinnt Euch, nie wieder Krieg!"[29] Der Reichsregierung, die sich aus Vertretern der bürgerlichen Parteien zusammensetzte, „hinter denen die Wirtschaftsmächte der Hochfinanz und des Großkapitals stehen", bestritt er das Recht, zu einer Gedächtnisfeier für die Opfer des Krieges aufzurufen, der „hauptsächlich durch die internationale

[28] E. Eckert, Gedächtnisfeier für die Gefallenen des Weltkrieges, in: CVB 1924, Nr. 31, S. 2.
[29] Ebd.

Konkurrenz und die schrankenlose Profitgier des Kapitalismus verursacht wurde", dessen Opfer aber vor allem „von den armen Schichten unseres Volkes vom Mittelstand und der Arbeiterklasse"[30] abverlangt worden seien. Was sich hinter diesen Formulierungen andeutet, das Ringen um die Rezeption des Marxismus, wird immer deutlicher. Im Januar 1925 antwortet er auf die selbstgestellte Frage, ob dem Sozialismus durch die zahlreichen Versuche, den „Marxismus durch bürgerliche und revisionistische Kritiker zu widerlegen"[31], die wissenschaftliche Grundlage genommen sei: „Soweit man unter Wissenschaft die uns Menschen zugängliche exakte Art der Erkenntnis des Geschehens versteht und diese Wissenschaft anerkennt, sind die Grundlagen des wissenschaftlichen Sozialismus durch die letzten zehn Jahre nur härter und fester geworden, trotz aller antimarxistischen Literatur und den Erledigungsversuchen dialektisch gewandter Akademiker."[32]

Bei der Reichspräsidentenwahl 1925 kämpfte er gegen den „Mißbrauch" der Kanzel für die Zwecke der Reaktion und wurde dafür von der badischen Kirchenleitung mit 50 RM bestraft. Dieser erste Konflikt mit der Kirchenleitung lehrte ihn: „Kirche und Pfarrer stehen rechts" (siehe Kapitel 4.1). Eckert trat dem „ganzen völkischen Wahnwitz"[33] energisch entgegen und brandmarkte den Antisemitismus.[34]

Scharf grenzte er sich bereits 1925 von Barth und Tillich ab.[35] Er verneinte überhaupt, daß es eine „Theologie des religiösen Sozialismus"[36] gebe. Nicht irgendeine religiöse Anschauung sei Triebkraft der Bewegung, sondern ein „Gezwungensein zu Kritik und Protest".[37] In den atheistischen Freidenkern sah er da-

[30] Ebd., S. 1.
[31] E. Eckert, „Der Schein der Wissenschaft dem Sozialismus genommen" (Rezension), in: SAV 1925, Nr. 3, S. 3, 18. Januar 1925.
[32] Ebd.
[33] E. Eckert, Merkbrett, in: SAV 1925, Nr. 19, S. 31.
[34] E. Eckert, Bund für deutsche Kirche, in: SAV 1925, Nr. 23, S. 47.
[35] E. Eckert, Von der Theologie des religiösen Sozialismus (Rezension: M. Strauch, Die Theologie Karl Barths), in: SAV 1925, Nr. 27, S. 62, 5. Juli 1925.
[36] Ebd.
[37] Ebd.

gegen kein Hindernis für den gemeinsamen Kampf für den Sozialismus. Ein Atheist war ihm lieber als jemand, „der das Evangelium gerade ins Gegenteil verkehrt".[38] Kampf sagte er denen an, die „die Ungerechtigkeiten und Ausbeutungen der kapitalistischen Wirtschaftsordnung mit Forderungen des Evangelismus zu decken suchen".[39]

Eckert ordnete die weltanschaulichen Differenzen zu den Freidenkern ebenso wie die konfessionellen Unterschiede dem Klassenkampf unter. Er warnte davor, „den unseligen konfessionellen Streit auch in die sozialistischen Kreise hineinzutragen"[40] und hoffte, auf eine „Überwindung der Konfessionalität durch das Gemeinsame, durch den entschlossenen Kampf für den

---

[38] E. Eckert, Religiöse Verräter am Sozialismus, in: SAV 1926, Nr. 51, S. 267. Eckert reagierte mit dieser Bemerkung auf einen Artikel des sozialistischen Organs „Der Atheist", der geschrieben hatte: „Wir werden versuchen, den religiösen Sozialisten, die willig sind, zu helfen, den Weg von der Religion zum Sozialismus zu finden. Denen aber, die vom Sozialismus ihren Weg zur Religion zurück nehmen, werden wir Todfeinde sein. Wir werden sie bei ihrem richtigen Namen nennen und als das behandeln, was sie sind: religiöse Verräter am Sozialismus" (Zitat ebd.). Zum Größenverhältnis der Zeitschriftenauflage „Der Atheist" und des Bundesorgans der „religiösen Sozialisten" vgl. den Jahresbericht der Gemeinschaft proletarischer Freidenker, wonach die Auflage des „Atheisten" 1922/23 von 45 000 auf 72 000 stieg (CVB 1923, Nr. 52, S. 4), während der „Religiöse Sozialist" die höchste Auflage im Juni 1931 mit 17 000 erzielte.

[39] E. Eckert, Religiöse Verräter am Sozialismus, a. a. O., S. 267.

[40] E. Eckert, Wer geht in die Kirche? Berliner Klosterleben (Rezension), in: SAV 1925, Nr. 12, S. 3.

Eckert stieß mit seinem Versuch, den konfessionellen Streit dem gemeinsamen Kampf für den Sozialismus unterzuordnen, innerhalb des Bundes auf starken Widerstand. Die Stellung des Bundes und seines Vorsitzenden zu den katholischen Sozialisten innerhalb des Bundes kann im Rahmen dieser Arbeit nicht abgehandelt werden. Grundsätzlich war der Bund über- bzw. interkonfessionell. Von den dauernden Teilnehmern am Bundeskongreß 1928 in Mannheim waren 132 evangelisch, 17 katholisch, 14 konfessionslos und vier israelitisch (Zusammensetzung der Teilnehmerschaft am 4. Kongreß der religiösen Sozialisten in Mannheim, in: SAV 1928, Nr. 35, S. 180). An der Frage, inwieweit der konfessionelle Unterschied dem gemeinsamen Kampf für den Sozialismus untergeordnet werden sollte, schieden sich innerhalb des Bundes die Geister. Unter den katholischen Sozialisten, die dem Bund angeschlossen waren, zog Eckert gegen den Widerstand von Teilen des Bundes den österreichischen katholischen Sozialisten Otto Bauer gegenüber dem Redakteur der „Rheinischen Zeitung", Heinrich Mertens, vor.

Sozialismus aus der christlichen Religiosität, die vom Evangelium Jesu ausgeht".[41]

Während Eckert sich als evangelischer Christ verstand und sich gleichzeitig zum proletarischen Klassenkampf bekannte – „Solange jemand über den Klassenkampf und seine sittliche Berechtigung diskutiert, weiß er nicht, was Klassenkampf ist, und soll er sich nicht Sozialist nennen"[42] – sah er doch die „große Gefahr" des „religiösen Kathedersozialismus".[43] „Es soll über den evangelischen und religiösen Sozialismus nicht so viel theoretisiert, reflektiert, diskutiert und begutachtet werden. Wir müssen Zeugnis ablegen von unserem Glauben und uns zusammenschließen – das ist alles."[44] Auf einer Tagung der religiösen Sozialisten in Berlin im November 1925 wurde Eckert die Leitung des süddeutschen Kreises, des zahlenmäßig stärksten Gebietes, übertragen. Die ideologische Zwiespältigkeit der Arbeitsgemeinschaft faßte Eckert Ende 1925 in die Parole zusammen: „Durch das Evangelium zum Sozialismus und durch den Sozialismus zum Evangelium".[45]

3.3 Die Etappe von 1926 bis 1927

1. Im Jahr *1926* führte ihn die gegen den Willen des rechten Flügels der SPD-Parteiführung zustandegekommene Einheitsfront für die Durchsetzung der Fürstenenteignung durch Volks-

---

[41] E. Eckert, Wer geht in die Kirche?, a. a. O., S. 3.
[42] E. Eckert, Zum Merken, in: SAV 1925, Nr. 44, S. 137, 8. November 1925.
[43] Ebd.
[44] Ebd.
[45] E. Eckert, Kleine Mitteilungen, in SAV 1925, Nr. 51, S. 172. Einen Monat später hieß es in Eckerts Flugblatt „Was wollen die religiösen Sozialisten Deutschlands" (SAV 1926, Nr. 4, S. 23 f.): „Die religiösen Sozialisten Deutschlands sind nicht vom religiösen Sozialismus des Auslands bestimmt, noch viel weniger sind sie etwa eine neue Auflage der liberalen religiös-sozialen Bewegung, sie wollen vielmehr der Überzeugung Ausdruck verleihen, die in der Masse des Proletariats trotz aller Kirchenfeindschaft unbewußt lebendig geblieben ist, daß Religion und Sozialismus zusammengehören: *daß es vom Evangelium zum Sozialismus einen Weg gibt, und daß es vom Sozialismus einen Weg zum Evangelium gibt*" (a. a. O., S. 23) (Hervorhebung im Original).

begehren und Volksentscheid (siehe Kapitel 4.2) bereits mehrere Schritte weiter. Die Begründung des sozialistischen Kampfes wurde aus der „ethischen" Sollens- in die Seinssphäre verlagert. Als Agitationsredner warb er auf vielen Veranstaltungen der SPD für die entschädigungslose Enteignung der Fürsten, und dies, obwohl die badische Kirchenleitung ihm ausdrücklich jegliches Eintreten für die Fürstenenteignung verboten hatte. Von nun an war er nicht nur innerkirchlich entschiedener Gegner der Identifikation der protestantischen Kirchen mit den Interessen der Reaktion, sondern auch einer der Exponenten jenes linken Flügels in seiner Partei, der bewußt und durch marxistisches Denken geschult die Anpassung der SPD an das Machtgleichgewicht eines kapitalistischen Staates bekämpfte, um durch Klassenkampf für die Arbeiterinteressen die Demokratie erhalten und die Wandlung zur sozialistischen Gesellschaft erzwingen zu können. Parallel mit seinem Aufstieg zum populären Wortführer der Arbeiterklasse vollzog sich sein Aufstieg in der wachsenden Bewegung der religiösen Sozialisten, die sich 1926 in Meersburg im „Bund der religiösen Sozialisten Deutschlands" organisatorisch und programmatisch eine festere Form gab. Neben Emil Fuchs und Bernhard Göring wurde ihm die Leitung des Bundes übertragen. Seit dem 1. Januar 1926 hatte er bereits die Schriftleitung des Bundesorgans „Das Sonntagsblatt des arbeitenden Volkes" übernommen, dessen Charakter sich unter seiner Herausgabe qualitativ veränderte und dessen Auflage er bis Mitte 1931 wesentlich steigern konnte.[46]

[46] Als Beispiel der Reaktion auf den Wechsel in der Schriftleitung des Bundesorgans mag folgender Brief an Pfarrer Kappes vom 12. April 1926 angeführt werden: „Solange Löffler die Leitung hatte, war mir das Blatt wertvoll. Besonders die Betrachtungen, die er selber schrieb. Aber seitdem Eckert im Regimente sitzt, kann ich immer weniger zustimmen. Ich weiß, daß es anderen Wohlgesinnten so geht!! Auch solchen Leuten, die in der Partei mitarbeiten und selbstverständlich immer sozialdemokratisch wählen. Eckerts Ernst und heiligen Willen und Opfermut in Ehren, aber die sachlichen Gegensätze werden durch solche Hochachtung doch niemals überbrückt. So ein fanatischer Marxist . . . Oder wird nur um der Agitation willen so stark in die Posaune geblasen. Das wäre noch trauriger." (Brief von P. Schröder, Eschelbach, vom 12. 4. 1926 an Kappes, in: SPK VKBrS – Generalia 1926/I, Blatt 185). Am 21. Dezember 1928 schrieb Pfarrer Lempp, Württemberg, an Kappes: „Die religiösen Triebkräfte der Bewegung scheinen mir immer mehr

Die praktische Arbeit, die von ihm auf vielen Gebieten als Agitator, Organisator, Verleger, Redakteur, Kanzelredner und Parlamentarier – seit 1926 war er Mitglied der badischen Landessynode – geleistet wurde, ist kaum zu ermessen. Aber gerade durch diese Arbeit errang er die Stellung des, wenn auch nicht unbestrittenen, so doch populärsten Wortführers des Bundes der religiösen Sozialisten, der in seiner Beteiligung an der großen Einheitsfrontaktion gegen die Fürstenabfindung seine erste Bewährungsprobe bestand. Eckerts Ringen um die Verselbständigung proletarischen Denkens begann durch die sich steigernden Eingriffe in die gesellschaftliche Praxis immer bewußter zu werden. Ihm kam innerhalb des Bundes und seines program-

erstickt zu werden durch Agitation übelster Sorte." Die Eckertschen Richtlinien und die für Mannheim geplante, im SAV veröffentlichte, dann aber vom Mannheimer Kongreß nicht verabschiedete Kundgebung (Was wollen die religiösen Sozialisten, in: SAV 1928, Nr. 41, S. 259 f., 7. Oktober 1928) hätten „nur abstoßend" gewirkt. Lempp bedauerte, „daß das Blatt so sehr dem Eckertschen Einfluß unterworfen" sei. „Man bekommt ordentlich Heimweh nach der früheren Schriftleitung." Lempp bat Kappes dafür einzutreten, „daß die Haltung des Blattes bei aller gebotenen Bestimmtheit sachlicher und christlicher wird und daß bei programmatischen Artikeln, die die Privatmeinung Eckerts wiedergeben, dies ausdrücklich vermerkt wird" (in: SPK VKBrS Generalia 1929/I ungeordnet). Später noch bekannte Lempp, daß er sich 1927 „nicht ohne innere Hemmungen" der religiös-sozialistischen Bewegung in Württemberg angeschlossen habe. „Das von den religiösen Sozialisten herausgegebene ‚Sonntagsblatt des arbeitenden Volkes' erschien mir zu radikal und im Tone den Hetzmethoden gewisser sozialistischer Blätter zu sehr angepaßt. Aber ich tat diesen Schritt trotzdem, weil ich hoffte, auf diese Weise die Kluft zwischen Arbeiterschaft und Kirche einigermaßen überwinden zu können" (zit. n. D. Jäger, Eberhard Lempp, in: E. Lempp, Die revolutionäre Botschaft des Evangeliums. Eine Auswahl von Aufsätzen und Briefen von 1933 bis 1964, Hamburg 1966, S. 10 f.). Jäger spricht in seinem Vorwort deutlich aus, worauf die unterschiedlichen Stellungnahmen zu Eckert und seiner Schriftleitung beruhten. Während es Eckert um den *politischen* Kampf und die Einordnung des Bundes in die gesamtsozialistische Kampffront ging, trat Lempp, zusammen mit allen übrigen württembergischen Pfarrern, die sich dem Bund und der SPD relativ spät anschlossen, mit Ausnahme von Pfarrer Honecker, Stuttgart-Gaisburg, für eine „*religiöse*" Ausrichtung der Bewegung" (Hervorhebung D. Jäger, a. a. O., S. 11) ein. Honecker schlug nach Eckerts Übertritt zur KPD als einziger Pfarrer in Württemberg eine „entschlossene Verteidigung Eckerts" durch gemeinsames Vorgehen von SPD und KPD, möglicherweise auch durch Einsatz der „Internationalen Arbeiterhilfe" oder der „Roten Hilfe" vor, deren Mitglied Pfarrer Honecker seit 1927 war (Honecker an Kappes vom 29. 11. 1931, in: SPK VKBrS Generalia 1931, Blatt 183 f.).

matischen Klärungsprozesses zunehmend eine kristallisierende Funktion zu, weil sich an seinen Positionen die Geister schieden.[47] So schrieb er über den Meersburger Kongreß im August 1926: „Über Klassenkampf und Marxismus werden wir auch nach und nach klar, alles Gerede und alles Kritisieren daran machen uns nicht irre daran, daß der Klassenkampf eine Tatsache ist, die wir nicht wegschwätzen können, und daß es keine bessere Methode gibt, das Geschehen in der menschlichen Gesellschaft zu erklären und nach einer Gesetzmäßigkeit zu untersuchen, als die materialistische Geschichtsauffassung."[48] Die „Klarheit", so der Titel einer programmatischen Artikelserie 1926, wuchs ständig. Unter dem Eindruck der Rolle und Funktion, die die KPD beim Zustandekommen der Einheitsfront gegen die Fürstenabfindung gespielt hatte, änderte sich auch Eckerts Verhältnis zur KPD. Auf den Aufruf des 11. Essener Parteitages der KPD 1927 reagierte er mit der Erklärung, daß auch die religiösen Sozialisten „die in diesem Aufruf geforderte Einheitsfront"[49] befürworteten. Er erklärte, „daß auch wir gegen die wachsende proletarische Verelendung mit aller Entschlossenheit kämpfen, daß wir jeden Krieg gegen Sowjetrußland sabotieren werden, soweit das überhaupt in unserer Macht steht, daß wir nicht nur mit Sympathien auf den Befreiungskampf der Chinesen blicken, sondern den baldigen Sieg der Kantonarmee wünschen und die Bürgerblockregierung im eigenen Lande bekämpfen werden, wo immer es möglich ist".[50] Auch solidarisierte er sich 1927 mit „dem kommunistischen Genossen" Max Hölz und verlangte „die Wiederaufnahme des Verfahrens gegen Hölz und seine Befreiung aus den Mauern des

[47] Brief Kappes an Eckert vom 14. 8. 1931; vgl. Brief Kappes an Ehrenberg, Bochum, vom 9. 2. 1929: „Ich bewundere bei ihm (Eckert) immer wieder den uns ‚Bürgerlichen' fehlenden Sinn für die Triebkräfte und Psyche des Proletariats" (in: SPK VKBrS Generalia 1929/I ungeordnet).
[48] E. Eckert, Der 3. Kongreß der religiösen Sozialisten Deutschlands, in: SAV 1926, Nr. 33, S. 176.
[49] E. Eckert, An das christliche werktätige Volk, in: SAV 1927, Nr. 13, S. 71. Aufruf des 11. Essener Parteitages der KPD, in: „Arbeiterzeitung", 15. März 1927.
[50] E. Eckert, An das christliche werktätige Volk, ebd.

Zuchthauses".[51] Auf der anderen Seite forderte er die Leser des SAV 1927 unter der Überschrift „NSDAP" auf: „Genossen, überwacht diese ‚Arbeiterpartei' besser!"[52] Innerhalb der Kirche grenzte er sich scharf gegen den Evangelisch-Sozialen Kongreß und den Kirchlich-Sozialen Kongreß ab. Der Unterschied zwischen beiden bestünde nur darin, „daß zum kirchlich-sozialen Kongreß die konservativen Stützen der vergangenen Obrigkeitskirche und der Monarchie zusammenkommen, um über die ‚soziale Frage' zu verhandeln, im evangelisch-sozialen Kongreß dagegen das liberale Bürgertum, mitleidige Intellektuelle, bürgerliche Sozialreformisten, die durch das Evangelium um die Ruhe ihres Gewissens gekommen sind".[53] Er wehrt aber auch innerhalb des Bundes die Versuche ab, die Arbeiter durch ein Gemisch zahmer sozialreformerischer Angebote und sozialpazifistischer Losungen in den Staat zu integrieren. Er versprach sich von derlei Bemühungen gar nichts für eine Besserung der Lage der Arbeiterklasse, sondern sah im Gegenteil die große Gefahr, daß durch akademische Diskussionen „die Wirklichkeit und der Kampf um die Befreiung der Arbeiterklasse in den Hintergrund gedrückt wird".[54] „Es soll versöhnt werden, wo es keine Versöhnung gibt."[55] Alle sozialen Töne konnten ihn nicht darüber täuschen, daß diese Anstrengungen dazu da seien, „die klassenbewußte marxistische Arbeiterschaft zu besänftigen und von einer geschlossenen Front gegen das bestehende kapitalistische System abzubringen".[56] Innerhalb des Bundes kamen die Richtlinien, die der preußische Landesverband November 1927 verabschiedete, Eckerts Vorstellungen am nächsten. Darin wurde gefordert, daß sich der religiöse Sozialist „in die Klassenfront der sozialistischen Arbeiterschaft"[57] stellt und „anti-

[51] E. Eckert, Solidarität mit Max Hölz, in: SAV 1927, Nr. 41, S. 236.
[52] E. Eckert, NSDAP, in: SAV 1927, Nr. 17, S. 102.
[53] E. Eckert, Der kirchlich-soziale Kongreß in Düsseldorf, in: SAV 1927, Nr. 43, S. 251 f.
[54] Ebd.
[55] Ebd.
[56] Ebd.
[57] Richtlinien für den Landesverband Preußen, in: SAV 1927, Nr. 48, S. 275. Zur Auseinandersetzung innerhalb des Bundes um die preußischen Richtlinien siehe den aufschlußreichen Brief Pfarrer Stürners an den württember-

marxistische Propaganda vom Boden des Bundes"[58] nicht betrieben werden dürfe. Es sei für den religiösen Sozialisten „selbstverständliche Pflicht, den Klassenkampf als einen der Arbeiterschaft von den besitzenden Klassen aufgezwungenen

gischen Landesvorsitzenden Dürr vom 20. Januar 1928: „Ragaz hat seine Verwunderung und Entrüstung über die von Pfarrer Eckert, wie es scheint, überraschend vorgeschlagenen und durchgesetzten preußischen Richtlinien erklärt. Ich bin überzeugt, daß auch Blumhardt, wenn er heute leben würde, gegen Pfarrer Eckert sich wenden würde. Welches Recht hat er, die von dem weit ursprünglicheren religiösen Sozialismus Blumhardts oder von Ragaz ausgehenden religiösen Sozialisten aus dem Bunde zu drängen? Die Abwanderung könnte übrigens weit umfassender werden, als er meint. Kein Mensch geht ganz mit ihm; ich habe noch von keinem gehört. Ein Ausschuß, der es wagen würde, Professor Hans Müller aus dem Bunde auszuschließen und, ohne Landesversammlungen und Reichsversammlung über die Köpfe der meisten hinweg, die preußischen Richtlinien dem ganzen Bunde aufzuhalsen, spräche entweder sich selbst das Todesurteil oder er würde den Austritt ganzer Landesgruppen und wohl der meisten eigentlichen Führer herbeiführen. Auch Du schreibst ja, daß die preußischen Richtlinien für Württemberg untragbar sind. So wird es auch mit Thüringen, Sachsen und gewiß auch mit verschiedenen preußischen Provinzen stehen. Diese Richtlinien scheinen mehr oder weniger durch Überrumpelung und ohne genügende Vorstellung ihrer Tragweite und ihrer Folgen geschwind angenommen worden zu sein. Sie würden den Bund sprengen und die gute Sache unseres Bundes aufs unheilvollste bloßstellen, verengen, verderben und zugleich eine geistige Knechtschaft aufrichten." Nichts, so schrieb Stürner, täte mehr not als ein „mit der Vergangenheit, mit der Revolutionspsychose und mit den seitherigen Dämonien nicht belasteter religiöser Sozialismus". Stürner hielt die Lage des Bundes zu Beginn des Jahres 1928 für derart „verfahren", daß er sich Abhilfe nur von einem Rücktritt Eckerts von Vorstand und Schriftleitung des Bundesorgans versprach, wenn eine Spaltung des Bundes verhindert werden solle. „In Fragen, die Sein oder Nichtsein des Bundes betreffen, bei denen es sich um dessen Wurzeln, um dessen Reinheit und Fruchtbarkeit, um das gute Gewissen und die Wahrheit handelt, kann kein aufrechter Mensch Regelungen von oben herab ertragen." Überall heiße es schon lange: „Eckert ist nicht der religiöse Sozialismus." Die zum Bund gehörenden schwäbischen Pfarrer seien z. B. „alle der oben bezeichneten oder ganz verwandter Anschauung, Francke, Schmidt, Piechowski lehnen die Richtlinien ebenfalls ab. Kötzschke-Prösen, Dost-Wechselburg sind ähnlicher Stimmung. Zu ihnen treten sicher noch viele andere" (in: SPK VKBrS, Generalia 1928, Blatt 16).
Zur Stellung von Ragaz zu Stürner vgl. seine Autobiografie, in der er über den Mannheimer Kongreß 1928 berichtet: „Es wurde wesentlich über die Stellung zum Marxismus verhandelt ... Der reine Marxismus fand besonders in Eduard Dietz einen entschlossenen Fürsprecher, während Eberhard Lempp und der halbblinde Pfarrer Stürner ebenso entschieden opponierten. Eckert stand noch stärker im Mittelpunkt" (L. Ragaz, Mein Weg, Band II, Zürich 1952, S. 198 f.).

[58] Richtlinien für den Landesverband Preußen, a. a. O., S. 275.

73

Kampf mitzukämpfen".[59] Die Angriffe innerhalb des Bundes gegen diese Berliner Richtlinien richteten sich vor allem gegen Eckert, wobei der religiös-sozialistische Abgeordnete der thüringischen Landessynode, Professor Hans Müller, der später zum Christlich-Sozialen Volksdienst übertrat, der Antipode Eckerts war. Der heftig geführte Streit innerhalb des Bundes konnte auf dem Mannheimer Kongreß 1928 vorerst beigelegt werden, wobei sich die Positionen Eckerts weitgehend durchsetzten.

3.4 Die Etappe von 1928 bis Oktober 1929

In der Etappe von 1928 bis Oktober 1929 machten sich die ersten Erschütterungen der relativen Stabilisierung des Kapitalismus bemerkbar. Die Zuspitzung der Widersprüche in der Gesellschaft waren begleitet von einem neuen Aufschwung der Massenkämpfe. Im Mittelpunkt der Auseinandersetzungen stand der Kampf gegen die Bürgerblockregierung, die verschärften sozialen Konflikte in der Metallindustrie, das Ringen um die Verhinderung des Panzerkreuzerbaus (siehe Kapitel 4.3) sowie die schärfer werdenden innerparteilichen Gegensätze in der SPD, die durch die Koalitionsbeteiligung der SPD an der Reichsregierung und die Stellung des Parteivorstandes zum Wehrprogramm (siehe Kapitel 4.3) bedingt waren.
Diese Situation der verschärften politischen und sozialen Krisenzeichen spiegelt sich deutlich in dem politischen Entwicklungsprozeß Eckerts in dieser Etappe wider.
Zu den Reichstagswahlen verbreitete der „Religiös-Sozialistische Pressedienst", den Eckert seit 1928 aufgezogen hatte, einen Artikel, der von der Versammlung des preußischen Landesverbandes einstimmig gebilligt wurde.[60] Eckert bezeichnete die kommenden Reichstagswahlen als „Entscheidungsschlacht zwischen dem Sozialismus und dem Bürgertum".[61] Davon über-

[59] Ebd.
[60] E. Eckert, Der „Religiös-sozialistische Pressedienst", in: SAV 1928, Nr. 2, S. 11.
[61] Ebd., S. 12.

zeugt, daß es „keinen größeren Widerspruch gibt als lebendiges Christentum und kapitalistische Ordnung"[62], gab er die Parole aus „Im Namen des Christentums gegen den Kapitalismus, für den Sozialismus".[63] Er versprach sich von dieser Parole, daß damit der Demagogie der DNVP, die er schlicht als „Großgrundbesitzerpartei" bezeichnete, entgegengearbeitet werden könne, nachdem diese Partei bei der Hindenburgwahl 1925 mit ihrer Parole „Wer Christ ist, wählt als Protestant Deutschnational" so großen Erfolg gehabt hatte.

Zum Metallkonflikt in Mitteldeutschland, bei dem die Metallindustriellen die Aussperrung von 800 000 Metallarbeitern zum 22. Februar 1928 beschlossen, gab der Vorsitzende des Bundes einen Aufruf heraus, in dem er gegen diesen „brutalen Akt des Klassenkampfes von seiten der Unternehmer"[64] protestierte. Was im Februar drohte, wurde am 1. November 1928 in Westdeutschland Wirklichkeit. Im Aufruf des geschäftsführenden Vorsitzenden hieß es: „Zwei Dutzend Unternehmer haben im westdeutschen Industriebetrieb über 213 000 Arbeiter und Arbeiterinnen ausgesperrt, die Betriebe stillgelegt. Den sie zu höheren Lohnzahlungen verpflichtenden Schiedsspruch haben sie aus fadenscheinigen Gründen abgelehnt! ... Die ‚christlichen' Unternehmer pfeifen auf die Entscheidung des Staates und seiner Organe, sie wollen zeigen, daß die wahre Macht bei den Besitzern der Produktionsmittel liegt, sie kümmern sich nicht um Gesetz und Recht und beugen es so, wie es ihnen gefällt."[65]

[62] Ebd.
[63] Ebd.
[64] Aufruf der religiösen Sozialisten gegen die Aussperrung der Metallarbeiter, vom 19. Februar 1928, in: SAV 1928, Nr. 9, S. 37.
[65] Aufruf der religiösen Sozialisten gegen die Aussperrung der westdeutschen Hüttenarbeiter, hrsg. von der Geschäftsstelle des Bundes der religiösen Sozialisten Deutschlands, in: SAV 1928, Nr. 46, S. 279.
Eckert sah hinter dem „Phrasengewäsch" des Handschreibens der rheinischen und westfälischen Provinzialsynode an die Reichsregierung (abgedruckt in: SAV 1928, Nr. 47, S. 286), „wenn auch versteckt, die Absicht, ‚den Betrieben' und ‚der deutschen Wirtschaft', also den Unternehmern, zu helfen". In dem Schreiben dokumentiere sich die Unfähigkeit der Kirche, zu den Fragen des Wirtschaftslebens etwas Entscheidendes und Wesentliches zu sagen. Der Reichsregierung werde zu „erwägen gegeben", durch „wirtschaft-

Auffällig ist in dieser Etappe des Wachstums der Widersprüche die Soziologisierung und Konkretisierung sozialer Prozesse im Bewußtsein Eckerts. So fällt in diese Phase der Abdruck der

lich erfahrene Persönlichkeiten" neue Verhandlungen zwischen den Parteien anzubahnen, um der „deutschen Gesamtwirtschaft" zu helfen.

„Die Reichsregierung hat weiter gar nichts zu tun, als den verbindlich von ihr erklärten Schiedsspruch durchzusetzen, und jeder Versuch einer kirchlichen Behörde, die Situation der Reichsregierung den Unternehmern gegenüber in eine Vermittlerrolle umzuwandeln, ist ein Sabotageversuch gegen die kämpfende Arbeiterschaft."

Die „Herren Generalsuperintendenten und Präsidenten der beiden Provinzialkirchen" ahnten ja nicht, „welchen Bärendienst sie der kämpfenden Arbeiterschaft erwiesen hätten" und „welche Unterstützung sie den Herren Unternehmern angedeihen ließen". Es wäre besser gewesen, die Kirchen hätten geschwiegen, „als so zu reden". „Man will es mit keiner Seite verderben und ist viel zu lau und wachsweich, um etwas Klares und Entscheidendes in solchen Situationen zu tun." Eckert forderte die beiden Provinzialkirchen noch einmal auf, *„sich entschlossen auf die Seite der Arbeiter zu stellen,* die vor Gott im Recht sind, die hungern und frieren und um ihre armselige Existenz ringen. Die beiden Provinzialkirchen sollen die Ursache dieses Jammers anklagen, *die kapitalistische Wirtschafts- und Gesellschaftsordnung!* Sie sollen Kollekten ausschreiben für die ausgesperrten Arbeiter, Sammlungen von Haus zu Haus organisieren, ihren Wohlfahrtsdienst aufrufen und durch den Einfluß der Geistlichen in Stadt und Land öffentliche Mittel für die Ausgesperrten verlangen! *Das wäre eine Tat."* Ein guter Freund habe Eckert vor einigen Tagen gesagt: *„Man muß sich bald schämen, daß man in der protestantischen Kirche so selten ein evangelischer Christ sein kann."* Eckert forderte die „Genossen und Freunde im Rheinland und in Westfalen" auf, durch ihr Beispiel zu zeigen, „daß ein Christ bei den Mühseligen und Beladenen, bei den Ausgesperrten steht *ohne* Vorbehalt und Angst vor den Mächtigen dieser Erde". (Sämtliche Zitate aus E. Eckert, Die Kirchen haben Stellung genommen zur Aussperrung der Metallarbeiter, in: SAV 1928, Nr. 47, S. 286.) Daß der kirchlich-soziale Bund und der evangelisch-soziale Kongreß zur Aussperrung der Hüttenarbeiter schwiegen, war nach Eckert das „Klügste für diese beiden bürgerlich-kirchlich-sozialen Institute". „Für die Arbeiter eintreten hieße, es mit den Herren Unternehmern verderben, die man in diesen beiden Bünden außerordentlich hoch schätzt; der Herr Direktor Dr. Poensgen, einer der Schuldigen dieser Aussperrung, hat bekanntlich auf dem letzten Kongreß des kirchlich-sozialen Bundes ‚bedeutungsvolle' Reden gehalten. Für die Unternehmer eintreten hieße, für beide Gruppen öffentlich zugeben, daß sie den Kampf der Arbeiterschaft um eine gerechte Wirtschafts- und Gesellschaftsordnung hintertreiben" (E. Eckert, Der kirchlich-soziale Bund, der evangelisch-soziale Kongreß und die Aussperrung der Hüttenarbeiter, in: SAV 1928, Nr. 47, S. 286 f.). In einem weiteren Artikel beschäftigte sich Eckert mit der allgemein politischen Analyse der Aussperrung an der Ruhr (E. Eckert, Zur Aussperrung an der Ruhr, in: SAV 1928, Nr. 48, S. 299 f.). Die Aussperrung sei ein „Schulbeispiel für die Richtigkeit der Klassenkampflehre von Karl Marx. Alle

sozialen Zusammensetzungen der Kirchenleitungen und Landessynoden. In den Richtlinien für die sozialistischen Vertreter in den Körperschaften der badischen Landeskirche, die vom Bund

‚christliche Gesinnung' des einen oder anderen Unternehmers wird bedeutungslos, wenn die Interessen der Klasse verteidigt werden müssen". Eckert widerlegte Adam Stegerwald, „Arbeiterbesänftiger des Zentrums", der im Reichstag behauptet hatte, daß der Klöckner-Konzern keine Aussperrung vorgenommen habe, indem er dieser Behauptung die Erklärung des Arbeitgeberverbandes gegenüberstellte. „Der Klöckner-Konzern soll laut Stegerwald an der Aussperrung nicht beteiligt sein. Diese Angabe entspricht nicht den Tatsachen. Die Klöcknerwerke AG, Abteilung Düsseldorfer Eisen- und Drahtindustrie, gehört dem Arbeitgeberverband Nordwest an und hat *selbstverständlich* auch ausgesperrt" (zit. n. SAV 1928, Nr. 48, S. 299, Hervorhebung Eckert). Der „Klassencharakter", so schrieb Eckert, werde vor allem auch dadurch deutlich, „daß die Arbeitgeber anderer Bezirke durch Stillegung ihrer Betriebe (Siegerland) oder durch Kündigung (märkischer Arbeitgeberverband) die Unternehmer im Ruhrgebiet unterstützen." Eckert kontrastierte die Geschlossenheit der Kapitaleigner und Produktionsmittelbesitzer („Die Vereinigung der deutschen Arbeitgeberverbände und Reichsverband der deutschen Industrie stellen sich in voller Erkenntnis der Tragweite des jetzigen Konflikts für die ganze deutsche Wirtschaft geschlossen hinter die nordwestliche Gruppe des Vereins Deutscher Eisen- und Stahlindustrieller", ebd.) mit der nationalen und internationalen Arbeitersolidarität. Wie die „internationale ‚Solidarität' der Kapitalisten" aussehe, machte Eckert durch die Aktivitäten der englischen Industrievertreter deutlich. „Wie bei dem englischen Bergarbeiterstreik der Ruhrbergbau die Gelegenheit beim Schopfe nahm, sich die englischen Absatzmärkte in Kohle für längere Zeit zu sichern, so streben heute englische Hüttenleute danach, die ausländischen Abnehmer der deutschen Eisenindustrie zu beliefern" (ebd.). Eckert forderte, daß „dieser Kampf der Hüttenarbeiter an der Ruhr ... eine Niederlage der Arbeitgeber werden (muß), die im Unrecht sind, wie auch das Landesarbeitsgericht Duisburg unter Aufhebung des Urteils des Arbeitsgerichts Duisburg festgestellt hat. Natürlich werden die Unternehmer nun beim Reichsgericht in Berlin Revision einlegen. Sie ahnen bereits, daß sie auch da verurteilt werden und lassen in ihrer Presse bereits von einem ‚Notwehrrecht der Wirtschaft gegen den Staat' schreiben". Eckert schloß seine Analyse der Aussperrung an der Ruhr mit der Hoffnung, daß der Staat die notwendige Gewalt habe, „wenn die Unternehmer ihr ‚Notwehrrecht der Wirtschaft' dem Staate (mit einer sozialdemokratisch geführten Reichsregierung, F. M. B.) gegenüber in Anwendung bringen sollten!" (ebd.). Allein diese Situation der zugespitzten gesellschaftlichen Widersprüche am Ende des Jahres 1928 ist ein Beispiel dafür, wie Eckert als Reflex auf den Wachstumsprozeß der Widersprüche der kapitalistischen Gesellschaft sich zunehmend von der religiösen Ausrichtung des Bundes entfernte und in ein säkularisiertes politisches Fahrwasser begab. Gleichwohl beharrte er auf dem Standpunkt, daß ein Christ Sozialist sein kann, und berief sich dabei auf August Bebel, der sich auf dem Münchener Parteitag 1902 gegen entstellende Interpretationen seiner Broschüre „Christentum und Sozialismus" gewandt

fast einhellig abgelehnt wurden[66], finden sich konkrete Analysen der kirchlichen Gegenspieler. So schrieb Eckert über die „Positiven": „Die ‚positive', auch ‚orthodoxe' Gruppe genannt,

und festgestellt hatte: „Man kann als Sozialdemokrat (im Bebelschen Sinne, F. M. B.) katholischer Christ, man kann Materialist und Atheist sein, das geht keinen Menschen innerhalb der Partei etwas an" (zit. n. SAV 1928, Nr. 48, S. 300).

[66] „Damit, daß die Eckertschen Richtlinien für die kirchliche Gemeindepolitik veröffentlicht worden sind, hat der Bund als solcher natürlich noch nicht Stellung genommen. Im Gegenteil! Die Eckertschen Richtlinien wurden einmal in einer Besprechung des badischen Vorstandes abgelehnt. Es kamen allerdings dann keine weiteren Richtlinien von anderer Seite zustande. Infolgedessen hat Eckert sie als Entwurf veröffentlicht, um die Diskussion in Gang zu bringen ... Jede Bewegung muß das Kreuz der Agitation tragen. Wenn Ihren – und auch meinen Ohren, die Worte Eckerts oft sehr hart klingen, vergessen Sie nicht, daß dahinter ein absolut lauterer Charakter steht, der mehr persönliche Opfer als die allermeisten Menschen für seine Sache gibt, der bis ins Tiefste überzeugt ist von dem, was er sagt, und der einen viel stärkeren Instinkt für das, was an Empörung und positivem Willen im Proletariat vorhanden ist, hat als wir. Daß sein Wesen sich dem „Sonntagsblatt" sehr stark aufgeprägt hat, kommt daher, daß teils wir anderen zu wenig schreiben, teils zu wenig eingestellt sind auf die Arbeiterschaft, mit der allein unsere Bewegung im kirchenpolitischen Kampf eine *Macht* darstellen kann. Angesichts der Machtauswirkung in verderblichem Sinn in den Leitungen der gegenwärtigen Kirchen ist diese Macht auch unbedingt nötig." (Kappes an Lempp vom 5. Januar 1929, in: SPK VKBrS Generalia 1929/I ungeordnet.)

Vgl. den Brief von Kappes an ein Mitglied des Wingolf (Kappes selbst gehörte dem Wingolf, einer christlichen Studentenverbindung, an): „Der im SAV mitgeteilte *Entwurf* Eckerts hat in keiner Weise die Autorität des Bundes hinter sich. Es ist eine persönliche Arbeit, die schon um $1^{1/2}$ Jahre zurückliegt (sic), damals in einer Besprechung des badischen Vorstandes ad acta gelegt wurde ... Die Auffassungen Eckerts über die Vereine sind seine private Meinung ... Die übrigen Mitglieder des Bundes sehen hier vollkommen anders." (Kappes an Bundesbruder vom 17. Januar 1929, in: SPK VKBrS Generalia 1929/I.) Trotz dieser Distanzierung von Eckert durch Kappes setzte sich dieser in dieser Periode immer wieder für Eckert ein und stellte sich schützend vor ihn, wie er auch später Eckert zwar politisch preisgab, jedoch Eckerts Entwicklung selbst als politsch stringent und persönlich integer anerkannte. „Man mag gegen Eckert so viel Bedenken haben wie man will – und ich habe sehr viele Bedenken – aber er steht eben doch in Deutschland einzigartig da mit seiner Fähigkeit, unmittelbar zur proletarischen Masse zu reden. Daß manchmal bei ihm sich die Grenze zwischen Agitation und Demagogie verwischt, ist um der Sache willen sehr bedauerlich. Es ist aber schließlich bei einer so ungeheuren Vitalität, wie bei der Eckerts, verständlich." (ebd.) In der kirchlichen Öffentlichkeit außerhalb des Bundes lösten Eckerts Richtlinien helle Empörung aus. „Im Pfarrerblatt hat ein Kesseltreiben gegen alles Religiös-sociale (sic) eingesetzt. Anlaß boten

ist die konservative Gruppe innerhalb der Kirche... Ihre ‚soziale Vertretung' hat die Orthodoxie im ‚kirchlich-sozialen Bund', der von dem deutsch-nationalen Abgeordneten Mumm geführt wird."[67] Der Kirchlich-soziale Bund suche durch Ausbildung und Anstellung von „Sozialpfarrern", den „sozialistischen Strömungen in der christlichen Arbeiterschaft entgegenzuarbeiten und den ‚christlichen' Arbeiter, dem durch Volksgemeinschaftsphrasen jedes Klassenbewußtsein genommen wird, zum Vorspann für die deutsch-nationale Interessenpolitik der feudalen und großindustriellen Kreise zu machen".[68] Soweit die Positiven organisiert seien, „sind sie in den rechtsgerichteten Verbänden, vor allem in der deutsch-nationalen Partei organisiert. Sie propagieren, wenn sich dazu Gelegenheit bietet, die monarchische Staatsform und halten die kapitalistische Wirtschaftsordnung für die einzig richtige, ja die von Gott gewollte Wirtschaftsordnung".[69] „Ihren Anhang haben die Positiven bei der bäuerlichen Bevölkerung, den besitzenden Schichten der Klein- und Mittelstädte, bei den Großgrundbesitzern natürlich, beim Adel und den konservativen Schichten der gebildeten

die Eckertschen Richtlinien." (Pfarrer Dr. Ehrenberg, Bochum, an Kappes vom 1. 2. 1929, in: SPK VKBrS Generalia 1929/I ungeordnet.)
Bezüglich der kirchlichen Verbände und Vereine hatte sich Eckert in den Richtlinien scharf gegen den Gustav-Adolf-Verein („Da wir Sozialisten die konfessionellen Streitigkeiten nicht unterstützen und die Konfessionalisierung der christlichen Kirchen überwinden wollen, werden wir diesem Verein keine Unterstützung angedeihen lassen", SAV 1928, Nr. 48, S. 290), den Evangelischen Bund („Die Sozialisten werden stets Gegner dieses Bundes sein, der in seiner Betätigung reaktionäre Politik und Interessenvertretung der Bürgerparteien treibt, den Kampf gegen den Sozialismus mit auf seine Fahne geschrieben hat") (ebd.), dem Verein für innere bzw. äußere Mission, den deutsch-evangelischen Frauenbund, den Melanchton-Verein, die Männer- und Frauenvereine („kleinbürgerliche Gemütlichkeitsangelegenheiten") und gegen die Volksvereine und den Volksbund abgegrenzt („Diese aus den früheren ‚evangelischen Arbeitervereinen' hervorgegangenen Verbände sind Gegner der kämpfenden sozialistischen Arbeiterschaft, es muß also alles getan werden, um diese ‚Volksvereine' zu vernichten. Sie sind Gegner der freien Gewerkschaften") (ebd.).
[67] E. Eckert, Richtlinien für die sozialistischen Vertreter in den Körperschaften der badischen Landeskirche (Entwurf), in: SAV 1928, Nr. 47, S. 282.
[68] Ebd.
[69] Ebd.

Gesellschaft in den Städten. Daneben sind sie im Kontakt mit den Gemeinschaften, deren Anhänger sich vorwiegend aus den kleinen Leuten des versinkenden Handwerkerstandes rekrutieren und aus ernsthaft suchenden, im Innersten getroffenen Männern und Frauen der unteren Volksschichten, auch aus Arbeitern, die noch nicht zur Erkenntnis ihrer Klassenlage gekommen sind."[69] Die liberale oder fortschrittliche Gruppe charakterisierte Eckert so: „Die bestehende kapitalistische Wirtschaftsordnung halten die Liberalen an und für sich für durchaus zweckmäßig und darum für gut. Die Auswüchse dieser Ordnung, von denen sie gelegentlich sprechen, glauben sie mit einem Appell an das ‚soziale Gewissen‘ der Arbeitgeber und Arbeitnehmer abstellen zu können. ‚Sozialer Kapitalismus‘, das ist auf dem wirtschaftlichen Gebiet ihr Schlagwort und bürgerliche Demokratie in einer monarchisch oder republikanischen Staatsform ihr politisches Bekenntnis. Sie sind Gegner der sozialistischen Wirtschaftsordnung aus Prinzip und Gegner der klassenlosen Gesellschaft, die sie für unmöglich halten. Ihre soziale Betätigung ist organisiert im ‚evangelisch sozialen Kongreß‘, der seit 1890 ‚die sozialen Verhältnisse vorurteilslos untersucht‘, Vorträge und Aussprachen über ‚sozial-ethische‘ und ‚sozial-praktische Probleme‘ veranstaltet. Der ‚Kongreß‘ wird von kapitalistischen Wirtschaftsführern dazu benützt, um die kirchliche Öffentlichkeit vor ‚sozialistischen Experimenten‘ zu warnen. Trotz der Versicherung seiner absoluten Neutralität, die der Kongreß immer wieder zu geben sich bemüht, ist er nichts anderes als ein kirchlich approbiertes Instrument des liberalen Bürgertums, das klüger und vorsichtiger gegen die sittliche Berechtigung des sozialistischen Kampfes eingesetzt wird als der kirchlich soziale Bund. Jede Mitarbeit und Beteiligung an diesem evangelisch sozialen Kongreß ist für einen religiösen Sozialisten ausgeschlossen."[70] Die Anhänger der liberalen Gruppe „finden wir in den mittleren und höheren Beamtenschichten und Privatangestellten, bei den fortschrittlich gesinnten Unternehmern und Kaufleuten, bei aufgeklärten Lehrern

[70] Ebd., S. 283.

und dem kleinbürgerlichen Mittelstand, der sich freiheitlich vorkommt. Politisch sind sie zum kleinsten Teil in der deutschnationalen Partei organisiert. In der Regel sind sie in der Partei der Großindustrie und der Finanz, in der deutschen Volkspartei. Die liberalsten unter ihnen sind in der demokratischen Partei und den Mittelstandsvereinigungen".[71] Aus dieser religionssoziologischen Analyse, die das Ergebnis seiner politischen Praxis im Wachstumsprozeß der Widersprüche ist, zog Eckert den Schluß, daß die „sozialistischen Vertreter ihren Weg allein gehen müssen und einer bürgerlichen Front auch in der Kirche gegenüberstehen".[72] Deutlich spiegelt sich in dieser letzten Äußerung das Ringen Eckerts wider, den Bund von den bürgerlichen und kleinbürgerlichen Tendenzen zu befreien. Gleichzeitig wandte er sich energisch dagegen, den Kampf der religiösen Sozialisten umzufälschen in einen Kampf, den Marxismus zu zerstören.

Er sah im Marxismus „die beste Forschungsmethode zur Erklärung der Zusammenhänge in der menschlichen Gesellschaft und die beste Richtschnur im politischen und wirtschaftlichen Kampf um den Sozialismus".[73] Es gebe keinen größeren Unsinn als die Behauptung, das Ziel der religiösen Sozialisten sei es, „die sozialistische Theorie und Arbeiterbewegung vom Marxismus zu befreien... Die religiösen Sozialisten haben wie alle

---

[71] Ebd.

[72] Ebd. Als die wichtigsten und nächsten Teilaufgaben, die in den kirchlichen Körperschaften von den religiösen Sozialisten vorzubereiten und in Angriff zu nehmen seien, nannte Eckert die folgenden: „1. Trennung von Kirche und Staat, 2. Kundgebung der Kirche gegen die bestehende Wirtschafts- und Gesellschaftsordnung, 3. Besetzung der Pfarreien nach soziologischen Gesichtspunkten, 4. Weltliche Vorbildung der Pfarrer, 5. Verselbständigung des Religionsunterrichts und Revision der Lehrbücher, 6. Neuaufbau der Gottesdienstordnung, 7. Allgemeines Priestertum, Laienseelsorge, 8. Revision der Verfassung, 9. Zentralisation und Vereinfachung der Verwaltung, 10. Aufhebung der Patronate, 11. Kirchensteuersenkung, 12. Loslösung der Pfarrbesoldung vom Beamtentarif" (ebd.).
Zum Problem der Trennung von Staat und Kirche siehe Eckerts Rede auf der badischen Landessynode 1929, Trennung von Staat und Kirche, in: SAV 1929, Nr. 17, S. 132 ff., Nr. 19, S. 149 f.

[73] E. Eckert, Das Ziel der religiösen Sozialisten Deutschlands ,in: SAV 1929, Nr. 2, S. 10, 8. Januar 1929.

Sozialisten, die diesen Namen verdienen, nur ein Ziel, sie wollen die kapitalistische Ordnung stürzen und die sozialistische Wirtschafts- und Gesellschaftsordnung erkämpfen. Sie denken nicht daran, die ‚sozialistische Arbeiterschaft vom Marxismus zu befreien‘ – das überlassen sie den immer noch nicht ausgestorbenen Marxistentötern; die religiösen Sozialisten erklären sich im Gegenteil durchaus solidarisch mit der marxistischen Arbeiterschaft, von der sie selbst ein Teil sind. Sie wissen, daß nach der Gesetzmäßigkeit des wirtschaftlichen Lebens die sozialistische Wirtschaftsordnung kommen muß, die das *ganze* Leben der Gesellschaft, auch das geistige, das sittlich-religiöse in neue Formen zwingen wird. Sie wissen, daß die unter der gegenwärtigen Ordnung leidenden Massen und alle diejenigen Menschen, die die Unzulänglichkeit der bestehenden Ordnung erkannt haben, zusammenstehen müssen, um die sozialistische Ordnung zu erkämpfen gegen die Schichten, die besitzen, was ihnen nicht gehört, die herrschen, statt zu dienen, die von einer Gemeinschaft nichts wissen wollen".[74] Eckert blieb jedoch bei der Proklamierung sozialistischer Ziele und Methoden nicht stehen, sondern stand selbst an der Spitze der tagespolitischen Auseinandersetzungen, wie der Konflikt um den Panzerkreuzerbau zeigt, in dem er gegen den SPD-Parteivorstand Stellung nahm und auf dem äußersten linken Flügel der SPD stand und sich an dem von der KPD angestrebten Volksbegehren gegen den Panzerkreuzerbau beteiligte (siehe Kapitel 4.3). Die Klärung seines theoretischen Verständnisses des Sozialismus war vielmehr das Ergebnis seiner politischen Erfahrungen und der Reflex auf den Wachstumsprozeß der sozialen und politischen Krise. Aufgrund seiner wachsenden praktischen und theoretischen Arbeit wuchs seine Autorität als Wortführer der Arbeiterklasse ständig. Innerhalb des Bundes wurde er trotz massiver politischer Angriffe, vor allem aus dem württembergischen Landesverband, in seiner Funktion als geschäftsführender Vorsitzender des Bundes auf dem Mannheimer Kongreß im August 1928 bestätigt.

74 Ebd.

Stets verband er seine Beteiligung an den Klassenkämpfen der Weimarer Republik mit einer scharfen Frontstellung gegen die Kirche. Wegen seines Flugblattes vom Oktober 1928[75], das eine Kurzfassung seiner Programmschrift vom Januar 1927 darstellte[76], wurde am 25. Januar 1929 ein kirchliches Dienstverfahren gegen ihn eingeleitet, das am 21. Juni 1929 zu seiner Verurteilung zur „Ordnungsstrafe der Verwarnung" und zur Tragung der Prozeßkosten führte. Das kirchliche Dienstgericht war der Auffassung, daß Eckert seine Amtspflichten verletzt habe, weil er in dem Passus „Gegen die Kirche" Angriffe gegen die Landeskirche Badens gerichtet habe, die geeignet seien, „die Kirche in der Öffentlichkeit herabzuwürdigen, verächtlich zu machen und zu beleidigen".[77] Der in Frage kommende Abschnitt in Eckerts Flugblatt, das in großer Auflage verbreitet wurde, aber im Bund auf ablehnende Kritik und Widerstand stieß[78], hatte folgenden Wortlaut: „Wir kämpfen gegen das

[75] E. Eckert, Was wollen die religiösen Sozialisten (Flugblatt), in: SAV 1928, Nr. 41, S. 239 f.

[76] E. Eckert, Was wollen die religiösen Sozialisten, Schriften der religiösen Sozialisten, Nr. 1, Januar 1927, S. 20. Siehe dazu den Kommentar von Pfarrer Kappes in einem Brief an H. Wittenberg, Neustadt/Ostharz, vom 7. Mai 1927: „In Eckerts Schrift wirst Du allerdings von Tillichschen Gedankengängen nichts finden. Eckerts Buch stellt keine Auseinandersetzung mit der Problematik des religiösen Sozialismus dar, sondern es ist ein in der Sprache und Gedankenwelt des kommunistischen Manifests geschriebener Appell an das Proletariat, geradlinig, unproblematisch, politisch gehalten" (in: SPK VKBrS – Generalia 1927, Blatt 239).

[77] Urteil des Kirchlichen Dienstgerichtes gegen Pfarrer Erwin Eckert, verkündet am 21. Juni 1929, S. 9, in: Privatarchiv Eckert.

[78] Vgl. die Mitteilung der „Christlichen Welt", wonach Eckerts Manifest auf dem Mannheimer Kongreß nicht als gemeinsame Plattform anerkannt wurde, sondern unter der persönlichen Verantwortung Eckerts in die Presse gehen sollte, in: CW 1928, Nr. 17, Sp. 827; ferner: Protokoll der Vorstandssitzung des B. r. S. Landesverband Preußen vom 4. 12. 1930, wonach Thieme im Gegensatz zu Rackwitz und Franke in Frage zog, „ob die Kirche aufgefordert werden kann, gegen ein Wirtschaftssystem statt nur gegen konkrete sichtbare Mißstände Partei zu nehmen" (in: Privatsammlung Wünsch, ungeordnet).

Wünsch warf Eckert vor, daß das Flugblatt über das Ziel hinausschösse, „‚Gegen die Kirche‘: das ist viel zu dick aufgetragen, und so klotzig, daß es einfach nicht wahr ist. Das wirkt nicht auf die Kirche selber, weil sie mit Recht sagen kann: so ist die Sache nicht wahr; aber auch nicht auf die Sozialisten, weil sie mit Recht sagen: also pfeifen wir auf die Kirche."

offizielle Christentum, das ‚Kirchentum‘, weil es die Aufgaben der Gegenwart und Zukunft nicht sieht, das Reich Gottes nicht baut, das Evangelium unter Menschenwerk und Theologengezänk verschüttet hat. Die Kirchen sind an Händen und Füßen gebunden, direkt oder indirekt abhängig von den Mächtigen der Welt. Sie dulden den widerchristlichen Kapitalismus, der zu Imperialismus und Nationalismus führt, ohne dagegen ernsthaft Front zu machen, ja sie stellen sich durch Angriffe auf die proletarischen Kampforganisationen und durch Inschutznahme des Besitzes in den Dienst der reaktionären Bourgeoisie und deren Helfershelfer. Sie wollen die revolutionären Kräfte niederhalten. Sie sind selbst mehr politische und wirtschaftskapitalistische Organisationen als Gemeinschaften frommer Menschen. Sie nehmen genau denselben Zins von ihren ausgeliehenen Kapitalien wie die andern, sie bauen ‚zur Ehre Gottes‘ prachtvolle Kirchen, die leer stehen, und reden über die Wohnungsnot des Proletariats. Sie vertrösten die Armen auf das Jenseits und machen den Reichen ein gutes Gewissen. Sie lehren ‚Gott ist Gott‘ und schützen den Mammonsdienst in den Banken und Palästen. Sie lehren ‚du sollst den Namen Gottes heiligen‘ und sie sehen zu, wie im Namen Gottes die Schwachen ausgebeutet und von den Heerführern Kriege geführt werden. Sie lehren ‚du sollst den Sonntag heiligen‘ und wissen zugleich, daß ungezählte Hunderttausende am Sonntag arbeiten müssen. Sie lehren ‚du sollst Vater und Mutter ehren‘ und sehen nicht, daß die kapitalistische Ordnung die Familie rettungslos zerstört. Sie lehren ‚du sollst nicht töten‘ und segnen durch ihre Divisionspriester und Pfarrer die Waffen, mit denen sich die Völker gegenseitig ermorden. Sie lehren ‚du sollst nicht stehlen‘, aber

Ein alter Kommunist habe ihm gelegentlich eines Vortrages gesagt: „Ich stehe Eurer Sache sympathisch gegenüber, aber mich geht Eure Kirche nichts an und ich habe keine Ursache, auch nur einen Finger für Euch zu rühren.“ Der Passus in Eckerts Manifest müsse mehr „die kirchlichen Möglichkeit zeigen, wie sie los will von der Vergangenheit, aber nicht los kommt nach der Devise: ‚Wasch mir den Pelz und mach mich nicht naß‘. Furcht vor Radikalität aus gesellschaftlichem Vorurteil; Mangel an Kenntnis der Lage“; Feigheit, „ein entschiedenes Wort zu sagen“ (Wünsch an Eckert vom 6. Oktober 1928, in: Privatsammlung Wünsch, ungeordnet).

sie kämpfen nicht gegen den Kapitalismus, der sich auf offenen und geheimen Diebstahl aufbaut. Sie lehren ‚du sollst nicht lügen und betrügen' und schweigen zu dem Riesenbetrug, den der kapitalistische Staat, die Finanz und die Börse täglich an der Masse ausübt. Sie lehren ‚sei nicht neidisch, sei zufrieden', kämpfen aber nicht für die Voraussetzungen zu einem Leben, das für alle, die Menschenantlitz tragen, ein menschenwürdiges ist.

Das Salz des offiziellen Kirchentums ist dumm geworden, das Licht ist unter den Scheffel versteckt! Wir religiösen Sozialisten rufen daher, als Sprecher der Masse des Proletariats, die Kirchen und ihre Führer zur Umkehr, zur Buße. Eure ‚Wohltätigkeit' ist Geschäft – eure betriebsame ‚Liebestätigkeit' ist ein Pflästerchen neben der eiternden Wunde – eure Predigt ist Geschwätz – euer Trost hat keine Kraft – euer Segen ist verfault – und ihr wißt es nicht."[79]

Dieses dritte Verfahren der badischen Kirchenleitung gegen Eckert – vorausgegangen waren die Konflikte bei der Reichspräsidentenwahl und der Fürstenenteignung – war nicht nur ein Symptom für die Verschärfung der Auseinandersetzung zwischen ihm und der Kirche, sondern der ideologische Ausdruck des Klassenkonflikts zwischen der Kirche und dem Bund der religiösen Sozialisten auf der Stufenleiter der wachsenden ökonomischen und sozialen Widersprüche der Weimarer Republik in der Etappe 1928 bis 1929. In der folgenden Etappe, die mit dem Beginn der Weltwirtschaftskrise eingeleitet wurde, sollte sich der dialektische Entwicklungsprozeß Eckerts auf einer höheren Stufe entfalten.

3.5 Die Etappe von November 1929 bis August 1930

Für die Analyse der Entwicklung Eckerts ist wichtig, wie sich die von ihm im November 1929 diagnostizierte „Klassenscheidung in die bürgerlich-kapitalistisch-faschistische und in die

---

[79] E. Eckert, Was wollen die religiösen Sozialisten, Flugblatt 1928, a. a. O., S. 239 f.

proletarisch-sozialistisch-demokratische Front"[80] auf seine Lehrentwicklung und seine praktisch-politische Parteinahme auswirkte. Mit seinem wachsenden Einfluß auf die Arbeiterklasse vor allem in Süd-, Mittel- und Westdeutschland, der weit über den Rahmen des Bundes und der SPD hinausging, sah er sich als „religiöser Sozialist", als der er sich verstand, immer wieder der Frage der proletarischen Freidenker ausgesetzt, ob er denn wirklich Marxist sei. Im Mai 1930 hielt er den Freidenkern ein Zitat aus Lenins Schrift „Materialismus und Empiriokritizismus" entgegen: „Die materialistische Dialektik von Marx und Engels schließt unbedingt den Relativismus ein, reduziert sich aber nicht auf ihn, d. h. sie gibt die Relativität aller unserer Kenntnisse zu, aber nicht im Sinne der Verneinung der objektiven Wahrheit, sondern im Sinne der geschichtlichen Bedingtheit der Grenzen der Annäherung unserer Kenntnisse an diese Wahrheit ... Auf dem Wege der marxistischen Theorie nähern wir uns der *objektiven Wahrheit* immer mehr und mehr *(ohne sie jemals zu erschöpfen)*: auf jedem anderen Wege aber können wir zu nichts anderem gelangen als zu Konfusion und Lüge."[81] Eckert verstand sich insofern als „Marxist", als er „nicht von einem vorher konzipierten System irgend einer zukünftigen sozialistischen Ordnung (sozialistische Utopie) aus der Gegenwart Forderungen stellt, sondern aus der dialektischen Entwicklungsgesetzlichkeit auch der heutigen Wirtschaft den Weg zu ihrer Überwindung und zur Verwirklichung der sozialistischen Ordnung zu zeigen bestrebt ist".[82] Die zweite Voraussetzung, unter der man sich als Marxist bezeichnen könne, sei, daß „man nicht von irgend einem Wunder oder gar der sittlichen Gesinnung und Einsicht der herrschenden Schichten die Neugestaltung des wirtschaftlichen, gesellschaftlichen und kulturellen Lebens erwartet, sondern von dem entschlosse-

[80] E. Eckert, Arbeitsmethoden und Taktik der religiösen Sozialisten Deutschlands, Rede auf der internationalen Führertagung in Köln, in: SAV 1929, Nr. 49, S. 363.
[81] E. Eckert, Sind wir Marxisten?, in: ZRS 1930, Heft 3 (Mai/Juni), S. 166 f.
[82] Ebd., S. 168.

nen physischen und geistigen Kampf der Arbeiterklasse, an dem man selbst beteiligt ist. ‚Die Befreiung der Arbeiterklasse kann nur das Werk der Arbeiterklasse selbst sein'".[83] Eckert vertrat diese Auffassung und blieb zu diesem Zeitpunkt seinem Selbstverständnis nach „religiöser Sozialist". Er bezog jedoch in entscheidenden Fragen Positionen des wissenschaftlichen Sozialismus im engeren Sinne, ohne zugleich seine theoretische Fundierung im dialektischen und historischen Materialismus voll zu verstehen und zu akzeptieren. Indem er aktiv an den Klassenkämpfen der Weimarer Republik teilnahm, näherte er sich immer mehr dem Marxismus. Seit der Übernahme der Schriftleitung des Bundesorgans 1926 druckte Eckert wiederholt Quellen marxistischer Theoretiker ab, so 1926/27 das Kommunistische Manifest und in der Folgezeit Auszüge aus den Werken von Marx, Engels, Franz Mehring, August Bebel, Wilhelm Liebknecht, Rosa Luxemburg, Karl Liebknecht, Lenin, Otto Bauer und Max Adler. Eckerts Aneignung der Methoden der Analyse sozialer Probleme und der Ziele sozialer Bewegungen war aber nicht allein das Ergebnis des besseren Verstehens und des genaueren Studiums der marxistischen Tradition, sondern in erster Linie das Ergebnis seiner politischen Praxis im Prozeß der sich steigernden Widersprüche der kapitalistischen Gesellschaft. Dabei ist es höchst interessant zu verfolgen, daß seit 1929, parallel mit seinem politischen Engagement, sich eine Emanzipation von religiösen Kategorien vollzog. Unter dem Eindruck der Wirtschaftskrise und der revisionistischen Politik der SPD, mit der er von nun an in permanenten Konflikt geriet, vollzog sich seine Wandlung zum homo politicus, der sich ganz der revolutionär-demokratischen Politik und dem Kampf gegen die wachsende Gefahr des Faschismus verschrieb. Dort, wo die religiösen Kategorien ein Hindernis seiner Wirksamkeit innerhalb der Arbeiterklasse waren, so zum Beispiel bei seinem Entwurf zum Wehrprogramm der SPD 1929 und nach den Septemberwahlen 1930 bei seiner Analyse der sozialen und politischen Entwicklung der Weimarer Republik zum Faschis-

[83] Ebd.

mus im „Klassenkampf"[84] und in den Wochenberichten des Bundesorgans (siehe Kapitel 5.1), verzichtete er völlig auf religiöse Kategorien und Formulierungen. Gleichzeitig tauchten sie dort wieder auf, wo er in verschärfte Konflikte mit der badischen Landeskirche wegen seines konsequenten Kampfes gegen den Faschismus geriet oder auf dem Deutschen Evangelischen Kirchentag 1930 den Repräsentanten des deutschen Protestantismus entgegentrat, um entschieden für die Sowjetunion Partei zu ergreifen (siehe Kapitel 4.4). Während seine Autorität in der Arbeiterbewegung wuchs, nahmen die Widerstände innerhalb des Bundes gegen seine politische Richtung zu. Gleichwohl wollte man den „Führer" des Bundes der religiösen Sozialisten nicht preisgeben. Auf dem Stuttgarter Kongreß Anfang August 1930 wurde Eckert einstimmig wieder zum 1. Vorsitzenden gewählt, der in seiner Eröffnungsrede feststellte: „Unser Kongreß ist eine Zusammenkunft von Sozialisten, er hat nichts Gemeinsames mit den sozialreformerischen Tagungen der bürgerlich-christlichen Kreise... Wir sind wie alle Sozialisten der Meinung, daß diese Nöte und Krisen der Gegenwart nicht durch wohlwollende Reförmchen und idealistische Redensarten einer illusionären Volksgemeinschaft überwunden werden können, sondern allein durch eine radikale Umgestaltung der heutigen Wirtschaft und Gesellschaft im Sinne des Sozialismus."[85] Er begründete die entschlossene Kampfbereitschaft „aus der Tiefe des Übersinnlich-Ewigen"[86], eine Formulierung, die als Beleg für die Verschwommenheit seiner religiösen Leerformeln in dieser Etappe angeführt werden kann. So ideologiegeladen diese Formulierung selbst auch war, so deutlich war seine Abgrenzung gegenüber den „bürgerlichen Ideologien".[87] „Man versucht durch einen vielstimmigen Appell an den Rasse-Instinkt, den Nationalhaß, an kleinbürgerliche Besitzerfreude und an den Militarismus, die Verärgerten auch in der Arbeiterschaft zu

[84] E. Eckert, Opposition, nicht Koalition, in: Klassenkampf, 4. Jg. 1930, Nr. 20, S. 622–626, 15. Oktober 1930.
[85] E. Eckert, Eröffnungsrede auf dem 5. Kongreß in Stuttgart, in: SAV 1930, Nr. 32, S. 251.
[86] Ebd.
[87] Ebd.

einer Schutztruppe der kapitalistischen Front zu machen, deren imperialistische Gelüste, deren Schrei nach der bürgerlichen Diktatur nur noch mühsam verheimlicht und unterdrückt werden kann. Dieser Gefahr der ideologischen Verseuchung der Harmlosen und Unzuverlässigen auch mit der Phrase von der ‚Rettung des Christentums vor dem gottlosen Marxismus' entgegenzutreten, ist eines unserer wichtigsten Anliegen. Die Zeichen der Zeit schrecken jeden ehrlichen Christen."[88]

Paul Piechowski[89] beschrieb Eckert 1930 so: „Agitator der Bewegung und die eigentliche vorwärtstreibende, leitende Kraft des Bundes ist Pfarrer Erwin Eckert in Mannheim, eine geborene Kämpfer- und Führernatur, ein Mensch von glänzender Beredsamkeit und von unbeugsamer Willenskraft, der schroff alle Brücken zur bürgerlichen Welt abzubrechen versucht hat. Das schafft ihm die gute Plattform für eine stoßkräftige Wirksamkeit im Proletariat. Auf der anderen Seite ist er im bürgerlich-kirchlichen Lager auf das stärkste umkämpft und angegriffen."[90] Die Tatsache, daß Eckert auch im Bund der religiö-

---

[88] Ebd.   [89] Siehe Kurzbiografie im dokumentarischen Anhang.
[90] P. Piechowski, Die religiös-sozialistische Bewegung in Deutschland, in: Stockholm, Internationale sozialkirchliche Zeitschrift, 3. Jg., 1930, S. 152. Vgl. das Urteil von L. Ragaz, das dieser nach Eckerts Eintritt in die KPD abgab: „... Eckert war ja der Führer des Bundes religiöser Sozialisten Deutschlands. Er war es weniger in dem Sinne, daß er Schöpfer und Träger einer eigenartigen religiös-sozialistischen Gedankenwelt gewesen wäre, sondern auf mehr organisatorische, fast militärische Weise als Vorsitzender, Geschäftsleiter, Redaktor des Bundesblattes und vor allem als wirksamster Vorkämpfer in der Volksversammlung und auf jeder Tribüne des öffentlichen Lebens überhaupt. Er vor allem ist es wohl, der den Durchbruch der vorher in Deutschland mehr auf die Kreise der Intellektuellen, besonders der Theologen, beschränkten Sache des religiösen Sozialismus in die breiten Massen zustande gebracht hat." Siehe L. Ragaz, Pfarrer Eckerts Weg und unser Weg, in: Neue Wege, 10/1931, S. 444.
Siehe auch die Erklärung der Bruderschaft sozialistischer Theologen Deutschlands zum Fall Eckert (Juniprozeß 1931): die Beseitigung Eckerts sei gleichbedeutend mit der Beseitigung „des stärksten Pfeilers, der bisher die an und für sich schwache Brücke des Vertrags zwischen Kirche und Proletariat getragen hat" (in: CW 1931, Nr. 13, Sp. 645). Bizer bezeugte die große Wirkung Eckerts auf die Arbeiterschaft, wenn er in seinem Bericht über den Stuttgarter Kongreß 1930 schrieb: „Es ist keine Frage, daß er (Eckert) auf die anwesenden Arbeiter einen tiefen Eindruck machte, und daß sie ihn als einen der ihren begrüßten" (E. Bizer, Der Kongreß der religiösen Sozialisten, in: CW 1930, Nr. 17, Sp. 835). Auf einem Flugblatt, das zu einer

sen Sozialisten selbst auf das stärkste umkämpft, angegriffen und geliebt wurde, macht die Zwiespältigkeit der im Bund organisierten religiös-sozialistischen Bewegung offenbar.

Unmittelbar nach dem Stuttgarter Kongreß warf sich Eckert mit ganzer Kraft in den Reichstagswahlkampf zum 14. September 1930 und sprach auf insgesamt 41 Veranstaltungen als Exponent des linken Flügels der SPD in Süddeutschland.

3.6 Die Etappe von September 1930 bis Juni 1931

Die Ergebnisse der Reichstagswahl vom 14. September, bei der die NSDAP 6,4 Millionen Stimmen gewann, leiteten eine neue Periode in der Geschichte der Weimarer Republik ein, die durch die äußerste Zuspitzung der sozialen und politischen Situation gekennzeichnet war. Die von Eckert Ende 1930 gegen die manifest gewordene faschistische Gefahr aufgenommene Agitationstätigkeit, bei der er bis Juli 1931 auf 100 Veranstaltungen vor schätzungsweise 100 000 Menschen gegen den Faschismus agitierte, zwang ihm erneut den Kampf mit der badischen Landeskirche auf, den er jedoch als willkommene Gelegenheit begrüßte, um die Parteinahme des deutschen Protestantismus für den Faschismus vor aller Öffentlichkeit bloßzustellen.

Als Beispiel einer Rede, in der Eckert sich als „religiöser Sozialist" an ein religiös empfindendes Publikum wandte, seien hier einige Passagen aus seiner am 17. Januar 1931 im Mannheimer Musensaal gehaltenen Rede „Christuskreuz – nicht Hakenkreuz" angeführt. Da seine Zuhörer von ihm eine „religiössozialistische" Rede erwarteten, finden sich wieder religiöse Kategorien in seiner antifaschistischen Agitation, um sich seinen Zuhörern verständlich zu machen. Gleichwohl kann die *politi-*

öffentlichen Volksversammlung vor den Septemberwahlen 1930 einlud, hieß es: „Stadtpfarrer Eckert, Mannheim, kommt ins Oberland. Ein Redner von außergewöhnlicher Überzeugungskraft; ein Mann, der nach jahrzehntelangem Studium einen Marx erkannt und verstanden hat und nun unentwegt seinen Feldzug angetreten hat, umbraust von dem Beifall der Zuhörer" (Handzettel in Privatarchiv Eckert).

sche Bedeutung und Wirksamkeit dieser ideologischen Arbeit nicht unterschätzt werden.

Eckert ging in seiner Rede davon aus, daß die NSDAP sich zum „positiven Christentum" bekannte. „Da diese Behauptung der Nationalsozialisten und die zu ihrer Erklärung versuchten Beweisführungen eine direkte Gefahr der Verzerrung des christlichen Glaubens, christlicher Lebens- und Weltanschauung darstellen, so sollte man annehmen, daß die christlichen Kirchen als die berufenen Bewahrerinnen der christlichen Wahrheit sich der nationalsozialistischen Propaganda entgegenstemmen würden."[91] Aber abgesehen von den Absagen einzelner katholischer Pfarrer und Bischöfe mußte er feststellen, „daß die evangelischen Kirchenführer, die Präsidenten und Prälaten, die Generalsuperintendenten und Bischöfe der deutschen Landeskirchen sich ausschweigen, mit wohlwollender Duldung die Agitation ungezählter nationalsozialistischer Geistlicher registrieren, und gegen die wenigen Geistlichen, die sich gegen die faschistische Flut im Namen des Christentums wehren, mit Disziplinarstrafen vorgehen".[92] Energisch wandte er sich gegen den Antisemitismus und Rassismus der Faschisten. „Diese Verherrlichung und Vergötzung des Blutes, und zwar des arischen Blutes, der ‚nordischen Edelrasse', diese Behauptung der Nationalsozialisten, als ob das Blut, der Instinkt, wie Hitler in München sagte, der Träger, die Ursache eines höheren, besseren Seins, des ‚göttlichen Wesens des Menschen' wäre, ist durch und durch unchristlich, ist nicht der Mythus des 20. Jahrhunderts, wie Herr Rosenberg meint, sondern der Mythus der primitiven Horden- und Nomadenvölker etwa des 12. Jahrhunderts vor Christi Geburt, und darum der größte Unsinn des 20. Jahrhunderts."[93] Zur sozialen Funktion des Faschismus sagte er: „Die Nationalsozialisten behaupten, dem Volk, dem ganzen Volk aus christlicher Nächstenliebe helfen zu wollen und zu einer menschenwürdigen Existenz aller durch die Brechung der Zinsknechtschaft – und wollen im Grunde die wirtschaftlich Mächtigen,

[91] E. Eckert, Christuskreuz – nicht Hakenkreuz, in: RS 1931, Nr. 7, S. 27.
[92] Ebd.
[93] E. Eckert, Christuskreuz . . ., in: RS 1931, Nr. 8, S. 32.

die Besitzenden um so besser rüsten für eine neue brutale Unterdrückung und Ausbeutung der wirtschaftlich abhängigen Massen. Nicht helfen, herrschen wollen sie, das zeigt ihr Gesellschafts- und Staatsideal. Das Herrenmenschentum wird verherrlicht und die ‚Masse‘, das rote ‚Pack‘, verachtet. In den nationalsozialistischen Zeitungen werden die ‚Marxisten‘, die proletarischen Organisationen, die darum kämpfen, daß jeder, der Menschenantlitz trägt, menschenwürdig leben soll, auf das gemeinste beschimpft – ‚Marxistische Verbrecher‘, ‚Mob‘, ‚Untermenschentum der Masse‘ –, das sind täglich in der völkischen Presse wiederkehrende Schlagworte. Die Nationalsozialisten möchten aus der Masse, die der Kapitalismus um ihr Menschsein betrügt, Herdenmenschen, Untertanen machen, die Zeiten der Barbarei wieder einführen!"[94] Eindringlich rief Eckert seinen Zuhörern die Vorgänge im faschistischen Italien in Erinnerung. „Das Bürgertum verachtete die Kampfmethoden der Faschisten, aber es rührte sich auch nicht ein Finger zur Verteidigung des Rechts... Die Kirche schwieg. Die Kirche schweigt auch bei uns, bis es zu spät sein wird. Sie schweigt aber nicht nur zu den offensichtlichen Bürgerkriegsvorbereitungen der Nationalsozialisten – sie schweigt auch zur Kriegspropaganda der Faschisten... Herr Goebbels schreibt: ‚Das aber ist Christentum: Liebe deinen Nächsten wie dich selbst. Mein Nächster ist mein Volksgenosse. Liebe ich ihn, dann muß ich seine Feinde hassen.‘ Die Auslegung Jesu Christi über die Nächstenliebe in dem Gleichnis vom barmherzigen Samariter lautet anders, Herr Goebbels! Dort haben gerade die ‚Volksgenossen‘ den ausgeplünderten und halb totgeschlagenen Nächsten liegen lassen und der dem ‚Kötervolk‘ Angehörende, der Samariter, um mit Ihrem Freund Rosenberg zu sprechen, hat dem in der Not Zugrundegehenden aus dem internationalen, denken Sie, Herr Goebbels, internationalen Liebeszwang eines in Gott gegründeten Gewissens geholfen."[95]

[94] E. Eckert, Christuskreuz..., in: RS 1931, Nr. 9, S. 38.
[95] Ebd.

Vergleicht man diese Rede mit den wöchentlichen Analysen der sozialen und politischen Krisenentwicklung der Weimarer Republik zum Faschismus[96], so fällt ein deutlicher politisch-theoretischer Niveauunterschied auf. Dieser ist als ein Symptom der komplexen und widersprüchlichen Entwicklung Erwin Eckerts in der letzten Phase seiner Zugehörigkeit zum Bund der religiösen Sozialisten und zur Kirche, als Symptom des Auseinanderstrebens in den klassenbewußten Sozialisten auf der einen Seite und in den Pfarrer auf der anderen Seite zu deuten, der sich mit religiösen Kategorien gegen die Verfolgungen durch die badische Landeskirche wehrte und den Faschismus innerhalb der Kirche bekämpfte. Diese Pendelbewegung war auch durch die Verfolgungen und Disziplinierungsmaßnahmen der badischen Landeskirche gegen Eckert bedingt, die im Januar 1931 verstärkt einsetzten und sich bis zum Ende der ersten Jahreshälfte steigerten. Im einzelnen die zahlreichen Verfahren und Prozesse im Rahmen dieser Arbeit darzustellen, ist unmöglich, so bedeutsam sie als Dokumente der Sozialgeschichte der protestantischen Landeskirchen in der Übergangsperiode der Weimarer Republik zum Faschismus auch sind. Hier muß es genügen, die wichtigsten Etappen dieser Auseinandersetzung zu skizzieren, um die Funktion der Konfrontation zwischen Eckert und der badischen Landeskirche zu verdeutlichen. Die Funktion bestand darin, ihn in die Rolle des Pfarrers und *religiösen* Sozialisten zu zwingen, der seiner Landeskirche, ihrer Leitung und seinem „Kirchenvolk" den „Auftrag Gottes an unsere Zeit"[97] verkündete.

Am 3. Januar 1931 wurde Eckert durch Verfügung des Oberkirchenrats mit einem Verweis bestraft, weil er sich in besonderer Schärfe gegen die „Amtsbrüder" gewandt hatte, die sich dem Nationalsozialismus angeschlossen hatten, und weil er am 30. November im SAV seinen Aufsatz über die christlichen

---

[96] Siehe Teil 5.1.5.
[97] E. Eckert, Der Auftrag Gottes an unsere Zeit (Predigt am 5. Juli 1931 in Mannheim), in: RS 1931, Nr. 40, S. 167 f. Es handelt sich bei dieser Predigt um die erste, die Eckert nach seiner Wiedereinsetzung in sein Amt, nach fünfmonatiger Suspendierung, hielt.

Kirchen und den Faschismus[98] ein Bild beigegeben hatte, das einen evangelischen Pfarrer in Amtstracht darstellt, der einen mit einem Kreuz versehenen Kelch trägt, aus dem er mit einem Rohr eine große Seifenblase bläst, in deren Mitte ein Hakenkreuz zu sehen ist.[99] Am 13. Januar 1931 wurde Eckert ein generelles Versammlungsverbot wegen der blutigen Zusammenstöße mit den Nazis in Neustadt a. H. erteilt. Die Zusammenstöße erfolgten, als er am 17. Dezember auf einer SPD-Veranstaltung zum Thema „Die große Lüge des Nationalsozialismus" sprach und die SA die Veranstaltung sprengte und dabei von den mitgebrachten Stahlruten, Hieb- und Stichwaffen Gebrauch machte.[100] Am 30. Januar 1931 verfügte der Oberkirchenrat ein Redeverbot gegen Eckert, nachdem dieser sich geweigert hatte, ein Versammlungsverzeichnis vorzulegen. Als Eckert auch diesem Redeverbot nicht nur den Gehorsam verweigerte und demonstrativ zuwiderhandelte, sondern seinerseits den Präsidenten der badischen Landeskirche wegen offensichtlicher Parteilichkeit und willkürlichen Mißbrauchs seiner Dienstgewalt anklagte[101], ordnete der EOK am 6. Februar mit sofortiger Wirkung Eckerts vorläufige Suspendierung vom Amt an und untersagte ihm das Betreten der dienstlichen Räume und der Kirche. „Sollten Sie dieser Anordnung nicht nachkommen,

[98] E. Eckert, Die christlichen Kirchen und der Faschismus, in: SAV 1930, Nr. 48, S. 380 f. Der Landesverbandsvorstand Preußen mißbilligte einstimmig die Karikatur eines Geistlichen mit Abendmahlskelch in Nr. 48 des SAV 1930 (Protokoll der Vorstandssitzung des Landesverbands Preußen vom 4. 12. 1930, in: Privatsammlung Wünsch).
[99] Ebd.
[100] Zu den Vorgängen in Neustadt vgl. folgende Zeitungsberichte: „Schwere Nazi-Ausschreitung in Neustadt". („Volksstimme" vom 18. Dezember 1930), „Eine blutige Versammlung" („Pfälzischer Kurier" vom 18. Dezember 1930), „Die gesprengte SPD-Versammlung in der Turnhalle" („Generalanzeiger für Neustadt a. d. Haardt und Umgebung" vom 18. Dezember 1930), „Marxistisches Banditenwesen überall" („Völkischer Beobachter" vom 19. Dezember 1930), „Die Mösch" („Völkischer Beobachter" vom 3. Januar 1931).
Zu der Berichterstattung des „Völkischen Beobachters" über die von den Nazis gesprengte Versammlung Eckerts in Neustadt siehe: E. Eckert, Der „Völkische Beobachter" lügt und verleumdet, in: RS 1931, Nr. 3, S. 12; E. Eckert, Der „Völkische Beobachter" lügt, verleumdet und kneift, in: RS 1931, Nr. 4, S. 15 f.
[101] E. Eckert, Ich klage den Präsidenten der badischen Landeskirche an, in: RS 1931, Nr. 6, S. 23.

so werde ich auch davon nicht absehen, gegen Sie strafgericht-
lich vorzugehen."[102] Eckert reagierte auf diese Amtsenthebung
am 19. Februar auf einer von 8000 Menschen besuchten Protestversammlung im Mannheimer Nibelungensaal.[103] Er betonte, daß der Kampf gegen den Faschismus die bürgerlichen,
die nationalistischen Kreise auf den Plan gerufen habe, in deren
Sinne der Präsident ihn gemaßregelt habe. „Die bürgerlich-
kapitalistische Gesellschaft spürt, daß es um Sein oder Nichtsein geht, darum faßt sie alles, was noch schlagkräftig ist, zusammen in die nationalsozialistische Bewegung, die auch die
evangelische Kirche zur Rettung der kapitalistisch-bürgerlichen
Ordnung durch ihr ‚positives Christentum' einsetzen möchte."[104]

Eckerts Identifikation mit dem *religiös*-sozialistischen Standpunkt in dieser Phase ist also nur auf dem Hintergrund dieser
Auseinandersetzungen zu verstehen. Die Verfolgung führte ihn
in dieser Situation nicht zu einer Abkehr von der Kirche, sondern zu der Auffassung, nun erst recht den Faschismus ideologisch vom Boden des religiösen Sozialisten aus innerhalb der
Kirche bekämpfen zu müssen. Die Krisensituation seit September 1930 wirkte also in doppelter Hinsicht radikalisierend auf
Eckert. Sie führte zum besseren Verstehen der Klassensituation
auf der einen *und* zur Identifikation mit dem Christentum auf
der anderen Seite, um dem Einbruch des Faschismus in die Kirche im Namen des Christentums entgegenwirken zu können.
Am 7. Mai 1931 wurde ein kirchliches Dienststrafverfahren mit
dem Ziel eröffnet, Eckert aus dem Dienst der Kirche zu entlassen. In der Anklageschrift hieß es: „Immer wenn in den letzten zehn Jahren das deutsche Volk vor wichtige politische Entscheidungen gestellt war, ist Pfarrer Eckert für die SPD hauptsächlich als Redner in Versammlungen, aber auch in dem
Organ des Bundes der religiösen Sozialisten hervorgetreten,
wobei er jede Gelegenheit wahrnahm, an der Kirche im allgemeinen, insbesondere aber auch an seiner eigenen Landeskirche,

---

[102] EOK Nr. 2461, vom 6. Februar 1931, Abschrift in Privatarchiv Eckert.
[103] E. Eckert, Heraus aus der Kirche?, in: RS 1931, Nr. 11, S. 47 f.
[104] Ebd., S. 47.

ihrer Behörde und ihrem Handeln Kritik zu üben, die oft über die Grenze des Sachlichen hinausging und wobei er immer wieder sich über die durch sein Amt gebotenen Pflichten hinwegsetzte."[105] An einer anderen Stelle der „Anklageschrift" hieß es dann: „Besonders stark ist Pfarrer Eckert politisch wieder hervorgetreten, als nach Auflösung des Reichstages im Sommer 1930 die Wahlkampagne für den neuen Reichstag einsetzte und in besonders starkem Maße die NSDAP in dem Wahlkampf hervortrat. Pfarrer Eckert hat in zahlreichen Versammlungen (insgesamt 41, F. M. B.), zuletzt noch am Abend vor dem Wahltag, gesprochen. Auch nach der Wahl hielt die unvermutete starke Zunahme der nationalsozialistischen Stimmen und die rege Werbetätigkeit dieser Partei Pfarrer Eckert auf dem Plan, der es nunmehr für eine ausgesprochene Pflicht der Sozialisten, insbesondere der religiösen Sozialisten hinstellte, gegen den angeblich arbeiter- und christentumsfeindlichen Nationalsozialismus zu Felde zu ziehen."[106]

Entgegen den Ratschlägen führender Bundesmitglieder, mit dem Dienstgericht einen „Vergleich" zu ziehen, hielt Eckert „jedes Zurückweichen in dem uns aufgenötigten Kampf" für „vollkommen unmöglich".[107]

Unter dem Eindruck der ungeheuer breiten Solidaritätskampagne für Eckert – annähernd 100 000 evangelische Menschen in Baden unterschrieben ein Protestschreiben, das die Wiedereinsetzung Pfarrer Eckerts in sein Amt forderte, in Mannheim-Stadt und -Land sowie Heidelberg waren es allein rund 40 000 Unterschriften[108] – sah sich das Gericht nicht in der Lage, dem Antrag der Anklage zu folgen, sondern verurteilte Eckert am 14. Juni 1931 „nur" zu einer Zurückversetzung im Dienstalter um sechs Jahre und zur Tragung der Prozeßkosten wegen „Dienstvergehens".[109]

---

[105] Anklageschrift vom 7. Mai 1931, S. 2 f., in Privatarchiv Eckert.
[106] Ebd., S. 7.
[107] Eckert an Kappes vom 1. Juni 1931, in: SPK VKBrS, Fall Eckert/I, Blatt 202.
[108] Eckert an Kappes vom 20. April 1931, in: VKBrS, Fall Eckert 1931/I, Blatt 55.
[109] Gesetzes- und Verordnungsblatt für die Vereinigte Ev.-protestantische Landeskirche Badens, Nr. 11, 1931, ausgegeben am 12. August 1931, S. 83–98.

Die internen Auseinandersetzungen innerhalb des Bundes konnten in der ersten Hälfte des Jahres 1931 durch den zugespitzten und massenwirksamen Konflikt Eckerts mit der badischen Kirchenleitung zwar nicht überbrückt, so doch überdeckt werden. Unmittelbar nach dem Juni-Urteil ergriff Eckert jedoch die Initiative, um nun nach dem Kampf gegen die Kirche den Bund aus seiner Abhängigkeit von der SPD-Parteiführung zu befreien und den Bund in die von ihm geforderte gesamtsozialistische Einheitsfront gegen den Faschismus einzureihen (siehe Kapitel 5.2). In diesem Konflikt innerhalb des Bundes kamen wieder alle religiösen Kategorien, die noch im „Kirchenkampf" hervorgetreten waren, zum Verschwinden. Es ging einzig und allein um die politische Bewältigung der wachsenden faschistischen Gefahr. Ebenso wenig wie Eckert sich seiner Kirchenleitung gebeugt hatte, ebenso fest war sein Entschluß, sich nicht der SPD-Führung zu beugen, die auf ihrer Tolerierungspolitik gegenüber der Brüning-Regierung beharrte und zur antifaschistischen Einheitsfront mit der KPD nicht bereit war. Der Bund folgte Eckert jedoch nicht, sondern untersagte ihm die Fortsetzung der Wochenberichte. Eckerts Isolierung im Bund war die Voraussetzung für seinen Ausschluß aus der SPD. Noch am gleichen Tag trat er zur KPD über (siehe Teil 6). Auf der Stuttgarter Massenversammlung am 10. Oktober 1931, drei Tage, bevor er für mehrere Wochen mit einer Arbeiterdelegation in die Sowjetunion reiste, sagte er: „Durch all die Schwierigkeiten habe ich mich hindurchgerungen, die mich mit der SPD verbanden. Ich habe mich durch die Schwierigkeiten hindurchgerungen, die weltanschauliche Hemmungen von außen her waren. Nun stehe ich da, wo wirklich der Kampf geführt wird, zur Umgestaltung des gegenwärtigen Lebens. Nun stehe ich da, wo wirklich versucht wird, den Mühseligen und Beladenen zu helfen, wo eine Ordnung erkämpft werden soll, die den Hungernden Brot gibt, die den Kranken beisteht, wo eine Ordnung erkämpft werden wird, die besser ist als die, in der wir heute leben ... Sie müssen nicht denken, daß der Weg, den ich gegangen bin, einfach war und einfach sein wird. Aber ich freue mich auf diesen Weg, freue mich, weil ich die Überzeugung habe, daß mein Leben nicht besser eingesetzt werden kann, als bei den Kommunisten, als da, wo es sich darum handelt, den Massen zu helfen, die leiden, die Kinder zu sättigen, die hungern, die Frauen zu unterstützen, die krank sind, als da, wo es sich darum handelt, die Leidenden zum Licht, die Unterdrückten durch Kampf zum Sieg zu führen. Mein Leben kann keinen besseren Inhalt haben als den, entschlossen mitten im Proletariat zu kämpfen um Freiheit und Sozialismus, um ein menschenwürdiges Dasein, um Frieden und Gemeinschaft auf dieser Erde."[110]

Noch am gleichen Tag eröffnete die badische Kirche wegen Verletzung der Dienstpflichten durch Übertritt zur KPD und das Auftreten als Redner für diese Partei in öffentlichen Versammlungen das Dienststrafverfahren gegen Eckert, das am 11. Dezember 1931 zu seiner Entlassung aus dem Kirchendienst führte.[111] Der Bund beschloß am 18. November 1931, entgegen früher getroffenen Absprachen, während Eckerts Aufenthalt in der Sowjetunion seine Absetzung als geschäftsführender Vorsitzender des Bundes und als Schriftleiter des Bundesorgans.[112] Diese beiden Reaktionen machten den Weg frei für Eckerts endgültige Trennung von der Kirche und dem Bund der religiösen Sozialisten. Am 9. Dezember 1931, also noch *vor* seiner dienstgerichtlichen Entlassung aus dem Kirchendienst, erklärte Eckert in einem Brief an die Landesverbandsvorsitzenden, Wortführer und Vertrauensleute des Bundes seinen Austritt. Nach der Darstellung des bundesinternen Vorgehens gegen ihn während seiner Abwesenheit in der Sowjetunion begründete er seinen Austritt mit dem Vorwurf, der Bund sei nun nichts anderes als eine „Hilfsorganisation der SPD zur Erschließung des

---

[110] Die Kirche und der Kommunismus, Stadtpfarrer Eckert kommt zur KPD, hrsg. von der Bezirksleitung der KPD Bezirk Baden-Pfalz, Oktober 1931, S. 19 f.
[111] Gesetzes- und Verordnungsblatt für die Vereinigte Ev.-protestantische Landeskirche Badens, 1932, Nr. 2, ausgegeben am 22. Februar 1932, S. 9–23.
[112] Rundschreiben Nr. 3, vom 28. November 1931, in: SPK VKBrS, Fall Eckert/II, Blatt 144–147.

Mittelstandes für die jetzige SPD-Taktik".[113] Das Bundesorgan sei nach dem Wechsel in der Schriftleitung „auf einer klein-bürgerlichen, kraftlosen Linie angelangt".[114] Daß man ihn im Vorstand belassen wolle, um die „Aufgeschlossenheit" des Bundes gegenüber der kommunistischen Bewegung zu demonstrieren, sei „berechnender Opportunismus"[115], den er auf das entschiedenste ablehne. Er werde alle, die wie er dächten, auffordern, den Bund zu verlassen und das Bundesorgan abzubestellen. Indem man den Bund praktisch zu einer „Hilfsorganisation des Revisionismus"[116] gemacht habe, sei ihm die „Existenzberechtigung"[117] genommen worden. Nicht die persönliche Verärgerung über die Art des Vorgehens gegen ihn sei ausschlaggebend für seinen Austritt. „Daß aber gerade in einer Zeit, in der nur in schärfstem Kampf gegen die Kirche und gegen jede Form des Revisionismus und des Opportunismus etwas erreicht werden kann, der Bund den Weg des im Grunde bürgerlich-liberalen, sozialreformerischen Wollens beschreitet"[118], das mache es ihm vollkommen unmöglich, den Glauben aufzubringen, der Bund könne in irgendeiner Weise „für die revolutionär-sozialistische Bewegung"[119] noch etwas bedeuten. Er sah geradezu seine Pflicht darin, „von diesem Bund der religiösen Sozialisten, wie immer es nur möglich ist, auf das Deutlichste abzurücken".[120] Ihn in dieser Form weiter zu erhalten, hieße „eine Gefahr und eine Hemmung für das revolutionäre Proletariat schaffen, Illusionen nähren, für die, die bisher noch einen Funken von Vertrauen auf die besten Kräfte zu der überlieferten Kirche in sich trugen".[121]

[113] E. Eckert an die Landesverbandsvorsitzenden, Wortführer und Vertrauensleute des Bundes, vom 9. Dezember 1931, Abschrift im Privatarchiv Eckert.
[114] Ebd.
[115] Ebd.
[116] Ebd.
[117] Ebd.
[118] Ebd.
[119] Ebd.
[120] Ebd.
[121] Ebd.

Am 12. Dezember erklärte Eckert in der Mannheimer „Arbeiter-Zeitung", die Kirche sei nun „eindeutig in die kapitalistischfaschistische Klassenfront eingeordnet".[122] In der gleichen Zeit, in der die Kirche ihn wegen seines Übertritts zur KPD entlasse, „duldet sie nationalsozialistische Geistliche in ihrem Pfarrdienst, ..., die ungehindert für den Faschismus agitieren und organisieren".[123] Da die Kirche nicht bereit sei, „Buße zu tun für die große Schuld, die sie in ihrer Abhängigkeit von der bürgerlichen Gesellschaft"[124] auf sich geladen habe, sei sie „rettungslos verloren".[125] „Sie muß als Teil der innerlich faul und kraftlos gewordenen bürgerlichen Klassenfront zugrunde gehen".[125] Die Kirche habe jeden „Kontakt mit den lebendigen schöpferischen Kräften verloren"[126] und sei „zum Instrument bürgerlicher Ängstlichkeit vor dem Kommunismus, dem die Zukunft gehört, geworden".[127] Die Kirche habe ihn zwar nicht ausgeschlossen, um nicht die Hunderttausend und Millionen kommunistischer Wähler, die noch in der Kirche sind, gleichzeitig auszuschließen. Er erklärte seinen Austritt aus der Kirche jedoch schon deshalb, damit die Kirche merke, daß er nicht daran denke, „irgend einmal als kirchlicher ‚Missionär' in der Kirche ‚begnadigt' zu werden".[128] Zehn Jahre lang habe er mit anderen versucht, einen „Weg von der Kirche zum revolutionären Sozialismus"[129] anzubahnen. Der Ausgang der Kämpfe mit der Kirche in dem Augenblick, in dem er nach außen hin von seiner „revolutionären Entschlossenheit" durch seinen Beitritt zur KPD Bekenntnis ablege, habe ihm bewiesen, daß der umgekehrte Weg vom revolutionären Sozialismus zur Kirche „aussichtslos"[130] sei. Der Bund sei bei dieser Sachlage eher eine „Hemmung für den revolutionären Klassenkampf als eine

[122] Mannheimer „Arbeiterzeitung" vom 12. Dezember 1931.
[123] Ebd.
[124] Ebd.
[125] Ebd.
[126] Ebd.
[127] Ebd.
[128] Ebd.
[129] Ebd.
[130] Ebd.

Hilfe zur Vorbereitung des Sozialismus".[131] Er erwecke die „gefährliche Illusion", als könne man von den Kirchen irgend etwas im Kampf des Proletariats um seine Befreiung erwarten.[132]

Eckert durchschritt als Reflex auf die wachsenden Widersprüche der gesellschaftlichen Entwicklung der Weimarer Republik und als Ergebnis seiner Erfahrungen, die er durch seine Beteiligung an den Klassenkämpfen der Weimarer Republik gewann, den Weg von der Religion zum Sozialismus. Daß er gleichwohl erklärte, daß sein Eintritt in die KPD, seine Dienstentlassung und seine Trennung vom Bund der religiösen Sozialisten nichts an seiner „inneren Haltung" geändert habe, blieb ein Widerspruch, der in der politischen Praxis jedoch keine Rolle mehr spielte. „Wir kommen dreißig Jahre zu spät. Es wird nur durch den Zusammenbruch der Kirche, dieses Teilabschnittes der kapitalistisch-bürgerlichen Front, der Weg freigemacht werden zu einer Neugestaltung dessen, was wir heute mit den Begriffen Religion und Christentum meinen."[133] Für ihn war „die Periode des Schweigens über diese letzten Dinge gekommen, des Hinhorchens und Begreifenwollens der Anfänge eines neuen Lebens in den vorwärtsdrängenden Energien des Proletariats. Der politische und wirtschaftliche Kampf in der profanen Sphäre um die Durchführung der Revolution und der Fundamentierung des sozialistischen Aufbaus wird für mich die religiös-sozialistische Aufgabe in Zukunft sein".[134]

Dieser Widerspruch, der in der politischen Praxis jedoch keine Rolle mehr spielte, ist zu verstehen auf dem Hintergrund einer Epoche, die Eckerts juristischer Verteidiger in all seinen Prozessen gegen die Kirche, Dr. Eduard Dietz, anläßlich des Todes von Lenin, als „das weltgeschichtliche Übergangsstadium aus der Welt des Kapitalismus in diejenige des Sozialismus"[135] bezeichnete.

[131] Ebd.
[132] Ebd.
[133] Eckert an die Landesverbandsvorsitzenden, ebd.
[134] Ebd.
[135] E. Dietz, Lenin †, in: CVB 1924, Nr. 7, S. 3.

4 Die Beteiligung der religiösen Sozialisten an den Klassenkämpfen der Weimarer Republik

4.1 Reichspräsidentenwahl 1925 und das Problem der „politischen Neutralität" der protestantischen Landeskirchen

Die Reichspräsidentenwahl vom 26. April 1925 stellte einen der „inneren Wendepunkte in der kurzen Geschichte der ersten deutschen Republik"[1] dar. Nach dem unerwarteten Tod des sozialdemokratischen Reichspräsidenten Friedrich Ebert am 28. Februar 1925 entstand für die Arbeiterbewegung eine schwierige Situation, da die „Bourgeoisie sich schon so stark fühlte, daß sie in Hindenburg offen einen Monarchisten als Präsidenten"[2] anbot, während sich SPD und KPD auf keinen gemeinsamen Kandidaten einigen konnten.

Zunächst stellten die Deutsche Volkspartei und die Deutsch-Nationale Volkspartei den Innenminister der beiden Marx-Regierungen, Karl Jarres, auf. Das Zentrum nominierte Wilhelm Marx; die Bayerische Volkspartei, die Deutsche Demokratische Partei und die NSDAP (gemeinsam mit völkischen Gruppierungen) benannten eigene Kandidaten. Der Parteivorstand der SPD hingegen wollte bereits im ersten Wahlgang auf eine selbständige Kandidatur verzichten. Doch die Stimmung in der Sozialdemokratie veranlaßte ihn nach einigem Zögern, Otto Braun als Kandidaten der SPD aufzustellen. Die KPD nominierte Ernst Thälmann. Am 29. März 1925 erhielten Karl Jarres 10,4, Otto Braun 7,8, Wilhelm Marx 3,9 und Ernst Thälmann 1,9 Millionen Stimmen.

Da kein Kandidat die für die Wahl im ersten Wahlgang vorgeschriebene absolute Mehrheit erhalten hatte, war ein zweiter

---

[1] K. Holl, Konfessionalität, Konfessionalismus und demokratische Republik – Zu einigen Aspekten der Reichspräsidentenwahl von 1925, in: Vierteljahreshefte für Zeitgeschichte, 17 (1969), S. 254.

[2] Flugblatt zur Reichspräsidentenwahl 1925, vermutlich der KPD, Privatarchiv Eckert.

Wahlgang erforderlich, in dem eine relative Mehrheit entscheiden würde. In dieser Situation kam alles auf das einheitliche Vorgehen der Arbeiterorganisationen und der anderen demokratischen Kräfte an. Dazu hätte ein gemeinsamer Arbeiterkandidat aufgestellt werden müssen, der im Wahlkampf mit einem eindeutig demokratischen und sozialen Aktionsprogramm aufgetreten wäre, damit er von allen proletarischen Kräften, aber auch von Kreisen des Kleinbürgertums und der bürgerlichen Demokraten unterstützt worden wäre. Doch die SPD zog im zweiten Wahlgang ihren Kandidaten trotz des Protestes der Linken unter Paul Levi zugunsten des früheren Reichskanzlers des Bürgerblocks und Führers der katholischen Rechten, Marx, zurück. Erst daraufhin entschloß sich der Rechts- bzw. Reichsblock, nun den populären angeblichen Sieger der Schlacht von Tannenberg, Paul von Hindenburg, als Kandidaten zu präsentieren. Der „Widerstand *aller* unteren Arbeiterfunktionäre gegen Marx"[3] war so groß, daß die KPD sich nicht dazu entschließen konnte, ihren Kandidaten Thälmann zugunsten von Marx zurückzuziehen.

Am 26. April stimmten 13,8 Millionen für Wilhelm Marx und 1,9 Millionen für Ernst Thälmann. 14,7 Millionen Deutsche aber vertrauten dem „eingefleischten preußisch-deutschen Militaristen"[4] Paul von Hindenburg das höchste Amt der Weimarer Republik an. „Sieben Jahre nach der Novemberrevolution war ein Monarchist im Besitz aller Befugnisse der Präsidialgewalt. Dies war ein Symptom der Rechtsentwicklung in Deutschland, ein deutlicher Ausdruck des Wiedererstarkens des deutschen Imperialismus und Militarismus."[5]

[3] W. Abendroth, Aufstieg und Krise, S. 61.
[4] Geschichte der deutschen Arbeiterbewegung a. a. O., S. 76.
[5] Ebd. Als Beleg für diese Wertung mag der Bericht dienen, den Eckert nach der Reichspräsidentenwahl über die Rede eines Pfarrers beim „Deutschen Tag" in Uelzen unter der Überschrift „Merkbrett" abdruckte und kritisch kommentierte: „Die von Haß und Neid zusammengeballten Feinde und unsere eigene Uneinigkeit haben uns hineingezerrt in die Tiefe, und Schwarzweißrot hat weichen müssen als offizielle Reichsfarbe. Aber der Frühling naht! Schwarzweißrot flattert ringsum ... wir haben noch viele unter uns, die der Seifenblase der Völkerversöhnung, des ewigen Friedens nachlaufen ... Hindenburg, der Retter, steht am Steuer. Es geht nun vor-

Wie verhielten sich nun die religiösen Sozialisten, die sich auf dem Meersburger Kongreß 1924 in der Arbeitsgemeinschaft der religiösen Sozialisten Deutschlands lose zusammengeschlossen hatten, zur Hindenburgwahl innerhalb des gesamtprotestantischen Spektrums, das Karl Holl jüngst zusammenfassend analysiert hat?[6]

Während der beiden Wahlgänge hatten sie sich zunächst absichtlich einer politischen Stellungnahme weitgehend enthalten und waren nicht offen gegen den Kandidaten des Reichsblocks, Hindenburg, aufgetreten. Auf der Gegenseite dachte man jedoch nicht daran, dem von der Kirchenleitung anläßlich der Reichstagswahlen 1924 ausgegebenen Gebot der „politischen Neutralität" zu folgen.

Am 11. April beschloß der Kirchengemeinderat Mannheim, am 25. und 26. April folgendes Plakat anzuschlagen: „Reichspräsidentenwahl! Evangelischer! Gedenke, daß du evangelisch bist!"[7]

Außerdem sollte am 26. April von den Kanzeln eine Kundgebung verlesen werden, die auch als Flugblatt verbreitet wurde: „Gedenke, daß du evangelisch bist! ... Darum ist für uns Evangelische die Stunde gekommen, aufzustehen vom Schlaf ... Diejenigen, die einer politischen Partei angehören, mögen ihr Gewissen prüfen, ob Parteiprogramm, Parteischlag-

wärts! ... Wir wollen nicht ewig Knechte der Feinde sein, hoffen mit Hindenburg, daß wir in Frieden wieder aufwärts, vorwärts kommen. Wenn dies aber nicht der Fall ist, dann müssen wir auch bereit sein, den letzten und schwersten Preis zu geben um der Freiheit herrlich Gut! ... Euch, ihr Nachkommen der Sieger von Torgau, euch, ihr Sieger von Straßburg und Metz, euch, ihr Sieger von Masuren und Flandern, von der Somme und den Karpaten, euch, Jünglinge, in denen das Heldenblut eurer großen Vorfahren kreist, euch alle frage ich: Sollen wir ewig die Knechte der Welt sein? ... Nein und abermals nein. Wir wollen frei sein. Lieber tot als Sklave!" Mit Gebet und Segen schloß der Pfarrer den „Gottes"dienst. zit. n. SAV 1925, Nr. 27, 5. Juli 1925, S. 66.

[6] Holl beschäftigt sich allerdings vornehmlich mit den liberalen theologischen Befürwortern der Marx-Kandidatur. Bis auf Emil Fuchs werden die religiösen Sozialisten nicht berücksichtigt. Der von Holl angeführte Pfarrer Dr. Ernst Lehmann trat erst 1930 der SPD bei.

[7] Zit. n. M. Rade, Das konfessionelle Motiv bei der Reichspräsidentenwahl, in: CW 1925, Nr. 22/23, vom 1. Juni 1925, Sp. 504.

wort und Parteidisziplin ihnen höher stehen als ihre Evangelische Kirche und ihr Evangelisches Bekenntnis. Es ist, Gott sei's geklagt, so: Wer in dieser Schicksalsstunde nicht für unsere Evangelische Kirche ist, der ist wider sie! ... Wir möchten, daß alle Evangelischen in dieser Schicksalsstunde unserer Kirche nichts anderes leite als die Erkenntnis, die dem größten unter unseren evangelischen Vätern in der entscheidungsschwersten Stunde seines Lebens klare Richtung wies: ‚Es ist weder sicher noch geraten, etwas gegen das Gewissen zu tun!' Gedenke, daß du evangelisch bist!"[8]

Gleichzeitig ging ein „streng vertrauliches Schreiben"[9] von 57 evangelischen Pfarrern „an alle evangelischen Gemeinden" Badens, das fast wörtlich mit der Mannheimer Kundgebung übereinstimmte.[10]

Pfarrer Eckert wurde dieses Schreiben am Vortag der Wahl bekannt, und es gelang dem Volkskirchenbund, am Wahltag dem Volksblock folgendes Flugblatt zur Verfügung zu stellen und zu verbreiten: „Die Reichspräsidentenwahl ist eine politische Wahl! Wer Hindenburg wählt, wählt politisch rechts. Wer Marx wählt, wählt politisch links. Die politische Rechte mißbraucht die evangelischen Kanzeln und Kirchenblätter zur Wahlpropaganda. Wir kirchentreuen Evangelischen verwahren uns dagegen, daß die Religion zu politischen Vorspanndiensten mißbraucht und dadurch entwürdigt wird."[11] Unterzeichnet war das Flugblatt von einem Vertreter der evangelischen Demokraten und Dr. Dietrich, dem Vorsitzenden des badischen Volkskirchenbundes. Der Kirchenpräsident in Baden, Wurth, bezeichnete dieses Flugblatt als eine „Verleumdung unserer Geistlichkeit wie unserer Kirche"[12], obwohl er die Verbreitung des Schreibens der 57 Pfarrer in den 14 Tagen vor der Wahl nicht zu verhindern gewußt hatte.

Neben dieser am Wahltag verbreiteten Erklärung des badischen Volkskirchenbundes erschien in der „Frankfurter Zeitung" am

[8] Ebd.
[9] Ebd.
[10] Ebd.
[11] Wahlpropaganda in der Kirche, in: SAV 1925, Nr. 19, S. 31.
[12] Ebd., S. 32.

Wahltag ein Aufsatz von Pfarrer Emil Fuchs „Warum ich als evangelischer Pfarrer und Christ für Wilhelm Marx agitiere und ihn wähle".[13]

Die eigentliche Auseinandersetzung um die Wahl des Reichspräsidenten setzte erst *nach* der Wahl durch einen offenen, im SAV abgedruckten Brief von Vikar Eckert an den Stadtpfarrer und Vorsitzenden des Mannheimer Kirchengemeinderats, Renz, ein. In diesem Offenen Brief warf Eckert Pfarrer Renz vor, „durch die Ablehnung der Kandidatur Marx direkt Propaganda gemacht" zu haben „für die Wahl Hindenburgs".[14] „Sie haben dadurch dazu beigetragen, daß die evangelische Kirche, insbesondere der evangelische Pfarrerstand, wieder einmal als reaktionär und unduldsam bis aufs Äußerste in unserem Volke gekennzeichnet sein wird und das Zutrauen der fortschrittlich gesinnten Bürgerschaft und erst recht das der sozialistischen Masse aufs neue erschüttert wird. Sie haben mit dem Satz ‚Wer in dieser Schicksalsstunde nicht für unsere evangelische Kirche ist (also Hindenburg wählt), der ist wider sie‘, uns anderen, die wir nicht Hindenburg, sondern den Republikaner Marx gewählt haben *oder den Kommunisten Thälmann*, Verrat an unserer evangelischen Überzeugung, ja sogar einen Verrat an der evangelischen Kirche vorgeworfen. ... Wenn wir auch wissen, daß der Oberkirchenrat und der Herr Präsident Ihr Vorgehen nur begrüßt haben werden, so können wir nicht anders, als den Beschluß des von Ihnen geleiteten Kirchengemeinderats als einen Skandal zu bezeichnen, der unserer evangelischen Kirche großen Schaden zugefügt hat und zufügen wird."[15] Da Eckert sich durch das „streng vertraulich" am Kopfe des Hindenburgaufrufes nicht davon hatte abhalten lassen, die Verhüllungsideologie der „politischen Neutralität" öffentlich bloßzulegen, unter deren Deckmantel die protestantischen Landeskirchen, ihre Pfarrer und ihre Kirchenblätter sich

[13] E. Fuchs: „Warum ich als ev. Pfarrer und Christ für Wilhelm Marx agitiere und ihn wähle", in: „Frankfurter Zeitung", 26. April 1925.
[14] E. Eckert, „Politische Neutralität der ev. Kirche", an Herrn Pfarrer Renz, Vorsitzender des Mannheimer Kirchengemeinderats, in: SAV 1925, Nr. 18, 3. Mai 1925, S. 27.
[15] Ebd. (Hervorhebung F.-M. B.)

mehrheitlich offen für die monarchische Reaktion eingesetzt hatten, und dabei auch den Oberkirchenrat und den Kirchenpräsidenten von der Kritik nicht ausgenommen hatte, wurde ihm am 17. Mai vom EOK ein „Verweis" wegen „leichtfertiger und offensichtlicher Verleumdung"[16] erteilt.

Dieser erste Verweis der Kirchenbehörde gegen Eckert war ein Beweis mehr für seine Feststellung, die er zusammenfassend im SAV traf: *„Kirche und Pfarrer stehen rechts – ...* Wehe denen, die sich Präsidenten und Prälaten nennen, in Wahrheit aber die Zerstörer der Kirchen sind. Oder sollen die Republikaner in eine Kirche gehen, wo republikanisch und kirchenfeindlich gleich sind?"[17]

Als Eckert am 29. Mai die Forderung des EOK, die oder den Geistlichen namhaft zu machen, der den Erlaß des EOK vom 16. April in der sozialdemokratischen Presse zur Veröffentlichung gebracht habe, ablehnte, weil er darin eine „unsittliche Handlungsweise" und eine Aufforderung zur Denunziation erblickte, wurde er am 12. Juni zur Vernehmung vor dem EOK vorgeladen, die am 14. Juni stattfand und in der Eckert auf seiner Weigerung wie seiner Kritik gegenüber der Kirchenbehörde beharrte.[18]

Durch Erlaß des OKR vom 23. Juni 1925 wurde Vikar Eckert daraufhin wegen der Art und Weise, in der er sich in der Presse mit einem Beschluß des Mannheimer Kirchengemeinderats auseinandergesetzt und dabei die Einstellung des Oberkirchenrats dargestellt hatte, mit einer Geldstrafe von RM 50 bestraft.[19]

Während sich die antidemokratische und antirepublikanische Haltung des Mehrheitsprotestantismus der wohlwollenden Duldung und Förderung der Kirchenleitungen erfreute, wurden die wenigen Pfarrer, die sich ihr energisch widersetzten, mit Geldstrafen belegt.

[16] Protokoll der Vernehmung des Diasporapfarrers Eckert am 18. Juni 1925, Privatarchiv Eckert.
[17] E. Eckert, Die Reichspräsidentenwahl, in: SAV 1925, Nr. 18, 3. Mai 1925, S. 27.
[18] Siehe Anm. 16.
[19] EOK an Eckert, No. 8073 vom 23. Juni 1925, Privatarchiv Eckert.

Die damalige politische Position Eckerts wird dadurch um-
rissen, daß er nicht nur gegen den „erklärten Monarchisten und
Nationalisten Hindenburg"[20] und die „frömmelnden deutsch-nationalen und reichsbröcklerischen Hindenburgianer"[21] Front
machte und die Wahl von Ernst Thälmann nicht von vornherein ausschloß, sondern davon sprach, daß es „wirklich eine
Überwindung für einen bewußten Sozialdemokraten war, aus
politischer Einsicht am 26. April den Führer des Zentrums,
Marx, zu wählen, der in München beim Katholikentag 1910 von
uns Sozialisten gesprochen hat als ‚ausgesprochen und zielbe-
wußt staatsfeindlichen Elementen'."[22]
Dieser erste, bewußt politische Eingriff einiger weniger religiöser Sozialisten in die politisch-sozialen Auseinandersetzungen
zeigt zweierlei: Die religiösen Sozialisten, die zu diesem Zeitpunkt nur über einen geringen organisatorischen Zusammenhalt
verfügten, waren noch stark in der Ideologie der politischen
„Neutralität" der protestantischen Landeskirchen befangen.
Erst die eindeutige politische Parteinahme des Mehrheitsprotestantismus für die monarchistische Reaktion zwang die religiösen Sozialisten, selbst politisch Zeugnis abzulegen.[23] Vereinzelt
wuchs die Erkenntnis vom politischen und sozialen Klassen-

[20] E. Eckert, „Wie soll ich Dich empfangen...", in: SAV 1925, Nr. 26,
25. Juni 1925, S. 59.
[21] Ebd.
[22] E. Eckert, Ein sozialisten-feindlicher Gebetszettel Roms, in: SAV 1925,
Nr. 24, S. 51 f., 14. Juni 1925. Der Aufsatz nimmt Bezug auf die päpstliche
Enzyklika vom 23. Dezember 1923 und einen Gebetszettel, der mit Erlaubnis
des Bischofs von Passau gedruckt wurde und in dem es heißt: „... Allgüti-
ger und allmächtiger Gott... lasse die Menschen mit vereinten Kräften danach trachten, von sich und ihren Mitbürgern die überaus schweren Gefahren und unvermeidlichen Schäden des Sozialismus und Kommunismus fernzuhalten ..."
[23] Vgl. M. Löffler, „Nachträgliches und Grundsätzliches zur Reichspräsidentenwahl": „... Die ev. Pfarrer, welche irgendwie in ihrer amtlichen Eigenschaft für Hindenburg und gegen Marx Stimmung gemacht haben, haben
sich am Volk bewußt oder fahrlässigerweise versündigt, indem sie einer politischen Wahl ein religiöses Mäntelchen umgehängt haben ... Sie hätten so
gut schweigen müssen wie wir. Sie haben es nicht getan, darum *müssen* auch
wir reden ...", in: SAV 1925, Nr. 22, 31. Mai 1925, S. 43. Löffler war
wegen seiner Enthaltsamkeit *vor* der Wahl als Schriftleiter des SAV intern
kritisiert worden, siehe: SAV 1925, Nr. 21, S. 39.

charakter der protestantischen Landeskirchen und die Einsicht in die Notwendigkeit, nun selbst offen Partei ergreifen und den Glauben an die angebliche politische „Neutralität" der Kirchen als Hemmnis des politischen Kampfes über Bord werfen zu müssen.

Schon die beginnenden Auseinandersetzungen über die entschädigungslose Enteignung der Fürsten am Ende des gleichen Jahres zeigten, daß die religiösen Sozialisten in dem innerkirchlichen Konflikt um die Reichspräsidentenwahl 1925 einen Lernprozeß durchlaufen hatten, an deren Spitze einzelne, vor allem Eckert und Fuchs, befähigt wurden, selbständig und ohne Rücksicht auf die Aktionen des politischen und sozialen Gegenspielers in den politischen Prozeß parteilich einzugreifen.

4.2 Die religiösen Sozialisten an der Seite von SPD und KPD für die entschädigungslose Fürstenenteignung 1925/26

4.2.1 Der historisch-politische Hintergrund

Die Auseinandersetzung um die Frage, ob die ehemaligen Herrscherhäuser ihre Abfindungsansprüche gegenüber dem Weimarer Staat auf Kosten der Kriegs- und Inflationsgeschädigten durchsetzen könnten, beherrschte weithin die politische Szene der ersten Hälfte des Jahres 1926 und spaltete die Weimarer Republik in „zwei Nationen". Während die bürgerlichen Parteien die entschädigungslose Enteignung der Fürsten als „Raub und Diebstahl" bezeichneten, traten KPD und SPD als Bündnispartner gemeinsam für die entschädigungslose Enteignung der Fürsten in einer großangelegten außerparlamentarischen Bewegung mit einem objektiv antikapitalistischen Programm auf.

Die politischen Gegensätze, die sich in diesem Konflikt offenbarten, zeigten sich auch in der protestantischen Kirche, deren überwältigende Mehrheit die Forderungen der Fürsten propagandistisch unterstützte, während die kleine Minderheit der religiösen Sozialisten von Anfang an am Kampf der Arbeiterbewegung aktiv teilnahm.

Im offiziellen „Kirchlichen Jahrbuch" von 1926 nahm sich diese soziale und politische Auseinandersetzung in den Worten von D. Reinhard Mumm, Mitglied der DNVP, des Deutschen Evangelischen Kirchentages und des Evangelisch-Sozialen Kongresses, so aus: „Es handelte sich um eine fundamentale Frage, um den Eigentumsbegriff. Geleitet von P. J. Proudhons Wort ‚Eigentum ist Diebstahl' hatte die Kommunistische Partei und, ihr nachfolgend, die Deutsche Sozialdemokratische Partei unter dem Druck ihres früher ‚unabhängigen' Flügels durch Volksbegehr und Volksentscheid folgenden Satz durchzusetzen versucht: ‚Das gesamte Vermögen der Fürsten, die bis zur Staatsumwälzung im Jahre 1918 in einem der deutschen Länder regiert haben, sowie das gesamte Vermögen der Fürstenhäuser, ihrer Familien und Angehörigen werden zum Wohle der Allgemeinheit ohne Entschädigung enteignet. Das enteignete Vermögen wird Eigentum des Landes, in dem das betreffende Fürstenhaus bis zu seiner Absetzung oder Abdankung regiert hat'."[24]

Auch wenn man der Bewertung Mumms, der in der Tatsache der Forderung nach entschädigungsloser Enteignung der Fürsten und erst recht im Ergebnis des Volksentscheids vom 20. Juni 1926 nur das Zeichen einer „tiefen Erkrankung der deutschen Volksseele"[25] zu sehen vermochte, nicht folgt, sondern im Gegenteil im Ergebnis des Volksentscheids ein Symptom des wiedererstarkten Selbstbewußtseins der Arbeiterbewegung nach der Niederlage bei der Hindenburgwahl von 1925 sieht[26], gibt der Bericht des „Kirchlichen Jahrbuchs" den tatsächlichen Gang der Dinge durchaus richtig wieder.

Ausgelöst worden war die Auseinandersetzung um die Fürstenabfindung durch die Ansprüche der Fürsten an die deutschen Einzelstaaten, deren Summe sich insgesamt auf 2,5 Milliarden RM belief. Die Prozesse, die sie zum Teil mit Erfolg gegen die

---

[24] D. Reinhard Mumm, Kirchlich-soziale Chronik 1926, in: Kirchliches Jahrbuch, 53 (1926), S. 517 f.
[25] Ebd.
[26] W. Abendroth, Aufstieg und Krise, a. a. O., S. 56.

Einzelstaaten führten, lösten bei weiten Teilen der Bevölkerung in der andauernden wirtschaftlichen Krisenlage um die Jahreswende 1925/26 große Empörung aus. Diese Empörung erwuchs aus dem Widerspruch, daß z. B. ein Kriegsbeschädigter (30%) für den täglichen Lebensbedarf 0,27 RM, und ein Arbeitsloser mit Frau und zwei Kindern 2,52 RM, während ein pensionierter General 50,00 RM und Wilhelm II. in Doorn für den täglichen Lebensbedarf 1670,00 RM vom Weimarer Staat bezogen.[27]

Angesichts dieser Situation beschloß das ZK der KPD am 11. November 1925, die kommunistische Reichstagsfraktion möge erneut die entschädigungslose Enteignung der Fürsten beantragen und im Falle der Ablehnung durch den Reichstag einen Volksentscheid vorbereiten. Am 25. November, zwei Tage, nachdem die Deutsche Demokratische Partei den Entwurf eines Gesetzes zur vermögensrechtlichen Auseinandersetzung mit den früher regierenden Fürstenhäusern eingebracht hatte, der eine Fürstenabfindung durch Gesetze der Länder vorsah, brachte die Fraktion der KPD ihren Entwurf eines Gesetzes über die entschädigungslose Enteignung der früheren Fürstenhäuser im Reichstag ein.[28] Darin wurde gefordert, die Ländereien an Landarbeiter und Kleinbauern aufzuteilen, die fürstlichen Schlösser in Kinderheime und Erholungsstätten für Kriegsbeschädigte und Hinterbliebene umzuwandeln. Die den Fürsten zugedachten hohen Beträge sollten dazu verwandt werden, die Lage der Arbeiter und Bauern, besonders der Erwerbslosen, der Inflationsgeschädigten, der Kriegsopfer und Rentner zu verbessern. Am 2. Dezember, als beide Gesetzentwürfe im Reichstag zur Debatte standen, richtete das Zentralkomitee der KPD an die Vorstände der SPD, des ADGB, des Allgemeinen Freien Angestelltenbundes sowie an die Bundesleitungen des Reichsbanners und des Roten Frontkämpferbundes einen Brief

[27] „Wer hungert?" in: SAV 1926, Nr. 24, S. 128.
[28] Entwurf eines Gesetzes über entschädigungslose Enteignung der früheren Fürstenhäuser, eingebracht von der kommunistischen Fraktion im Reichstag am 25. November 1925, in: Geschichte der deutschen Arbeiterbewegung, Bd. 4, a. a. O., Dokument 19, S. 437.

und schlug vor, gemeinsam einen Volksentscheid für die entschädigungslose Enteignung der Fürsten einzuleiten. Die „Rote Fahne" veröffentlichte diesen Brief am 4. Dezember 1925 unter der Losung „Keinen Pfennig den Fürsten".

4.2.2 Erstes Eingreifen religiöser Sozialisten in die Auseinandersetzung um die Fürstenenteignung

Noch bevor am 6. Januar 1926 mit Unterstützung der KPD ein Ausschuß zur Durchführung des Volksentscheids gebildet wurde und bevor der SPD-Parteiausschuß am 19. Januar unter dem Druck seines linken Flügels[29] seine Teilnahme am Volksentscheid beschloß, nahm Pfarrer Eckert Ende Dezember 1925 im „Sonntagsblatt des arbeitenden Volkes" „zu einem Unrecht Stellung..., das von dem obersten Führer unseres Volkes in früheren Jahren begangen wird, der sich so gerne und so oft auf sein ‚von Gott Berufensein‘, auf sein ‚Gottesgnadentum‘ zugute hielt".[30] Es wäre dem „‚heißgeliebten‘ Volke gegenüber, das bekanntlich herrlichen Zeiten entgegengeführt werden sollte", „anständig" gewesen, so schrieb Eckert, wenn die Fürsten und die Hohenzollern auf ihre „Entschädigungsansprüche" verzichtet hätten. „Es sind nicht nur furchtbare Zeiten aus den herrlichen Zeiten geworden, es soll dem um seine Existenz ringenden Volke auch noch ein wesentlicher Teil seines Vermögens genommen werden... Die Zeit ist abgelaufen gewesen, 1918 war der letzte Termin für Kaiser-, Königs- und Fürstentümer nach Gottes Willen... Ihr Amt ist an das sich selbst regierende und verwaltende Volk der Republik übergegangen. – Also sind auch die mit dem Amt verbundenen und durch das Amt entstandenen ‚Besitztümer‘ und ‚Besitzrechte‘ an die Republik übergegangen. Der Kaiser hätte hören können, was Gott ihm und den anderen Fürsten 1918 gesagt hat, deutlich genug: ‚Deine Zeit ist vorbei, Eure Zeit ist vorbei, gebt dem Volke, was des Volkes ist.‘ Du sollst nicht stehlen."[31]

[29] W. Abendroth, Aufstieg und Krise, S. 61.
[30] SAV 1925, Nr. 51, S. 170.
[31] Ebd.

112

Am 24. Januar wies die Schriftleitung des „Sonntagsblatt des arbeitenden Volkes", die seit dem 1. Januar 1926 in den Händen von Erwin Eckert lag, auf eine Erklärung der Arbeitsgemeinschaft der religiösen Sozialisten Deutschlands hin, in der diese sich für die entschädigungslose Enteignung aussprachen und von den Fürsten forderten, „auf den Besitz, der letzten Endes aus der Arbeit des Volkes stammt, zu Gunsten des notleidenden Volkes zu verzichten."[32]

Während sich das „Sonntagsblatt des arbeitenden Volkes" im übrigen publizistisch bis zum 1. Juni 1926 merklich zurückhielt, trat Pfarrer Eckert im Kirchenbezirk Konstanz auf Versammlungen des Reichsbanners und der SPD als Befürworter der entschädigungslosen Fürstenenteignung auf.

Über eine Versammlung des Reichsbanners Schwarz-Rot-Gold[33] am 29. Januar 1926 in Konstanz, auf der Eckert für „Volksrecht gegen Fürstenhabsucht" sprach, berichtete der Chronist der sozialdemokratischen Lokalpresse, daß seit 1918 keine Versammlung in Konstanz die Menschen so sehr mobilisiert habe wie diese, in der „der Genosse Eckert schonungslos und fesselnd mit den davongelaufenen Fürsten und ihren frivolen Forderungen ins Gericht ging".[34] Die liberale „Konstanzer Zeitung" berichtete am 2. Februar über diese überfüllte Protestversammlung, daß Eckert „sich offen als Linkssozialist"[35] bekannt habe. „Es war dies nicht mehr nötig; denn was soll ein Mann anders sein, der in der Presse sich auf den Standpunkt des ‚klassenbewußten Proletariats' stellt und zur ‚Wachhaltung der revolutionären Energien' im Volke auffordert."[36] Wenn Eckert in der Versammlung mit Erfolg für seine linkssozialistischen Auffassungen agitiert habe, so sei er dennoch „kein Demagoge im landläufigen Sinne".[37] „Man spürte das heilige Feuer eigener

[32] SAV 1926, Nr. 4, S. 22.
[33] Eckert am 21. März 1926 im SAV, Nr. 12, S. 68, auf die Frage eines Lesers: „Warum so zimperlich? Die Roten Frontkämpfer sind mir gerade so lieb wie das Reichsbanner, letzteres ist mir oft zu schwarz-gold und zu wenig rot."
[34] „Volkswille" vom 2. Februar 1926.
[35] „Konstanzer Zeitung", Nr. 27, 2. Februar 1926.
[36] Ebd.
[37] Ebd.

113

Überzeugung und den Idealismus eines von seiner Aufgabe zu-
tiefst erfaßten Schwärmers."[38] Aber gerade solche Leute, so
schrieb das liberale Blatt, seien gefährlich, weil sie einerseits
allen Erwägungen „realpolitischen" Charakters unzugänglich
seien und andererseits „bei den Massen ziehen". Der Bericht der
„Konstanzer Zeitung" spiegelte die Mischung aus Hochachtung
und Furcht vor den „destruktiven Elementen", zu denen sie
Eckert zählte, wider. „Es war bisweilen eine Art aesthetischen
Genusses, ihm zu lauschen, wenn aus jeder Geste, aus jedem
Fausthieb geballte Energie sprach, wenn die Lippen in dem
unstreitig aristokratischen Kopfe bebten vor innerer Erregung,
die Augen im Feuer der Begeisterung brannten und die Worte
wie Keulenschläge herniederprasselten. Man sah sein Schicksal
voraus. Diesem Mann wird aus den Massen, die er hinriß, einmal auch das ‚Kreuziget ihn' entgegenhallen; denn er macht
keine Kompromisse."[39] Den Typus des Volkstribunen beschrieb
das liberale Blatt folgendermaßen: „Propheten von Gott ge-
sandt, bereit für das Volk zu leiden und zu sterben."[40] „Er
weiß also, wohin es ihn treibt. Und diese geahnte Tragik kom-
mender Dinge ist nicht frei von Schuld, denn ein Mann von
seinen Qualitäten kann nicht verkennen, daß man Politik nicht
bloß mit warmem Herzen, sondern auch mit kühlem, klarem
Kopf treiben muß. Wer den letzteren nicht hat, muß seinen
Daimonion eben zügeln, sonst richtet er mit all seinem reinen
Willen eben doch mehr Schaden an als Nutzen."[41]
Über den Vortrag, der weit über den Rahmen von Konstanz
hinaus Beachtung fand, berichtete auch die „Rheinische Warte"
in Koblenz, die eingangs schrieb: „Herr Pfarrer Eckert hat
glänzende Rednergaben: formvollendete Sprache unterstützt
die absolute Kenntnis der Materie. Nicht im Schwall beweis-
loser Behauptungen, sondern im Dienst der vorangestellten Tatsachen erschöpft sich das Feuer seines Vortrages, jeden Hörer
mitreißend und von der Richtigkeit seiner Ausführungen über-

---

38 Ebd.
39 Ebd.
40 Ebd.
41 Ebd.

114

zeugend. Der ganze Vortrag wäre wert, im Wortlaut in ganz Deutschland gelesen zu werden."[42]

Das Konzept Eckerts umriß die „Konstanzer Zeitung" mit den Worten: „Die demokratische Republik will man schützen und steuert doch los auf die sozialistische."[43] Eckert ging davon aus, daß 1918 keine richtige Revolution stattgefunden habe. „Eine Revolution war es nicht, sondern ein Ausklang des Krieges. Suchte man zuerst durch Mord und Putsche die Republik zu erschüttern, so haben sich inzwischen die Zeiten geändert, und man sucht die Republik zum eigenen Vorteil zu benutzen. Und teilweise ist es gelungen, denn wir haben keine Republik für das Volk, sondern gegen das Volk (erstere muß noch geschaffen werden). Aber auch diese Republik wollten und wollen sie uns rauben, ohne daß wir es merken, denn sie wollen den Staat dazu mißbrauchen, die schärfsten Gegner der Republik zu bereichern aus dem Volksvermögen. Wir selber sollen die Mittel gegen uns liefern. Soweit sind wir noch nicht! Soweit noch nicht, um die Republik selber zu ruinieren und zu stürzen."[44]

Die „Konstanzer Zeitung" hatte an der Stelle, als Eckert sagte: „Wenn wir 1918 eine Revolution gehabt hätten, dann gäbe es heute keine Unruhe mehr über Fürstenabfindung", „tosenden Beifall" registriert, der die Situation blitzartig erhellt habe, und war fortgefahren: „Wohin gelangen wir, wenn die Mord- und Raubinstinkte der Massen so geweckt werden?"[45] Nach Auffassung der „Konstanzer Zeitung" war es „sophistisch", wenn Eckert seine „gewagten Theorien über absolutes und relatives Recht auf das Problem des Privatbesitzes" übertrage. Wertvoll sei zwar sein Geständnis gewesen, daß Sozialisierungsexperimente in einer Zeit wirtschaftlicher Krisen praktisch nicht durchführbar seien. Aber seine „grundsätzliche Einstellung wurde nicht geleugnet, die Vergesellschaftung der Produktionsmittel als erstrebenswertes Mittel unterstrichen und die Un-

[42] „Rheinische Warte", Koblenz, 5. Februar 1926.
[43] „Konstanzer Zeitung", Nr. 27, 2. Februar 1926.
[44] „Rheinische Warte", Koblenz, 5. Februar 1926.
[45] „Konstanzer Zeitung", Nr. 27, 2. Februar 1926.

moral des Privateigentums durch zahlreiche Zitate von Päpsten, Kirchenvätern usw. zu beweisen gesucht".[46]

4.2.3 „Kulturkampf" im Bodenseegebiet

Als Eckert am 23. Februar vor der SPD-Ortsgruppe Singen über den „Mißbrauch der Religion für politische und kapitalistische Interessen" sprach und bei einer Gegenstimme eine Resolution angenommen wurde, in der entschieden gegen jeden „Mißbrauch christlicher Gesinnung zu politischen Zwecken oder für wirtschaftliche Interessen, auch wenn es sich um solche von Fürsten und Mächtigen handelt" protestiert wurde, löste dies im Bodenseegebiet, dessen Bevölkerung zu mehr als 80% aus Angehörigen der katholischen Kirche bestand und in der das Zentrum eine weithin dominierende Stellung innehatte, eine Art „Kulturkampf"[47] aus. Verschärft wurde dieser Konflikt durch den einmütigen Beschluß der Zentrumsfraktion, durch den allen Zentrumswählern verboten wurde, sich in die Listen für die Fürstenenteignung einzutragen, obwohl führende Vertreter des Zentrums, auch in Konstanz, für die Fürstenenteignung eingetreten waren.[48]

Von der Zentrumspresse wurde Eckert „unehrliche Kampfesweise"[49] vorgeworfen. Seine Ausführungen über den Hirtenbrief der österreichischen Bischöfe und über die Enzyklika Leos XIII. wurden als ebenso „beleidigend"[50] bezeichnet wie seine Stellung zum Problem des Klassenkampfes.

Eckert trat den zahlreichen Angriffen der Zentrumspresse[51] mit einer ausführlich dokumentierten Stellungnahme in der sozialdemokratischen Presse entgegen, in der er den Äußerungen von Ambrosius, Augustinus, Th. Morus, Th. Campanella u. a. die

[46] Ebd.
[47] E. Eckert, Der neueste „Kulturkampf", in: „Volkswille" vom 18. und 19. März 1926.
[48] „Bodenseezeitung", Nr. 52, 4. März 1926.
[49] Ebd.
[50] „Bodenseezeitung", 25. Februar 1926.
[51] „Bodenseezeitung" vom 25. Februar, 27. Februar, 16. März, 18. März, 30. März, 31. März 1926.

116

Stellungnahme des Papstes Leo XIII. und den Hirtenbrief der österreichischen Bischöfe, Erzbischöfe und Kardinäle gegenüberstellte.[52]

Eckerts Schlußfolgerung lautete: „Das Zentrum aber ist der gefährlichste Feind des klassenbewußten Proletariats – das dürfen wir nicht vergessen, Genossen; die Zeiten sind bald vorbei, wo das Zentrum sich der Hilfe der Sozialdemokratie bediente, um die eigene Machtstellung zu befestigen ... Wir haben die Pflicht, die Arbeiterklasse zu warnen davor, sich den lockenden Tönen vom christlichen sozialen Staat und dem christlichen ‚Solidarismus' anzuvertrauen."[53] Der Platz der abhängig Arbeitenden sei „in den Reihen der sozialistischen Parteien – nirgends anders ... und in den Reihen der freien, nicht der christlichen Gewerkschaften".[54] „Laßt Euch nicht von den Anklagen gegen den ‚wirtschaftlichen Liberalismus' etc. und gegen den ‚mammonistischen Kapitalismus' und gegen die ‚Plutokratie' täuschen, das ist nur ein Angriff auf einen anderen Gegner, auf das fortschrittliche Bürgertum und auf die individualistische Periode, die als Übergang zum Sozialismus notwendig war und nicht aus dem ‚bösen Willen' der Menschen stammt, sondern

[52] „Volkswille" vom 8. März 1926. Leo XIII. hatte den Bischöfen der ganzen Welt in seiner Enzyklika u. a. gesagt: „Traget Sorge, daß die Söhne der kath. Kirche dem Sozialismus, diesem verabscheuungswürdigen Bund, weder beitreten, noch in irgendeiner Weise zu begünstigen wagen ... Christlicher Arbeiter! Du gehörst nicht in die Sozialdemokratie, nicht in die sozialdemokratischen Gewerkschaften, nicht in die Kommunistische Partei und am allerwenigsten in den Bolschewismus. Die Sozialdemokratie ist dein Verderben und das Verderben der Gesellschaft." zit. n.: „Volkswille" 8. März 1926 (vgl. auch SAV). Die österreichischen Bischöfe hatten u. a. erklärt: „Der Sozialismus hat sich an die Arbeiter herangemacht ... Der Sozialismus ist anarchistisch, revolutionär, phantastisch und irreligiös ... den Teufel Kapitalismus kann man nicht mit dem Beelzebub des Sozialismus austreiben ... Hütet Euch vor den sozialdemokratischen Vereinen und Organisationen, auch vor den sozialdemokratischen Gewerkschaften ... Wenn ihr diesen Gewerkschaften angehört, unterstützt ihr einen Feind der katholischen Religion ... Wir können nicht umhin, euch Arbeitern zu sagen, daß ihr einmal vor dem Gericht Gottes die Zugehörigkeit zur Sozialdemokratie verantworten müßt. Was für ein irdischer Vorteil kann das Verderben aufwiegen, das durch die Zugehörigkeit zu sozialdemokratischen Gewerkschaften und Vereinen verbreitet wird?" zit. n.: „Volkswille", 8. März 1926.
[53] Ebd.
[54] Ebd.

aus der Gesetzmäßigkeit der Entwicklung des wirtschaftlichen, politischen und kulturellen Lebens."[55] Die Anklagen wirkten als „Geschwätz"; sie seien die „Folie, auf der sich der Kampf gegen den Sozialismus besser abhebt".[56] Ein Christ müsse mit dem Proletariat um die klassenlose Gesellschaft der Zukunft kämpfen. Er dürfe auch bei entscheidenden Situationen sich nicht zurückhalten; „eine solche entscheidende Situation, die ein Bekenntnis verlangt, ist jetzt da – die Eintragung in die Listen zur Fürstenenteignung".[57]

4.2.4 Die Unterstützung des Volksbegehrens

Als die Listen zum Volksbegehren in der Zeit vom 4. bis 17. März auslagen, sprach Eckert am 12. März in St. Georgen, am 13. März in Überlingen[58] und am 14. März in Böhringen[59] und Radolfzell.[60] Im „Sonntagsblatt des arbeitenden Volkes" forderte er: „Keiner versäume die Pflicht, ein Unrecht an seinem Volke zu verhindern; jeder trage sich ein. Die Fürsten haben genug – sie sollen nichts mehr bekommen; weil das Volk entbehrt und leidet, müssen auch sie verzichten."[61] Unter der Überschrift „Das ‚wohlerworbene' Vermögen der Hohenzollern" verwies er auf ein Edikt Friedrich Wilhelms I. vom 13. August 1713 und schrieb: „Also durch ‚Gottes Gnade und Segen' ‚ererbt', erkauft, ertäuscht und auf andere Weise, d. h. durch Gewalt, Raub und Plünderung bei gelegentlichen Kriegen acquiriert', ist das ‚Eigentum' der Hohenzollern. Man darf sich nicht wundern, wenn unser Volk den Glauben an diesen ‚Hohenzollerngott' verloren hat."[62] Gleichzeitig belegte Eckert

[55] Ebd.
[56] Ebd.
[57] Ebd.
[58] Überlingen war zu 81,7 % katholisch und zu 17 % evangelisch, Die Religionszugehörigkeit in Baden, a. a. O., S. 147.
[59] Böhringen: 90,1 % kath., 9,8 % evang., Die Religionszugehörigkeit, a. a. O., S. 139.
[60] Radolfzell: 84,5 % kath., 14,4 % evang., Die Religionszugehörigkeit, a. a. O., S. 139.
[61] SAV 1926, Nr. 9, S. 50.
[62] Ebd.

durch detaillierte Statistiken das Massenelend von über 5 Millionen Arbeitslosen und ihren Familien in der „christlich-bürgerlichen Gesellschaft" und kam zu dem Ergebnis, „daß eine Gesellschafts- und Wirtschaftsordnung, in der solche unglaublichen Zustände möglich sind, in der ein so haarsträubender Gegensatz zwischen unsinniger Verschwendung und Massenelend auch nur einen Tag bestehen kann, nicht wert ist, auch nur einen einzigen Tag länger am Leben zu bleiben, sondern sich selbst damit das Todesurteil gesprochen hat. *Jeder religiöse Sozialist und Kommunist hat daher die Pflicht, mit allen Kräften und Leidenschaften auf den Sturz dieser verrotteten Wirtschafts- und Gesellschaftsordnung hinzuarbeiten.*"[63] In der folgenden Ausgabe des „Sonntagsblatt" vom 14. März, die ausschließlich den „Klassenkampf" zum Thema hatte, wurde er noch deutlicher: „Es scheint manchmal so, als ob alle Versuche, diesen Kampf zwischen Kapital und Arbeit, zwischen Proletariat und Besitzenden zu verhindern, zu vermeiden und einen Ausgleich, einen friedlichen Weg zu finden, umsonst wären, als ob eine Gesetzmäßigkeit im wirtschaftlichen und politischen Leben wäre, die alle Versuche guten menschlichen Willens zur Entspannung wirkungslos macht, unten und oben. Der Klassenkampf ist nämlich nicht nur eine Empörung von unten, sondern auch ein Kampf gegen das Proletariat von oben; er ist nichts Gemachtes, sondern ein Bestehendes, Gewordenes, eine geschichtliche Tatsache. Keiner kann sich daher diesem Klassenkampf entziehen, wenn er in dieser Welt steht und sich nicht als Asket aus dem Getriebe des Lebens zurückgezogen hat – wer aber kann das? Niemand von uns. Es gibt nur ein Entweder – Oder."[64]

4.2.5 Die offizielle Stellung des deutschen Protestantismus zum Volksentscheid

In dem Kampf um den Volksentscheid, der seit dem überraschend erfolgreichen Ergebnis des Volksbegehrens, bei dem sich

[63] E. Eckert, in: SAV 1926, Nr. 9, S. 50.
[64] E. Eckert, Klassenkampf, in: SAV 1926, Nr. 11, S. 57.

12,5 Millionen Wahlberechtigte in die Listen eingetragen hatten, entbrannte, nahm die Kirche in einseitiger Weise Partei für die Fürsten und gegen den kommunistisch-sozialdemokratischen Volksentscheidungsantrag. Der Deutsche Evangelische Kirchenausschuß, das geschäftsführende und vollziehende Organ des Deutschen Evangelischen Kirchenbundes, des seit 1921 bestehenden Zusammenschlusses sämtlicher protestantischer Landeskirchen, der Kirchensenat der evangelischen Kirche der Altpreußischen Union sowie andere Landeskirchenregierungen, der Generalsuperintendant der Kurmark, D.D. Dibelius, Berlin, der Evangelische Bund und fast die gesamte kirchliche Presse nahmen zum Volksentscheid in ablehnendem Sinne Stellung.

„Ohne zu den politischen und juristischen Fragen Stellung zu nehmen", erklärte der DEKA in einer Kundgebung, die in allen Amtsblättern veröffentlicht wurde, daß die „geplante entschädigungslose Enteignung ... die Entrechtung deutscher Volksgenossen" bedeute und „klaren und unzweideutigen Grundsätzen des Evangeliums" widerspreche.[65]

Der Kirchensenat der evangelischen Kirche der Altpreußischen Union, an deren Spitze der deutsch-nationale Rittergutsbesitzer von Winckler stand, wandte sich mit einer Kundgebung an die Glieder der evangelischen Kirche „mit einem mahnenden, zur Besinnung rufenden Wort".[66] Die Erklärung der größten deutschen Landeskirche bestritt, etwas mit Politik oder gar Parteipolitik zu tun zu haben. Die evangelische Kirche stehe „über den Parteien und hält sich fern von jeder politischen Stellungnahme".[67] Es handele sich bei dieser kirchlichen Verlautbarung „allein um Forderungen des christlichen Gewissens und des Wortes Gottes".[68] „Treue und Glauben" würden erschüttert, „die Grundlagen eines geordneten Staatswesens" untergraben, „wenn einzelnen Volksgenossen ihr ganzes Vermögen völlig

[65] Zit. n.: CW, Nr. 11, 1926, 10. Juni 1926, Sp. 567.
[66] Zit. n.: „Evang. Kirchen- und Volksblatt", Sonntagsblatt für Baden, Nr. 24, 27. Jg., 13. Juni 1926, S. 189 f.
[67] Ebd.
[68] Ebd.

entschädigungslos weggenommen werden soll".[69] Abschließend appellierte die Kundgebung an die evangelischen Christen: „Laßt uns in der großen Verwirrung der Geister den klaren Blick, den festen Mut, das gute Gewissen bewahren! Laßt uns festhalten an den heiligen Geboten[70] Gottes in Wahrheit und Gerechtigkeit."[71]

Die badische Kirchenbehörde erließ am 1. Juni 1926 an sämtliche Pfarrer der Landeskirche einen geheimen Erlaß, in dem die Amtsträger aufgefordert wurden, sich in der Behandlung der Frage der Fürstenenteignung „die größte Zurückhaltung" aufzuerlegen, „insbesondere aber jedes Eintreten für die entschädigungslose Fürstenenteignung (zu) unterlassen".[72] Die evangelische Kirche sei „aus religiösen und sittlichen Gründen"[73] nicht in der Lage, eine solche „Gewaltmaßregel, wie sie die Forderung der entschädigungslosen Fürstenenteignung darstellt, zu billigen".[74]

Der „Evangelische Bund zur Wahrung protestantischer Interessen", der laut „Kirchlichem Jahrbuch" mehr als 300 000 Mitglieder repräsentierte[75] und in der Öffentlichkeit als einflußreiche protestantische Pressure Group auftrat, sah wegen des bevorstehenden Volksentscheids „die elementaren Grundlagen christlicher und nationaler Ethik" auf dem Spiel stehen, „deren Verleugnung auf alle organischen Gebilde des öffentlichen Lebens, Ehe, Familie, Eigentum, Kirche hinüberwirken und den Unterschied von Mein und Dein hinfällig machen müßte".[76] Die „Hetze" der Befürworter des Volksentscheids wende sich an die „rohesten Instinkte der Begehrlichkeit".[77] Der durch den Volksentscheid beschrittene Weg führe „unaufhaltsam zum völligen Zusammenbruch des sittlichen Bewußtseins, zu wirtschaft-

---

[69] Ebd.
[70] Anspielung auf das 7. Gebot: Du sollst nicht stehlen.
[71] Ebd.
[72] EOK Nr. 3160, vom 1. Juni 1926, Privatarchiv Eckert.
[73] Ebd.
[74] Ebd.
[75] KJB 1930, S. 262.
[76] Zit. n.: SPK VKBrS, Generalia 1926/I, Blatt 202.
[77] Ebd.

licher Unsicherheit, kulturellem und staatlichem Niedergang".[78]
Die Erklärung des Evangelischen Bundes vermochte nur „Haß"
und „Neid" als Motive der Fürstenabfindungsgegner zu ent-
decken und erklärte abschließend, daß die evangelischen Christen es „dem deutschen Namen" schuldig seien, „dafür zu sor-
gen, daß in dem Streit zwischen Recht und Raub doch Recht
bleibe".[79]

Als Beispiel für den „moralischen Terror"[80], den die protestantischen Landeskirchen und die katholische Kirche anläßlich des
Volksentscheids ausübten, führte Martin Rade, der Herausgeber
der theologisch-liberalen, dem deutschen Kulturprotestantismus
verpflichteten Halbmonatsschrift „Die christliche Welt", eine
redaktionelle Mitteilung aus dem Marburger „Amtlichen Ver-
kündigungsblatt" vom 17. Juni an, in der es hieß: „Achtung!
Seht Euch die an, die am Sonntag, den 20. Juni, in den Ab-
stimmungsraum gehen! Merkt sie Euch!"[81] Da die Gegner des
Volksentscheids zur Wahlenthaltung aufgerufen hatten, wußte
jeder, daß, wer zur Abstimmung ging, mit „ja" stimmen würde.
Rade kommentierte die amtliche Aufforderung zur Denunziation, indem er konstatierte: „So ist es durch ganz Deutschland
gegangen... Für viele Orte und Menschen der reine, unver-
hüllte Terror."[82]

[78] Ebd.
[79] Ebd. Piechowski wies im SAV darauf hin, daß der Ev. Bund, der zur
Wahrung protestantischer Interessen begründet worden sei, sich inzwischen
der Vereinigung vaterländischer Verbände (VVV) angeschlossen habe und
dort in „trauter Gemeinschaft mit Stahlhelm und Reichsbund Schwarz-Weiß-
Rot, mit Wehrwolf und Jungdo, mit dem Nationalverband deutscher Offiziere und ähnlichen antipazifistischen Organisationen zusammenratet und
zusammentatet. Das genügt, um in unserem Bewußtsein bis zum Überdruß
die Melodie wachzurufen, nach der von jenen Herrschaften das Hohelied der
nationalen Ethik (was man so national nennt) gesungen wird: Pauken und
Trompeten, Heldentod und Massengrab, Kanonenfutter und Etappe Gent,
Untertanentreue und Herrenhaus, Hofschranzentum und fürstlicher Größen-
wahn und wie die Gespenster der Vergangenheit alle heißen mögen" (P. Piechowski, Kirche und Volksentscheid, in: SAV 1926, Nr. 24, S. 129, 13. Juni
1926).
[80] W. Abendroth, Aufstieg und Krise, S. 62.
[81] Zit. n.: M. Rade, Volksentscheid und Kirche, in: CW, Nr. 13, 1926,
8. Juli 1926, Sp. 547.
[82] Ebd.

122

4.2.6 Die Stellung der religiösen Sozialisten zum Volksentscheid

Trotz des massiven Drucks und Terrors, den die deutschen protestantischen Landeskirchen gegen alle Abfindungsgegner ausübten – natürlich traf dieser Druck insbesondere die sozialistischen Pfarrer, die sich öffentlich für den Volksentscheid einsetzten –, traten zahlreiche Wortführer der religiösen Sozialisten auf öffentlichen Versammlungen, vorwiegend von der SPD organisiert, für „Volksrecht gegen Fürstenhabsucht" ein.

Bernhard Göring sprach am 18. und 19. Juni in Berlin[83]; Heinrich Dietrich trat als sozialdemokratischer Referent am 16. Juni in Bretten, am 17. Juni in Söllingen/Pforzheim, am 18. Juni in Pforzheim und am 19. Juni in Linkenheim auf, Pfarrer Hartmann, Solingen, am 7. Juni auf Einladung des Bundes religiöser Sozialisten in Köln über „Volksnot, Friedensidee und Fürstenabfindung", Pfarrer Bleier, Berlin, am 15. Juni in Karlsruhe über „Volksentscheid und christliche Ethik", und Pfarrer Eckert redete für den Volksentscheid in Schwenningen, Schramberg, Sachsenhausen, Ginnheim, Bornheim und am 19. Juni zusammen mit Rudolf Breitscheid in Stuttgart. Über die Massenversammlung in Stuttgart am Vorabend des Volksentscheids, zu der etwa 10 000 Menschen erschienen waren, schrieb die sozialdemokratische „Schwäbische Tagwacht": „Vor allem war es der tapfere sozialistische Stadtpfarrer Eckert aus Meersburg, der diese Zugkraft ausgeübt hatte. Bei seinem Erscheinen wurde Stadtpfarrer Eckert mit stürmischem Beifall begrüßt."[84] Seinen „von starker Überzeugung getragenen Ausführungen" über die Notwendigkeit der Fürstenenteignung sei die Masse der Erschienenen „mit gespanntester Aufmerksamkeit" gefolgt und „unter brausendem Beifall" habe Eckert sein „Bekenntnis zum arbeitenden Volk und damit für die Fürstenenteignung" geschlossen.[85]

Stärker noch als durch ihre Versammlungstätigkeit machte sich die Unterstützung der religiösen Sozialisten für den Volksent-

---

[83] Mitteilung des „Vorwärts" vom 17. und 18. Juni 1926.
[84] Zit. n.: SAV 1926, Nr. 26, S. 143.
[85] Ebd.

scheid publizistisch bemerkbar. Für die Tagespresse erfolgten u. a. Veröffentlichungen von Pfarrer Emil Fuchs in der Eisenacher „Volkszeitung", von Pfarrer Bleier über „Moral und Hindenburgbrief"[86] in der kommunistischen „Welt am Abend" und von Pfarrer Heide, Bernburg, in der sozialdemokratischen Anhalter „Volkswacht". Lic. Dr. Hartmann schrieb einen offenen Rechtfertigungsbrief an das Rheinische Konsistorium. Von Pfarrer Eckert erschien in der Pforzheimer „Freien Presse" ein Aufsatz über „Kirche und Volksentscheid", der auch als Flugblatt verbreitet wurde, ein Artikel in der Groß-Frankfurter „Volksstimme" sowie ein Leitartikel im „Vorwärts", dem Zentralorgan der SPD.[87] Außerdem unterzeichnete Eckert einen Aufruf führender Persönlichkeiten Württembergs, „denen auch unter der Terrorregierung Bazille der Bekennermut noch nicht abhanden gekommen ist".[88]

Der Landesvorsitzende der württembergischen religiösen Sozialisten, Hauptlehrer Paul Dürr, schrieb einen offenen Brief an den württembergischen Kirchenpräsidenten von Merz, der am 11. Juni in der „Schwäbischen Tagwacht" erschien, in dem er beklagte, daß noch nie die „hoffnungslose soziologische Gebundenheit der Kirchen an die hinter uns liegende Staats- und Gesellschaftsform" deutlicher geworden sei als in diesem Kampf des Volkes für den Volksentscheid. Ähnlich äußerte sich Pfarrer Kappes in einer Stellungnahme zum Eigentumsbegriff gegenüber der badischen Kirchenbehörde[89], nachdem er bereits

[86] Der 1925 vom „Reichsblock" gewählte Reichspräsident hatte am 22. Mai 1926 in einem veröffentlichten Brief seine „persönliche Auffassung" gegen den Volksentscheid dargelegt, da er als einer, der sein „Leben im Dienste der Könige von Preußen und der deutschen Kaiser verbracht" habe, das Volksbegehren als ein „großes Unrecht", als einen „bedauerlichen Mangel an Traditionsgefühl" und als einen „großen Undank" empfand. Das Volksbegehren sei ein „sehr bedenklich(er) Verstoß gegen das Gefüge des Rechtsstaates, dessen tiefstes Fundament die Achtung vor dem Gesetz und dem gesetzlich anerkannten Eigentum ist". Das Volksbegehren verstoße „gegen die Grundlagen der Moral und des Rechts" (zit. n.: Geschichte der deutschen Arbeiterbewegung, a. a. O., Dokument 38, S. 458).
[87] E. Eckert, Kirche und Volksentscheid, Mißbrauch der Religion, in: „Vorwärts", Ausgabe A, 17. Juni 1926.
[88] „Vorwärts", 15. Juni 1926.
[89] SPK VKBrS Generalia 1926/II, Blatt 21

vorher beim EOK gegen die Einschränkung des Rechtes, sich als evangelischer Geistlicher für die entschädigungslose Fürstenenteignung einzusetzen, wie sie in dem Erlaß vom 1. Juni versucht worden sei, protestiert hatte.[90] „Aus den Erklärungen der kirchlichen Körperschaften spricht tatsächlich die reaktionäre, in romantischen Vergangenheitsillusionen befangene, oder die vom modernen kapitalistischen Denken beherrschte Mentalität der 10 bis 35 Prozent des evangelischen Kirchenvolkes, die sich an den Kirchenwahlen der Nachkriegszeit beteiligt haben: der politisch rechts eingestellten Bauern, Kleinbürger, Beamten, unterstützt durch die tatsächlich unkirchlichen Kreise der Großlandwirtschaft und Großindustrie."[91] Kappes sprach den Kirchenbehörden das Recht und den Anspruch ab, für die Gesamtheit des Kirchenvolkes zu sprechen, da sie tatsächlich nur eine Minorität verträten.[92]

Außer der Erklärung des württembergischen Landesvorsitzenden Dürr erfolgten besondere Kundgebungen in Anhalt, Brandenburg und Thüringen. Die Tagung der religiösen Sozialisten in Thüringen am 25. Mai 1926 in Empfertshausen hatte eine Kundgebung verabschiedet, die von ihrem Landesvorsitzenden Emil Fuchs unterzeichnet war. Darin hieß es: „Wer das 7. Gebot gebraucht, um den augenblicklichen Zustand gesellschaftlichen Rechts und gesellschaftlicher Besitzverteilung zu verteidigen, mißbraucht das, was Maßstab für die Berechtigung dieser Verteilung sein sollte und lästert Gott. Sein Wille ist nicht, daß weites Land, das Hunderttausenden Glück und Nahrung schaffen könnte, dem Luxus weniger dient, daß die einen viele Paläste besitzen, während die anderen in Wohnungsnot verkommen ... Wer also behauptet, die Begehrlichkeit der Massen sei die Triebfeder des Volksentscheids, verkehrt die Sache in ihr Gegenteil. Die Begehrlichkeit der früheren Fürsten, die Unter-

[90] SPK VKBrS Generalia 1926/II, Blatt 15, Schreiben vom 7. Juni 1926.
[91] Siehe Anm. 89.
[92] Ebd. Vgl. auch M. Rade in der CW am 8. Juli 1926, Nr. 13, Sp. 547: „... aber so geht es nicht, daß man im deutschen Volk eine Bourgeoisiekirche konstituiert, diese mit der ecclesia in ecclesia identifiziert und nun von ihr aus missionierend auf die andere Volkshälfte losgeht."

stützung, die sie bei den Rechtsparteien finden, und das völlige Versagen der Rechtspflege haben es notwendig gemacht, daß der Rechtswille des Volkes eine verhängnisvolle Gefährdung der Lebensrechte von Staat und Volk abwehrt."[93]

Einen zusammenfassenden Aufruf zur Fürstenenteignung verbreitete die Geschäftsstelle der Arbeitsgemeinschaft religiöser Sozialisten Deutschlands in Berlin, der am 8. Juni im „Sozialistischen Pressedienst" erschien und am 14. Juni vom „Vorwärts" nachgedruckt wurde.[94]

---

[93] Zit. n.: SPK VKBrS Generalia 1926/II, Blatt 1, vgl. auch CW, Nr. 11, 1926, Sp. 566 f. vom 10. Juni 1926.

[94] Zit. n.: SPK VKBrS Generalia 1926/II, Blatt 17; vgl. auch „Christentum und Volksentscheid, Aufruf der religiösen Sozialisten Deutschlands, in: „Vorwärts", Zentralorgan der SPD vom 14. Juni 1926, Ausgabe A, Nr. 141: „Wenn die Kirchenfürsten behaupten, daß die Enteignung der Fürsten Raub und Diebstahl sei, glaubt ihnen nicht, sie haben schon so oft in entscheidenden Fragen versagt. Wir wissen, daß die Fürsten gezwungen werden sollen, geraubtes und durch politischen Einfluß errafftes Gut dem Volke zurückzugeben. Wenn die Ängstlichen euch sagen, das Privateigentum aller sei in Gefahr, glaubt ihnen nicht ... Das Eigentum ist in Gefahr, Rente für die Fürsten zu werden. Wenn die Gelehrten zetern, Recht und Gerechtigkeit leiden Not, kümmert euch nicht darum. Ein Gesetz, das 20 Millionen machen, ist Recht, die Gerechtigkeit aber ist nirgends auf Erden. Wenn die Politiker jammern, der Staat wird erschüttert durch die Enteignung, so lügen sie. Wenn wir das Vermögen, das die Fürsten für sich in Anspruch nehmen, dem Volksstaat erhalten, wird er stärker als zuvor. Wenn die Vaterländischen vom Gottesgnadentum der Fürsten reden, von deren Anspruch auf ein besonderes, standesgemäßes Leben, laßt sie schwätzen. Gott, der Herr, kennt keine Fürsten, er hat alle Menschen gleich geschaffen. Wenn die Wehleidigen wimmern, die Fürsten werden nichts mehr besitzen, sie werden Bettler sein; habt kein Mitleid, wo es nichts mitzuleiden gibt, den Fürsten wird es nicht schlecht gehen. Denkt an die Kriegsbeschädigten, an die Alten und die Kleinrentner, die um ihr erarbeitetes Gut gekommen sind, an die Millionen Arbeitslosen, die nichts zu essen haben, an die Masse des Proletariats, die nie Eigentum gehabt haben, an die unterernährten Kinder der Großstadt, an das Heer der Obdachlosen! Christus der Herr, der nichts hatte, wo er sein Haupt hinlegte, steht nicht auf der Seite der Reichen und Mächtigen, er verteidigt die Schlösser der Fürsten nicht, Christus der Herr, den des Volkes jammerte in seiner Not, steht nicht auf der Seite der Besitzenden und Satten, der Vornehmen und Eingebildeten. Christus der Herr, dem die Augen übergingen, wenn er die Armen seines Volkes in ihrem Elend sah, kämpft auf unserer Seite und wenn hunderttausendmal die Führer der „christlichen" Kirchen sich vor die Fürsten und ihr „heiliges Eigentum" stellen. Wer entschlossen christlich denkt, wer Ernst macht mit seinem Christentum, wer nicht fromm schwätzt, sondern handelt, der muß aus innerer Wahrhaftigkeit seine Stimme für die entschädigungslose Enteignung der Fürsten abgeben."

Der Höhepunkt der für die innerkirchlichen Auseinandersetzungen bestimmten Agitation der religiösen Sozialisten wurde durch die Sondernummer des „Sonntagsblatt des arbeitenden Volkes" erreicht, die u. a. Aufsätze von Eckert, Fuchs, Küsell und Piechowski vereinigte und in einer Auflage von mehreren Zehntausend Exemplaren als Fürstenenteignungsflugschrift verbreitet wurde. Während die Fürstenenteignungsnummer als wirkungsvolle Unterstützung des Volksentscheids im Raum der noch in irgendeiner Weise kirchlich-religiös gebundenen abhängigen Schichten aufgenommen wurde und etwa die von Pfarrer Küsell entworfenen Flugblätter für die Landagitation vom SPD-Vorstand angenommen und in Massen verbreitet wurden[95], löste sie in der Kirche selbst die schärfsten Reaktionen aus. Als Beispiel seien hier die der „Kirchlich-positiven Blätter" angeführt, die noch rechtzeitig zum Volksentscheid schrieben: „Die Kirche soll schweigen. Aber der Volkskirchenbund evangelischer Sozialisten redet, nein, er schreit: ‚Enteignet die Fürsten!' Was die Nr. 24 des SAV von der ersten bis zur letzten Zeile gegen die Fürstenabfindung schreibt, das steht in aufreizendem Ton, an Entstellung und Verdrehung in keiner Weise dem radikalsten Sozialistenblatt nach. Ja, die religiösen Sozialisten leisten der sozialistisch-kommunistischen Propaganda den unschätzbaren Dienst, daß sie die Forderung der Fürstenenteignung religiös-sittlich begründen. Hier werden alle, deren Gewissen sich regen möchte, ob eine solche radikale Enteignung erlaubt und recht ist, mit starken Worten belehrt: ‚Es ist recht und gerecht, wenn sie enteignet werden.' Noch mehr: es ist biblisch begründet! ... Die ganze Nummer trieft von Haß und ist auf Erregung niederer Leidenschaften berechnet, und über dem Ganzen steht nicht: Unsere Partei will es so haben, sondern mit großen Buchstaben: Gott will es! Solche Töne wird die Parteileitung gerne hören ... Um nicht in den Geruch des ‚religiösen Revisionismus' zu kommen, lassen sie sich an Radi-

---

[95] Rundbrief der Gewerkschaft sozialistischer Theologen, Nr. 3, vom 14. Juli 1926.

kalismus von keinem ihrer Genossen übertreffen."[96] Und als „Proben aus dem erwähnten Blatt" zitieren die „Kirchlich-positiven Blätter": „Unsere Parole muß sein: Der Gerechtigkeit eine Gasse! Wir jauchzen dem Volksentscheid entgegen. Durch ihn gewinnen wir die Möglichkeit, wenigstens in etwa die ungeheuerliche Ungerechtigkeit in der Besitzverteilung und die größte Sünde, die je begangen worden ist, die Sünde am Proletariat wieder gut zu machen ... Darum muß jeder religiöse Sozialist tun, was in seinen Kräften steht, damit die Ja-Stimmen am 20. Juni zu einem gewaltigen Chor anschwellen und Gericht halten über die Schuld der Vergangenheit und auch über die Kirche ... Man hat ja genug Hurra gerufen und genug Deutschland, Deutschland über alles gesungen ... Viel schlimmer war doch die Enteignung der kleinen Sparer. Da hat kein Großer etwas dagegen getan. Jetzt aber, wo es an die eigene Tasche geht, erhebt sich das Geschrei von Unrecht und Raub ... Und so schlimm wird es den Fürsten ja gar nicht gehen! Man will euer gutes Herz rühren zum Mitleid, denn die Fürsten sollen ‚ohne Entschädigung' enteignet werden. Da denkt vielleicht mancher: Die Fürsten werden wohl arbeiten müssen, wie ihr, als ob das etwas Entsetzliches wäre! Oder gar hungern und betteln müssen. Ach nein, nichts von alledem; sie werden auch nachher ein sorgenfreies Leben führen können, besser als ihr! Es handelt sich nur um eine Tat der Gerechtigkeit. Aber Gerechtigkeit erhöhet ein Volk!"[97]

Auch nach dem Volksentscheid ließen die religiösen Sozialisten keinen Zweifel darüber aufkommen, daß sie nach wie vor auf dem Standpunkt standen, daß die früher regierenden Fürsten und deren Nachkommen enteignet werden müßten. Die Kundgebung des 2. Meersburger Kongresses, der vom 1. bis 5. August 1926 stattfand, unterstrich diese Haltung und betonte, daß angesichts der durch die Inflation Enterbten und Beraubten, der Arbeitsinvaliden und der im Lebenskampf Zerbrochenen die

[96] Kirchlich-Positive Blätter, Halbmonatsschrift für kirchliches Leben in Baden, vom 20. Juni 1926, Nr. 13, 39. Jg. zit. n.: SPK VKBrS Generalia 1926/II, Blatt 61.
[97] Ebd.

Verschleuderung von Volksgut an die Fürsten eine „Versündigung im Geist des Evangeliums"[98] sei.

4.2.7 Disziplinierungsmaßnahmen gegen religiös-sozialistische Pfarrer wegen ihrer Unterstützung des Volksentscheids

Im Laufe der innerkirchlichen Auseinandersetzungen um den Volksentscheid setzte „ein Terror ohnegleichen ... gegen die freiheitlichen und für den Aufstieg des arbeitenden Volkes eintretenden Pfarrer"[99] ein, der die herrschende Position des deutschen Protestantismus in der Frage der Fürstenenteignung erneut offen zutage treten ließ.

Wie empfindlich Kirchenleitungen wie DNVP auf die mildeste Abweichung von der vom DEKA eingeschlagenen Linie reagierten, machte der aufsehenerregende, sogenannte „Fall Schafft" deutlich. Pfarrer Schafft[100] war Mitbegründer der Neuwerk-Bewegung und war führend in der Heimvolkshochschule Habertshof bei Schlüchtern/Hessen tätig. Er hatte zusammen mit dem Kasseler Kreispfarrer Lic. Bachmann ein Rundschreiben an die hessische Pfarrerschaft verfaßt, das die Bitte enthielt, sich einer „einseitigen Stellungnahme" zu enthalten.[101] Auch als „sachliche Gegner des zum Volksentscheid vorliegenden Entwurfes" müßten sie die „allzu einfache Stellungnahme des DEKA" als „nicht ausreichende Beratung" ansehen.[102] Pfarrer Schafft hatte sich außerdem in einem Presseartikel gegen den Inhalt der offiziellen Kundgebung gewandt. Obwohl Bachmann und Schafft „sachliche Gegner des Volksentscheids" waren und auch nicht der SPD angehörten[103], sondern lediglich

[98] Kundgebung des II. Meersburger Kongresses, in: SAV 1926, Nr. 33, 15. August 1926, S. 173.
[99] Landtagsabgeordnete Dr. Wegschneider (SPD), Berlin, auf der Protestversammlung zum Thema: „Kirche – Volksentscheid und Fall Bleier", zit. n.: SAV 1926, Nr. 30, S. 163.
[100] Vgl. R. Breipohl, Religiöser Sozialismus . . ., Zürich 1971, S. 92 ff.
[101] Zit. n.: SPK VKBrS Generalia 1926/II, Blatt 141, der Wortlaut des Rundschreibens und der persönlichen Stellungnahme Schaffts ist veröffentlicht in CW, Nr. 19, 7. Oktober 1926, Sp. 961–963; vgl. auch Th. Sippell, Seltsames aus Kurhessen, in: CW Nr. 17, 1926, Sp. 862 f.
[102] Ebd.

bemüht waren, Verständnis „auch für die Arbeiterschaft" zu wecken[104], wurde auf Betreiben des Vorsitzenden der DNVP in Frankfurt/Main, Senatspräsident Dr. Heldmann, der zugleich Mitglied der kurhessischen Kirchenregierung war, gegen beide Pfarrer ein kirchliches Disziplinarverfahren eröffnet, weil die Kirchenregierung in ihren Handlungen eine „pflichtwidrige Gegenmaßnahme gegen eine von ihr erteilte Anordnung, sowie eine unzulässige Kritik"[105] erblickte. Angesichts der Tatsache, daß 94 kurhessische Pfarrer ebenfalls die Kundgebung des DEKA ablehnten, ohne den Standpunkt der Arbeiterparteien zum Volksentscheid zu teilen, sah man im Falle der Pfarrer Schafft und Bachmann von einer Verurteilung ab und sprach sie frei.[106]

In Baden mußten sich die Pfarrer Kappes und Eckert, im Rheinland die Pfarrer Lic. Dr. Hartmann und Fritze vor ihren Kirchenleitungen wegen ihrer Befürwortung des Volksentscheids verantworten.

In Sachsen wurde Pfarrer Koetzschke wegen seiner Unterstützung des Volksentscheids aus dem Pfarrverein der sächsischen Provinz ausgeschlossen.[107] Die religiösen Sozialisten solidarisierten sich daraufhin mit Pfarrer Koetzschke auf einer Protestveranstaltung in Annaburg, dem Tagungsort der sächsischen Synode.[108]

Die DNVP erhob beim Landeskirchenrat Anhalt „schärfsten Einspruch" gegen die in der sozialdemokratischen Presse veröffentlichte Erklärung der Pfarrer Küsell, Richter und Heide zum Volksentscheid, da sie bzw. der Volksentscheid „im Widerspruch zu den Grundsätzen von Kirche, Religion, Sittlichkeit und Recht" stünden.[109] Die DNVP ersuchte den Landeskirchen-

---

[103] Hessische Lehrerzeitung, zit. n. SPK VKBrS Generalia 1926/II, Blatt 121.
[104] Ebd.
[105] Presseerklärung „Der Fall Schafft", zit. n.: SPK VKBrS Generalia 1926/II, Blatt 140.
[106] Vgl. Mitteilung in SAV 1926, Nr. 40, 3. Oktober 1926, S. 207.
[107] Mitteilung der Bruderschaft sozialistischer Theologen, Rundbrief Nr. 4 vom 1. Oktober 1926.
[108] Rundbrief Nr. 3 vom 14. Juli 1926.
[109] SAV 1926, Nr. 30, S. 163.

rat „ergebenst", die genannten Pfarrer „zur Rechenschaft" zu ziehen, und sprach die Erwartung aus, daß gegen sie „energisch vorgegangen wird".[110] Außerdem distanzierten sich die Pfarrer Bernburgs/Anhalt von ihren drei Kollegen, indem sie öffentlich erklärten, daß sie deren Eintreten für die entschädigungslose Enteignung der deutschen Fürsten „aufs tiefste bedauern und aufs schärfste mißbilligen".[111] Schließlich erklärte der Gemeindekirchenrat von Hecklingen Pfarrer Richter für nicht mehr „würdig", die Kanzel zu besteigen.[112] Pfarrer Richter beantragte daraufhin beim Landeskirchentag ein Disziplinarverfahren gegen sich selbst, dem stattgegeben wurde.

Eine besondere Schärfe erhielt die Auseinandersetzung um Pfarrer Bleier, Berlin, nachdem die Kreissynode Friedrichwerder II (Berlin) eine Entschließung angenommen hatte, in der sie „aufs tiefste" bedauerte, „daß ein solcher Mann in unserer Mitte ist".[113] Sie beklagte ferner, daß die „Fürstenfamilien durch Volksentscheid ihres Eigentums beraubt" werden sollten.[114] Sie hielt es für die unerläßliche Pflicht eines Pfarrers, in der Vertretung seiner Anschauungen auf der Kanzel und in Versammlungen „höchsten Takt" und „freundliches Verständnis anderer Anschauungen" walten zu lassen.[115] Pfarrer Bleier hingegen führe sein Amt so, daß aus seiner „demagogischen Art, die des geistlichen Amtes unwürdig ist", „Haß" und „Zwietracht" entstehe.[116]

Als Antwort auf die Maßnahmen gegen Pfarrer Bleier fand am 21. Juni auf Einladung des Bundes religiöser Sozialisten Neukölln, der Vereinigung der Freunde von Religion und Völkerfrieden, der Gewerkschaft sozialistischer Theologen Deutschlands und der Fraktion der sozialistischen Vertreter in den kirchlichen Körperschaften Groß-Berlin eine Protestversammlung statt, die von 2000 Menschen besucht wurde und auf der

[110] Ebd.
[111] SAV 1926, Nr. 30, S. 164.
[112] SAV 1926, Nr. 37, S. 192.
[113] SAV 1926, Nr. 24, S. 132.
[114] Ebd.
[115] Ebd.
[116] Ebd.

u. a. die SPD-Landtagsabgeordnete Dr. Wegschneider und der spätere preußische Kultusminister Adolf Grimme sprachen.[117]

4.2.7.1 Die Auseinandersetzungen zwischen badischer Kirchenleitung und Pfarrer Eckert

Am schärfsten und klarsten kam der Konflikt zwischen den Kirchenleitungen und den religiös-sozialistischen Pfarrern, die die Sache des Volksentscheids in der Öffentlichkeit verfochten, in der Auseinandersetzung Pfarrer Eckerts mit der badischen Kirchenleitung zum Ausdruck, obwohl diese weitgehend unter Ausschluß der Öffentlichkeit stattfand – im Gegensatz zu den späteren Konflikten mit seiner Behörde, die von ihm bewußt in voller Öffentlichkeit ausgetragen wurden.

Zusätzlich zu dem Erlaß des Karlsruher Oberkirchenrats vom 1. Juni 1926, der alle badischen Pfarrer zu verpflichten suchte, nicht für die entschädigungslose Enteignung der Fürsten aufzutreten, sah sich die badische Kirchenleitung im Falle von Pfarrer Eckert veranlaßt, diesen „ganz besonders zu mahnen, sich jeder öffentlichen Agitation in politischen Versammlungen zugunsten einer entschädigungslosen Fürstenenteignung zu enthalten".[118] Die starke Erbitterung, die sein bisheriges öffentliches Auftreten in dieser Frage im weiteren Umkreis hervorgerufen habe, zwinge den EOK, ihn darauf hinzuweisen, daß er „gegen die Interessen der Evangelischen Kirche" handele, wenn er der „Ermahnung" nicht nachkomme.[119] So hatte beispielsweise „Der Reichsbote" Eckerts Hervortreten „als einer der stärksten Agitatoren für das Volksbegehren in der Bodenseegegend", „zumal in der Diaspora" als einen „Skandal" bezeichnet, der „in den evangelischen Kreisen der Bodenseegegend sehr stark empfunden" werde.[120] Falls Eckert dieser „Ermahnung" nicht

---

[117] SAV 1926, Nr. 30, S. 163.
[118] Erlaß des EOK an Eckert, Nr. 8160, vom 1. Juni 1926, Privatarchiv Eckert.
[119] Ebd.
[120] „Der Reichsbote", Nr. 64, Berlin, 17. März 1926; im gleichen Sinne äußerte sich auch die „Lahrer Zeitung" vom 17. März 1926.

nachkomme, müsse geprüft werden, ob er sich durch sein Verhalten nicht einer „Pflichtverletzung" schuldig gemacht habe.[121] In seinem Antwortschreiben vom 5. Juni 1926 erklärte Eckert daraufhin, daß es ihm unmöglich sei, der Mahnung Gehör zu schenken. „Ich kann nicht anders, ich muß dem Gerede gegenübertreten, als sei die Enteignung der Fürsten ,Raub und Diebstahl'."[122] Auch durch „Drohungen" könne er sich nicht daran hindern lassen, die bereits eingegangenen Verpflichtungen, für die entschädigungslose Fürstenenteignung zu sprechen, einzuhalten. Er müsse gegen den Erlaß der obersten Kirchenbehörde protestieren, da durch ihn „im Geheimen nun doch für die Fürsten Stellung genommen wird".[123] Der Erlaß stelle eine „Vergewaltigung der Pfarrer als Staatsbürger" dar und dürfe „auch nicht im Geheimen geduldet werden".[124] Er erklärte sich jedoch bereit, auf der Durchreise nach Frankfurt, wo er vom 15. bis 17. Juni auf SPD-Versammlungen zu sprechen habe, am 14. Juni beim EOK in Karlsruhe vorzusprechen.

Daraufhin zog das Evangelische Dekanat in Konstanz auf Anordnung des EOK in Karlsruhe die bereits für den 15. bis 17. Juni 1926 erteilte Urlaubsgenehmigung zurück, sofern die Urlaubsreise „der politischen Tätigkeit gewidmet sein sollte".[125] Gleichwohl erklärte Eckert am 14. Juni bei einer Besprechung mit Oberkirchenrat Dr. Doerr, zu der er mit Schreiben vom 10. Juni vorgeladen worden war, zu Protokoll, daß auch die „Androhung eines dienstpolizeilichen Verfahrens" ihn nicht dazu bringen könne, die eingegangenen politischen Verpflichtungen abzusagen.[126] Selbst wenn er sich der Anordnung des Oberkirchenrats fügen wolle, wäre ihm das aus „inneren, religiösen Gründen unmöglich".[127] „Nachdem die evangelische Kirche durch Kundgebungen einzelner Kirchenpräsidenten und kirch-

---

[121] Siehe Anm. 95.
[122] Brief von Eckert an den EOK vom 5. Juni 1926, Privatarchiv Eckert.
[123] Ebd.
[124] Ebd.
[125] Brief des Evang. Dekanats Konstanz, in Singen a. H., Nr. 1094 vom 12. Juni 1926, Privatarchiv Eckert.
[126] Protokoll vom 14. Juni 1926, Privatarchiv Eckert.
[127] Ebd.

licher Körperschaften sich gegen die entschädigungslose Enteignung festgelegt hatte und außerdem der Evangelische Bund, evangelische kirchliche Vereine und eine große Anzahl Pfarrer sich gegen die Enteignung ausgesprochen hatten, zuletzt auch der DEKA festgestellt hatte, daß die Zustimmung zur Fürstenenteignung den unzweideutigen und klaren Worten des Evangeliums widerspreche, ich aber überzeugt bin, daß der Eigentumsbegriff nichts mit dem Begriff des Privateigentums der Fürsten zu tun hat, es mir christlicher und evangelischer erschien, das von den Fürsten in Anspruch genommene Privateigentum den Ärmsten unseres Volkes, den Kriegsbeschädigten, Kleinrentnern usw. zum Nutzen sicher zu stellen – mußte ich auch in voller Öffentlichkeit für die Enteignung der Fürsten eintreten."[128]

Als Eckert im Laufe der Vernehmung belehrt wurde, daß es nach Auffassung des EOK „unter keinen Umständen zulässig" sei, den Erlaß vom 1. Juni zu veröffentlichen, auch wenn er gegen den Inhalt des Erlasses protestieren müsse, da diese Verfügung des EOK unter das „Amtsgeheimnis" falle, erklärte Eckert hierzu: „Es ist mir unmöglich, der Oberkirchenbehörde das Recht zuzugestehen nach der Verfassung, daß sie in einer Frage, die sie selbst als eine politische bezeichnet, den Pfarrern untersagt, nach ihrer inneren Überzeugung Stellung zu nehmen und dadurch sich eine ganz bestimmte Antwort auf die politische Frage zu eigen macht, obwohl sie selbst zugibt, daß innerhalb der Kirchengenossen eine ganz verschiedene Stellung zu dieser Frage möglich und vorhanden ist."[129] Abschließend wurde Pfarrer Eckert eröffnet, daß eine Prüfung darüber stattfinden werde, „ob sein Verhalten gegenüber den Anordnungen des Oberkirchenrats in der Frage des Volksentscheids über die Fürstenenteignung ein disziplinäres Einschreiten begründet".[130] Eckert setzte jedoch seine Agitation für den Volksentscheid entgegen der Anordnung seiner Behörde und der Androhung eines Disziplinarverfahrens fort. Als Reaktion auf seine Versamm-

128 Ebd.
129 Ebd.
130 Ebd.

lungstätigkeit in Frankfurt/Main[131] erfolgte eine Beschwerde des Evangelischen Landeskirchenrats Frankfurt, der in seinem Schreiben vom 26. Juli 1926 den badischen EOK zu Dank verpflichtete, wenn er Pfarrer Eckert „mit allem seelsorgerlichen Nachdruck" auf das „durchaus Ungehörige" seiner Frankfurter Agitationsreden hinweisen wolle.[132]

In der daraufhin erneut angeordneten Vernehmung vor dem badischen OK begründete Eckert, warum er als Pfarrer der badischen evangelischen Landeskirche auch öffentlich erklärt habe, „daß wir sozialistischen Pfarrer uns an das Verbot, nicht für die Enteignung der Fürsten einzutreten, nicht kehren können".[133] „Meine Amtspflichten kann ich nie so auffassen, daß ich der Kirchenregierung mehr gehorchen müßte und rückhaltloser wie meinem Gewissen, das ich in Gott gebunden weiß. Mein Gewissen aber zwang mich, Zeugnis abzulegen von meiner Überzeugung, die zugleich die Überzeugung von Millionen aufrechter Christen ist, *aber einen anderen Inhalt hat,* als die Ansichten des Oberkirchenrats in dieser Angelegenheit."[134]

Erneut widersetzte sich Eckert den Disziplinierungsversuchen seiner Kirchenbehörde. Wieder war die Kirchenbehörde nicht bereit, den „Ungehorsam" ihres evangelischen Geistlichen zu dulden. Am 1. August 1926 wurde Eckert vom Evangelischen Dekanat Konstanz laut Erlaß des EOK vom 28. Juli aufgefordert, sämtliche seit dem 1. Februar 1926 gehaltenen Predigten der Behörde vorzulegen.[135] Eckert erkundigte sich beim EOK, ob gegen ihn ein dienstliches Disziplinarverfahren vorliege, das diese „besondere Maßnahme" rechtfertige[136], und erfuhr, daß sie aufgrund einer Beschwerde eines Oberleutnants aus seiner Meersburger Gemeinde erfolgt sei. Als Eckert dieser Aufforderung nicht Folge leistete, reagierte der EOK in Karlsruhe am

[131] Vgl. Bericht der Groß-Frankfurter „Volksstimme" Nr. 137, 16. Juni 1926.
[132] Brief des Ev. Landeskirchenrats Frankfurt an den bad. EOK vom 26. Juli 1926, Nr. 660, Privatarchiv Eckert.
[133] Vernehmungsprotokoll Privatarchiv Eckert.
[134] Ebd.
[135] Brief des Ev. Dekanats Konstanz vom 1. August 1926, Privatarchiv Eckert.
[136] Privatarchiv Eckert.

7. August 1926 mit einem Schreiben, in dem er „mit größtem Befremden" zur Kenntnis nahm, daß Eckert „mit voller Absicht" den Anordnungen des Erlasses vom 1. Juni entgegengehandelt habe.[137] „Das steht im Widerspruch mit Ihrem Ordinationsgelübde, das ausdrücklich besagt, daß der Ordinand die Anordnungen seiner vorgesetzten Behörde befolgen wolle. Glaube er solches mit seinem Gewissen nicht vereinbaren zu können, so bleibt ihm nur übrig, seine vorgesetzte Behörde darum zu bitten, daß sie ihn von dieser Verpflichtung befreie, und wenn diese seinem Antrag nicht entspricht, sein Amt aufzugeben. Jedenfalls ist eine Flucht in die Öffentlichkeit mit jeder behördlichen und dienstlichen Ordnung unverträglich. Das Verhältnis des Geistlichen zu seiner vorgesetzten Kirchenbehörde ist ein rein dienstliches."[138] Die Ursache für diese Behördenkritik an Eckerts öffentlichem Auftreten bezog sich nicht so sehr auf Eckerts bekannten Standpunkt in der Frage der Fürstenenteignung, sondern auf die Tatsache, daß er sich in Frankfurt nicht gescheut hatte, trotz des massiven Verbots seiner Behörde, auch seinen Konflikt mit der badischen Kirchenbehörde öffentlich anzusprechen, was wiederum die Versammlung in Sachsenhausen bewog, eine Entschließung anzunehmen, die mit Entrüstung davon Kenntnis nahm, daß der badische Oberkirchenrat versucht habe, den evangelischen Geistlichen das Recht der freien Meinungsäußerung in der Frage des Volksentscheids, die wie keine zweite eine Frage des Gewissens sei, zu unterbinden. Die Versammlung erwartete, daß die badischen Staatsbehörden gegen den Oberkirchenrat unverzüglich vorgehen, damit er seinen völlig ungesetzlichen Erlaß zurücknehme. „Jeden etwaigen Versuch, disziplinarisch gegen Pfarrer Eckert vorzugehen, werden die Anwesenden mit den schärfsten Mitteln bekämpfen und sich schützend hinter ihn stellen."[139] In seinem Schreiben vom 7. August 1926 beklagte sich der EOK in Karlsruhe unter Berufung auf zahlreiche Beschwerden, die auch

---

[137] EOK an Eckert vom 7. August 1926, Nr. 10 010, Privatarchiv Eckert.
[138] Ebd.
[139] Zit. n.: Groß-Frankfurter „Volksstimme" Nr. 137, 16. Juni 1926.

außerhalb Badens, besonders in Württemberg vorgebracht worden seien, daß „nicht ein einziger Geistlicher unserer benachbarten Landeskirchen ... eine derartige maßlose Agitation" treibe, und forderte Eckert auf, dem EOK „eine schriftliche Erklärung vorzulegen", die dem EOK die Gewähr gebe, daß er seine politische Betätigung zugunsten der Ausübung des Pfarramtes künftig so einschränke und die kirchlichen Anordnungen so befolgen werde, „daß wir Ihre weitere Verwendung vor unserer Kirche verantworten können".[140]

Auf diesen massiven Versuch der Einschüchterung durch Drohung mit der Entlassung aus dem Kirchendienst erklärte Eckert am 10. August 1926 gegenüber dem EOK in Karlsruhe, er sähe in seinem Ordinationsgelübde nirgends eine Verpflichtung, dem OKR auch dann gehorsam zu sein, wenn seine Erlasse und Verordnungen sich nicht mit seinen amtlichen Aufgaben, sondern mit seiner politischen Überzeugung und mit politischen Fragen beschäftige. „Ich werde keinem Erlaß gehorsam sein, der wie das Verbot, über die Enteignung der Fürsten zu reden, meine persönliche Freiheit als Staatsbürger in Frage stellt und mich zu einer Absicht zwingen will oder besser eine Ansicht unwidersprochen zu lassen mich zwingen will, die nach meiner Überzeugung sich nicht aus dem Evangelium begründen läßt. Keine Behörde einer evangelischen Kirche wird mir dieses Fundamentalrecht eines evangelischen Menschen bestreiten wollen."[141]

Am 28. August wurde die Aufforderung des EOK, Eckert möge seine Predigten einreichen, wiederholt.[142] Nachdem sie am 29. August mit vierwöchiger Verzögerung eingeschickt worden waren, wurden sie am 9. Oktober mit der Bemerkung zurückgeschickt, daß der Inhalt der Predigten teilweise ein „theologisch auffallend mangelhafter und religiös so dürftiger" sei, „wie wir es in keiner Weise erwarteten".[143] Im übrigen enthielt das Schreiben vom 9. Oktober die abschließende Antwort der Kirchenbehörde auf Eckerts Weigerung, dem EOK gegen sein

[140] Siehe Anm. 137.
[141] Brief E. Eckerts an EOK vom 20. August 1926, Privatarchiv Eckert.
[142] Nr. 11 905 Privatarchiv Eckert.
[143] Nr. 12 762 Privatarchiv Eckert.

Gewissen Gehorsam zu leisten. „Ihre Zuschrift vom 7. August 1926 besagt klipp und klar, daß Sie hinsichtlich Ihrer politischen Tätigkeit sich über die Behörde zu stellen gewillt sind."[144] Der EOK sprach Eckert hierfür das „stärkste Mißfallen" aus. Der OKR habe keineswegs „jede politische Arbeit" verboten, „aber über das Ausmaß derselben zu entscheiden", müsse er sich „vorbehalten".[145] Wenn die Kirchenregierung Eckert „trotz alledem" auf die Bewerberliste für die Jungbuschpfarrei an der Trinitatiskirche in Mannheim gesetzt habe, neben sieben weiteren Bewerbern, nachdem sich Pfarrer Eckert am 5. Januar 1926 um die ausgeschriebene Stelle beworben hatte, „obwohl diese Gemeinde recht wenig Anhänger Ihrer religiösen und sozialen Anschauungen zählt"[146], so wolle sie der Gesamtgemeinde Mannheim die Möglichkeit nicht verschließen, durch Berufung eines volkskirchlichen Geistlichen den Versuch zu machen, „diejenigen sozialistischen Kreise mehr unter den Einfluß der Kirche zu bringen, die ihr bisher entfremdet waren".[147]

Am 14. Dezember 1926 wurde Eckert vom Mannheimer Kirchengemeinderat mit 107 Ja-Stimmen von insgesamt 185 Stimmen zum Stadtpfarrer an der Trinitatiskirche gewählt. So endete sein Konflikt mit der badischen Kirchenleitung mit einem Erfolg für die religiös-sozialistische Bewegung, da ein sozialistischer Pfarrer ein Pfarramt in einer Großstadtgemeinde erhielt.[148] Die Erwartung der badischen Kirchenleitung, Eckert werde die sozialistischen Kreise wieder unter den Einfluß der Kirche bringen, ging jedoch nicht in Erfüllung. Zwar hatte Eckert bei den Landessynodalwahlen in Baden am 11. Juli 1926 als Spitzenkandidat der Liste des Volkskirchenbundes evangelischer Sozialisten den in Baden höchsten Stimmenanteil mit 26% der abgegebenen Stimmen in Mannheim errungen; zwar gingen in der Folgezeit viele Arbeiter dank Eckerts Popularität wieder in seine Gottesdienste, aber am Ende des Weges waren die

[144] Ebd.
[145] Ebd.
[146] Ebd.
[147] Ebd.
[148] E. Eckert hatte sich bereits vorher um eine Stelle in Berlin beworben. Kappes hatte in Karlsruhe eine Jugendpfarrerstelle.

Arbeiter nicht in die Kirche integriert, sondern Pfarrer Eckert trat nach seinem Eintritt in die KPD aus der Kirche aus. Er vollzog damit jenen Schritt, der sich in seinem Konflikt mit der badischen Kirche in der Frage der Fürstenenteignung angekündigt hatte.

4.2.8 Zusammenfassung: Der Kampf der religiösen Sozialisten für den Volksentscheid über die entschädigungslose Enteignung der Fürsten

Das Ergebnis des Volksentscheids, bei dem 14,5 Millionen mit „ja" gestimmt hatten, stellte einen großen Erfolg der Arbeiterbewegung dar, da es ihr gelungen war, 3,5 Millionen Wähler mehr zu gewinnen, als SPD und KPD 1924 bei den Reichstagswahlen gemeinsam erzielt hatten. Mehr noch: bei keiner Wahl während der Weimarer Republik konnten die KPD und die SPD eine so hohe Stimmenzahl auf sich vereinigen. Die Volksbewegung gegen die Fürstenabfindung wurde so „die machtvollste Einheitsaktion der deutschen Arbeiterklasse in der Periode der relativen Stabilisierung des Kapitalismus.[149] Dieser Erfolg gelang, obwohl die „politischen Rechtsparteien und das Zentrum" alles getan hatten, „um die Massen mit Unrichtigkeiten und direkten Lügen von der Abstimmung fernzuhalten".[150] Andererseits gelang es nicht, „unter dem Terror der Großagrarier, der Landbünde und der Rechtsverbände"[151] die für die entschädigungslose Enteignung erforderliche Zahl von 20 Millionen zusammenzubringen. Den entscheidenden Einfluß auf den Ausgang des Volksentscheides hatten nach Meinung des „Sonntagsblatt des arbeitenden Volkes" die christlichen Kirchen ausgeübt. „Es genügt festzustellen, daß es der verhängnisvolle Einfluß der Kirchen gewesen ist, die immer ihre überpolitische Stellung betont, der den Volksentscheid zu Fall gebracht hat."[152]

[149] Geschichte der deutschen Arbeiterbewegung, Bd. 4, a. a. O., S. 122.
[150] „Zum Ergebnis des Volksentscheids", SAV 1926, Nr. 26, S. 139.
[151] SAV 1926, Nr. 43, S. 226.
[152] Siehe Anm. 150.

Die religiösen Sozialisten hingegen standen in der Auseinandersetzung um die Fürstenenteignung von Anfang an im Gegensatz
zu ihren protestantischen Landeskirchen, die in ihrer überwältigenden Mehrheit sich schützend vor die Fürsten und die bestehenden Eigentums- und Machtverhältnisse der Weimarer Republik gestellt hatten, „auf der Seite des kämpfenden Proletariats".[153]
Dies trug den sozialistischen Pfarrern, die öffentlich für den
Volksentscheid eintraten, von seiten ihrer vorgesetzten Kirchenbehörden, ihrer Amtskollegen und der sogenannten „kirchentreuen" Gemeinden massive Angriffe, Repressionen und Disziplinierungsmaßnahmen ein. Am Fall des mit seiner Kirchenleitung streitenden Pfarrers Eckert wurde der Konflikt der
gegen ihre deutsch-nationalen Landeskirchen kämpfenden
sozialistischen Pfarrer exemplarisch deutlich und zeigte auf,
welche Widerstände die religiösen Sozialisten zu überwinden
hatten, um sich als kleine politische Gruppe innerhalb der protestantischen Landeskirchen zu behaupten.
Innerhalb der Arbeiterbewegung verschaffte ihre ungeteilte
Unterstützung des Volksentscheids den religiösen Sozialisten
Anerkennung unter dem arbeitenden Volk und in der Sozialdemokratischen Partei, auch wenn das Mißtrauen gegen die
religiösen Sozialisten innerhalb der Partei und vor allem in der
KPD keineswegs abgebaut werden konnte.[154]
So schrieb die süddeutsche „Arbeiterzeitung" (KPD) am
21. April 1926 anläßlich der Arbeitstagung der süddeutschen
evangelischen Sozialisten am 10. und 11. April in Karlsruhe[155],
die krampfhaften Versuche, die gemacht würden, um eine
sozialistische Weltanschauung mit einer kirchlichen zu vereinigen, seien „zu dumm, als daß es wert wäre, näher darauf einzu-

---

[153] SAV 1926, Nr. 20, S. 112.
[154] E. Eckert, An das christliche werktätige Volk (Antwort auf den Aufruf
des 11. Essener Parteitags der KPD), SAV 1927, Nr. 13, S. 71 „Warum
bekämpft Ihr dann so maßlos die religiösen Sozialisten, die entschlossen als
Christen zum Kampfe der Arbeiterklasse stehen und die zugleich Front
machen gegen alle Versuche der christlichen Kirchen, die Befreiung der unterdrückten Massen zu hindern?"
[155] Vgl. Bericht in: SAV 1926, Nr. 16, S. 88.

gehen".[156] Die Bewegungen der religiösen Sozialisten seien „tatsächlich eine rein bürgerliche Angelegenheit".[157]

Dabei bestand die Kritik der „Arbeiterzeitung" hinsichtlich der vom ehemaligen sozialdemokratischen badischen Arbeitsminister Engler auf der Tagung gemachten Ausführungen über „Die Arbeiterschaft als organisches Glied der Volksgemeinschaft" durchaus zu Recht, nach denen die Kirchen alles tun müßten, um „die Klassengegensätze zu mildern", und es ist nicht zu bestreiten, daß bei der badischen Sozialdemokratie zweifellos revisionistische Motive bei ihrer Unterstützung der religiösen Sozialisten ausschlaggebend waren. Wenn aber die „Arbeiterzeitung" den Kirchen – in Übereinstimmung mit dem radikalen Flügel der religiösen Sozialisten – vorwarf, ein „gefährliches Machtinstrument in den Händen der herrschenden Klasse" zu sein, weil sie ihren Gliedern „eine Klassenharmonie vortäuschen, die in Wirklichkeit nur vor Gott, d. h. vor dem Nichts besteht", und weil sie die Arbeiter „mit der Vertröstung auf das Jenseits" „von den Verbesserungsversuchen des Diesseits abzuhalten"[158] versuche, so war dieser Vorwurf, sofern er als Begründung für die pauschale Ablehnung der religiösen Sozialisten verwandt wurde, in dieser Allgemeinheit sicher unzutreffend. Die religiösen Sozialisten, deren Wortführer in ihrer überwältigenden Mehrheit ungebrochen Front gegen die Kirchen und für den sozialdemokratisch-kommunistischen Volksentscheidungsantrag gemacht hatten, trugen im Gegenteil dazu bei, die Ideologie der Volksgemeinschaft und Klassenharmonie innerhalb der protestantischen „Volkskirchen" zu durchbrechen. Sie versuchten, die noch zu den Kirchen gehörenden Arbeiter zu mobilisieren für die Brechung jenes reaktionären Machtinstrumentes der Kirchen. Sie traten einer Umdeutung christlicher Gebote in eine „Klassenmoral der herrschenden Gesellschaftsschichten"[159] entgegen; sie wollten kämpfen für eine Verbesserung der menschlichen Verhältnisse. Allerdings wollten

---

[156] Süddeutsche „Arbeiterzeitung" vom 21. April 1926.
[157] Ebd.
[158] Ebd.
[159] Resolution der Tagung in Empfertshausen, in: Privatarchiv Eckert.

sie diesen Kampf im Sinne der überkommenen christlichen Lebensdeutungen führen. Nichts machte den Klassencharakter der innerkirchlichen Auseinandersetzungen um den Volksentscheid deutlicher als die antagonistische Interpretation des 7. Gebotes „Du sollst nicht stehlen". Während das Gebot von der Mehrheit des deutschen Protestantismus als Legitimation für ihren Feldzug gegen den Volksentscheid benutzt wurde, bedeutete es für die religiösen Sozialisten die religiöse Rechtfertigung ihres Kampfes für den Volksentscheid. Für die SPD mochte die Kritik an der Tatsache, „wie unendlich weit sich diese Sozialdemokraten (vom Typ Engler, F. M. B.) vom Klassenstandpunkt eines Karl Marx *entfernt* haben"[160], zutreffen. Für die religiösen Sozialisten, die sich 1926 im Bund der religiösen Sozialisten Deutschlands organisatorisch und politisch zusammenschlossen, galt für ihre überwiegende Mehrheit das Gegenteil, nämlich daß sie sich in langwierigen und widersprüchlichen Prozessen von den Illusionen einer Volksgemeinschaftsideologie entfernten und – in unterschiedlicher Deutlichkeit – sich der marxistischen Klassenkampftheorie *annäherten*. Bis zur Krise, in die der Bund durch Eckerts KPD-Übertritt im Oktober 1931 geriet, versuchten sie, nicht ohne Erfolg, danach zu handeln. Wenn der Vorsitzende der KPD, Ernst Thälmann, am 24. Februar 1926 vor dem Exekutivkomitee der Kommunistischen Internationale die wichtigsten Lehren aus der Volksbewegung für die entschädigungslose Enteignung der Fürsten zog und dabei auf die „Verstärkung der antimonarchistischen Strömung in Deutschland", auf die Verschärfung der „Gegensätze in der Bourgeoisie, in der Demokratischen Partei und in der Zentrumspartei", auf eine „gewisse Lockerung des Verhältnisses zwischen den bürgerlichen Parteien und der Sozialdemokratischen Partei", auf die Stärkung der „Klassengrundlage des Proletariats im allgemeinen" und schließlich auf die Verbesserung der „Anknüpfungspunkte in den Bauernkreisen" hinwies[161], die noch weit-

---

[160] Siehe Anm. 156.
[161] Ernst Thälmann, Die Kommunistische Internationale und die Kommunistische Partei Deutschlands. Aus der Rede am 24. Februar 1926, in: E. Thälmann, Reden und Aufsätze zur Geschichte der deutschen Arbeiterbewegung,

gehend dem kirchlichen Einfluß unterlagen, so hatte der Kampf der religiösen Sozialisten an der Seite von SPD und KPD für die entschädigungslose Enteignung der Fürsten daran einen nicht geringen Anteil.

Wenn also die religiösen Sozialisten bei den Sozialdemokraten, und zwar nicht nur in Süddeutschland[162], mehr Anerkennung fanden als bei den Kommunisten, so kann dies nicht dahingehend ausgelegt werden, daß die religiösen Sozialisten lediglich „Anhängsel" bzw. Verstärker der revisionistischen Tendenzen in der Sozialdemokratie zu diesem Zeitpunkt gewesen seien. Dagegen spricht sowohl die Tatsache, daß sich Pfarrer Eckert Ende 1925 bereits hinter den kommunistischen Reichstagsantrag gestellt hatte, bevor der sozialdemokratische Parteiausschuß sich am 19. Januar 1926 zu einem gemeinsamen Vorgehen mit der KPD in der Frage der Fürstenenteignung entschloß, als auch seine spätere, am 24. Oktober 1926 im „Sonntagsblatt des arbeitenden Volkes" veröffentlichte Ermahnung an die Adresse der SPD in Preußen, keiner Kompromißlösung zuzustimmen – bzw. durch Stimmenthaltung zu ermöglichen – die einer nachträglichen Durchsetzung der Fürstenansprüche gleichkomme. „Die sozialdemokratische Landtagsfraktion und die Partei ist vor eine Entscheidung gestellt, deren Schwierigkeit uns durchaus bewußt ist. Eine Stimmenenthaltung bedeutet, daß der Vergleich (der den Hohenzollern 15 Millionen Mark an Werten allein übereignen sollte) angenommen wird. Stimmen die Sozialdemokraten dagegen, so wird, sobald das vom Reichstag beschlossene Sperrgesetz fällt, die ordentliche Gerichtsbarkeit über die Entschädigung der Fürstenhäuser beschließen. Die bisherigen Erfahrungen sprechen dafür, daß die ehemaligen deutschen Fürsten die Entscheidungen der Gerichte *nicht* zu fürchten brauchen. *Trotzdem aber sagen wir, die SPD darf keiner Kompromißlösung zustimmen.*"[163] Obwohl die parlamentari-

Bd. I, S. 333 f. Hier zit. n.: Geschichte der deutschen Arbeiterbewegung, a. a. O., Bd. 4, S. 122.

[162] Siehe Eckerts Leitartikel im „Vorwärts" sowie der Abdruck der Erklärung im „Vorwärts".

[163] E. Eckert, Die Fürstenenteignung, in: SAV 1926, Nr. 43, S. 226, 24. Oktober 1926.

schen Kampfesmethoden der Kommunisten im preußischen Landtag nicht geeignet seien, die Schwierigkeiten überwinden zu helfen, hofften die religiösen Sozialisten, daß die ernsthaften Überlegungen der Sozialdemokraten nicht durch die persönlichen Angriffe gefährdet würden, sondern trotz dieser Anfeindungen dazu führten, sachlich dem einmal aufgestellten Grundsatz „Keinen Pfennig den Fürsten" treu zu bleiben und *gegen* den Vergleich zu stimmen. *„In der Sache müssen Sozialdemokraten und Kommunisten zusammengehen."*[164] Wenn sich nach dem Mißerfolg des Volksentscheids kein Weg zeige, die Fürstenabfindungsansprüche abzuwehren, so würden sie es trotzdem nie verstehen können, wenn der Parteivorstand der SPD und die Landtagsfraktion in Preußen Stimmenthaltung bei der Behandlung der Abfindung als den richtigen Weg ansehen sollten. „Für die religiösen Sozialisten war der Kampf um die Enteignung kein taktisches Manöver, das dazu dienen sollte, der kommunistischen Aktion den Wind aus den Segeln zu nehmen, sondern ein Kampf, den sie aus innerster Überzeugung als einen berechtigten und notwendigen mitgekämpft haben."[165]

Errangen die religiösen Sozialisten, die in der Periode der relativen Stabilisierung eher zum linken als zum rechten Flügel der SPD hin tendierten, durch ihr entschiedenes Auftreten für den Volksentscheid Achtung und Vertrauen innerhalb und außerhalb der sozialdemokratischen Partei, so bedeutete der Kampf an der Seite von SPD und KPD für die junge Bewegung selbst, daß das gemeinsame und organisierte Auftreten zahlreicher Wortführer der religiösen Sozialisten innerhalb und außerhalb ihrer Landeskirchen und die Zustimmung, die sie dabei fanden, sowie die

---

[164] Ebd.
[165] Ebd. Gegen den Widerstand der KPD und des linken Flügels der SPD schloß die von dem Sozialdemokraten Otto Braun geleitete preußische Regierung im Oktober 1926 einen Vergleich mit den Hohenzollern ab, durch den das ehemalige preußische Königshaus eine Barabfindung in Höhe von 15 Mill. RM und Werte in Höhe von 500 Mill. RM erhielt. Die sozialdemokratische Fraktion ermöglichte durch ihre Stimmenthaltung die Annahme dieser Vereinbarung mit den Hohenzollern im Preußischen Landtag. (Vgl. Geschichte der deutschen Arbeiterbewegung, a. a. O., S. 126.)

gegen sie gerichteten Repressionsmaßnahmen den organisatorischen Zusammenhalt der einzelnen, regional begrenzten Bewegungen festigten. Auf dem II. Meersburger Kongreß, der vom 1. bis 5. August 1926 tagte, wurde die Umwandlung der Arbeitsgemeinschaft der religiösen Sozialisten in den Bund der religiösen Sozialisten Deutschlands vollzogen.

Das Anwachsen der politisch-organisierten Kraft der Bewegung der religiösen Sozialisten schlug sich nieder in den Landessynodalwahlen, die 1926 im Zeichen des vorangegangenen Volksentscheids am 11. Juli in Baden, am 24. Oktober in Anhalt und am 14. November 1926 in Thüringen stattfanden. Sie brachten den Landesverbänden der religiösen Sozialisten insgesamt ca. 55 000 Stimmen ein und in Baden 8 von 57, in Anhalt 4 von 30 und in Thüringen 7 von 63 Abgeordneten. Damit stellten die religiösen Sozialisten insgesamt durchschnittlich 12% der Abgeordneten in den Kirchenparlamenten.

Besonders deutlich wird der Zusammenhang von religiös-sozialistischer Agitation und Kirchenwahlen, wenn die Einzelergebnisse untersucht werden. In Bernburg erzielten die religiösen Sozialisten, nachdem Pfarrer Heide, Bernburg, sich öffentlich für den Volksentscheid eingesetzt hatte, ca. 24% der abgegebenen Stimmen. Im badischen Hornberg mobilisierte der Konflikt zwischen dem Hornberger Kirchengemeinderat und der badischen Kirchenregierung einerseits und Pfarrer Eckert und der Sozialdemokratischen Ortsgruppe andererseits, der durch die Verweigerung des Kirchengebäudes für einen Gottesdienst Eckerts zum 1. Mai entstanden war, ca. 33% der abgegebenen Stimmen für die Liste der religiösen Sozialisten.[166]

Seinen programmatischen Niederschlag fand der Kampf der religiösen Sozialisten um die Fürstenenteignung in zwei Schriften Eckerts, dem Flugblatt „Was wollen die religiösen Sozialisten?"[167] vom Januar 1926 und in der gleichnamigen Bro-

---

[166] Vgl. Einzelergebnisse der Landessynodalwahl vom 11. Juli 1926, a. a. O., S. 4.
[167] E. Eckert, Was wollen die religiösen Sozialisten, in: SAV 1926, Nr. 4, S. 23 f.

schüre[168] vom Januar 1927. In dem Flugblatt schrieb Eckert rückblickend auf die Periode vor 1918: „Aber wo sollten damals die Sozialisten sich hinwenden? Die Kirche hatte die Sozialisten ausgespieen. Wer Sozialist war, konnte nicht Christ sein. *Christ sein* hieß Untertan sein, hieß Monarchist sein, hieß Nationalist sein, hieß mit der bestehenden Wirtschaftsordnung zufrieden sein, hieß sich unter das Elend beugen und auf das Jenseits hoffen, hieß Almosen geben und demütig empfangen, Glaubensbekenntnisse und Sätze lernen, hieß die Kirche als die Gemeinschaft der Heiligen mit Steuern unterstützen, obwohl sie die Sozialisten bekämpfte bis aufs Messer. *Sozialist sein* aber hieß Revolutionär sein, hieß Republikaner sein, hieß international sein, hieß eine neue Wirtschaftsordnung erkämpfen, hieß sich gegen das wirtschaftliche Elend wehren, hieß das Diesseits bezwingen, hieß gleiches Recht verlangen für alle, hieß nach einer neuen innersten Religiosität sich bemühen und die Kirche als die größte Feindin des kämpfenden Proletariats betrachten."[169] 1927 schrieb Eckert: „Christ sein heißt ‚Vorwärtsgetriebensein zur Hilfe und Liebe den anderen Menschen gegenüber'. Du sollst Gott deinen Herrn lieben und deinen Nächsten wie dich selbst, darin liegt praktisch die ganze Religion Jesu Christi."[170] Sozialist sein heiße, am Kampf des Proletariats für die Errichtung einer sozialistischen Wirtschafts- und Gesellschaftsordnung aktiv teilzunehmen. Die Einstellung der religiösen Sozialisten in allen einzelnen Kampfabschnitten aber werde „antimonarchistisch, antikapitalistisch, antimilitaristisch, antinationalistisch"[171] sein. In der Beteiligung am Kampf für den Volksentscheid über die entschädigungslose Enteignung der Fürsten bewiesen die religiösen Sozialisten, daß sie „fromme Menschen" und „zuverlässige und opferbereite Genossen" zugleich waren.

---

[168] E. Eckert, Was wollen die religiösen Sozialisten, Nr. 1 der Schriftenreihe des Bundes, erschienen im Januar 1927.
[169] Siehe Anm. 167, Nr. 4, S. 23.
[170] Siehe Anm. 168, S. 11.
[171] Ebd., S. 12.

146

4.3 Die Stellung des Bundes der religiösen Sozialisten zum Bau des Panzerkreuzers und zum Wehrprogramm der SPD (1928/29)

4.3.1 Historisch-politischer Hintergrund

Nachdem eine Mehrheit des 1924 gewählten Reichstages den Bau des Panzerkreuzers A bewilligt hatte, erfolgte der Widerspruch der sozialdemokratisch geführten Preußenregierung im Reichsrat, allerdings „nicht mit Grundsätzen, sondern nur mit Argumenten aus der augenblicklich ungünstigen finanziellen Lage".[172] Der Wahlkampf zu den Reichstagswahlen am 20. Mai 1928 wurde von der SPD dann mit einem grundsätzlichen Angriff auf den Baubeschluß unter der Losung „Kinderspeisung statt Panzerkreuzer" gegen die „Herrschaft des Bürgerblocks" geführt.[173] Dank dieser Wahlagitation und der Fernwirkung der Einheitsfrontpolitik in der Frage der Fürstenenteignung errang die SPD am 20. Mai 1928 einen bedeutenden Wahlerfolg. Die Zahl ihrer Wähler stieg von 7,9 auf 9,2 Millionen, die KPD vergrößerte ihren Stimmenanteil um 500 000 auf 3,3 Millionen Stimmen, während die DNVP 1,8 Millionen Wähler verlor. Am 28. Juni kam nach langwierigen Koalitionsverhandlungen eine Regierung der Großen Koalition mit dem Sozialdemokraten Hermann Müller als Kanzler trotz des Wi-

---

[172] K. Thieme, Zur politischen Lage, in: ZRS 1/1929, S. 64.

[173] Vgl. hierzu das vom SPD-Vorstand offiziell herausgegebene Referentenmaterial zur Reichstagswahl, in dem es hieß, „der Panzerkreuzer wäre eine ‚Luxusausgabe', höchstens geeignet, die Aufstiegsmöglichkeiten für die höheren Marineoffiziere zu bessern". Trotzdem habe der Bürgerblock das Panzerschiff bewilligt. „Die Forderungen der Sozialdemokratie, statt dessen die Mittel für soziale Zwecke zu erhöhen (Kinderspeisungen!), hat der Bürgerblock abgelehnt." Durch die aufschiebende Wirkung des Preußen-Einspruchs im Reichsrat sei Zeit gewonnen worden, um „zu verhindern, daß solche Riesenbeträge für militärische Zwecke verausgabt werden, während für soziale Zwecke kein Geld vorhanden ist. Die Sozialdemokratie fordert, daß auch bei den Heeresausgaben Rücksicht auf die Not der breiten Masse genommen wird". Wie begrenzt der grundsätzliche Angriff der SPD im Wahlkampf gegen die vom Bürgerblock gewünschte Aufrüstung war, machen allerdings auch folgende Sätze im Referentenmaterial deutlich: „Die Reichswehrpolitik der Sozialdemokratie ist kein Kampf gegen die Reichswehr" und „Erst Brot, dann Kriegsschiffe", zit. n.: SAV 1928, Nr. 39, S. 220.

derspruchs linker Sozialdemokraten und gegen den Widerstand der KPD, die sich gegen eine Koalition der SPD mit den bürgerlichen Parteien aussprach, zustande. Noch Anfang August wurde in dem den Funktionären und Agitatoren der SPD zugegangenen Material über die Regierungsbildung betont, daß diese zunächst gescheitert sei an den „ausgesprochenen Klassenforderungen der Deutschen Volkspartei".[174] Unter diesen „Klassenforderungen der Volkspartei" stand: 4. Unbedingter Bau des Panzerkreuzers. Die SPD lehnte in diesem Referentenmaterial den Panzerkreuzer mit folgenden Worten ab: „Der Bau des Panzerkreuzers A ist nicht gerechtfertigt, noch dazu in einer Zeit, in der für die dringendsten sozialen Aufgaben die Mittel fehlen."[175]

4.3.2 Die Auseinandersetzung zwischen dem Bund und der SPD

In Übereinstimmung mit der von der SPD bis dahin eingenommenen Position verabschiedete der 4. Kongreß des Bundes der religiösen Sozialisten, der vom 1. bis 5. August 1928 in Mannheim stattfand, eine Resolution, in der einstimmig gegen den Panzerkreuzerbau protestiert wurde. Es sei nicht nur „ein Gebot christlicher Friedensbereitschaft"[176], sondern auch „eine selbständige Forderung sozialistischer Versöhnungspolitik in allen Ländern, Kriegsaufrüstung zu verhindern".[177] Die religiösen Sozialisten erklärten, daß sie unmöglich „zu dieser Verwendung öffentlicher Mittel für militärische Mittel" schweigen könnten. Der Bund sprach die „Hoffnung und Erwartung" aus, daß es der SPD gelingen möge, „die Absichten der bürgerlich-kapitalistischen Gruppen, Kriegswerkzeuge zu bauen, unmöglich zu machen".[178] Trotzdem geschah, was die religiösen Sozialisten unter allen Umständen durch den Einfluß der sozialdemokrati-

---

[174] Zit. n.: SAV 1928, Nr. 39, S. 220.
[175] Ebd.
[176] Entschließung gegen die Panzerkreuzer, in: SAV 1928, Nr. 33, S. 175.
[177] Ebd.
[178] Ebd.

schen Minister und der starken sozialdemokratischen Reichstagsfraktion verhindert sehen wollten. Am 10. August 1928 gaben die Hermann-Müller-Regierung und in ihr die sozialdemokratischen Minister ihre Zustimmung zur ersten Rate für den mit insgesamt 80 Millionen RM veranschlagten Bau des Panzerkreuzers A. Diese plötzliche Wende der SPD-Führung löste bei großen Teilen ihrer Anhängerschaft und der KPD einen Sturm der Entrüstung aus. Die „Zeitschrift für Religion und Sozialismus" registrierte Anfang 1929 eine „Empörung, die in den breiten Massen losbrach"[179] und wertete diese als „das wichtigste politische Ereignis"[180] der vergangenen Monate. Nach der Einwilligung der vier sozialdemokratischen Kabinettsmitglieder in den Panzerkreuzerbau schrieb Eckert am 26. August 1928 im „Sonntagsblatt des arbeitenden Volkes": „... es ist uns unverständlich, daß auf diese Art und Weise mit dem Vertrauen der arbeitenden Bevölkerung zu einem sozialistisch geführten Kabinett gespielt wird ... Es ist für uns Genossen, die wir während des Wahlkampfes ehrlich und aus vollster Überzeugung gegen diese kriegerischen Spielzeuge der Bürgerfront Sturm gelaufen haben, bitter, eine derartige Enttäuschung erleben zu müssen ... Wir sind der Ansicht, daß eine Politik unter sozialistischer Führung nie und nimmer gegen die Interessen der arbeitenden Bevölkerung sich auswirken darf, mögen noch so sehr der Koalition gefährliche Situationen entstehen."[181]

Die Auseinandersetzung um den Bau des Panzerkreuzers war nach Eckert die erste große Gelegenheit, bei der auch bei denjenigen religiösen Sozialisten, die den Eintritt der SPD in die Koalitionsregierung für unvermeidbar gehalten hatten, große Zweifel an der Richtigkeit der Entscheidung zugunsten der großen Koalition laut wurden.

---

[179] K. Thieme, Zur politischen Lage, in: ZRS 1/1929, S. 64. Vgl. hierzu den Brief von F. Fried, M. d. L., an Eckert vom 25. September 1928, in dem es hieß, daß „in der Partei eine sehr starke antimilitaristische Strömung und ein sehr starker Antikriegswille" herrsche.
[180] Ebd.
[181] E. Eckert, Panzerkreuzer A, in: SAV 1928, Nr. 35, S. 191.

Eckert machte sich zum Sprecher derjenigen, die von Anfang an gegen die Beteiligung der SPD an der Regierung eingetreten waren: „Es ist sehr die Frage, ob nicht diejenigen unter uns recht gehabt haben, die nur unter ganz bestimmten Kautelen eine Beteiligung der Sozialisten an der Regierung wollten oder aber eine Oppositionsstellung außerhalb jeder anderen Regierung für das richtige hielten ... Wir wollen sehr hoffen, daß solche Belastungsproben dem Kabinett Müller erspart bleiben, sonst müßten wir wünschen, es gäbe kein solches Kabinett."[182]

Er bedauerte, daß die Resolution des 4. Kongresses nach der Zustimmung der sozialdemokratischen Minister nun als „Scheinmanöver" erscheine, aber die religiösen Sozialisten hätten so wenig wie die meisten anderen Sozialisten geglaubt, „daß an den schon damals kursierenden Gerüchten etwas wahr sein sollte, daß der Panzerkreuzerbau schon beschlossene Sache war".[183]

Unter dem Druck der Parteimitglieder rückte zwar der Parteivorstand am 15. August von den Ministern ab; eine Revision der Kabinettsentscheidung oder gar der Austritt aus der Regierung wurden nicht vollzogen. Obwohl in der Parteipresse versucht wurde, die Entscheidung der sozialdemokratischen Minister damit zu rechtfertigen, daß der Panzerkreuzer „ein Erbe des Bürgerblocks" und die Kabinettsentscheidung „eben notwendig" sei, und obwohl die Regierung am 27. August dem Briand-Kellog-Pakt beitrat, der den Krieg als Mittel zur Lösung internationaler Streitfragen verurteilte[184], stellte Eckert in der Ausgabe des „Sonntagsblatt des arbeitenden Volkes" vom 16. September ausdrücklich fest, „daß alle religiösen Sozialisten mit größter Energie in den zuständigen Parteiorganisationen gegen den Bau der Panzerkreuzer Stellung nehmen müssen".[185]

[182] Ebd.
[183] Ebd.
[184] Am 9. September verzeichnete Eckert in der Rubrik „Die Woche" die Tatsache, daß die Sowjetregierung am 29. August „trotz schwerster Bedenken wegen des Abrüstungsaufschubs" dem Kellogpakt beigetreten sei, mit Befriedigung, da somit die „Gefahr, daß er sich als antikommunistische Blockbildung auswirkt", beseitigt sein dürfte. In: SAV 1928, Nr. 37, S. 208.
[185] E. Eckert, Panzerkreuzer-Protest-Volksentscheid, in: SAV 1928, Nr. 38, S. 216.

„Sollte die SPD auch fernerhin mit allen möglichen Gründen die Revision der Panzerkreuzergenehmigung hintertreiben oder ihr aus dem Wege gehen, dann müssen *wir religiösen Sozialisten mit allen entschiedenen Sozialisten und Kommunisten* den Volksentscheid fordern."[186]

Als daraufhin im Karlsruher „Volksfreund", dem SPD-Partei-blatt unter dem Titel „Mangel an Disziplin" ein Artikel erschien, der Eckert „bedenklichen Mangel an Disziplin und parteigenössischer Solidarität"[187] vorwarf und von einer „die Partei verdächtigenden und einer bewußt unwahren Behauptung gegen die Partei"[188] sprach, setzte sich Eckert in einem ausführlichen Gegenartikel mit den Vorwürfen auseinander und beharrte auf seiner Kritik am Parteivorstand. Zwei Mittel wären der SPD geblieben, um die Revision zu erzwingen oder doch wenigstens dem Protest gegen den Bau Nachdruck zu verleihen. „Entweder mußte eine Regierungskrise dadurch herbeigeführt werden, oder aber es mußte sofort durch den Reichstag, und wenn das nicht möglich war, durch *einen Aufruf an das werktätige Volk zum Volksentscheid* die Ehre der Partei wieder hergestellt werden."[189] Nichts dergleichen sei geschehen. Nachdem die KPD zum Volksentscheid aufgerufen habe, mache die SPD statt dessen die Bemühungen der KPD lächerlich, indem sie die „juristische Unmöglichkeit" eines Volksentscheides feststelle und behaupte, die KPD mache aus der Panzerkreuzerangelegenheit nur eine Kampagne gegen die SPD. „Ganze Seiten der Parteipresse wurden vollgedruckt mit Artikeln gegen die ‚Heuchelei der Kommunisten', die gegen den deutschen Panzerkreuzer zum Volksentscheid aufriefen und zugleich Propaganda machten für die rote Flotte der Sowjetmacht!! Es dürfte wohl auch den Redakteuren unserer Parteipresse klar sein, daß es ein Riesenunterschied ist, ob man als Sozialist in der kapitalistisch orientierten deutschen Republik für einen Panzerkreuzer stimmt und

[186] Ebd.
[187] Zit. n.: E. Eckert, Panzerkreuzer-Protest-Volksentscheid, in: SAV 1928, Nr. 39, S. 220.
[188] Ebd.
[189] Ebd.

dessen Bau zuläßt, oder ob Sowjetrußland zur Verteidigung der proletarischen Ordnung, sie mag so gut oder schlecht sein wie sie will, sich gegen die internationale kapitalistische Front eine Schutzwehr aufbaut. Die Stärkung unserer Reichswehr und Marine kann in *dieser* Republik des liberalen Bürgertums gar keinen anderen praktischen Wert haben als den, ein Machtmittel zu schaffen, durch das ‚Ruhe und Ordnung' aufrecht erhalten wird, durch das eine friedliche Neuorientierung der Gesellschaft im sozialistischen Sinne ungeheuer erschwert wird. Es wäre eine ganz andere Sache, wenn wir in einer sozialistischen Republik wären, wenn unsere Minister nicht das ‚Erbe des Bürgerblocks' durchführen müßten!"[190]

Der von Eckert im „Sonntagsblatt des arbeitenden Volkes" artikulierte Widerstand religiöser Sozialisten gegen die Politik des Parteivorstands und der sozialdemokratisch geführten Koalitionsregierung erlahmte jedoch, als am 12. September der Beschluß des SPD-Parteiausschusses bekannt wurde, der sich entgegen den Kabinettsbeschlüssen seiner eigenen Minister einstimmig gegen den Bau des Panzerkreuzers aussprach, zugleich jedoch den von der KPD eingeleiteten Volksentscheid ablehnte, da die Kommunisten in ihm nur eine Gelegenheit erblickten, „die Sozialdemokratische Partei zu verleumden und zu beschimpfen".[191] Im übrigen verschob der Parteiausschuß die grundsätzliche Stellungnahme zur Wehrfrage auf einen Sonderparteitag, der durch die Einsetzung einer Programmkommission vorbereitet werden sollte.

Zwar weigerte sich Eckert als Schriftleiter des „Sonntagsblatt des arbeitenden Volkes" grundsätzlich, „eine Parole der SPD vom Bund der religiösen Sozialisten aus für verbindlich"[192] zu erklären, da der Bund „nicht ein Anhängsel der SPD"[193] sei. Zwar plädierte er für die individuelle und gewissensmäßig gebundene Teilnahme religiöser Sozialisten am KPD-Volksbegehren und erwartete, daß die SPD, „die Partei, der ich seit

---

[190] Ebd., S. 220 f.
[191] Zit. n.: SAV 1928, Nr. 39, S. 221.
[192] Ebd.
[193] Ebd.

über 16 Jahren in aller Begeisterung und Hingabe diene"[194], von ihm, wenn er sich am Volksbegehren beteilige, nicht den „Kadavergehorsam" verlangen werde, den sie sonst so scharf bekämpfe. Zwar bedauerte er den Beschluß des Parteiausschusses und war nach wie vor überzeugt, daß es bei dem Volksentscheid nicht nur darum ging, künftige Panzerkreuzerbauten zu verhindern. „Vielleicht ist es bei der Spießigkeit und Gleichgültigkeit des Kleinbürgertums und der Regiekunst der bürgerlichen Parteien wirklich aussichtslos, das Geschehene durch eine solche Volksaktion zu revidieren ... Es wäre aber, wenn die SPD, die große verantwortliche Arbeiterpartei, die Initiative ergriffen hätte, eine großartige Gelegenheit gewesen, das Volk aufzurütteln, aufzureißen aus seiner Gleichgültigkeit – eine unerhörte Propaganda zu machen für den Frieden, gegen nationale Rüstungen und Kriegsvorbereitungen! Das wäre um so wichtiger gewesen in einer Zeit, in der ein Briand, der sonst der ‚Friedensfreund‘ genannt wird, in Genf in aller Deutlichkeit von einem kommenden ‚sozialen Krieg‘ spricht, auf den man gerüstet sein müsse – also von einem Krieg, der von der kapitalistischen Front geführt werden müsse gegen die proletarischen Rüstungen unter der Führung Sowjetrußlands."[195]

Trotz all dieser Einschränkungen und kritischen Abgrenzungen gegenüber dem SPD-Parteiausschuß erklärte Eckert jedoch, daß „der Bund der religiösen Sozialisten als solcher" nach der einmütigen Beschlußfassung des Parteiausschusses keine „Veranlassung" mehr habe, sich als Bund für das Volksbegehren einzusetzen. Als eine KPD-Sektion sich durch ein „provisorisches Komitee zur Vorbereitung des Volksentscheides gegen die Panzerkreuzer" mit einem Schreiben an den Bund wandte, das darauf abhob, daß der Bund sich auch am Volksentscheid zur Enteignung der Fürstenvermögen beteiligt habe und davon überzeugt war, daß die religiösen Sozialisten „auch bei der Durchführung des von der KP beantragten Volksentscheides, der sich gegen die Vorbereitung eines neuen imperialistischen Krieges

[194] Ebd.
[195] Ebd.

153

richtet, ihre Unterstützung gewähren[196], lehnte Eckert eine Beteiligung des Bundes ab. Die Einladung des Landesausschusses Baden für Volksentscheid gegen Panzerkreuzerbau und Kriegsgefahr[197] an den Bund der religiösen Sozialisten wies er mit der Begründung zurück, daß nach der von ihm persönlich bedauerten Lage der Dinge „die Aktion des Volksentscheids nunmehr eine Angelegenheit der KPD" sei und der Bundesvorsitzende keine Parole ausgeben könne, „die im Widerspruch mit dem für viele SPD-Genossen bindenden Beschluß des Parteiausschusses steht".[198] Gleichwohl werde er sich persönlich in die Listen des Volksbegehrens eintragen, „weil mich mein Gewissen dazu zwingt".[199]

4.3.3 Die Meinungsverschiedenheiten innerhalb des Bundes

Die von Eckert als Schriftleiter des „Sonntagsblatt des arbeitenden Volkes" und als Bundesvorsitzender eingenommene Haltung in der Frage des Panzerkreuzerbaubeschlusses der Hermann-Müller-Regierung war innerhalb des Bundes umstritten, wobei ihm von links Inkonsequenz und von rechts mangelnde Loyalität gegenüber der SPD vorgeworfen wurde. Die Linken waren von seinem vollzogenen Umschwung in der Frage der Einstellung des Bundes „bitter enttäuscht"[200] und kritisierten ihn, weil er dem „gesinnungslosen Umschwung"[201] der Par-

---

[196] Zit. n.: E. Eckert, Die Stellung der KPD zu den religiösen Sozialisten, in: SAV 1928, Nr. 40, S. 229.
[197] C. Schlitzer, Landesausschuß Baden für Volksentscheid gegen Panzerkreuzerbau und Kriegsgefahr an den Bund der religiösen Sozialisten vom 26. September 1928, Privatarchiv Eckert.
[198] Geschäftsstelle des Bundes der religiösen Sozialisten Deutschlands, Pfarrer Eckert an den Landesausschuß Baden für Volksentscheid gegen Panzerkreuzerbau und Kriegsgefahr vom 27. September 1928, Privatarchiv Eckert.
[199] Ebd.
[200] F. Schloß, Bruchsal, an Eckert vom 28. September 1928, Privatarchiv Eckert. „Nun blasen also auch Sie wieder ab und tun den berühmten Canossagang, indem Sie die Partei über unsere Sache stellen."
[201] Ebd.

tei Folge geleistet habe. Auf dieser Seite wurde sein Umschwung nicht verstanden, da er erst „die Kommunisten gegenüber der SPD verteidigt"[202] habe und dann erkläre, daß der Bund als solcher sich nicht für eine nach Lage der Dinge rein kommunistische Aktion einsetzen könne. „Sie sind genau so umgefallen, wie die vier Minister der SPD"[203], schrieb Fritz Schloß an Eckert und verbat sich energisch, „daß nun auch der Bund mit einem Befehl herauskommt, daß wir als Ortsgruppen uns nicht offiziell am Volksbegehren beteiligen".[204] „Das halten wir so, wie es uns unser Gewissen, unsere Überzeugung sagt."[205] Wenn der Bund tatsächlich so weit gekommen sei, daß er sein christliches Ziel bei Forderungen der Partei verleugne, weil er vielleicht Anhänger verlieren könnte, dann habe der Bund überhaupt den „Weg des Sichselbstaufgebens"[206] beschritten. „Und wenn die ganze Partei wie eine Meute über uns herfallen sollte, dann möge sie es tun, aber unser Weg muß geradlinig auf unser Ziel, das immer Christus ist, laufen."[207] Es wäre ein „direkter Verrat", wenn der Bund als solcher bei allen Gewissensnöten im einzelnen nicht wieder den „allein richtigen Standpunkt"[208] einnehme und sich am Volksbegehren der Kommunisten beteilige.

Auf der anderen Seite beschwerte sich der preußische Landtagsabgeordnete Fritz Fried, der Mitglied des Bundes der religiösen Sozialisten in Westfalen war, in einem Brief an Eckert über den „so starken und unberechtigten Vorwurf gegen die Partei"[209], wie dieser ihn im „Sonntagsblatt des arbeitenden Volkes" erhoben habe. Das Volksbegehren sei „ein schändlicher Parteibetrug der Arbeiterklasse durch die Kommunisten"[210], die „un-

[202] Ebd.
[203] Ebd.
[204] Ebd.
[205] Ebd.
[206] F. Schloß an Eckert vom 2. Oktober 1928, Privatarchiv Eckert.
[207] Ebd.
[208] Ebd.
[209] F. Fried, Siegen, an Eckert vom 25. September 1928, Privatarchiv Eckert.
[210] Ebd.

sere Todfeinde"[211] seien. Er lehnte es deshalb entschieden ab, daß „unsere Bewegung in die Gefolgschaft der Kommunisten gebracht werden soll".[212] Fried machte sich zum Sprecher der mit Eckerts Bundesleitung unzufriedenen SPD-Anhänger und drohte mit der Trennung vom Bund der religiösen Sozialisten, falls die „Unfreundlichkeit der Bundesleitung gegen die einzige Partei, die unserm Bund ihr Wohlwollen offen bekundet, beibehalten werden"[213] sollte.

Ähnliche Reaktionen löste Eckerts Einstellung zum Volksbegehren auf seiten des badischen SPD-Landesvorstandes aus, so daß der SPD-Landesvorsitzende Reinbold den Auftrag erhielt, Eckert zu einer „persönlichen Aussprache auf das Landessekretariat"[214] zu bitten.

Eine schwankende Haltung nahm der badische Landesvorsitzende des Bundes, Dietrich, ein, wenn er einerseits Eckerts Position billigte und ihn gegenüber dem Karlsruher SPD-Vorstand verteidigte, ihm andererseits aber „Zickzackpolitik"[215] vorwarf. Die Folge dieser Politik würde sein, daß der Bund „es nun mit beiden Ansichten verdorben"[216] habe. Darüber hinaus warf Dietrich ihm vor, „ohne Fühlungnahme mit dem Vorstand"[217] gehandelt zu haben. Eckert sei als Schriftleiter „nur das Sprachrohr des Gesamtbundes"[218] und solche Fühlungslosigkeit könne „in der Zukunft zu schwersten Konflikten führen".[219] Dietrich wies ferner auf die Abhängigkeit des „Sonntagsblatt des arbeitenden Volkes" hin, da das Bundesorgan gegen seinen Willen in einer sozialdemokratischen Druckerei gedruckt werde und bekannte, daß er mit Rücksicht auf die Parteiführer, die gegen die im „Sonntagsblatt" eingeschlagene Linie seien, „einige Spitzen" in Eckerts Artikel, „die gegen die

[211] Ebd.
[212] Ebd.
[213] Ebd.
[214] Reinbold, SPD-Landesvorsitzender Baden an Eckert vom 4. Oktober 1928, Privatarchiv Eckert.
[215] Dietrich an Eckert vom 1. Oktober 1928, Privatarchiv Eckert.
[216] Ebd.
[217] Ebd.
[218] Ebd.
[219] Ebd.

SPD sich richten, gestrichen"[220] habe, „um dem Schöpflin seine Position zu erschweren".[221]

4.3.4 Grundsätzliche Stellungnahmen zum Wehrprogramm (1929)

Was hier intern an politischen Gegensätzlichkeiten ausgetragen wurde, wurde anläßlich der innerparteilichen Diskussion über das von der Programmkommission Dittmann-Mayr vorgelegte Wehrprogramm, das auf dem Sonderparteitag verabschiedet werden sollte, in der seit dem Jahre 1929 existierenden „Zeitschrift für Religion und Sozialismus" offen und grundsätzlich diskutiert. An dieser Debatte beteiligten sich Eckert, Leonhard Ragaz, der Wortführer der Schweizer religiösen Sozialisten und Vorsitzende des Internationalen Bundes der religiösen Sozialisten, sowie Professor Georg Wünsch als Herausgeber der „Zeitschrift für Religion und Sozialismus". Die Beiträge standen insgesamt stellvertretend für die unterschiedlichen Positionen innerhalb des Bundes der religiösen Sozialisten. Während Eckert den Standpunkt der „Linken Opposition" innerhalb der SPD teilte, daß nur die proletarische Klasse als solche ein Verteidigungsrecht habe, nicht der Staat, und daß folglich die Selbst-

---

[220] Dietrich an Eckert vom 23. September 1928, Privatarchiv Eckert.

[221] Ebd. Georg Johann Schöpflin, geb. 1869 als Sohn eines Gebirgsbauern in Titisee/Schwarzwald, 1875–1883 Besuch der Volksschule, 1883–1885 Bürstenmacherlehre, 1885–1889 Wanderschaft durch Frankreich, Italien, Österreich und die Schweiz, 1889–1891 Militärdienst, 1891 Eintritt in die Sozialdemokratische Partei und den Deutschen Holzarbeiter-Verband, 1895 Volontär in der Redaktion des „Vorwärts", 1895–1897 Chefredakteur der Märkischen Volksstimme in Frankfurt/Oder, 1897 Redakteur der „Volksstimme" in Burgstädt, Teilnahme an den sozialdemokratischen Parteitagen 1896, 1898, 1900, 1902–1906 und 1908–1917, 1903–1906 und 1909–1918 Mitglied des Reichstages, 1919 als Militärgouverneur von Berlin an der Niederschlagung der revolutionären Arbeiter beteiligt, 1919/1920 Mitglied der Nationalversammlung, 1920–1932 des Reichstages, 1919–1933 Chefredakteur des „Volksfreundes" in Karlsruhe, 1946 Teilnahme am 40. Parteitag der SPD und am Vereinigungsparteitag von KPD und SPD sowie am II. Parteitag der SED 1947, Mitglied des Deutschen Volksrates, später der Volkskammer der DDR, Mitglied und Alterspräsident des brandenburgischen Landtages und Abgeordneter des Kreistages Fürstenwalde. Kurzbiografie in: Biografisches Lexikon, Geschichte der deutschen Arbeiterbewegung, Berlin (DDR) 1970, S. 408 f.

verteidigung des Sowjetstaates als eines proletarischen zu bejahen, die der deutschen Republik als eines bürgerlichen Staates zu verneinen sei[222], bezog Ragaz eine radikal-pazifistisch-antikapitalistische Position. Wünsch reproduzierte die in der SPD herrschende revisionistische Richtung, die Eckert mit der Parole jener Sozialdemokraten kennzeichnete, die sagten: „Wer zum Staate ja sagt, der muß ihm auch die Machtmittel geben zu seiner Erhaltung."[223]

4.3.4.1 Erwin Eckert

Eckerts Beitrag unterschied sich von den folgenden dadurch, daß es ihm um einen grundsätzlichen Eingriff in die innerparteiliche Diskussion ging und nicht bloß um die Klärung einer spezifisch religiös-sozialistischen Position zum Wehrprogramm. Seine Analyse der innerparteilichen Diskussion ging dabei davon aus, daß es in der SPD drei unterschiedlich starke Ansichtsgruppen zur Wehrfrage gebe. Die eine, bei weitem nicht die stärkste Gruppe, unterstütze mehr oder weniger deutlich den Kommissionsentwurf. Die Funktion dieser Kommission sei es gewesen, daß zunächst nur die wegen der zwiespältigen Haltung einzelner Parteiführer in der Panzerkreuzerfrage „erregte Stimmung der sozialistischen Wählermassen besänftigt werden sollte".[224] Zwischen der Stellung der bürgerlichen Demokraten und dem SPD-Kommissionsentwurf[225] sah Eckert keinen großen Unterschied. „Hier wie dort eine grundsätzliche Bejahung der Wehrmacht, nur mit etwas anderen Worten."[226]
Die weitaus stärkste Gruppe lehne sich mehr oder minder an den Gegenentwurf der oppositionellen Strömungen in der Partei, der im „Klassenkampf", der theoretischen Zeitschrift des Kreises Levi, Seydewitz, Ströbel, Rosenfeld usw. veröffentlicht

---

[222] K. Thieme, Zur politischen Lage, in: ZRS 2/1929, S. 45 f.
[223] E. Eckert, Um die deutsche Wehrmacht. Ein Wort zum Wehrprogramm der Sozialdemokratischen Partei Deutschlands, in: ZRS 2/1929, S. 21.
[224] Ebd., S. 17.
[225] Ebd., S. 18 f.
[226] Ebd., S. 16.

wurde.[227] Zu dieser Gruppe gehörten Leipzig, durch einen Eventualantrag Berlin, Plauen, Chemnitz, Kaiserslautern, Oppau, Bochum, M. Gladbach, Karlsruhe[228], Darmstadt, Düsseldorf, Küstrin, Köslin und viele kleinere Parteiorganisationen. Diese Gruppe der Parteiorganisationen, „die der gegenwärtigen Reichswehr die Berechtigung abspricht und einen systematischen Abbau der Wehrmacht fordert"[229], scheine die weitaus stärkste Gruppe innerhalb der SPD zu sein und betone „mit Recht vor allem den klassenmäßig gebundenen Standpunkt der SPD".[230] Die dritte Gruppe schließlich wolle trotz der Rüstungsbeschränkungen durch den Vertrag von Versailles „ein

---

[227] Ebd., S. 19–21.

[228] An der Willensbildung der Karlsruher Parteiorganisation hatte auch Kappes Anteil. Nach dem Bericht des Karlsruher „Volksfreund" sagte er in einer Aussprache über Wehrproblem und Sozialdemokratie, „daß die Sozialdemokratisierung der Reichswehr wenig Erfolg gezeitigt habe. Da wir einen bürgerlichen Staat hätten, sei schärfstes Mißtrauen zur Reichswehr erforderlich, denn man müsse auch bedenken, daß gerade die hauptsächlichsten Mittel, welche eine Macht darstellen, in Händen der Bürgerlichen seien. Wir müßten für die Beseitigung der Wehrmacht eintreten."
Der von Kappes miteingebrachte Resolutionsantrag wurde angenommen und hatte folgenden Wortlaut: „Es ist die Aufgabe der internationalen Arbeiterklasse, mit allen Mitteln den Krieg zu verhindern. Deshalb lehnt die SPD Karlsruhe jedes Wehrprogramm ab, das sich für eine Wehrhaftmachung der deutschen Republik ausspricht. Dementsprechend fordern wir von der sozialdemokratischen Fraktion des deutschen Reichstages, daß sie eintritt 1. für die Aufhebung des Reichswehrministeriums, 2. für den Abbau der Reichsmarine, 3. für eine wesentliche Verringerung der Reichswehr und ihre Umwandlung in eine, der politischen Verwaltungsbehörde unterstellte Grenzpolizeitruppe." Zit. n.: „Volksfreund" vom 17. Januar 1929, Nr. 14, S. 8.
Nach einer Diskussion zwischen dem Chefredakteur des „Volksfreund" und Reichstagsabgeordneten (Mittelbaden) Schöpflin und dem Reichstagsabgeordneten Dr. Paul Levi (Klassenkampfgruppe) nahm die Vertreterversammlung der sozialdemokratischen Organisation Mittelbadens, zu der nahezu 70 Ortsvereine Delegierte entsandt hatten, folgende Resolution zur Wehrfrage an: „Die Kreiskonferenz des 3. badischen Agitationsbezirks lehnt die vorliegenden Richtlinien zu einem Wehrprogramm ab, sie hält es nicht für die Aufgabe der SPD, sich programmatisch für die Aufrechterhaltung einer Wehrmacht auszusprechen; die Partei hat vielmehr die Aufgabe, in aller Entschiedenheit gegen jede Form der Rüstung zu kämpfen. Deshalb ist auch im Rahmen der praktischen Politik jeder Abbau der Reichswehr zu fördern." Zit. n.: „Volksfreund" vom 11. Februar 1929, Nr. 35, S. 4.

[229] E. Eckert, Um die deutsche Wehrmacht, a. a. O., S. 19.

[230] Ebd.

Achtung gebietendes Heer der deutschen Republik".[231] Es war Eckert nicht ersichtlich, wodurch sich diese Parteigenossen von den bürgerlichen Befürwortern der Wehrmacht unterschieden. „... die Phraseologie von der ,Verteidigung der Republik', die ,sozial' gemacht werden soll, macht wirklich keinen Unterschied".[232]

Er selbst teilte die Stellung der linken Opposition und sah in dieser Stellungnahme, „die nicht davon spricht, daß Gott den Frieden zwischen den Völkern verlange, und daß es ein sittliches Gebot sei, den Krieg unmöglich zu machen"[233], aufs neue bestätigt, daß die sozialistische Partei sich praktisch für die religiös begründete Forderung des Christentums, für den Frieden auf Erden, entschlossen einsetze, und begründete diese Überzeugung mit dem Satz: „Das Interesse der Arbeiterklasse ist das Interesse der Menschheit."[234] Sein eigener Programmentwurf zur Wehrfrage verzichtete daher auch bewußt auf religiöse Formulierungen.

Ähnlich wie der Entwurf der linken Opposition sah er es als die Aufgabe der SPD an, „schon jetzt"[235] darauf bedacht zu sein, „der durch die bürgerlichen Parteien maßgebend beeinflußten deutschen Republik die Mittel zu einer eventuellen Kriegsbeteiligung zu nehmen".[236] Die SPD handele damit im „wohlverstandenen Interesse der Arbeiterklasse, die von jedem imperialistischen Krieg nur Nachteile und Schwächung zu erwarten hätte".[237] Ausgehend von der realen Situation, die durch die Verpflichtung des Vertrages von Versailles nach Entmilitarisierung, „durch die sich überstürzende, mechanische, chemische, bakteriologische Methodik moderner Kriegsführung"[238] und die „Einbeziehung der Gesamtbevölkerung eines kriegsführenden Landes in die Kriegszone"[239] bestimmt werde,

[231] Ebd., S. 21.
[232] Ebd.
[233] Ebd.
[234] Ebd., S. 22.
[235] Ebd.
[236] Ebd.
[237] Ebd.
[238] Ebd.
[239] Ebd.

sei eine sogenannte Landesverteidigung „gänzlich illusorisch".[240]
Was bliebe, sei das „besondere Anliegen der bürgerlichen Militaristen und Unternehmen"[241] nach der „Umstellung der Friedensproduktion auf Kriegsbedarf"[242], „die um des guten Geschäfts der Rüstungsindustrie und ihrer Nutznießer willen von der bürgerlichen Presse immer aufs neue aufgebläht wird".[243]
Die „bewaffnete Macht"[244] werde erst dann nicht mehr ein „Hort der Reaktion"[245] sein, erst dann nicht mehr „in den Kämpfen zwischen Kapital und Arbeit"[246] eingesetzt werden können, wenn sie nicht mehr existiere. Die grundsätzliche „Abschaffung der Wehrmacht"[247] sei auch deshalb anzustreben, weil die „moralische Wehrhaftigkeit" besser sei als die „militärische Scheinwehrhaftigkeit".[248] Die Übernahme der politischen Macht durch die Arbeiterklasse schließe zwar den absoluten und legalen Einsatz der Polizeimacht „gegen die renitenten Führer der Bourgeoisie, die sich der Sozialisierung der Wirtschaft entgegenstellen"[249], ein. Es sei aber eine „Selbsttäuschung"[250] anzunehmen, daß die Führung der derzeitigen Wehrmacht in der bürgerlichen Republik jemals in die Hände der Sozialisten kommen werde. Mit der Abschaffung der Wehrmacht begebe die SPD sich nicht der „Machtmittel, die sie gegebenenfalls für die Verteidigung der sozialistischen Gesellschaft einmal brauchen wird".[251] Die SPD sollte bewußt „von der roten Kriegsromantik des Kommunismus"[252] abrücken, andererseits sei sie verpflichtet, den „Kampf einer geschlossenen bürgerlichen Front gegen Sowjetrußland"[253] zu verhindern.

[240] Ebd.
[241] Ebd.
[242] Ebd., S. 22.
[243] Ebd., S. 23.
[244] Ebd.
[245] Ebd.
[246] Ebd.
[247] Ebd.
[248] Ebd.
[249] Ebd., S. 24.
[250] Ebd.
[251] Ebd., S. 23.
[252] Ebd., S. 24.
[253] Ebd., S. 22.

Das Ziel der Abschaffung der Wehrmacht könne aber nur „schrittweise"[254] verwirklicht werden. Man könne zwar von einer Oppositionsstellung gegenüber einer bürgerlichen Regierung mehr für die Zukunft der Partei erwarten als von einer Regierungsbeteiligung. Man könne sogar eine Reichstagsauflösung wünschen und von der Parole „Gegen den Militarismus, für den Frieden! Gegen den Reichswehretat, für soziale Fürsorge" das Wunder einer absoluten Mehrheit für die SPD erwarten. Aber man könne dies nur, „wenn man besonders leicht begeistert für Wahlkämpfe ist und in seinem Optimismus alle hemmende Wirklichkeit übersieht".[255] Im Unterschied zu seiner anfänglichen Haltung im August und September 1928 und in Abwägung des politischen Kräfteverhältnisses kam er daher zu dem Ergebnis, daß die „Weiterführung und programmatische Festlegung der Koalition"[256] im Augenblick der einzige Weg zu einer „etappenweisen Vernichtung"[257] der Reichswehr sei. Bei allem „Zwang zur Koalitionspolitik"[258] dürfe jedoch die grundsätzliche Ablehnung der Reichswehr nie verleugnet werden. Außerdem wollte er zusätzlich zu den Programmpunkten des Kommissionsentwurfs[259] folgende Forderungen in das Aktionsprogramm der SPD zur Wehrfrage aufgenommen wissen:

„1. Kontrolle des Reichsfinanzministeriums über die Finanzgebarung des Reichswehrministeriums. 2. Systematische Beschneidung des Wehretats. 3. Verweigerung der Mittel für die Reichsmarine. 4. Revision der Schulbücher und der Lehrmittel auf ihre militaristische und nationalistische Tendenz. 5. Systematische Förderung des Friedensgedankens in Unterricht und Öffentlichkeit. 6. Durchdringung des Führer- und Verwaltungskörpers der Reichswehr mit sozialistisch zuverlässigen Republikanern."[260]

[254] Ebd., S. 25.
[255] Ebd.
[256] Ebd.
[257] Ebd., S. 26.
[258] Ebd., S. 25.
[259] Ebd., S. 18 f.
[260] Ebd., S. 26.

Es werde für jeden Sozialdemokraten schwer sein, einem solchen Mindestprogramm zuzustimmen; er werde aber zugleich wissen, „daß es vielleicht wichtiger ist, durch praktische Politik der Verwirklichung unserer Ziele ein Stück näher zu kommen, als mit dem Brustton der Überzeugung von den Forderungen absoluter Kriegsverhinderung, der Abschaffung der Wehrmacht zu sprechen – und nur zu sprechen".[261]

Akute Kriegsgefahr hebe jedoch diese aus praktisch-politischen Erwägungen heraus auferlegte Selbstbeschränkung auf, verlange „neue und entschlossene ablehnende Stellungnahme der sozialistischen Massen gegen die Kriegsbeteiligung Deutschlands in der Front irgend einer bürgerlich-kapitalistischen Allianz, verlangt Kriegsdienstverweigerung".[262] Erst in einer solchen Situation werde es Sinn haben, von einer „Anwendung revolutionärer Mittel"[263] zu sprechen und „die Krise der bürgerlichen Gesellschaft auszunützen zu ihrem Sturz, zur Übernahme der politischen Macht durch die Arbeiterklasse".[264]

4.3.4.2 Leonhard Ragaz

Ragaz verband mit Eckert eine „unbedingte, leidenschaftliche Kriegsgegnerschaft"[265], doch war sein Antimilitarismus wesentlich von einem radikalen Pazifismus geprägt. Das hatte zur Folge, daß er sich im Gegensatz zu Eckert deutlich vom Kommunismus abgrenzte. „Der Kommunismus bekämpft und haßt den bürgerlichen Krieg – das, was er den kapitalistisch-imperialistischen Krieg nennt –, aber er bekämpft und haßt nicht den Krieg überhaupt. Er verhöhnt und verachtet den Pazifismus. Er glaubt an Notwendigkeit, Recht und Wert der Gewalt. Darum sabotiert er zwar den kapitalistisch-imperialistischen Krieg, bereitet aber seine Anhänger auf den proletarischen Bürgerkrieg

[261] Ebd.
[262] Ebd.
[263] Ebd.
[264] Ebd.
[265] L. Ragaz, Sozialismus und Militärfrage, in: ZRS 2/1929, S. 26 ff., hier: S. 35.

vor."[266] Schärfer grenzte sich Ragaz jedoch noch vom sozial-demokratischen Revisionismus ab. Er hielt diesen „Irrtum"[267], daß zuerst der Kapitalismus überwunden werden müsse, bevor der Militarismus beseitigt werden könne, „für noch gefähr-licher".[268] „Führt man hier nicht eine Reihenfolge ein, wo Gleichzeitigkeit ist, besser: trennt man hier nicht, was eine Lebenseinheit bildet? Der heutige Militarismus ist ja gerade nach marxistischer Auffassung eine Funktion oder Erschei-nungsform des Kapitalismus".[269] Daraus folge, daß man „den Kapitalismus gleichzeitig auch in all seinen anderen Formen bekämpfen"[270] müsse. Ragaz kritisierte auch den sozialdemo-kratischen Schicksalsglauben „in Form eines Evolutionismus, der sozusagen geruhsam auf allerlei notwendige Entwicklungen ausblickt, statt den Entscheidungscharakter einer Lage zu er-fassen und dem Gebot einer unwiederbringlichen Stunde zu ge-horchen. Dieser fatalistische Entwicklungsglaube hat 1914 das große Versagen bewirkt. Soll er noch einmal diese Rolle spielen dürfen?"[271] Es scheint, als habe Ragaz auch im Nachhinein die Auseinandersetzung um die Panzerkreuzerfrage für eine un-wiederbringliche Stunde gehalten, wenn er sich in seinen Me-moiren daran erinnert, „wie großen Beifall jede antimilitaristi-sche Äußerung fand"[272], als er an der öffentlichen Versamm-lung des Mannheimer Kongresses 1928 teilnahm. Das einzige, was möglich sei, um einen erneuten „Verrat am Sozialismus"[273], wie er 1914 von der Sozialdemokratie begangen worden sei, zu verhindern, sei die „unbedingte, unerbittliche, klare und leiden-schaftliche Absage an den Krieg überhaupt".[274] Sein entschie-dener Pazifismus führte Ragaz aber nicht dazu, von der Arbei-terbewegung eine „Gewaltlosigkeit, etwa im Sinne der Berg-

[266] Ebd., S. 28 f.
[267] Ebd., S. 30.
[268] Ebd.
[269] Ebd.
[270] Ebd.
[271] Ebd., S. 30 f.
[272] L. Ragaz, Mein Weg, Bd. 2, Zürich 1952, S. 199.
[273] Siehe Anm. 271, S. 31.
[274] Ebd.

predigt"[275] zu verlangen. Gegen eine „Wehrbarmachung des Proletariats zur Bekämpfung von Krieg und Reaktion"[276] sei nichts einzuwenden, wenn sie nur ihre eigenen, statt fremder, militärischer Methoden anwende. „Ihre eigene Methode aber findet sie genau da, wo heute der Krieg sein Zentrum hat: im Wirtschaftsleben, besonders in der Industrie. Diese suche sie auf jede Weise in ihre Hand zu bekommen; diese überwache sie; diese stelle sie in das Licht der Öffentlichkeit; diese lähme sie, wenn es not tut, durch den Generalstreik, für diesen aber erziehe sie durch die geistige Eroberung die ganze Arbeiterschaft".[277] Schließlich warnte Ragaz vor dem „Wahn"[278], als ob eine Demokratisierung des Heeres, etwa in Form des Milizsystems, ein Schutz gegen Krieg und Militarismus und überhaupt ein Fortschritt wäre. Dem Sozialismus sei nicht mit Demokratisierung, sondern nur mit „Aufhebung der Armee"[279] gedient.

4.3.4.3 Georg Wünsch

In seinem Aufsatz „Radikalismus oder Revisionismus in der Wehrfrage"[280] widersprach Professor Wünsch den Auffassungen, die Eckert und Ragaz in der „Zeitschrift für Religion und Sozialismus" vorgetragen hatten, „um nicht den Anschein zu erwecken, als ob Eckert und Ragaz – was sie selbst gar nicht beanspruchen – die offizielle Meinung des Bundes der religiösen Sozialisten ausgesprochen hätten".[281] Beide seien radikal antimilitaristisch und hielten es mit dem Programmentwurf des linken Flügels der SPD, „wenn sie nicht gar darüber hinausgehen".[282] Wenn der Sozialist fordere, keine Rüstungsmittel zu bewilligen, die Reichswehr und Flotte abzuschaffen, dann

[275] Ebd., S. 33.
[276] Ebd.
[277] Ebd.
[278] Ebd., S. 35.
[279] Ebd.
[280] Radikalismus oder Revisionismus in der Wehrfrage, G. Wünsch, in: ZRS 3/1929, S. 23–27.
[281] Ebd., S. 24.
[282] Ebd.

könne er es nur „unter bewußter Sabotierung der Staatssicherheit und damit des Staates selbst, in der Überzeugung, daß dieser Staat kapitalistischer, dem Proletariat feindlicher Staat ist".[283] Die weitere Konsequenz sei dann, daß man sich „an keiner Koalitionsregierung beteiligt, keinen Reichskanzler, keinen Minister stellt, soziale Gesetzgebung und Arbeitsrecht, überhaupt jede Staatshilfe ablehnt, damit das Proletariat immer mehr verelenden läßt, um es reif zu machen zur revolutionären Tat".[284] Dies sei die Taktik der Kommunistischen Partei als bewußter Oppositionspartei; „nicht aber kann es die der SPD unter den heutigen Umständen sein".[285] Wenn das Oppositionsprogramm der SPD-Linken, des „Klassenkampf", eine Mehrheit zu haben scheine, so nur, weil die zu ihm haltenden Massen „die Konsequenzen nicht sehen" und „einem billigen Radikalismus huldigen können"[286], weil ja nicht sie regieren müßten, sondern ihre Minister. In Wirklichkeit aber bejahe die Mehrheit des Proletariats den „Weimarer Staat nicht als rein kapitalistischen, sondern als Übergangsstaat" und bekunde damit den Willen, „das Staatshaus nicht zu zerschlagen und ein neues an seine Stelle zu setzen, sondern umzubauen".[287] Das aber fordere wieder die „Verantwortung für die Sicherstellung der Existenz des Staates mit den heute notwendigen Mitteln", und eines dieser Mittel sei, „mag man es lieben oder nicht, eine auf den Zweck des Staatsschutzes begrenzte Wehrmacht".[288]

4.3.5 Zusammenfassung und Ausblick

Wünsch hatte durchaus recht, wenn er dem Anschein widersprach, als seien Eckert oder Ragaz oder er selbst repräsentativ für die Auffassung des Bundes zur Wehrfrage, auch wenn den

[283] Ebd., S. 25.
[284] Ebd.
[285] Ebd.
[286] Ebd.
[287] Ebd.., S. 25 f.
[288] Ebd., S. 26.

Äußerungen Eckerts, des geschäftsführenden Bundesvorsitzenden und Schriftleiters des Bundesorgans, in dem außer ihm niemand zur·Panzerkreuzer- und Wehrfrage sich zu Wort meldete, nach außen besonderes Gewicht zukam. In der Tat waren alle drei Richtungen innerhalb des Bundes der religiösen Sozialisten vertreten: die klassenmäßig gebundene Eckerts, die radikal antimilitaristisch-pazifistische Ragaz', zu der sich auch Emil Fuchs bekannte[289], und die unverhüllt revisionistische, wie sie in Wünschs Stellungnahme deutlich zum Ausdruck gebracht wurde und bei ihm selbst zur „konservativen Staatsideologie"[290] führte, die am Ende auch ihren Frieden mit dem „Dritten Reich" zu machen verstand.

Dank der pazifistischen Grundströmung innerhalb des Bundes der religiösen Sozialisten überwog jedoch in dieser Frage noch das Denken, wie es von Ragaz und Eckert repräsentiert wurde. Die relative Geschlossenheit und kritische Distanzstellung des Bundes gegenüber der SPD-Parteiführung war so groß, daß die sozialistischen Freidenker sich gegen den Vorwurf wehrten, sie ließen sich von den religiösen Sozialisten in ihrer Oppositionsstellung gegenüber dem SPD-Parteivorstand übertreffen. So sagte ein Redner auf der 3. Hauptversammlung des Bundes sozialistischer Freidenker am 7. April 1929: „Sie (die religiösen Sozialisten, F. M. B.) waren zunächst viel weiter gegangen als wir, sie wollten ihre Anhänger zur aktiven Teilnahme am Volksbegehren gegen den Panzerkreuzer verpflichten, und die ‚Allgemeine Evangelisch-Lutherische Kirchenzeitung' mußte später feststellen, daß Pfarrer Eckert sich nach scharfen Angriffen der sozialdemokratischen Presse der Parteidisziplin fügte. Immerhin aber nicht ganz. Er stellte es in einer späteren Nummer seines Organs jedem religiösen Sozialisten frei, sich am Volksbegehren zu beteiligen. Also er tat auch nach dem Rüffel des Parteivorstandes immerhin noch dasselbe, was wir

[289] Siehe Brief E. Fuchs an Eckert vom 18. November 1931, Privatarchiv Eckert.
[290] Vgl. R. Breipohl, Religiöser Sozialismus ..., besonders das Kapitel: „Vom Sozialismus der Bergpredigt" zur konservativen Staatsideologie. Ethik und Geschichte bei Georg Wünsch, Zürich 1971, S. 144 f.

getan haben. Das ganze Problem möchte ich mit einem Zitat des ehemaligen Generals von Schönaich vom 29. Juli 1928 abschließen: ‚Die SPD geht heute einen gefährlichen Weg, wenn sie, die durch Kritik groß und stark geworden ist, heute Kritik am eigenen Leibe als unbequem empfindet und abzudrosseln sucht. Achtung Sozialdemokraten! Die Kurve nach rechts führt ins Sumpfgelände!'"[291]

Im Bund der religiösen Sozialisten wirkte dieser Konflikt mit der SPD-Parteiführung nach, als unter dem Eindruck der schweren Krise, die durch Eckerts Eintritt in die KPD für den Bund entstanden war, ein Pfarrer 1932 auf der Blumhardt-Woche meinte, daß in der Panzerkreuzerfrage der „verderbliche Kurs der SPD"[292] begonnen habe. „... auch unser Bund steht da nicht sauber da. Eckert trat ja für das Volksbegehren seinerzeit ein."[293]

Die innerparteiliche Diskussion um das Wehrprogramm endete mit einer Abstimmungsniederlage der linken Opposition auf dem Magdeburger Parteitag der SPD. Der Parteivorstand setzte sich mit 256 gegen 138 Stimmen in der Panzerkreuzer- und Koalitionsfrage und mit 255 gegen 166 Stimmen in der Frage der Rückverweisung des Wehrprogramms durch, obwohl, wie Karl Thieme in der „Zeitschrift für Religion und Sozialismus" zugab, diese Minderheit eine Mehrheit der Mitglieder aus den hochindustrialisierten Teilgebieten Deutschlands vertrat.[294]

Thieme kam jedoch durch die Analyse der Regierungsbildung nach den Reichstagswahlen vom Mai 1928 und des Magdeburger Parteitages zu dem Ergebnis, daß die „Krise der Demokratie in Europa" „immerhin nicht halb so tragisch" sei, wie die „Krise der Diktatur in Sowjetrußland", deren Entwicklung „vernichtend"[295] sei.

---

[291] Protokoll der 3. Hauptversammlung des Bundes sozialistischer Freidenker, am 7. April 1929, zit. n.: Sozialistische Freidenker und wir, in: SAV 1929, Nr. 23, S. 183.
[292] Protokoll der Blumhardt-Woche in Bad Boll 1932, in: SPK, Blumhardt Woche Bad Boll 1932, ungeordnet.
[293] Ebd.
[294] K. Thieme, Zur politischen Lage, in: ZRS 1929, Heft 4, S. 41.
[295] K. Thieme, Zur politischen Lage, in: ZRS 1929, Heft 3, S. 53.

Seit dem Sieg der Oktoberrevolution in Rußland war die Frage nach der Stellung zur Sowjetunion eine Frage, die darüber entschied, zu welchem Lager man in der deutschen Politik der Weimarer Republik gehörte.[296] An ihr schieden sich auch innerhalb der Arbeiterbewegung die Geister. Da in der Weimarer Republik der Antibolschewismus bis weit in die SPD hineinreichte und die KPD die Erfahrungen der russischen Revolution partiell dahingehend dogmatisierte, „daß der inhaltliche Prozeß der proletarisch-sozialistischen Revolution unter allen Umständen auch gegenüber bürgerlich-demokratischen Staaten die Form des gewaltsamen Aufstandes und nach dessen Sieg die russische Form der proletarischen Diktatur anzunehmen hätte"[297], ist es von Interesse, welche Stellung der Bund der religiösen Sozialisten im Rahmen des politischen Meinungsspektrums der Arbeiterbewegung einnahm, zumal durch die weltanschaulichen Differenzen zwischen religiösen Sozialisten und atheistischen Bolschewiki ein besonderes Spannungsverhältnis bedingt war.

4.4.1 Die Stellung religiöser Sozialisten zur Sowjetunion vor 1930

Bis zum Jahre 1930 ist festzustellen, daß sich der Bund bis auf wenige Ausnahmen einer grundsätzlichen Stellungnahme gegenüber der Sowjetunion enthielt. Erst mit dem Beginn der Weltwirtschaftskrise und der um die Jahreswende 1929/30 einsetzenden internationalen Gebetskampagne gegen die Religionsverfolgungen in der Sowjetunion wurde die Stellung zur Sowjetunion zu einem beherrschenden Thema.

[296] Vgl. E. Laboor, Traditionen deutsch-sowjetischer Arbeitersolidarität, in: ZfGW, 6/1969, S. 1148 ff.
[297] W. Abendroth, Das Problem der Beziehungen zwischen politischer Theorie und politischer Praxis in Geschichte und Gegenwart der deutschen Arbeiterbewegung, in: Antagonistische Gesellschaft und politische Demokratie, Neuwied 1967, S. 376.

Eine hervorragende Ausnahme in der Zeit vor 1930 stellt allerdings ein Aufsatz von Dr. Dietz dar, den dieser anläßlich des Todes von Lenin am 21. Januar 1924 im „Christlichen Volksblatt – Sonntagsblatt evangelischer Sozialisten" veröffentlichte. Eduard Dietz war davon überzeugt, daß „kein Sozialist der Welt" an Lenin, „dem ersten praktischen Verwirklicher der ‚Diktatur des Proletariats', achtlos vorübergehen" könne, „am wenigsten der christliche, der evangelische Sozialist, sei er Marxist oder Nichtmarxist, und zwar gerade, weil mit ihm der antireligiöse Spruch der Bolschewiken ‚Religion ist Opium für das Volk' stets in besonders nahe Verbindung gebracht worden ist".[298] Er wies darauf hin, daß nur wenige, die sich über diesen Spruch erregten, in Wahrheit den Zusammenhang kennen würden, in dem „Lenins Meister, Karl Marx"[299] im Jahre 1843 in seiner „Kritik der Hegelschen Rechtsphilosophie" diesen Satz prägte. Dort hieß es: „Das religiöse Elend ist in Einem der Ausdruck des wirklichen Elends und in Einem die Protestation gegen das wirkliche Elend. Die Religion ist der Seufzer der bedrängten Kreatur, das Gemüt einer herzlosen Welt, wie sie der Geist geistloser Zustände ist. Sie ist das Opium des Volkes."[300] Jeder religiöse Sozialist müsse jenen Aufsatz von Karl Marx, „der damals im Jahre 1843 selber noch nicht Sozialist war und lediglich im Vorkampf der Demokratie gegen politische und religiöse Unterdrückung stand"[301], erst lesen und vollständig in sich aufnehmen, um sich ein Urteil über die „Kämpfer Marx und Lenin in ihrer Stellung zur Religion"[302] erlauben zu dürfen. „Die Kritik der Religion", so zitierte Dietz Marx, „ist im Keim die Kritik des Jammertales, dessen Heiligenschein die Religion ist".[303] „Die Kritik des Himmels verwandelt sich damit in die Kritik der Erde, die Kritik der Religion in die Kritik des Rechtes, die Kritik der Theologie in die Kritik der

[298] E. Dietz, Lenin †, in: CVB, 1924, Nr. 7, vom 17. Februar 1924, S. 3.
[299] Ebd.
[300] Zit. n.: E. Dietz, a. a. O., S. 3.
[301] Ebd.
[302] Ebd.
[303] Ebd.

Politik".[304] Dietz nannte jeden „dieser Marxschen Sätze eine Grundwahrheit, die den Marxschen und Leninschen Standpunkt klarlegt und ihn himmelweit verschieden zeigt von dem Standpunkt des liberalen Aufklärers, der die Religion als solche durch ‚Wissenschaft' ablösen und auflösen, im übrigen aber kapitalistische Politik, kapitalistisches Recht und kapitalistisches Jammertal möglichst unversehrt erhalten will".[305] Dietz zog aus der marxistisch-leninistischen Religionskritik nicht den Schluß, den die bürgerlichen Aufklärer gezogen hatten, sondern forderte stattdessen, daß sich Religion und Kirche von der kapitalistischen Politik und dem kapitalistischen Recht abwenden und aufhören müssen, der „Heiligenschein dieses kapitalistischen Jammertales sein zu wollen".[306] „Sie müssen sich erfüllen mit sozialistischem Geiste, der zugleich der christliche Geist ist".[307] „Tun Religion und Kirche das nicht, dann verfallen sie mit Recht dem Verdikt von Marx und Lenin, welch letzterer noch in seiner für Deutschland einstweilen bedeutungsvollsten, am Vorabend der bolschewistischen Oktober-Revolution 1917 vollendeten Schrift ‚Staat und Revolution' den ‚Parteikampf' gegen diese Religion, ‚gegen das religiöse Opium, das das Volk verdummt', als eine Hauptaufgabe der Partei des revolutionären Proletariats erklärte."[308] In diesem Zusammenhang kam Dietz auch auf die Art zu sprechen, „wie die russische Kirche vor allem in den schweren Jahren 1917–1920 sich im wesentlichen als eine Stütze der Gegenrevolution erwies und ihre frühere Botmäßigkeit gegenüber dem Zaren mit all ihrem Einfluß und ihren Machtmitteln jetzt den blutigsten Reaktionären zur Verfügung stellte".[309] Diese Art zeige, „daß tatsächlich gegen *diese* Kirche nur der Kampf, so wie dies Lenin vorausgesehen, in Frage kam".[310]

[304] Ebd.
[305] Ebd.
[306] Ebd.
[307] Ebd.
[308] Ebd.
[309] Ebd.
[310] Ebd.

171

Abschließend würdigte Dietz das Verdienst Lenins und schrieb: „Daß er durch das Opfer seiner Persönlichkeit, durch seine vollständige Hingabe bis zum Tode zum erstenmal in der Welt in einem Riesenreich die praktische Möglichkeit der Diktatur des Proletariates zeigte und damit das weltgeschichtliche Übergangsstadium aus der Welt des Kapitalismus in diejenige des Sozialismus eröffnete, dafür gebührt ihm der ewige Dank aller, insbesondere auch der evangelischen Sozialisten"[311], die wie er davon ausgingen, daß „nicht der Sozialismus, sondern der Kapitalismus und der Imperialismus dem innersten Wesen der christlichen Religion fremd und feindlich gegenüberstehen".[312]

Dieser Begründung der religiös-sozialistischen Bewegung, in der der proletarische Klassenstandpunkt das bestimmende Element sein sollte, war auch Erwin Eckert verpflichtet, der schon zu einem relativ frühen Zeitpunkt seine Solidarität mit der Sowjetunion bekundete. Auf die Frage eines Lesers des SAV, wie sich die religiösen Sozialisten verhalten würden, wenn ein kapitalistisches Bündnis zwischen Frankreich und Deutschland zustande käme und ein Krieg zwischen dieser Koalition und Sowjetrußland ausbräche, antwortete Eckert als Schriftleiter des SAV am 28. November 1926: „Wie sich die religiösen Sozialisten überhaupt zu einem Kriege gegen Sowjetrußland verhalten, das kann ich nicht für alle religiösen Sozialisten sagen. Ich für meinen Teil weiß, daß ich, wenn es zu dieser Auseinandersetzung kommen müßte, auf der Seite der Bolschewisten stünde, die dann als Kampftruppe des internationalen Proletariats die kapitalistische Macht niederwerfen müssen."[313]

Daß Eckert nicht für alle religiösen Sozialisten sprechen konnte, macht der Brief deutlich, den ein Arbeiter 1927 an Pfarrer Kappes nach dessen Rede auf der Revolutionsfeier der sozialistischen Arbeiterjugend richtete. „Sie sprachen von vergangenen Umwälzungen, von gewaltsamen Erhebungen eines

[311] Ebd.
[312] Ebd.
[313] E. Eckert, in: SAV 1926, Nr. 48, S. 255.

172

ganzen Jahrtausends. Sie befürworteten den Klassenkampf. Sie gebrauchten Worte, die dem Sprachgebrauch der offiziellen Sozialdemokratie fremd geworden sind. Sie verherrlichen die Revolution – aber Sie sprachen kein Wort von der größten aller Umwälzungen, von der grandiosen Revolution der russischen Arbeiter und Bauern. Sie verleugneten das sozialistische Rußland. War das ehrlich? Kann man jetzt noch von Ihnen glauben, daß Sie ein Revolutionär sind? Am 10. Jahrestag der proletarischen Revolution findet Ihr Mund keinen Ausdruck für das herrliche Werk, das ein leuchtendes Vorbild allen Revolutionären sein muß. Fügen Sie sich nicht einer Arbeitsteilung, die die Arbeiter vom geraden Weg der Revolution in den Abgrund der Vernichtung bringender Irrtümer führt? Es ist wahr, Sie füllen ihn gut aus, den Platz, an den Sie von den Tonangebenden Ihrer Partei gestellt wurden. Herr M. hat Sie im ,Volksfreund' mit Thomas Münzer verglichen. Glauben Sie nicht, daß die Arbeiter sehr bald in Ihnen den Martin Luther erkennen werden, der sich auf Seiten der Fürsten schlug, als die Bauern zur Entscheidung drängten?"[314]

Dieser Brief kann als ein Indiz dafür gewertet werden, daß innerhalb des Bundes divergierende Auffassungen über die Sowjetunion bestanden. Diese Differenzen wurden in der Periode von 1926 bis 1930 nicht ausgetragen. Das Thema Sowjetunion wurde für den Bund erst zu einem beherrschenden Problem, als mit dem Beginn der Weltwirtschaftskrise und der von Eckert Ende 1929 diagnostizierten „Steigerung der Klassengegensätze"[315] und der „Klassenscheidung in die bürgerlich-kapitalistisch-faschistische und in die proletarisch-sozialistisch-demokratische Front"[316] der „kirchliche Generalangriff auf die Sowjetunion"[317] eröffnet wurde.

---

[314] Abschrift des Briefes in Privatarchiv Eckert.
[315] E. Eckert, Arbeitsmethoden und Taktik der religiösen Sozialisten Deutschlands, in: SAV 1929, Nr. 49, S. 363.
[316] Ebd.
[317] E. Eckert, Kirchlicher Generalangriff gegen die Sowjetunion?, in: SAV 1930, Nr. 7, S. 52.

4.4.2 Der „kirchliche Generalangriff gegen die Sowjetunion" (1930)

Auf internationaler Ebene wurde die Kampagne durch einen Brief Papst Pius' XI. an den Generalvikar von Rom, Kardinal Pompili, vom 8. Februar 1930 eröffnet. „Die schrecklichen und gotteslästernden Verbrechen, die sich jeden Tag gegen Gott und gegen die Seelen der russischen Bevölkerung wiederholen und verschärfen, erregen unser Gemüt auf das allertiefste."[318] Angesichts der „Maßlosigkeit der Gotteslästerung"[319] habe die katholische Kirche nie aufgehört, Gebete zu veranstalten. Sie habe eine besondere „Russenkommission" eingerichtet, um die Welt von den „Scheußlichkeiten, die der Bolschewismus begeht"[320], zu unterrichten. In Deutschland erließen zu gleicher Zeit 16 Generalsuperintendenten der altpreußischen Union einen Aufruf wegen der „Christenverfolgungen"[321] in Rußland. Sein Wortlaut entsprach ungefähr dem Aufruf, den die badische Landeskirche am 3. Februar 1930 im Gesetzes- und Verordnungsblatt an sämtliche Pfarrämter ausgegeben hatte: „Die Christenheit des Ostens seufzt unter dem Druck schwerer und grausamer Verfolgung um ihres Glaubens willen. Die Feinde des Christentums unterdrücken alle christlichen Lebensregungen, unterbinden die christliche Erziehung der Jugend im Religionsunterricht, schaffen die christliche Presse ab, nehmen den christlichen Kirchen ihre Gotteshäuser weg und verwenden sie zu profanen Zwecken. Lebensgefahr droht denen, die es wagen, ihren christlichen Glauben öffentlich zu betätigen, insbesondere den Führern der Gemeinde."[322]

In England waren die Sprecher der Kampagne der anglikanische Bischof von London und der Sekretär des Weltbundes für internationale Freundschaftsarbeit der Kirchen. Der französische protestantische Kirchenbund hielt in Paris einen feierlichen Gottesdienst „für die Christen in Rußland" ab.

[318] Zit. n.: SAV 1930, Nr. 7, S. 52.
[319] Ebd., S. 53.
[320] Ebd.
[321] Ebd., S. 52.
[322] Ebd.

In der Schweiz trat der Evangelische Kirchenbund mit einer Sympathie- und Protestkundgebung hervor, in der man gegen die „gegenwärtig herrschende Verletzung der Glaubens- und Gewissensfreiheit in Rußland" protestierte. In Schweden appellierte die Pfarrerversammlung an das „Weltgewissen" und an alle Träger der „Weltkultur". In ihrem Aufruf wurde erklärt, daß vor den russischen „Christenverfolgungen die Verfolgungen der römischen Kaiserzeit verbleichen". Der Metropolit Antonius in Karlowitz, Vorsitzender der Erzbischöflichen Synode der russisch-orthodoxen Kirche im Ausland, veröffentlichte einen „Aufruf an alle Völker der Welt", in dem es hieß: „Künstlich wird Hungersnot hervorgerufen. Epidemische Krankheiten werden erzeugt. Aufstände hervorgerufen. Alles das, um den Terror verstärken zu können. Die gänzliche Ausrottung des russischen Volkes ist in vollem Gange. Aber die Völker der Welt schweigen."[323] Am 18. Februar 1930 richtete das Präsidium des „Evangelischen Bundes zur Wahrung der deutsch-protestantischen Interessen" gemeinsam mit dem Vorstand des deutschen Zweiges vom Internationalen Verband zur Verteidigung und Förderung des Protestantismus ein „Gruß- und Trostwort an die leidenden christlichen Brüder und Schwestern in Rußland" und drückte seine „tiefste Empörung" über den „dämonischen Ansturm der Mächte der Gottlosigkeit"[324] aus. Der

[323] Zit. n.: E. Eckert, Christenverfolgung in Sowjetrußland?, in: SAV 1930, Nr. 8, S. 60. Eckert bezeichnete den Metropoliten Antonius in Karlowitz als den „geistigen Führer der russischen Konterrevolutionäre – der vertriebenen und geflohenen zaristischen Bourgeoisie" und den Aufruf als „eine unerhörte Verzerrung des Kampfes der Sowjets um die Neugestaltung des gesellschaftlichen und wirtschaftlichen Lebens".

[324] Zit. n.: SAV 1930, Nr. 9, S. 69. Zum politischen Verhalten des „Evangelischen Bundes" im „Dritten Reich" siehe beispielsweise das Telegramm, das die Präsidenten der Gustav-Adolf-Stiftung und des Evangelischen Bundes nach der Annexion des Sudetenlandes 1938 an Hitler schickten: „Evangelischer Verein der Gustav-Adolf-Stiftung und Evangelischer Bund, die seit Jahrzehnten mit den sudetendeutschen evangelischen Gemeinden Kampf und Sorge geteilt haben, danken in unbeschreiblicher Freude dem Führer, daß er durch seine unerbittliche Entschlossenheit die Stunde der Freiheit für unsere Volks- und Glaubensbrüder heraufgeführt hat. Wir bitten aus übervollem Herzen Gott um seinen Segen für das Sudetenland, unser Volk und unseren Führer"; in: „Junge Kirche", Halbmonatsschrift für reformatorisches Christentum, 1938, S. 874.

Lutherische Weltkonvent richtete an die 80 Millionen Lutheraner in aller Welt einen Aufruf, „für die verfolgten Russen zu beten".[325] In Reval beschloß eine Konferenz von Vertretern der evangelischen Kirche in Estland und die Synode der Orthodoxen Kirche, „für die verfolgten Gläubigen in Rußland zu beten".[326] In der „Münchner Zeitung" bat ein Oberst Lenz vom Stahlhelm seinen Kardinal, „den bayerischen Stahlhelm als einen zu freudiger Mitarbeit in dem proklamierten Kampf bereiten Streiter zu betrachten".[327] In Berlin sagte Hofprediger a. D. Dr. D. Doehring auf einer Veranstaltung des „Luther-Ring", daß der Kampf auch „gegen den Marxismus, den Vater des Bolschewismus"[328] geführt werden müsse. Für diesen Entscheidungskampf käme nur eine „Sturmtruppe" in Frage, ein „positives, kämpferisches Christentum".[329] Als Ehrengäste nahmen an der Kundgebung teil: der ehemalige Kronprinz, die früheren Prinzen August Wilhelm und Prinz Eitel Friedrich, der Berliner Leiter des Stahlhelm, Major a. D. von Stephani, der Rektor der Universität, Professor Schmidt, sowie der Bischof der russisch-orthodoxen Kirche in Berlin, Tychon, mit 40 Popen.

Am 14. März 1930 fand in den Räumen des „Herrenclubs im Ring Berlin" eine Zusammenkunft statt, an der sich etwa 80 Personen von Organisationen und Kirchengemeinschaften beteiligten. Das Hauptreferat hielt der ehemalige Generalvertreter des Exkaisers, von Berg. Für die römisch-katholische Kirche nahm Bischof Schreiber von Berlin teil. Die evangelische Kirche wurde durch den Generalsuperintendenten Dibelius, die jüdische Religionsgemeinschaft durch den Bankier Melchior vertreten. Außerdem waren Repräsentanten des Zentrums, der Deutschen Volkspartei und der Demokraten anwesend, dazu

---

[325] Zit. n.: SAV 1930, Nr. 10, S. 76.
[326] Ebd.
[327] Der Oberst vertrat gegenüber dem Kardinal die Auffassung, daß die Hauptarbeit der Deutschen darin bestehen müsse, „den Bolschewismus in unserem eigenen Lande zu bekämpfen"; zit. n.: SAV 1930, Nr. 9, S. 69. Vgl. hierzu: E. Eckert, Der eigentliche Sinn der Aktion gegen die „Christenverfolgungen" ist der Kampf gegen den Marxismus, in: SAV 1930, Nr. 9, S. 69.
[328] Ebd.
[329] Ebd.

der Reichswehrminister a. D. Geßler. Ziel des Treffens war, die Angehörigen beider christlichen Konfessionen und der jüdischen Religionsgemeinschaft „zum Kampf gegen die Sowjetunion"[330] zusammenzufassen. In einer Predigt in Wien sagte Kardinal Piffl: „Laßt den Marxismus in Österreich nur zu unumschränkter Macht kommen und über Nacht werden auch bei uns russische Verhältnisse an der Tagesordnung sein. Denn überall sieht der Marxismus in der positiven Religion seinen größten und gefährlichsten Gegner."[331] Im Frankfurter „Evangelischen Sonntagsgruß" wurde als „Stimme des Weltgewissens" der Stockholmer Rat der Kirchen zur „Religionsverfolgung in Rußland" mit folgendem Zusatz des Pfarrers Probst veröffentlicht: „Ich kann mir trotz Kapler und Söderblom nicht helfen, mit solchen papiernen Protesten ist nichts getan. *Hier muß gehandelt werden.*"[332] An anderer Stelle hieß es: „Wenn der Papst und andere Kirchenführer nichts davon wissen wollen, mit Gewalt vorzugehen, so scheint doch das der Weisheit letzter Schluß zu sein: Entweder kämpft man die Sowjets nieder oder sie kämpfen uns nieder. Es würde nur ein kurzer und verhältnismäßig unblutiger Krieg werden, denn das russische Volk trägt dieses Joch selbst nur sehr unwillig und würde dieser grausamen Gewaltherrschaft schnell ein Ende machen, wenn ihm von außen kräftige Hilfe käme."[333] In der gleichen Rich-

---

[330] Zit. n.: SAV 1930, Nr. 12, S. 91.

[331] Ebd.

[332] Zit. n.: SAV 1930, Nr. 13, S. 98 (im SAV gesperrt). Zu Pfarrer Probst, Frankfurt/Main, vgl. auch seine Wahlbetrachtung für die Septemberwahlen 1930 im „Evangelischen Sonntagsgruß Frankfurt/Main": „Entweder Sieg des konsequenten Marxismus oder nieder mit dem Marxismus. Ich war von jeher ein entschiedener Gegner des Marxismus. Ich halte ihn für das satanische Zerrbild der Erlösung der Menschen, von den bösen Geistern ersonnen, um Christus aus dem Herzen der Menschen zu reißen. Er ist nichts anderes als der geheime Bundesgenosse des anderen großen Gegners Christi, des Gottes Mammon, der Geldsucht." Nun käme der „Frontalangriff der Nationalsozialisten", der „die ganze religiös gleichgültige, materialistisch bestimmte Gesamtfront des Parlamentarismus zuerst einmal erschüttern und zerbrechen muß ... Hitler und Hugenberg sind beide Männer der Zukunft ... Ich kann mich mit der letzten Revolution nicht aussöhnen" und „werde jeden gesetzlichen Weg beschreiten, um die Heilung dieses Schadens zu bewerkstelliden ... So wähle man denn diesmal nationalsozialistisch oder Hugenberg und ihnen möglichst nahestehende Männer!" Zit. n.: SAV 1930, Nr. 42, S. 332.

[333] Zit. n.: SAV 1930, Nr. 13, S. 98.

177

tung, nämlich der Aufforderung zur Intervention, äußerte sich die Märznummer des offiziellen Vatikan-Organs, „Cività Cattolica": „Die Lage in Rußland hat leider noch keinen ausreichenden Reflex im Gewissen der Völker hervorgerufen. Es ist erstaunlich, daß unter den Regierungen, die sich als Regierungen zivilisierter Staaten bezeichnen, noch keine einzige Stimme ertönt ist, sich noch kein einziger Finger gerührt hat, um eine Intervention zu versuchen, die nicht besonders schwierig wäre und gewirkt hätte. Selbst jenes Institut, das sich damit brüstet, die wirtschaftliche Wiederherstellung der Völker und ihre Versöhnung zu fördern, der Völkerbund, hat es nicht verstanden, seine Pflichten zu erfüllen."[334] Diese Passivität sei angesichts der „Gefahr der Vernichtung von Moral und Kultur und der Rückkehr zu Finsternis, Unwissenheit und Barbarei"[335] äußerst befremdlich. Es sei schwer zu begreifen, wie zivilisierte Völker die „Mißbräuche der russischen Revolution in den ersten Jahren, als es so leicht war, den Bolschewismus zu unterdrücken"[336] zu dulden vermochten. „Damals konnte man die einfältigen, doch keineswegs schädlichen Völker des gewaltigen Russischen Reiches noch auf den Weg der Ordnung zurückbringen."[337]

Am 16. November 1930 fand im Berliner Sportpalast eine vom „Deutschen Bund zum Schutz der abendländischen Kultur" einberufene Massenkundgebung statt, nachdem ähnliche Massenversammlungen in Paris und London bereits veranstaltet worden waren. Als Vertreter der evangelischen Kirche sprach der Generalsuperintendent von Berlin, Karow, über „Bolschewismus und Kulturgefahr".[338] Der Vertreter des Katholizismus sagte auf der Versammlung: „In Moskau sitzt der Antichrist. Aber der böse Feind heißt nicht nur Lenin, er heißt auch vor

[334] Zit. n.: SAV 1930, Nr. 14, S. 110.
[335] Ebd.
[336] Ebd.
[337] Ebd.
[338] Siehe: E. Eckert, Internationaler Zusammenschluß gegen Sowjetrußland „zum Schutz der abendländischen Kultur", in: SAV 1930, Nr. 46, S. 363.
[339] Zit. n.: E. Eckert, Kreuzzug gegen Sowjetrußland?, in: SAV 1930, Nr. 48, S. 381.

allem Karl Marx".[339] Ein Rabbiner nannte Moskau das „Erbübel der Menschheit".[340] Man müsse „den roten Turmbau von Babel zum Einsturz bringen".[341] Der Polizeipräsident von London erklärte, England stünde bereit, „mit dem Schwert Gottes in der Hand die Feinde der abendländischen Kultur zu züchtigen".[342] Schließlich sei hier noch die Stimme der Partei zitiert, die sich als Retter und Verteidiger des „positiven Christentums" in der Öffentlichkeit präsentierte. Adolf Hitler erklärte in einem Brief an die französischen Nationalisten: „Eine Militärkonvention zur Aufrechterhaltung des zu bildenden europäischen Status quo sowohl als zur Abwendung der bolschewistischen Gefahr hat meiner Überzeugung nach nur dann einen Sinn, wenn alle großen europäischen Nationen in diesem Bunde gleichberechtigt vereinigt sind und die USA sowohl als Japan, wenigstens soweit es den Schutz der menschlichen Kultur vor der bolschewistischen Barbarei betrifft, daran teilnehmen."[343]

4.4.3 Die Parteinahme des „Sonntagsblatt des arbeitenden Volkes" für die Sowjetunion

Kaum hatten der Papst und die protestantischen Generalsuperintendenten ihre Aufrufe veröffentlicht, als Eckert sich am 16. Februar 1930 entschieden gegen den „kirchlichen Generalangriff auf die Sowjetunion"[344] wandte. Er konnte in die „allgemeine Verdammung des Bolschewismus", wie sie von den Kirchen auf internationaler Ebene propagandistisch verbreitet wurde, nicht einstimmen. „Für mich ist auch der kämpferische Kommunismus ein Teil der Arbeiterbewegung, wenn ich auch seine Methoden nicht billige, für mich ist auch der Bolschewismus eine notwendige und darum wichtige Erscheinung im Leben der Völker."[345] Er warf den kirchlichen Gegnern der So-

[340] Ebd.
[341] Ebd.
[342] Ebd.
[343] Zit. n.: E. Eckert, Internationaler Zusammenschluß . . ., a. a. O., S. 364.
[344] E. Eckert, Kirchlicher Generalangriff . . ., a. a. O., S. 52.
[345] Ebd., S. 53.

wjetunion „Unklarheit, schlechte Information" und „tenden-
ziöse Verzerrung der Motive und Methoden der Sowjetunion"[346]
vor. „Man darf nicht vergessen, daß die griechisch-orthodoxe
Kirche, die ein ausgesprochenes Machtinstrument der russischen
Feudalklasse unter dem Zaren gewesen ist, heute erntet, was sie
in den Jahrhunderten der Unterdrückung des russischen Volkes
gesät hat."[347] Es sei nicht richtig, daß in der Sowjetunion
„Märtyrer um ihres Glaubens" sterben müßten. „Richtig ist,
daß christliche Laien und Geistliche hingerichtet und erschossen
wurden, weil man ihnen gegenrevolutionäre politische Bestrebungen nachgewiesen hat."[348] Wer sage es den „Herren Super-
intendenten, dem badischen Oberkirchenrat, den Kardinälen
und dem Papst", daß das, was in der Sowjetunion geschehe,
„nicht ein Gericht Gottes ist über die oberflächliche und
schwätzerische Phrase, über die Kirche Rußlands, die das Christ-
tum verlassen hatte, um dem Väterchen Zaren zu dienen".[349] Es
sei dieselbe Sache, fuhr Eckert fort, wie bei den „um ihres Glaubens willen" vertriebenen Kulaken, die auswandern mußten,
weil sie sich der Kollektivwirtschaft nicht einordnen wollten
und auf die „Heiligkeit des Privatbesitzes" pochten. Diese Stellungnahme Eckerts, die im Verlauf der Auseinandersetzungen
einen weiteren Klärungsprozeß durchlief, zeigt jedoch, daß er
sich über die Funktion des „kirchlichen Generalangriffs gegen
die Sowjetunion" von vornherein im klaren war. „Der politische, wirtschaftliche Zentralangriff gegen die Sowjetunion
durch die kapitalistische Internationale beginnt, darum darf die
Kirche nicht fehlen, muß sie die nackten Interessenkämpfe des
nach den russischen Rohstoffquellen hungrigen Weltkapitalis-
mus bekleiden mit der moralisch religiösen Kampagne gegen die
‚gotteslästernden Verbrechen des Bolschewismus‘."[350] Eckert
sprach den kirchlichen Aktionen jede innere Berechtigung ab,
da „die große Verfolgung Christi in unserer Zeit in der kapitalistischen Ordnung" geschehe, die „Massenarbeitslosigkeit, Ver-

---

[346] Ebd.
[347] Ebd., (im Original gesperrt).
[348] Ebd., (im Original gesperrt).
[349] Ebd., (im Original gesperrt).
[350] Ebd.

brechen, Elend, Krankheit, Lüge, Betrug zur notwendigen Folge hat".[351] „Die Segnung und Unterstützung des Faschismus durch die Kirchen scheint mir geradezu ein Verrat an dem Geist Jesu Christi in unseren Tagen."[352]

Am 2. März 1930 bekräftigte Eckert unter der Überschrift „Klare Fronten" seinen im Februar eingenommenen Standpunkt: „Wir müssen die internationale kirchliche Aktion, die sich als politisch bürgerliche Aktion nicht nur gegen Sowjetrußland, sondern gegen den ‚Marxismus' überhaupt, nicht nur gegen die Kommunisten, sondern im Grunde auch gegen den Sozialismus und gegen die Sozialdemokraten auswirken muß, aufs energischste zu unterbinden versuchen und gegen sie protestieren, wo immer wir können."[353] Im Hinblick auf die sich ab-

---

[351] Ebd.

[352] Ebd.

[353] E. Eckert, Klare Fronten, in: SAV 1930, Nr. 9, S. 70. Auf die innenpolitische Rückwirkung des „kirchlichen Generalangriffs gegen die Sowjetunion" machte am 25. Mai 1930 der Aufsatz eines religiösen Sozialisten aus Österreich aufmerksam, in dem u. a. auch ausdrücklich auf die Ereignisse am 1. Mai 1929 in Berlin Bezug genommen wurde. Dem Verfasser schien nichts „widerspruchsvoller als einerseits das laute Rufen des westlichen Christentums gegen die Verfolgungen in Rußland, und andererseits das allgemeine Schweigen – ja die offenkundige Billigung – gegenüber den vielfach brutalen Maßnahmen der Polizei gegen die Kommunisten in den westlichen Ländern. Ja, wenn man die ‚Siegesberichte' von den Kriegsschauplätzen in New York, Berlin, Köln usw. in den Zeitungen – auch in den ‚christlichen!' – las über die ‚Niederwerfung' der Kommunisten, so konnte man tatsächlich den Eindruck haben, es sei ein wirklicher ‚Krieg' entbrannt und wir stünden tatsächlich mitten in einer internationalen organisierten Kommunistenverfolgung ... Viele Christen begnügen sich damit, das Vorgehen gegen den westlichen Kommunismus als notwendige Polizeimaßnahme zur ‚Aufrechterhaltung der bestehenden Ordnung' zu rechtfertigen und weite sozialistische Kreise sehen darin einen wirksamen Schutz ihrer eigenen Parteimachtstellung ... Aber daß ganze Völker und beinahe die ganze Christenheit – soweit wir sehen – solche internationalen Ausbrüche des proletarischen Kampfes ohne die geringste innere Unruhe hinnehmen, ja die brutale Niederwerfung mit dem Polizeiknüppel zu billigen scheinen, während man nicht müde wird, gegen Rußland zu protestieren, ist ein Zeichen dieser Zeit. In Wirklichkeit handelt es sich auch um viel mehr als bloße Polizeimaßnahmen. Es sind die ersten großen Vorboten des internationalen Klassenkrieges zwischen dem kommunistisch-kollektivistischen Rußland und dem hochkapitalistischen Westen auf europäisch-amerikanischem Boden. Wir denken zu wenig daran, daß Europa – nicht nur geographisch – zwischen dem Hochkapitalismus Amerikas und dem Hochkommunismus Rußlands liegt. Die Spannungen und Kämpfe werden daher auf europäischem Boden sich am furchtbarsten entladen". Der

zeichnende faschistische Gefahr erklärte er, daß in Deutschland und in der ganzen übrigen Welt „die internationale faschistische Front unter dem Schlagwort ‚Das Christentum ist durch den Marxismus in Gefahr' den sozialistischen Vormarsch und den Kampf gegen den Kapitalismus zu hemmen suchen und dazu die christliche Kirche auch weiterhin mißbrauchen"[354] wird. Am 6. April 1930 zitierte Eckert die „Iswestija" vom 24. März 1930, die davon gesprochen hatte, daß der „Kreuzzug gegen die Sowjetunion" nicht eine „moralische Kampagne, sondern ein bewaffneter Feldzug der vereinigten imperialistischen Armeen"[355] sei. Am 25. Mai 1930 unterstützte er diese Einschätzung der „Iswestija", als er unter der Überschrift „Christliche Aktion oder politische Hetze" im SAV schrieb: „Immer mehr offenbart sich der wirkliche Charakter der ‚Aktion zur Unterstützung der russischen Christenheit', immer mehr werden die politischen Zusammenhänge zwischen dem päpstlichen Kreuzzug und der zunehmenden Aggressivität der kapitalistischen Staaten gegen Sowjetrußland sichtbar ... der Abbruch

Artikel im SAV analysierte die Vorgänge als „Symptome des internationalen Klassenkrieges". Von kommunistischer Seite her müßten die Maßnahmen der Polizei als Verfolgung einer politischen, sozialen und weltanschaulichen Meinung und Bewegung betrachtet werden, eine Auffassung, „die um so mehr gerechtfertigt erscheint, als auf der Gegenseite als Machtmittel des Staates und der bürgerlichen Gesellschaft – einschließlich der verbürgerlichten Sozialdemokratie – stehen". „Kommunist sein, bedeutet heute in weitesten Kreisen – selbst in sozialistischen – ein Auswurf der Menschheit, ein Verbrecher und Geächteter sein." Diese Art der Kommunistenverfolgung würde auch nicht dadurch gerechtfertigt, „daß große und verantwortliche Arbeiterparteien, daß sozialistische Massen dies dulden, gutheißen, mitmachen und wohl nicht selten auch mit heimlicher Schadenfreude begrüßen – als Schutz der eigenen Partei und Macht". Es sei eine ergreifende Tragik, wenn man 50 oder 80 Jahre zurückdenke. „Waren damals nicht die Väter und Vorkämpfer der heutigen Sozialdemokratie verfolgt, verfemt, geächtet und verbannt? Politisch und moralisch. Es ist in der Tat nichts schmerzlicher, als wenn Proletarier gegen Proletarier kämpfen, wenn die Verfolgten von gestern die Verfolger von heute werden! Wo bleibt da noch eine menschliche Hoffnung auf den Endsieg der proletarischen Bewegung? – Muß da nicht die Auflösung, der Kampf aller gegen alle kommen? – Und dem Kapitalismus der Sieg beinahe kampflos in die Hände fallen." K. Mayr, Wien, Christenverfolgung – Kommunistenverfolgung, in: SAV 1930, Nr. 21, S. 165.
[354] E. Eckert, Klare Fronten, a. a. O., S. 71.
[355] Zit. n.: SAV 1930, Nr. 14, S. 110.

der diplomatischen Beziehungen durch das amerikahörige Mexiko war das Signal zur Einleitung einer großzügigen Aktion gegen Sowjetrußland. Der Kirche ist die vorbereitende Rolle übertragen worden. Die Zuspitzung der außenpolitischen Lage Sowjetrußlands in den letzten Monaten und Wochen, die maßlose, ansteigende Hetzwelle in Frankreich, deren Zielsetzung der Abbruch der Beziehungen zu Sowjetrußland ist, und die Anspannung der deutsch-russischen Beziehungen, das offensichtliche Abwenden der deutschen Bourgeoisie von der jahrelang betriebenen Ostpolitik, zeigt an, daß Entscheidungen heranreifen. Je länger die kirchliche Aktion andauert, desto offener wird die Sprache der unzähligen Blätter und Blättchen, die zusammen die christliche öffentliche Meinung bilden. Hat es sich anfangs angeblich lediglich um die Unterstützung der bedrückten russischen Christenheit gehandelt und wurden so nur die Maßnahmen der Sowjets angegriffen, die das kirchliche und religiöse Leben betrafen, so richtet sich jetzt der Angriff dieser ‚christlichen' öffentlichen Meinung gegen Sowjetrußland überhaupt. Binnen weniger Wochen hat sich die christliche Aktion als ein politisches Manöver entpuppt, hinter dessen künstlichen Nebelwolken der Aufmarsch der imperialistischen Kräfte stattfindet."[356]

Am 16. November 1930 erklärte Eckert unter Anspielung auf die Meinungsverschiedenheiten innerhalb des Bundes bezüglich der Stellung zur Sowjetunion (siehe Kapitel 4.4.6) im SAV: „Die bürgerlichen Politiker sind bemüht darum, eine politisch-wirtschaftliche Einheitsfront der kapitalistischen Welt zustande zu bringen. Dieser Absicht werden die Sozialisten aller Länder im politischen Kampf entgegentreten. Wenn aber versucht wird, christliche oder besser ‚monotheistische Schutzbünde zur Rettung der abendländischen Kultur vor dem Bolschewismus' zur organisieren, um dem politisch-wirtschaftlich-militärischen Angriff der Kapitalisten gegen Sowjetrußland ein moralisches, ein religiöses, ein ‚kulturelles' Mäntelchen umzuhängen, dann werde ich wenigstens mit den Freunden, die gleicher Meinung

[356] E. Eckert, Christliche Aktion oder politische Hetze? in: SAV 1930, Nr. 21, S. 166.

mit mir sind, dieser Scheinheiligkeit und Selbstüberhebung der kulturseligen Abendländer auf das entschiedenste entgegentreten."[357]

Eckerts zusammenfassende Darstellung und kritische Kommentierung des internationalen „kirchlichen Generalangriffs gegen die Sowjetunion" im SAV, die in der Absicht erfolgte, den antikommunistischen und antisozialistischen Charakter der kirchlichen Aktionen zu entlarven, stellte ein Politikum ersten Ranges dar.

Darüber hinaus wollte Eckert als Schriftleiter des SAV und Vorsitzender des Bundes der religiösen Sozialisten der bürgerlichen Presse, einschließlich der kirchlichen, keinesfalls das Feld der Meinungsbildung über die Sowjetunion überlassen und stellte der herrschenden öffentlichen Meinung Tatsachen über die Sowjetunion kontrastierend entgegen.

Es ginge über den Rahmen dieser Arbeit hinaus, wenn die im SAV veröffentlichten Informationen über die Sowjetunion hier im einzelnen wiedergegeben würden. Die Aufführung einiger Tatsachenkomplexe macht jedoch die Ernsthaftigkeit und Wirksamkeit der von Eckert geführten und verantworteten Aufklärungskampagne deutlich.

Zur Frage der Auswanderung sowjetdeutscher Familien und ihrer Propaganda im Ausland druckte das SAV zwei Dokumente ab, ein Interview mit ausgewanderten deutschen Kolonisten[358] und einen Brief des deutschen Botschafters v. Dircksen in Moskau an das Auswärtige Amt[359], aus denen übereinstimmend hervorgeht, daß die überwältigende Mehrheit der Aus-

---

[357] E. Eckert, Internationaler Zusammenschluß gegen Sowjetrußland „zum Schutz der abendländischen Kultur", in: SAV 1930, Nr. 46, S. 364.

[358] E. Eckert, Um des Glaubens willen vertrieben? – Zwei Dokumente, in: SAV 1930, Nr. 8, S. 61. Das Interview stammt vom 17. November 1929. Es handelte sich bei den Befragten um 22 Familien bzw. 110 Auswanderer. 21 von den 22 Familien bekannten sich als Mennoniten. Zum Problem des Zusammentreffens von beginnender Weltwirtschaftskrise und international organisiertem Generalangriff gegen die Sowjetunion einerseits und akuten Problemen der sowjetischen Agrarwirtschaft andererseits vgl. W. Abendroth, in: Werner Hofmann, Ideengeschichte der sozialen Bewegung des 19. und 20. Jahrhunderts, Berlin 1968, S. 241 f.

[359] Zit. n.: SAV 1930, Nr. 8, S. 62.

wanderer der Oberschicht der deutschen Kolonisten entstammte, während die befragten Emigranten zusätzlich aussagten, daß nicht religiöse Verfolgung und Hunger, sondern die Kollektivierung der Landwirtschaft sie veranlaßt hätte, zu emigrieren. In diesem Zusammenhang veröffentlichte das SAV die Beschlüsse des Zentralkomitees der Kommunistischen Partei der Sowjetunion vom März 1930, in denen die Einstellung sämtlicher Zwangsmaßnahmen gegen die individuellen Bauernwirtschaften festgelegt und die Schließung von Kirchen nur im Falle des wirklichen Wunsches der überwältigenden Mehrheit der Bauern und nur nach Bestätigung des Beschlusses der Bauernversammlung durch das Gebietsexekutivkomitee gestattet wurde.[360]

Über die verfassungsrechtliche Verankerung der Glaubens- und Gewissensfreiheit in der Sowjetunion druckte das SAV einen Artikel aus der „Moskauer Rundschau"[361] und ein Interview mit A. J. Rykov[362] nach. Hinzu kamen Stellungnahmen und Erklärungen der verschiedenen sowjetischen Religionsgemeinschaften, die sich übereinstimmend gegen die international entfachte antisowjetische Kampagne zur Wehr setzten, die unter dem Schlagwort der „Religionsfreiheit" begonnen hatte: so ein Interview mit dem Metropolit der griechisch-orthodoxen Kirche, Sergius, aus der „Iswestija" vom 16. Februar 1930[363], ein Aufruf der Minsker Rabbiner vom 27. Februar 1930[364], eine Erklärung des Kongresses der Vertreter der armenisch-katholischen Kirche vom 10. März 1930[365], sowie eine Erklärung der Diözese Minsk vom 22. März 1930.[366]

[360] Zit. n.: SAV 1930, Nr. 12, S. 90.

[361] Zit. n.: SAV 1930, Nr. 9, S. 68.

[362] Interview mit A. J. Rykov über die Religionsfreiheit in der UdSSR, in: SAV 1930, Nr. 13, S. 100.

[363] Interview mit dem Metropoliten der griechisch-orthodoxen Kirche, Sergius, aus der „Iswestija" vom 16. Februar 1930, in: SAV 1930, Nr. 9, S. 67.

[364] Zit. n.: SAV 1930, Nr. 11, S. 84 f.

[365] Erklärung des Kongresses der Vertreter der armenisch-katholischen Kirche vom 10. März, in: SAV 1930, Nr. 12, S. 90.

[366] Erklärung der kath. Diözese Minsk vom 22. März 1930, in: SAV 1930, Nr. 13, S. 99.

Außerdem veröffentlichte das SAV einen Bericht aus der kommunistischen Presse über die maßgebliche Beteiligung von Erzbischöfen und Popen an monarchistischen, gegenrevolutionären Geheimorganisationen[367], den Aufsatz eines kommunistischen Arbeiters über das Verhalten der russisch-orthodoxen Kirche vor der sozialistischen Oktoberrevolution[368] sowie den Bericht eines Kommunisten über das religiöse Leben in der Sowjetunion.[369]

Die sachliche Information über Organisation und Tätigkeit der kommunistischen Freidenker in der Sowjetunion wurde durch folgende Abdrucke geleistet: eine Übersicht über die Zeitschriften der sowjetischen Atheisten „Der Gottlose" und „Der Antireligiöse"[370], ein Originalbericht über die Zeitschriften der sowjetischen Atheisten[371], ein Interview mit dem Vorsitzenden der Besboschniki[372] und schließlich der Abdruck kommunistischer Originalberichte der Moskauer Organisation der Besboschniki, mit dem Eckert am 12. April 1930 in zwölf Fortsetzungen begann.[373]

4.4.4 Eckerts Parteinahme für die Sowjetunion auf dem Deutschen Evangelischen Kirchentag in Nürnberg (1930)

Zu einer unmittelbaren Konfrontation zwischen dem Wortführer des Bundes der religiösen Sozialisten und der höchsten

---

[367] SAV 1930, Nr. 9, S. 70.

[368] SAV 1930, Nr. 11, S. 84.

[369] SAV 1930, Nr. 11, S. 83.

[370] SAV 1930, Nr. 19, S. 149.

[371] SAV 1930, Nr. 31, S. 246 f.; Nr. 43, S. 341.

[372] SAV 1930, Nr. 13, S. 101.

[373] Der Abdruck kommunistischer Originalberichte der Moskauer Organisation der Besboschniki in 12 Fortsetzungen begann in: SAV 1930, Nr. 16, S. 126. Vgl. Eckerts Rechenschaftsbericht für das Jahr 1930: „Unser Blatt ist die einzige deutsche Zeitschrift, die das Schriftentum der russischen Atheisten unvoreingenommen übersetzen läßt und im Auszug veröffentlicht, damit eine sachliche Grundlage für die notwendige Auseinandersetzung geschaffen wird." E. Eckert, Vorwärts zu neuen Aufgaben und neuen Kämpfen, in: RS 1931, Nr. 1, S. 1.

kirchlichen Körperschaft des deutschen Protestantismus kam es auf dem Deutschen Evangelischen Kirchentag, der vom 24. bis 30. Juni 1930 in Augsburg und Nürnberg stattfand. Eckert stand als einziger Vertreter des Bundes „einer geschlossenen bürgerlichen Einheitsfront"[374] gegenüber. Als er versuchte, sich einer der Fraktionen – es gab die orthodoxe, die vermittelnde und die liberale – anzuschließen, um in einen der Ausschüsse gewählt zu werden, wurde ihm die Aufnahme als Gast versagt, und zwar, wie es in der Begründung der vermittelnden Fraktion lautete, nicht, weil er der SPD angehöre und Vorkämpfer des „religiösen Sozialismus" sei, sondern allein aufgrund der Tatsache, daß er „den Kampf gegen die Kirche in einer Weise führe, die in weitesten Kreisen als tief verletzend empfunden werde".[375]

Es war unvermeidlich, daß Eckert als einziger der 209 Abgeordneten der Erklärung zur „Christenverfolgung in Rußland", mit der die bisherigen antisowjetischen Äußerungen von Theologen, Synoden und anderen kirchlichen Gremien zu einem Gesamtvotum des deutschen Protestantismus verbunden werden sollten, seine Zustimmung verweigerte. Die Rede, in der er in Nürnberg seinen Widerspruch gegen diese Kirchentagskundgebung begründete, gehört nach Ansicht des DDR-*Kirchenhistorikers* Bredendiek „zu den wichtigsten Dokumenten zur neueren Geschichte des Protestantismus in Deutschland".[376] Nach Bredendiek steht sie „gleichwertig neben Karl Barths berühmtem Aufsatz ‚Quousque tandem?', neben Günther Dehns Magdeburger Vortrag über ‚Kirche und Völkerversöhnung' und neben der zwar weniger bekannten, aber nicht weniger wichtigen Erklärung der religiösen Sozialisten in Thüringen vom November 1930 gegen ein Bündnis der evangelischen Kirchen mit dem Faschismus".[377] Tatsächlich kann Eckerts Nürnberger

[374] E. Eckert, Auf dem DEK in Augsburg und Nürnberg vom 24.–30. Juni 1930, in: SAV 1930, Nr. 27, S. 213.
[375] Ebd.
[376] W. Bredendiek, Lenin und die Sowjetunion im Urteil evangelischer Theologen in den letzten Jahren der Weimarer Republik, in: „Stimme der Gemeinde", 8/1970, Sp. 245.
[377] Ebd.

Kirchentagsrede als ein überaus wichtiges Dokument der *Sozialgeschichte* des deutschen Protestantismus angesehen werden, vor allem wegen der Reaktion, die diese Rede *auf dem Kirchentag und in der kirchlichen Öffentlichkeit* selbst auslöste. Gegenüber seinen im SAV vertretenen Äußerungen zur Sowjetunion fällt seine Rede in verschiedenen Punkten weniger klar aus, auch wenn an seiner *inhaltlichen* Parteinahme für die Sowjetunion kein Zweifel besteht. Um sich seinen Zuhörern verständlich zu machen, verwandte er wieder religiöse Kategorien, wie er sie in seiner ersten Stellungnahme vom 16. Februar 1930 gebrauchte.

Zunächst ließ man Eckert mit seinem Widerspruch gegen die „Rußlanderklärung" gar nicht zu Wort kommen. Als er dann am 28. Juni dazu Gelegenheit erhielt, sagte er in seiner „Nicht reden und anklagen, sondern schweigen und Buße tun soll die christliche Kirche" überschriebenen Gegenrede: „Die Kirche selbst lehrte das Proletariat alles, was mit Kirche, Religion und Christentum zusammenhängt, verachten und hassen, weil vor allem die russisch-orthodoxe Kirche ein willenloses Werkzeug des Zarismus war, ein Werkzeug zur systematischen Unterdrükkung des proletarischen Freiheitskampfes, zur Verfolgung und Vernichtung der revolutionären Führer ... Die Arbeiter- und Bauernmassen, die das Joch des Zaren, der Gutsherren, der Militärs, der Besitzenden abgeschüttelt hatten, mußten sich wehren gegen eine Welt von Feinden, gegen die organisierten, von den Kapitalisten der europäischen Länder unterstützten weißgardistischen Heere. Sie waren im Kriegszustand, sind es in einem anderen Sinne, auch nach dem militärischen Siege, heute noch."[378] Man könne die Grausamkeiten, die in Rußland vorgekommen sind, „nicht auf das Konto der Führer des Proletariats setzen, so wenig, wie man Luther ohne weiteres verantwortlich machen kann für das Hinschlachten der Bauernmassen 1525".[379]

[378] E. Eckert, Nicht reden und anklagen, sondern schweigen und Buße tun soll die christliche Kirche, in: SAV 1930, Nr. 28, S. 217.
[379] Ebd., S. 210.

Als Eckert auf die Grausamkeiten und die Erschießungen katholischer Priester beim Vormarsch in Belgien während des Ersten Weltkrieges[380] zu sprechen kam, entstand ein „tobender Lärm".[381] Zwischenrufe wie „Unerhört!", „Schluß!", „Herunter!" machten es ihm zunächst unmöglich, weiterzureden. Er rief in den Saal: „Und wenn Sie noch so laut sind, die Wahrheit ist stärker als Sie, ‚Die Wahrheit muß siegen‘."[382]

Eckert verwies im Verlauf seiner Rede auf die wirtschaftlichen Gründe der Notzeit der Christen in der Sowjetunion. „Das zähe Festhalten der nach ‚christlichen‘ Grundsätzen Erzogenen an der Privatwirtschaft, die Passivität, die Ablehnung oder der offene Kampf gegen den grandiosen Versuch der Kollektivwirtschaft, des Fünfjahresplanes, des industriellen Aufbaus und der Elektrifizierung des Landes ist die Ursache der ‚religiösen‘ Leiden vieler Christen in Sowjetrußland. Sie sehen, ihrer ‚christlichen‘ Erziehung entsprechend, in all diesen Dingen ein ‚Teufelswerk‘, das bekämpft werden müsse... Für mich ist der Bolschewismus nichts Teuflisches, die Kollektivierung nichts Teuflisches, sondern ein neuer Weg zur Erfüllung der jeder menschlichen Gesellschaft gestellten Aufgabe, für alle, die guten Willens sind, ein menschenwürdiges Dasein zu erschließen."[383] Die Kundgebung des Kirchentages nütze gar nichts, „es sei denn, daß die russischen Emigranten und ihre geistlichen Führer Tychon und Antonius... ein neues Propagandamittel haben gegen Sowjetrußland".[384] Eckert sprach dem Kirchentag überhaupt das Recht ab, diese „Rußlanderklärung" zu verabschieden. „Sie haben kein Recht, meine Herren, eine solche Kundgebung gegen die Christenverfolgungen in Rußland zu erlassen, wenn Sie nicht zugleich die Christenverfolgungen im übrigen Europa und der Neuen Welt brandmarken. Die Kriegsrüstungen sind Christenverfolgungsvorbereitungen, die kapitalistische

---

[380] Eckert bezog sich auf ein amtliches Dokument über die Erschießung von 47 Priestern während der deutschen Besetzung Belgiens im 1. Weltkrieg, das er in: SAV 1930, Nr. 13, S. 99, bereits abgedruckt hatte.
[381] Ebd., S. 218.
[382] Ebd.
[383] Ebd.
[384] Ebd.

Wirtschaftsordnung (Oho – also darum, hört, hört – große Unruhe) ist Christenverfolgung – sie zerstört die Seelen der Massen, die im Elend der Arbeitslosigkeit verkommen (Zwischenrufe eines Konsistorialrates: ‚Phrasen, Phrasen!‘, Eckert schrie außer sich: ‚Was Phrasen? Wer den Jammer der Massen kennt in der Großstadt, der weiß, daß das *keine* Phrasen sind.‘) Die kapitalistische Wirtschaftsordnung ist systematischer Brudermord im Stillen, sie schändet den Geist Christi. Darum meine ich, schweigen Sie, reden Sie nicht für die Kirche, die Buße tun muß – unterlassen Sie die Kundgebung, ich kann ihr nicht zustimmen . . . Verlangen Sie nicht durch Erlasse der Kirchenregierungen und durch die Kundgebung, daß ich im Grunde gegen die Sowjets, gegen die ins Licht drängenden Massen meiner, auch Ihrer Brüder und Schwestern aus dem Proletariat, gegen die Kollektive beten soll, für die sogenannte ‚christliche‘ Kultur und Ordnung, die ja nichts anderes ist als die christlich verbrämte bürgerlich-kapitalistisch-materialistische Unkultur und Unordnung.“[385]

4.4.5 Die Reaktion der Kirche auf Eckerts Parteinahme für die Sowjetunion

Kirchliche Reaktionen auf Eckerts Parteinahme für die Sowjetunion waren schon vor dem Kirchentag naturgemäß nicht ausgeblieben. Als Beispiel der Reaktion mag hier die Äußerung des ehemaligen deutsch-nationalen Landtagsabgeordneten und württembergischen Kirchenpräsidenten Theophil Wurm dienen, die dieser auf einer Stuttgarter Versammlung des „Evangelischen Bundes“ machte: „Dieser Ansturm einer bewußten Gottlosigkeit und Christenfeindschaft hätte aber nicht so viel Aussicht auf Erfolg, wenn nicht auch von anderer ernst zu nehmender Seite die Kirche durch eine maßlose Kritik fortwährend diskreditiert würde. Die Losung laute zwar: ‚Gegen die Kirche, für die Kirche‘; aber das ‚gegen‘ trete so einseitig in den Vor-

---

[385] Ebd.

dergrund, daß mit der Kirche auch ihre Botschaft der Verachtung anheimfalle."[386] Nach dem Bericht des SAV erklärte der Kirchenpräsident, daß diese Äußerung auch durch das aggressive Auftreten *eines* Führers der religiösen Sozialisten hervorgerufen worden sei.[387]

Die „Kirchlich-Positiven Blätter" der badischen Orthodoxie schrieben am 6. April 1930: „Ein Antikirchentag in ganz Europa und Amerika wird von der Kommunistischen Internationale angekündigt. Die Veranstaltung soll am 20. April, d. h. Ostersonntag, von sämtlichen kommunistischen Verbänden durchgeführt werden. Unter der Parole ‚Kampf gegen die Kirche und Schutz für die Sowjetunion' soll eine starke Propaganda gegen die Kirche entfaltet werden. Wir empfehlen als Festredner den Mannheimer Pfarrer Eckert, der sich ja schon ganz im Sinne dieser Parole hat vernehmen lassen."[388]

Auf dem Kirchentag wurden Eckert als mildeste Kritik von der Versammlung die Worte „Frechheit", „Schande", „Lüge", „Verrat" und „Verlogen" zugerufen. Der Präsident des Kirchentages, Graf Vitzthum von Eckstädt, stellte Eckert die Zensur aus, daß in seinem Auftreten „nichts von Erziehung, Bildung und christlichem Gewissen"[389] zu spüren gewesen sei. Eckert habe die „heiligsten Gefühle des Kirchentages verletzt".[390] Hierfür erteilte er ihm einen „Ordnungsruf".

Über die „erfreuliche Tatsache, daß der Kirchentag sich die Eckertsche Weise nicht hat bieten lassen"[391], berichteten die „Christlich-Positiven Blätter" am 27. Juli 1930. Man hätte jedoch in geschäftsmäßiger Form dem Redner das Wort entziehen und diesen „Wolf im Schafspelz"[392] deutlich und bestimmt als das entlarven sollen, was er sei, „ein falscher Prophet, der nicht auf einen evangelischen Kirchentag gehört".[395]

---

[386] Zit. n.: SAV 1930, Nr. 16, S. 126.
[387] Ebd., (Hervorhebung F. M. B.).
[388] Zit. n.: SAV 1930, Nr. 15, S. 116.
[389] SAV 1930, Nr. 27, S. 214.
[390] Ebd.
[391] Zit. n.: SAV 1930, Nr. 33, S. 263.
[392] Ebd.
[395] Ebd.

Die „Badische Zeitung" empörte sich am 2. August 1930 darüber, daß Eckert „in leidenschaftlicher Weise unter dem Widerspruch des ganzen Hauses seinen aus dem „Sonntagsblatt des arbeitenden Volkes" sattsam bekannten Standpunkt vertrat und sich berufen fühlte, die stark kompromittierte Sowjetunion zu schützen und zu verteidigen, statt für die hartbedrängten und verfolgten russischen Christen einzutreten. Er will ja auch noch nicht einmal das Fürbittegebet für sie gestatten ... er richtet sich von selbst, zumal Eckert die Stirn hatte, die angeblich von den Deutschen in Belgien verübten Kriegsgreuel und Erschießungen katholischer Priester (Spione!) den russischen Christenverfolgungen gleichzustellen. Bei diesen Äußerungen erhob sich ein ungeheurer Lärm auf allen Bänken des Kirchentages."[396] Der „Held dieses Skandals" habe die Stirn gehabt, „sich zum Fürsprecher der gegen die russischen Christen (und gegen unsere Millionen von deutschen Brüdern an der Wolga und Kaukasus usw.) wütenden bolschewistischen Bluthunde aufzuwerfen, der sich zugleich der Infamie schuldig macht, ihre in der ganzen Welt unerhörten Schandtaten, gegen welche die eines Nero und Tiberius verblassen, mit den unserem tapfern Kriegsheer durch Verrat und Hinterlist aufgezwungenen Kriegsmaßnahmen zu vergleichen! Diesem christlichen Priester, der als Advokat des Teufels – im Gegensatz zur ganzen christlichen Welt – mit seinem bolschewistisch fanatischen Irrsinn auch den deutschen Kirchentag skandalisieren zu müssen glaubte, der sogar sich erdreistet, seinen zu Tausenden hingemordeten und gemarterten Brüdern das obrigkeitlich vorgeschriebene Kirchengebet zu verweigern, ist vom deutschen Kirchentag die wohlverdiente Abfuhr zuteil worden. Wir beschränken uns darauf, die letztere noch mit einem kräftigen ‚Pfui Teufel' zu vervollständigen."[397] Angesichts der „unerhörten Blamage"[398] könne man aber über den „Fall Eckert" noch lange nicht zur Tagesordnung übergehen. Die „Badische Zeitung" fragte die badische Synode, wie

[396] Ebd.
[397] Ebd.
[398] Ebd.

sie es verantworten konnte, „einen mit den bekannten Anteze-
denzien belasteten Menschen (wir erinnern nur an sein berüch-
tigtes revolutionäres Manifest) ausgerechnet als Vertreter der
badischen Landeskirche nach Nürnberg zu entsenden".[399] An
die Adresse des badischen Oberkirchenrates und der Kirchenleitung hieß es: „Können Sie es noch länger verantworten, diesen unsere Kirche so schwer kompromittierenden ‚Diener‘, der
sich zudem über Ihre Anordnungen unbotmäßig hinwegsetzt,
noch länger in Amt und Würde belassen ... Sind wir es nicht
dem Ansehen und der Würde Ihrer Kirche und dem badischen
Kirchenvolk ... schuldig, endlich ein Exempel zu statuieren?
Oder bedarf es noch weiterer Skandale?"[400] Die „Deutsch-nationale Zeitung" schrieb abschließend: „Man löse ihm (Eckert) so
rasch wie möglich einen Reisepaß und schaffe ihn dahin, wo er
sich längst einer guten Zensur erfreut und wo er von Rechts
wegen hingehört: in das Sowjetparadies."[401]
Am 14. Oktober richtete der deutsch-nationale Reichstagsabgeordnete Dr. Hanemann in der „Badischen Zeitung" einen offenen Brief an den badischen evangelischen Oberkirchenrat.
Eckerts Ausführungen in Nürnberg seien „absolut unerträglich
aus dem Munde eines angeblich noch evangelischen Geistlichen".[402] „So weit geht die Freiheit des Christenmenschen nicht,
daß sich ein aus Mitteln der Bekenner der evangelischen Kirche
besoldeter Geistlicher erkühnen darf, die fanatischste und grausamste Verfolgung des Christentums, die die Welt je gesehen
hat, gewissermaßen noch gutzuheißen und zu verteidigen und
in der Verteidigung für die jene infamierenden Vergleiche zwischen den angeblichen Greueltaten unserer Truppen im Kriege
mit den Handlungen der Bolschewiki zu ziehen."[403] Eckert
möge der Ansicht sein, daß er recht gehandelt habe. Aber in
diesem Fall habe er „als evangelischer Geistlicher ausgespielt".[404]
Auf alle Fälle verwahrte sich der deutsch-nationale Reichstags-

[399] Ebd.
[400] Ebd.
[401] Ebd.
[402] Zit. n.: SAV 1930, Nr. 42, S. 332.
[403] Ebd.
[404] Ebd.

abgeordnete „gegen eine derartige Persönlichkeit als Geistlichen, der doch ein besonderer Bekenner des Christentums und kein Apostel des widerlichsten und grausamsten Atheismus zu sein hat".[405] Der EOK wurde gebeten, mitzuteilen, ob und welche Schritte er gegen Eckert unternommen habe und wie er sich die „weitere Tätigkeit des Herrn Eckert als Geistlichen der evangelischen Kirche denkt".[406]

Am 25. Februar 1930 war Eckert bereits durch Erlaß des EOK die „Unhaltbarkeit seiner Einstellung"[407] zur Sowjetunion und zur antisowjetischen kirchlichen Aktion deutlich gemacht worden. In seiner Antwort vom 3. März 1930 schrieb Eckert an den EOK: „Ich begreife nicht, wie mir der Oberkirchenrat vorwerfen kann, daß ich immer erst prüfe, ob die Einstellung meiner Kirche auch mit meinen politischen und wirtschaftlichen Ansichten übereinstimme ... Auch ein Mehrheitsbeschluß des Oberkirchenrats, auch die Urteilsbegründung eines Dienstgerichts kann sich über die Motive, die einen Menschen zu entschlossenem Handeln zwingen, sehr irren."[408]

4.4.6 Die Meinungsverschiedenheiten innerhalb des Bundes in bezug auf die Sowjetunion (1930/31)

Auch im Bund der religiösen Sozialisten führte Eckerts Versuch, die Sowjetunion vor dem „kirchlichen Generalangriff" zu schützen, zu erheblichen Spannungen, die nur durch die Intervention des Schweizer religiösen Sozialisten und Präsidenten des Internationalen Bundes der religiösen Sozialisten, Leonhard Ragaz, kompromißhaft in einer „Internationalen Kundgebung der religiösen Sozialisten zu den Religionsverfolgungen in Rußland"[409] vorerst beschwichtigt werden konnten. Mit den Formulierungen dieser Erklärung, schrieb Kappes am 25. März

---

[405] Ebd.
[406] Ebd.
[407] Anklageschrift vom 7. Mai 1931, S. 6, Privatarchiv Eckert.
[408] Ebd., S. 6 f.
[409] Internationale Kundgebung der religiösen Sozialisten zu den Religionsverfolgungen in Rußland, in: SAV 1930, Nr. 12, 23. März 1930, S. 89 f. Die Kundgebung war vom internationalen Ausschuß der religiösen Sozialisten

1930 an den Offenbacher Pfarrer Creter, „kann auch bei uns im Bund die Spannung, die über den ersten Eckertschen Artikel entstanden ist, als überwunden gelten".[410]

Die Formulierungen der Kundgebung vermieden eine eindeutige Stellungnahme.

Einerseits erklärte die internationale Kundgebung, daß „wie alle Nachrichten aus Rußland, so auch die, welche uns über die Verfolgung der Kirchen und der Religion von dort zufließen, im Verdacht stehen, durch Parteileidenschaft entstellt oder zumindestens einseitig und bruchstückhaft sind".[411] Andererseits wurde nicht daran gezweifelt, „daß ein Kern von Wahrheit in den Berichten über jene Verfolgung liegt, und ... daß der Geist des Bolschewismus ein Geist des Hasses und der Verachtung gegen alles ist, was nach Religion und gar nach Christentum aussieht".[412] Einerseits wurde zugestanden, daß in Rußland „der Name Christus mit Bedrückung und Ausbeutung des Volkes, mit politischer und sozialer Reaktion, ja mit dem Despotismus selbst, mit schlimmster, oft ganz blutiger Verfolgung aller Wahrheit und Gerechtigkeit, auch aller wahren Religion, verbunden gewesen ist".[413] Andererseits verurteilten die Unterzeichneten „in Schmerz und Trauer" den „politisch-sozialen Terror des bolschewistischen Systems" und seine „Gewalttätigkeit in geistigen und religiösen Dingen".[414] Die russischen Vorgänge wurden sowohl als „ein gewaltiges Gericht über unser Christentum" und eine „Mahnung zu Buße und Umkehr"[415], als auch als eine „Mahnung für den Sozialismus" interpretiert,

unterschrieben. Zu diesem Ausschuß gehörten als Präsident Leonhard Ragaz, Zürich, als Sekretärin Hélène Monastier, Lausanne, sowie William Banning, Holland, Otto Bauer, Österreich, Erwin Eckert, Deutschland, Ernest Fabry, Belgien, Fred Hughes, England, und Paul Passy, Frankreich. Die Tatsache, daß Eckert diesen Aufruf nur in stark verkürzter Form im Religiös-Sozialistischen Pressedienst wiedergab, deutet an, daß er sich nur sehr widerwillig zu dieser Kundgebung hergab.

[410] SPK VKBrS, Religiös-sozialistische Theologentagung Ostern 1930 (ungeordnet).

[411] Internationale Kundgebung, a. a. O., S. 89.

[412] Ebd.

[413] Ebd.

[414] Ebd.

[415] Ebd.

der durch seinen „Gewaltglauben", die „Vergötzung der Wissenschaft, die Verkennung des ewigen Rechtes der Individualität ..., die Rationalisierung und Mechanisierung des Lebens, den Utilitarismus der Moral unter die Herrschaft dämonischer Mächte"[416] zu geraten drohe.

Diese Kompromißerklärung, in der sozial-pazifistische Tendenzen den Ausschlag gaben, spiegelte weit eher die Gesamthaltung der Bewegung der religiösen Sozialisten wider als die klassenkämpferische Militanz des Bundesvorsitzenden Eckert, der aufgrund seiner überragenden Resonanz, die er über die Schallmauer der kleinbürgerlich denkenden Arbeiter, Angestellten und Handwerker hinaus beim industriellen Kern des großstädtischen Proletariats fand, die sozial-pazifistischen Tendenzen innerhalb des Bundes weitgehend zurückdrängen konnte. Die Vorbehalte innerhalb des Bundes gegen die von Eckert vertretene Parteinahme für die Sowjetunion blieben bestehen. Da Eckert sich im SAV diesem Kompromiß nicht nur nicht unterwarf, obwohl er als Bundesvorsitzender die internationale Kundgebung mitunterzeichnet hatte, sondern sich sein Bewußtsein im sozialen Polarisierungsprozeß seit dem Beginn der Weltwirtschaftskrise zunehmend verschärfte, nahmen die Widerstände gegen ihn eher zu. Der soziale Polarisierungsprozeß spiegelte sich nicht nur in der Stellung des deutschen Protestantismus zur Sowjetunion wider. Er drückte sich auch in den gegensätzlichen Tendenzen innerhalb des Bundes aus.

Die ideologischen Differenzen wurden aber in der Periode bis zum Juni 1931 weitgehend verdeckt durch die dem Bund aufgezwungene Solidarität mit Eckert, nachdem dieser auf dem DEK selbst zum Gegenstand heftigster Angriffe innerhalb der Kirche geworden war.

Auf dem V. Kongreß des Bundes, der im Anschluß an den Nürnberger Kirchentag Anfang August in Stuttgart stattfand, bekräftigte Eckert seine Stellung gegen die „Gebetskampagne gegen Sowjetrußland und zugleich natürlich alles, was ernstlich sozialistisch ist"[417], die die „imperialistische Front der Kapita-

---

[416] Ebd., S. 89 f.

listen unter der Führung Englands und Amerikas"[418] eingeleitet habe. Entgegen den Versuchen der bürgerlichen Presse, Eckert im Bund der religiösen Sozialisten zu isolieren, verabschiedete der Kongreß eine Kundgebung, in der dagegen protestiert wurde, daß der Kirchentag durch einen positiv-liberalen Mehrheitsbeschluß und im Widerspruch zu den feierlichen Erklärungen des Kirchentages „vom Eigenrecht persönlicher evangelischer Frömmigkeit"[419] und vom „Dienst auch an denen, die der Kirche fremd und feind geworden sind"[420], den „Wortführer des Bundes der religiösen Sozialisten Deutschlands mundtot zu machen versucht"[421] hatte. „Mit dem Ausschluß unseres Bundesführers ist das sozialistische Proletariat von der kirchlichen Mitbestimmung ausgeschlossen und die Grundlage aufs neue in Frage gestellt worden, auf der sich heute die Volkskirche aufbauen muß."[422] Gegenüber den Versuchen kirchlicher Kreise, „einen Unterschied zwischen der Stellungnahme des Wortführers der religiösen Sozialisten, Pfarrer Eckert, und der Meinung des Bundes selbst zu konstruieren", stellte der Kongreß ausdrücklich fest, „daß er ohne Vorbehalt hinter der von Pfarrer Eckert auf dem Kirchentag eingenommenen Haltung und der von ihm zum Ausdruck gebrachten Ansicht"[423] stehe. Die Tatsache, daß Eckert am Ende dieses Kongresses einstimmig zum 1. Vorsitzenden des Bundes wiedergewählt wurde, schien ein Beweis ungebrochenen Vertrauens und uneingeschränkter Unterstützung des Vorsitzenden auch in seiner Parteinahme für die Sowjetunion zu sein. Der Eindruck der einmütigen und geschlossenen Haltung des Bundes in der Frage seiner Stellung zur Sowjetunion geht jedoch verloren, wenn man die Äußerungen,

---

[417] E. Eckert, Eröffnungsrede auf dem 5. Kongreß in Stuttgart, in: SAV 1930, Nr. 32, S. 252.
[418] Ebd.
[419] Erklärung des Bundes zum DEK in Nürnberg 1930, in: ZRS 5/1930, S. 272. Eckert selbst bemerkte zu dieser Erklärung: „Sie ist übrigens nicht von mir vorgeschlagen und nicht von mir formuliert." E. Eckert, Rückblick auf den 5. Kongreß, in: SAV 1930, Nr. 33, S. 268.
[420] Erklärung des Bundes, a. a. O., S. 272.
[421] Ebd.
[422] Ebd.
[423] Ebd., S. 272 f.

die über diesen Kongreß bekannt wurden, miteinbezieht. Professor Karl Thieme, der sich als Antipode Eckerts in der Frage der Sowjetunion erwies[424], warnte auf dem Kongreß davor, „die Sowjetunion zu überschätzen".[425] In seinem in der „Christlichen Welt" veröffentlichten Bericht über den Stuttgarter Kongreß erklärte er: „In der Frage der Haltung des Bundes zu den Leiden der Christen in Sowjetrußland wurde festgestellt, daß der Bund mit der Kundgebung der Internationalen Vereinigung der religiösen Sozialisten *und* der Rede Pfarrer Eckerts auf dem Kirchentag – *abgesehen* von seiner Auffassung der tatsächlichen Lage im Sowjetstaat, die von vielen Bundesmitgliedern ganz anders beurteilt wird – einverstanden ist."[426] Der „einseitige Abdruck prosowjetischer Quellen im Sonntagsblatt des arbeitenden Volkes" sei als „Korrektiv gegen die ausschließlich antisowjetische Berichterstattung der übrigen religiösen Presse zu betrachten."[427]

Aus dem Rückblick Eckerts auf den 5. Kongreß gingen die gegensätzlichen Auffassungen über den Klassenkampf und die Rolle der Gewalt in der Geschichte hervor. Eckert grenzte sich von Pfarrer Stürner ab, „der in Übereinstimmung mit einigen anderen Freunden, die von der bürgerlichen Demokratie zu uns gestoßen sind, die unrichtige Folgerung aus unserer Entschließung gegen die Diktatur des Faschismus gezogen"[428] habe, daß

---

[424] Eckert sprach von Professor Karl Thieme als einem Freund, der wie andere „zu den Vorgängen in Rußland eine kritischere und ablehnendere Stellung" einnehme als er selbst, und meine, „daß das, was heute in Sowjetrußland an der religiösen Bekennerschaft geschieht, den Namen Christenverfolgung so gut verdiene als jene grausamste ‚Ausrottung staatsfeindlicher Elemente' im alten Rom oder unter irgendwelchen Heidenvölkern."
E. Eckert, Kreuzzug gegen Sowjetrußland? in: SAV 1930, Nr. 48, S. 381.
W. Bredendiek hat Karl Thieme dagegen in die Reihe jener Theologen gestellt, die sich „gegen die allgemeine antikommunistische Hysterie" wandten. (W. Bredendiek, Zum Polarisierungsprozeß im deutschen Protestantismus um 1930 – dargestellt an dessen Verhältnis zur Sowjetunion, in: Erkenntnishilfe und Wegweisung, Lenins Werk und wir Christen heute, Berlin [DDR] 1970, S. 167 f.) Vgl.: K. Thieme, Die russische Sphinx, Neue Rußland-Literatur, in: ZRS 6/1930, S. 372–378.
[425] K. Thieme, Stuttgarter Kongreß der religiösen Sozialisten, in: CW 1930, Nr. 17, vom 6. September 1930, Sp. 828.
[426] Ebd., Sp. 829.
[427] Ebd.

die religiösen Sozialisten sich „auch mit der gleichen Entschlossenheit gegen den Bolschewismus, der als Diktatur des Proletariats auf dem Klassenhaß aufgebaut sei, . . . zu wenden hätten".[429] Eckert bemerkte zu den sozialpazifistischen Tendenzen, wie sie von Stürmer, Lempp u. a. vertreten wurden: „Es ist ein Unterschied, ob man sich die Gewalt anmaßt gegen das Vertrauen des Volkes zu seiner Unterdrückung, oder ob man die Gewalt übernehmen muß von dem Vertrauen des Volkes gerufen und getragen. Es ist ein Unterschied, ob man die Gewalt zur Dauermethode macht oder nur solange benutzt, als die Gefahr besteht, daß die Mächte des zum Vergehen Verurteilten das Kommende böswillig sabotieren."[430] Eckert kündigte einen grundsätzlichen Aufsatz zu diesem Komplex an, damit diese Frage geklärt würde, „solange es noch Zeit ist".[431]

„Niemand von uns weiß, ob nicht das Proletariat gezwungen sein wird, der organisierten Diktatur der Bourgeoisie die entschlossene Diktatur des Proletariats entgegenstellen zu müssen."[432] Er verabscheue die Gewalt, frage aber die Vertreter des Sozialpazifismus: „Wer aber kann entscheiden, wo das ‚Unrecht der Gewalt' anfängt und das ‚Recht der Macht' aufhört? Und noch eines: Ist die bürgerliche ‚Demokratie' unserer Zeit nicht auf dem Wege einer Diktatur mit den legalen Mitteln der ‚demokratischsten' aller Verfassungen?"[433] Er forderte die „Genossen" auf: „Schützt das Proletariat und seinen Befreiungskampf vor der ‚sittlich-religiös' gefärbten Ideologie-Offensive des auf die Sicherung seines Bestandes bedachten Kapitalismus, der auf der Höhe seiner internationalen Konsolidierungen von

[428] E. Eckert, Rückblick auf den 5. Kongreß, in: SAV 1930, Nr. 33, S. 267 f.
[429] Ebd., S. 268.
[430] Ebd.
[431] Ebd.
[432] Ebd.
[433] Ebd. Eckert fuhr fort: „Wir müssen auf alle Fälle ein wachsames Ohr für die Töne auch in der Kirche und in den ‚christlichen' Kreisen haben, die jetzt schon mit fromm klingenden, ‚sittlich einwandfreien' Phrasen, ja unter Berufung auf den ‚Sinn der Demokratie', auf die ‚Gerechtigkeit' und ‚Freiheit', die ‚Menschlichkeit', die ‚christliche Kultur' eine mögliche Diktatur der internationalen Bourgeoisie in einem geeinten ‚Paneuropa' zu decken, zu rechtfertigen versuchen."

Krisen geschüttelt wird, deren er mit den Mitteln der gewöhnlichen Zeit nicht mehr Herr wird."[434]

Mit der Zuspitzung der sozialen und politischen Krise in der ersten Hälfte 1931 brachen die gegensätzlichen Auffassungen innerhalb des Bundes zur Sowjetunion, die auf dem Stuttgarter Kongreß nur mühsam überdeckt werden konnten, wieder auf. Am 29. April 1931 versuchte Eckert die Selbständigkeit des Bundes gegenüber der SPD zu bewahren, als er im Rundschreiben der Geschäftsstelle forderte, daß in der „Rußlandfrage" „die auch in der SPD-Presse oft eingenommene Haltung unbegründeter Aburteilungen Sowjetrußlands nicht mitgemacht werden soll".[435] Auf die Bemühungen Eckerts, den Bund im Sinne des Einheitsfrontdenkens gegen den Faschismus aus der Abhängigkeit gegenüber der SPD herauszuhalten, antwortete Kappes am 23. Juli 1931: „Wenn Du einen Krieg in Deutschland, die Zerstörung der jetzigen Wirtschaft, den Verlust von einigen Millionen Menschen, die Herabdrückung des Lebensstandards auf den russischen wagen willst, um die Grenzen Sowjetrußlands an den Rhein zu verlegen, und dann so argumentierst ‚Lieber jetzt alle Zerstörungen, als daß das Schicksal unseres Volkes unter dem Kapitalismus noch weiter andauert', dann magst Du die kommunistische Taktik wählen. Ich halte es für unverantwortlich, das zu tun . . . Außerdem bin ich kein Freund davon, daß alle die Kulturwerte, die wir haben, von der slawischen Walze in den Boden gewälzt werden."[436] Am 14. August 1931 riet Kappes, Eckert solle in die KPD eintreten, da er „auf dem kommunistischen Boden" stünde, „der Rußland als Basis einer politischen Weltrevolution annimmt".[437] Diese Aufforderung trug bereits quasi-offiziellen Charakter, da ein Durchschlag dieses Briefes an Dietz, Schenkel, Wünsch, Fuchs, Mertens und Göring ging. Schenkel, der Eckert als Schriftleiter

[434] E. Eckert, Rückblick . . ., a. a. O., S. 268. „In den proletarischen Parteien klare feste Haltung. Keine Verwässerung oder Eingrenzung des sozialistischen Kampfes durch irgendwelche ‚sittlich-religiös' verbrämte bürgerliche Ressentiments" (S. 267).

[435] Rundschreiben Nr. 20, SPK VKBrS, Generalia 1931, Blatt 76.

[436] SPK VKBrS, Generalia 1931, Blatt 121.

[437] Ebd.

des SAV – nach Eckerts Eintritt in die KPD am 3. Oktober 1931 – ablöste, schrieb am gleichen Tag an Kappes: „Wie man hört, soll Eckert nach Berlin gefahren sein und seine Hände irgendwie bei dem gefährlichen Spiel mit drin haben. Außerdem soll er die Einreiseerlaubnis nach Rußland erhalten haben und auf 4 Wochen dorthin fahren. Es wird dringend nötig sein, daß alle Beteiligten dafür Sorge tragen, daß der Bund und unser Bundesorgan nicht in diese Dinge mithineingezogen werden."[438] Nach Eckerts Eintritt in die KPD fragte Schenkel in einem Brief der „Bruderschaft Sozialistischer Theologen (Kreis Süd- und Westdeutschland)" vom 26. Oktober 1931: „Ist mit der religiös-sozialistischen Einstellung der leninistische Bolschewismus in seiner terroristischen Wirklichkeit vereinbar? Ist nicht viel eher Gandhi das Vorbild eines neuen Weges?"[439] Mit

---

[438] SPK VKBrS, Generalia 1931, Blatt 67.

[439] SPK VKBrS, Generalia 1931, Blatt 164. Vgl. hierzu den Leitartikel der Zeitschrift „Der Gottlose" vom 20. Mai 1930. „Die Religion und die revolutionäre Bewegung in Indien." Dieser Aufsatz wurde eigens für die Veröffentlichung im SAV ins Deutsche übersetzt. Das SAV hatte als einzige deutsche Zeitschrift das Copyright. Er erschien im SAV am 3. August 1930 in Nr. 31, S. 246 f.: „Die zu England versöhnlerisch gestimmten Kreise der Bourgeoisie und des Kleinbürgertums versuchen die Revolution in die Sackgasse des religiösen Sich-nicht-wehrens (Gewaltlosigkeit) hineinzujagen. Diese Kreise hoben auch Gandhi aufs Schild, der angeblich der Führer der Revolution, in Wirklichkeit aber ihr Verräter ist. Die Lehre Gandhis ist eine Mischung verschiedener Religionen: der brahmanischen, der christlichen und der tolstojanischen Lehre des Sich-nicht-wehrens gegen das Böse. In politischer Beziehung wird das Predigen Gandhis, sich nicht zu wehren, zum verbrecherischen Verrat der Interessen der Werktätigen Chinas (sic). Einerseits erklärte er sich zum Feind der englischen Herrschaft in Indien, andererseits aber vertritt er die Ansicht, daß das englische Militär in Indien zurückbleiben muß. Er erzählt in bewegten Worten von den Verbrechen der Europäer gegen die Völker Indiens und erklärt in demselben Atemzuge, das religiöse ‚Gesetz der allumfassenden Liebe' gebiete ihm auch die Imperialisten zu lieben ... Schon aus dem Gesagten ist klar, daß die sich nicht wehrende, versöhnlerische Bewegung des religiösen Gandhi sich als Hemmschuh auf dem Wege der Entwicklung der indischen Revolution erwiesen hat. Wie immer und überall, so auch hier, erweist sich die Religion als der schlimmste Feind der Werktätigen ... Die Tolstojaner und die Sektanten rufen auch in unserem Lande zum Sich-nicht-wehren und zur Liebe zu den Imperialisten auf und versichern, daß in diesem Falle sie es nicht wagen werden, uns anzufallen. Nein, die Werktätigen der USSR werden diesem Rufe nicht folgen, die werden sich nicht auf die Erde legen, um von den Panzerwagen der Imperialisten zermalmt zu werden ..."

diesem letzten Satz drückte Schenkel die ganze ideologische Spannweite des Bundes aus. Sie reichte von dem internationalen proletarischen Klassenstandpunkt, zu dem sich Eckert mit wachsender Klarheit durchrang, bis zu der durch Gandhi exemplarisch vertretenen sozialpazifistischen Ideologie, die als Beispiel für die Demobilisierung des Klassenkampfbewußtseins gelten kann. Mit dem Ausscheiden Eckerts aus dem Bund setzte sich die von Schenkel vertretene Richtung, die mit prononciertem Antikommunismus gepaart war, durch. Am 27. Oktober 1931 schrieb Schenkel an den badischen Pfarrer Ludwig Simon, Stetten a. d. M., „daß Sozialismus und Kommunismus nicht zwei verschiedene Nuancen derselben Sache sind. Rußland ist brutalster Terror von einem Prozent über 99%, Verbot jeder freien Presse, jeder politischen, religiösen und weltanschaulichen Freiheit, Staatskapitalismus in Reinkultur mit dem Zweck, nicht etwa nur die Kapitalisten, sondern die ganze Volkswirtschaft anderer Länder zu zerstören usw."[440]

Zwar antwortete Simon am 31. Oktober 1931 Kappes: „Ich habe den Eindruck, die Ablehnung der KPD und Rußlands, wie sie Schenkel ausspricht, ist wesentlich parteimäßig orientiert... Die unklaren Schlager mit Terror usw. kann ich im „Vorwärts" lesen, das brauchen sich Brüder der sozialistischen Bruderschaft nicht zu schreiben."[441]

Zwar bat Fuchs Eckert am 18. November 1931, so viel Material und Information wie nur möglich von seiner Reise in die Sowjetunion mitzubringen. Zwar schrieb Fuchs: „Das muß doch jedem klar sein, daß eine SPD, die die KPD opferte, selbst auch bald am Kreuze wäre."[442] Zwar schrieb Fuchs an Eckert: „Wenn bei uns Hitler zur Herrschaft kommt, so müssen wir Füchse wohl alle unsere Zuflucht in Rußland suchen, wenn wir lebend davon kommen."[443]

Doch auch Fuchs trennte sich von Eckert in der Frage der Gewalt. „Ich stehe durchaus auf dem Standpunkt der Gewalt-

[440] SPK VKBrS, Fall Eckert 1931/II, Blatt 171.
[441] SPK VKBrS, Generalia 1931, Blatt 167.
[442] E. Fuchs an Eckert vom 18. November 1931, in Privatarchiv Eckert.
[443] Ebd.

losigkeit, aber im Sinne von Ragaz, der radikalen, revolutionären Gewaltlosigkeit, die sich nicht vom Bürgertum bereden läßt
und deren Ideologie annimmt. Ich halte das immer noch für
den stärksten Standpunkt, gerade heute."[444] Durch Eckerts Eintritt in die KPD tat sich, wie Emil Fuchs in seinem „Abschiedswort an unseren Genossen Eckert" schrieb, eine „tiefe Kluft"[445]
auf. Diese Kluft war nicht zuletzt durch die Polarisierung
innerhalb des Bundes entstanden, die sich an der Frage der
Stellung zur Sowjetunion entzündete.

4.4.7 Die kommunistische Reaktion auf die öffentliche Partei-nahme des SAV für die Sowjetunion

Die unter Eckerts Schriftleitung entfaltete Parteinahme des
SAV für die Sowjetunion wurde in der Sowjetunion selbst
aufmerksam verfolgt. Sie führte zu einem Zeitpunkt, als der
Höhepunkt der Auseinandersetzung des SAV mit dem „kirchlichen Generalangriff auf die Sowjetunion" noch keineswegs
erreicht war, zu einer positiven Einschätzung.

Am 16. März 1930 schrieb die „Moskauer Rundschau" in einem
Aufsatz, der sich in seiner abgewogenen und differenzierten
Einschätzung des Kampfes der religiösen Sozialisten von manchen ungerechtfertigten Pauschalurteilen seitens der kommunistischen Presse in Deutschland unterschied: „Die unverkennbar
auf Krieg hinarbeitende Hetze gegen die Sowjetunion, die von
der Geistlichkeit der verschiedenen Konfessionen wegen des
bedrohten Seelenheils der Gläubigen und von der in der Regel
nicht gerade durch glaubenseifrige Christlichkeit charakterisier-
ten liberalen Presse im Rahmen der Gewissensfreiheit inszeniert
worden ist, wird auch von manchen Leuten durchschaut, in
deren Weltanschauung die religiösen Gefühle den Grundton
geben. Vor uns liegen die letzten Nummern des „Sonntagsblatt
des arbeitenden Volkes", das von dem Katholiken und Prote-

---

[444] Ebd.
[445] E. Fuchs, Ein Abschiedswort an unseren Genossen Eckert, in: RS 1931,
Nr. 52, S. 217.

stanten umfassenden ‚Bund der religiösen Sozialisten Deutschlands' herausgegeben wird. Auch wer die Meinungen der Herausgeber von der Zukunft der Religion in der verwirklichten sozialistischen Gesellschaft für Illusionen hält, wird den sittlichen Ernst nicht in Zweifel ziehen, der ihnen in der Kritik der kapitalistischen Ausbeutung und bei ihren Bemühungen, ihre Leser zum Eindringen in die marxistische Analyse der Klassengesellschaft anzuleiten, innewohnt. Jedenfalls wirken diese, mitunter an die deutsche soziale Revolution gemahnenden Versuche, für soziale Befreiung der Werktätigen die Bestätigung in überkommenen Lebensdeutungen zu finden, sympathischer als die Geschäftspolitik, die den Ausgleich zwischen Sozialismus und Religion in parteiprofitlichen Konkordaten der Herrschaftsinstrumente Staat und Kirche praktiziert. Die Redaktion des Sonntagsblatts widmet der kirchlichen Aktion gegen die Sowjetunion große Aufmerksamkeit. Sie gibt nicht nur die Dokumente, die sie betreffen, unparteiisch wieder, sondern weiß auch zu dem Mißbrauch der in großen Massen fortbestehenden Anhänglichkeit an die alten Glaubensformen zum Nutzen des internationalen Ausbeutertums manch kräftiges Wort zu sagen."[446]

---

[446] „Moskauer Rundschau", Nr. 11, vom 16. März 1930, zit. n.: SAV 1930, Nr. 13, S. 101.

5 Der Konflikt um Pfarrer Eckert
(November 1929 bis Oktober 1931)

5.1 Die politische Entwicklung Pfarrer Eckerts unter besonderer Berücksichtigung seines Verhältnisses zur SPD (November 1929 bis Oktober 1931)

5.1.1 Internationale Führertagung (November 1929)

Hatte die Haltung des Bundesvorsitzenden Eckert in der Frage des Panzerkreuzers zu einem ersten Konflikt mit dem SPD-Parteivorstand geführt, so verschärften sich die Spannungen zwischen ihm und der Parteiführung mit der immer deutlicher hervortretenden „Klassenscheidung in die bürgerlich-kapitalistisch-faschistische und in die proletarisch-sozialistisch-demokratische Front"[1], wie sie Eckert aus dem „Zwang zu Objektivität, die sich aus der Konstatierung und Gegenüberstellung der Tatsachen"[2] ergebe, um die Jahreswende 1929/30 auf der internationalen Führertagung des Bundes der religiösen Sozialisten feststellte. Er war überzeugt, daß sich diese „Klassenscheidung unaufhaltsam vollzieht"[3] und auf der „stürmischen Entwicklung des Kapitalismus"[4] beruhe. „Die Rationalisierung der Betriebe, die Konzentration und Fusion, ja die Internationalisierung der Schlüsselindustrien einerseits, der Zusammenbruch ganzer Wirtschaftsgebiete, des Handwerks, des Mittelstandes andererseits, treiben in beschleunigtem Tempo auf eine Intensivierung der kapitalistischen Ordnung hin und damit zugleich

---

[1] E. Eckert, Arbeitsmethoden und Taktik der religiösen Sozialisten Deutschlands, Rede auf der internationalen Führertagung in Köln, in: SAV 1929, Nr. 49, S. 363. An der „Führertagung" nahmen insgesamt 24 Wortführer der internationalen Bewegung der religiösen Sozialisten teil, u. a. Ragaz, O. Bauer, Mertens, Fuchs, Kappes, Banning, Eckert, Schwartze, Göring, Schenkel, Piechowski und Thieme.
[2] Ebd.
[3] Ebd.
[4] Ebd., S. 364.

auf eine Steigerung der sozialen Not. Arbeitslosennot, Warenhunger in der Masse, Finanznot des staatlichen Organismus müssen zu einer weiterschreitenden Proletarisierung breiter Volksgruppen kommen, die nie daran gedacht haben, in der sozialistischen Front zu stehen."[5] Die „Steigerung der Klassengegensätze"[6] finde ihren Ausdruck auch in der politischen Konstellation. Das „Bekenntnis der Demokraten zur kapitalistischen Privatwirtschaft auf ihrem letzten Parteitag in Mannheim, die Kämpfe innerhalb der Volkspartei nach dem Tode Stresemanns, die Betonung der schwerindustriellen Interessen gegenüber den sozialpolitischen Bemühungen der Arbeitervertreter, der Versuch Hugenbergs, durch das Volksbegehren die nationale (bürgerliche) Einheitsfront vorzubereiten und aufzurichten gegen den ‚Marxismus', endlich die durch das Kapital als deren Schutztruppe gezüchtete nationalsozialistische Bewegung"[7], dies alles deute darauf hin, daß der „konsolidierte Kapitalismus auch in Deutschland seine politische Macht zu konzentrieren beginnt".[8] Auch die „sogenannte selbständige christlich katholische Bewegung"[9] werde von dieser Entwicklung nicht verschont werden. Alle Versuche des Zentrums durch Stegerwald und Wirth und die Bereitschaftserklärung zu entschiedener Sozialpolitik, diese Entwicklung aufzuhalten, würden die „Zerspaltung des Zentrums"[10], des durch die „konfessionelle Klammer und den hierarchischen Einfluß zusammengehaltenen Verbandes"[11] nicht verhindern können.

Die „Koalitionspolitik" der SPD sei „verkehrt", da sie gezwungen sei, „die sich vorbereitende Klassenscheidung zu verheimlichen, sie zu vertuschen oder überhaupt nicht sehen zu wollen".[12]

Für den Bund der religiösen Sozialisten bestehe angesichts dieser

[5] Ebd.
[6] Ebd., S. 363.
[7] Ebd.
[8] Ebd.
[9] Ebd.
[10] Ebd.
[11] Ebd.
[12] Ebd.

Situation die Notwendigkeit, „auf alle Fälle die Dinge so zu sehen, wie sie sind" und sich „nicht aus taktischen Rücksichten die Augen verkleistern zu lassen".[13] Praktisch ergebe sich die Konsequenz, daß die religiösen Sozialisten „auf dem äußersten linken Flügel der sozialistischen Front stehen, und daß *in ihren Reihen auch Kommunisten* aufgenommen werden können".[14]

Der „Koalitionsreformismus" dürfe für die religiösen Sozialisten „unter gar keinen Umständen"[15] die Voraussetzung für ihre Wirksamkeit in der sozialistischen Bewegung sein. „Nicht weil die Partei im demokratischen Zeitalter ein neues Reservoir erschließen möchte, die kleinbürgerlichen Kreise, die noch irgendwie religiös kirchlich erfaßt sind, um koalitionstüchtiger zu werden, dürfen wir etwa Propaganda treiben für den sozialistischen Kampf; für uns handelt es sich *nicht* um das ‚Einfangen der Christen für die SPD‘, sondern um den entschlossenen Kampf, die Vorbereitung und Durchführung der sozialistischen Ordnung überhaupt."[16]

Es sei „höchste Zeit, daß sich alle religiösen und christlichen Menschen in die Front des kämpfenden Proletariats einordnen, da für sie durch den Entscheidungskampf zwischen Kapital und Arbeit und den Sieg der Arbeiterklasse aus Gottes Willen eine neue höhere Ordnung menschlichen Lebens heraufgeführt werden soll".[17]

5.1.2 Innerparteiliche Opposition (Mai 1930)

Entsprechend dem von ihm vertretenen Grundsatz, daß „alle Kritik und Opposition ... innerhalb der Partei"[18] durch die von der Partei dazu bestimmten Instanzen vorgetragen werden solle, profilierte sich Eckert als Sprecher der linken Opposition vor allem im Ortsverein Mannheim und dem Landesverband Baden der SPD.

[13] Ebd.
[14] Ebd., S. 364.
[15] Ebd.
[16] Ebd.
[17] Ebd.
[18] Ebd.

Am 11. Mai trat er auf der Konferenz des Unterbezirks Groß-Mannheim als Wortführer der linken Opposition auf, nachdem ihm die Konferenz mit großer Mehrheit gegen den Willen des Parteivorstandes als Gast eine Redezeit von 10 Minuten eingeräumt hatte. In seiner vor allem von der Gästeseite mit starkem Beifall aufgenommenen Rede betonte er, daß er mit der politischen Taktik der Partei und der Reichstagsfraktion nicht einverstanden sei und daß die Regierung nur in verschärftem Maß den von der Regierung Müller eingeschlagenen Kurs weiterführe. Die sozialdemokratischen Minister hätten sich dazu benutzen lassen, „die Interessenpolitik der bürgerlichen Parteien gegenüber der Arbeiterschaft zu decken".[19] Wenn auch die Koalitionsbeteiligung nicht grundsätzlich zu verneinen sei, so müsse doch die ganze Politik in Zukunft mehr darauf hinauslaufen, den „Charakter der kapitalistischen Politik zu brandmarken".[20] Die breite Masse müsse zusammengefaßt werden zu einer großen politischen Macht. Bei der Kandidatenaufstellung zur Reichstagswahl unterlag Eckert als Gegenkandidat der Opposition gegen den badischen Kultusminister und Reichstagsabgeordneten Dr. Remmele.

Auf dem badischen Landesparteitag, der am 17. und 18. Mai 1930 in Offenburg stattfand, war Eckert Delegierter des SPD-Ortsvereins Mannheim, „als der erste amtierende Pfarrer einer Landeskirche, der als Delegierter einem sozialistischen Parteitag beiwohnte".[21] Die „Heidelberger Volkszeitung" berichtete, daß

[19] Mannheimer „Volkszeitung" vom 12. Mai 1930; in der „Arbeiter-Zeitung" vom 13. Mai 1930 hieß es unter der Überschrift: „Wir können diese Politik nicht mehr vor Arbeitern vertreten" – Opposition auf der Unterbezirkskonferenz der SPD Groß-Mannheim –: „Dann erlitt der Parteivorstand seine erste Niederlage. Mit großer Mehrheit wurde beschlossen, daß Pfarrer Eckert als Gast sprechen dürfe. Um der Opposition aber gleich das Wort zu beschneiden, wurde noch rasch beschlossen, die Redezeit für die Diskussionsredner auf 10 Minuten zu beschränken. Eckert betonte gleich zu Beginn, daß er im Namen der anwesenden oppositionellen Genossen spreche. Unsere vier Minister ließen sich dazu gebrauchen, die Geschäfte der Bourgeoisie zu besorgen."
[20] „Volksstimme" vom 12. Mai 1930.
[21] E. Eckert, „Pfarrer Eckert und die Wahrhaftigkeit", in: SAV 1930, Nr. 46, S. 365.

sich auf dem Parteitag eine „sogenannte Opposition" bemerkbar machte, „die sich um den Genossen Pfarrer Eckert, Mannheim, scharte".[22]

Als Eckert von der kirchlichen Presse angegriffen wurde, weil er „von den eigenen Genossen das Wort entzogen bekam" und nicht protestierte wie in Nürnberg, antwortete er im SAV, daß er nicht auf dem Parteitag in Offenburg gewesen sei, um sich einen Reichskandidatensitz zu erkämpfen, „sondern um dort die Meinung *der* Parteigenossen zum Ausdruck zu bringen, denen die Koalitionsmethode der Parteimehrheit untragbar erschien. Ich sprach dort als Sprecher der Opposition, wenn Sie so wollen, der verlangte, es sollten, um die entschlossene Abkehr von der nach seiner Ansicht für die Interessen des Proletariats gefährlichen Koalitionspolitik zur klassenbetonten Opposition auch im Parlament deutlich zu kennzeichnen, die alten Reichstagsabgeordneten nicht mehr aufgestellt werden. Ich bin mit meiner Ansicht nicht durchgedrungen – ja, ich habe als *einziger* bei der Abstimmung *gegen die Wiederaufstellung* der alten Kandidaten gestimmt. Nennen Sie das Feigheit vor der SPD?"[23]

5.1.3 Wahlkämpfe 1930

Zur Vorbereitung der Landtagswahl in Sachsen im Jahre 1930 rief Eckert die Mitglieder des Bundes auf, sich an der Wahlarbeit am 22. Juni rege zu beteiligen, „damit wir ein rotes Sachsen bekommen".[24]

Zu den Reichstagswahlen am 14. September 1930 verbreitete die Geschäftsstelle ein Flugblatt, in dem es hieß: „Wendet euch ab von den völkischen Radaumachern, den Nationalsozialisten, diesen Hetzaposteln und Haßpropheten. Sie sind weder national, denn sie führen unser Volk ins Unglück, noch sind sie Sozialisten, denn sie wollen im Grunde nur die ungerechte kapi-

[22] Heidelberger „Volkszeitung" vom 19. Mai 1930.
[23] Siehe Anm. 21, ebd.
[24] SAV 1930, Nr. 25, S. 198, 22. Juni 1930.

talistische Gesellschaft vor dem Sturm der Masse retten. Mit der Phrase: ‚Die Juden sind an allem schuld‘, wollen sie die Schuld des ‚christlichen‘ Militarismus und des Kapitalismus verdecken. Sie arbeiten mit allen Mitteln auf einen blutigen Bürgerkrieg hin ... Kein Christ, der zum arbeitenden Volk gehört, darf eine bürgerliche Partei wählen! ... Darum: keine Stimme den bürgerlichen Parteien! Keine Stimme den Splitterparteien! Wählt nur die sozialistischen Parteien des werktätigen Volkes am 14. September! Wählt links! Wählt rot! Bund der religiösen Sozialisten Deutschlands.“[25]

Der badische Landesvorstand der SPD lehnte die Verbreitung dieses Flugblattes ab. Der SPD-Landesvorsitzende Reinbold bemängelte in einem Brief an Eckert eine „gewisse Unentschiedenheit“[26] des Flugblattes, weil es aufforderte, „nur sozialistische Parteien“ zu wählen. „Es gibt den Wahlvorschlag der SPD und was allenfalls noch ‚sozialistisch‘ im weiteren Sinne des Wortes angesprochen werden kann, den Wahlvorschlag der Kommunistischen Partei. Daß auf die Kommunistische Partei irgendwelche Rücksichten vom Bunde der religiösen Sozialisten notwendig sein sollten, vermögen wir nicht einzusehen, da die Kom-

---

[25] SAV 1930, Nr. 35, S. 276.
Dietrich hielt es „für einen großen Fehlgriff“, daß Eckert das Flugblatt zur Reichstagswahl als „vom Reichsbund herausgegebenes bezeichnet“ habe, „ohne daß es vorher die Vorstandsmitglieder gesehen haben“. Solche Fälle müßten „zu den schwersten Erschütterungen in unseren Reihen führen“. Dietrich übermittelte diese Kritik an Eckerts eigenmächtigem Vorgehen auch den übrigen Vorstandsmitgliedern. Brief Dietrich an Eckert vom 12. September 1930, in: Privatsammlung Wünsch.

[26] Reinbold an Eckert vom 14. September 1930, in Privatarchiv Eckert. Eckert hatte sich aktiv am Wahlkampf beteiligt und bis zum 14. September auf 41 Wahlveranstaltungen der SPD gesprochen, siehe Eckert an Wünsch vom 13. September 1930, Privatsammlung Wünsch, und Falkenhausen an Eckert vom 23. September 1930, Privatsammlung Wünsch. Über die Rolle der oppositionellen Sozialdemokraten im Reichstagswahlkampf 1930 schrieb Eckert im „Klassenkampf“: „Die in der Opposition stehenden Genossen, die ohne innere Hemmung eine klassenbewußtere Linie der Politik verlangen konnten in der Wahlkampagne und damit spontane und laute Zustimmung der proletarischen Wählermassen fanden, empfand man als eine Art ‚enfant terrible‘, als eine Gefahr für die vorsichtige staatspolitische Klugheit der Regierungsbereiten, als Genossen, die sich zu weit vorwagten.“ E. Eckert, Opposition, nicht Koalition, in: „Der Klassenkampf“, Nr. 20, 15. Oktober 1930, S. 623 f.

munistische Partei grundsätzlich jede religiöse Betätigung aus-
schließt und wohl ein praktizierender Pfarrer, gleichviel welcher Konfession, überhaupt nicht in die Kommunistische Partei
aufgenommen würde."[27]

5.1.4 Die Lehren aus den Septemberwahlen 1930

Unmittelbar nach den Reichstagswahlen wurde auf der Mannheimer Mitgliederversammlung der SPD folgende von Pfarrer
Eckert eingebrachte Resolution angenommen: „Die Mannheimer Organisation der SPD ist der Auffassung, daß die von der
sich bildenden bürgerlich-faschistischen Einheitsfront drohen-
den Gefahren allein durch eine radikale Umstellung der politischen und taktischen Einstellung der Partei, durch eine *entschlossene Opposition*, abgewendet werden können.
Den Versuchen der bürgerlich-faschistischen Parteien, die Demokratie als Waffe gegen die Interessen des Volkes und als
einen Weg zur legalen Diktatur der Besitzenden zu mißbrauchen, wird die SPD als die Partei der werktätigen Bevölkerung
mit ihrer machtvollen Organisation entgegentreten und zu
allen Mitteln bereit sein, die geeignet sind, zur Verteidigung der
Volks- und Menschenrechte zu dienen. Die beabsichtigten gesetzlichen Maßnahmen, zur Herabsetzung der Löhne, zur Ver-
schlimmerung der Arbeitslosenversicherung, zur Abwälzung der
Lasten des Youngplanes auf die Schultern der Besitzlosen, werden das Proletariat zu einer *geschlossenen Einheitsfront* zusam-
menschweißen unter der Führung der SPD gegen das kapitalistische System, die Ursache des Massenelends und der Massen-
not."[28]
Das Ergebnis der Septemberwahlen 1930, dessen hervorstechend-
stes Merkmal der Stimmenverlust der SPD um fast 580 000 und
der Anstieg der NSDAP von 810 000 im Jahre 1928 auf 6,4
Millionen Stimmen war, analysierte Eckert in einem im „Klas-

[27] Reinbold an Eckert vom 14. September 1930, Privatarchiv Eckert.
[28] Die Mannheimer SPD-Resolution wurde im SAV 1930, Nr. 40, S. 319,
und im „Klassenkampf", Nr. 19, 1. Oktober 1930, abgedruckt.

senkampf" unter der Überschrift „Opposition, nicht Koalition!" veröffentlichten Aufsatz.[29]

Er führte darin aus, daß es die „verkehrte politische Linie"[30] gewesen sei, die zur „sozialdemokratischen Wahlniederlage"[31] geführt habe. Sie beruhe auf der „falschen Analyse des gegenwärtigen wirtschaftlichen und gesellschaftlichen Lebens".[32] Die „führenden Parteigenossen"[33] hätten geglaubt, man müsse sich „in einer Zeit der kapitalistischen Krise"[34] an der Regierung beteiligen, „um das Schlimmste zu verhüten". Angefangen bei den Schwierigkeiten bei der Bildung des Kabinetts Müller, „den 40 Tagen und Nächten der Regierungsbeteiligung unter allen Umständen"[35], über den Panzerkreuzer bis zu den Entwürfen über die „Massenbelastungen um des Youngplanes willen"[36] und den Verhandlungen über die Gestaltung der Arbeitslosenversicherung sei deutlich geworden, „wie unmöglich es ist, in einem in seiner Majorität kapitalistisch orientierten Kabinett unter sozialistischer Kanzlerschaft etwas für die Arbeiterklasse Entscheidendes zu erreichen".[37] Im Gegenteil, die Sozialdemokraten verlören das Vertrauen und das Selbstbewußtsein des Proletariats, wenn sie „zu Beschützern und Hütern der internationalen Interessen der kapitalistischen Bourgeoisie"[38] oder auch nur als solche angesehen würden.

Die Zeit der Regierung Müller sei eine „Leidenszeit"[39] für die SPD gewesen und werde auch durch „die von den koalitionsbereiten Genossen sehr betonte Staatsverantwortlichkeit nicht verklärt".[40] Eckert forderte daher „ehrliche, klassenbewußte,

---

[29] Pfarrer Eckert, Mannheim, Opposition, nicht Koalition, in: „Der Klassenkampf", Nr. 20, 15. Oktober 1930, S. 622–626.
[30] Ebd., S. 623.
[31] Ebd., S. 622.
[32] Ebd., S. 623.
[33] Ebd.
[34] Ebd.
[35] Ebd.
[36] Ebd.
[37] Ebd.
[38] Ebd., S. 626.
[39] Ebd., S. 623.
[40] Ebd.

linke, nicht etwa linksopportunistische Opposition"[41] und begründete dies mit der Analyse der kapitalistischen Krise und der sich abzeichnenden faschistischen Gefahr. Das Tempo der kapitalistischen Krise sei „unheimlich". „Noch vor kurzem hofften die Kapitalisten, und wir fürchteten das mit ihnen, daß die internationale Konsolidierung der kapitalistischen Wirtschaft trotz der offensichtlichen Krisen und Spannungen würde erreicht werden können."[42] Die „Kräftigung des kapitalistischen Systems durch gesetzliche Maßnahmen"[43] sei möglich erschienen. „Es ist anders gekommen ... Die Wirtschaftskrise ist vor aller Augen, sie ist überall, auch in den siegreichen Ländern ... Die Übersättigung der Märkte und die Desorganisation der Produktion, die durch die Stauungen in den verschiedensten Absatzgebieten verursacht wurde, treibt die internationale Bourgeoisie zu immer neuen, sich überstürzenden Maßnahmen, die allerdings nur neue Schwierigkeiten schaffen und zur Evidenz zeigen, daß die kapitalistische Wirtschaft nicht mehr imstande ist, die jeder Wirtschaft obliegende Pflicht zu erfüllen, Brot und Arbeit für alle zu schaffen."[44] Das deutlichste Symptom der „sich verschärfenden Krise"[45] sei die „Massenarbeitslosigkeit bei gesteigerter Produktion, der Hunger der Massen bei vollen Scheuern und Warenlagern".[46] Für den Winter 1930/31 prognostizierte er „Lohndruck auf der ganzen Linie"[47], „Massenentlassungen"[48] sowie „Preissteigerungen der lebenswichtigen Produkte".[49] „Der Kapitalismus wehrt sich mit allen Mitteln um sein Leben, er ist zwangsläufig dazu gezwungen. Er muß die Maske fallen lassen und brutal werden, um am Leben bleiben zu können – vorläufig."[50] Man glaube nicht mehr die Redensarten, „mit denen die bürgerlich-kapitalistischen Par-

[41] Ebd., S. 626.
[42] Ebd., S. 624.
[43] Ebd.
[44] Ebd.
[45] Ebd.
[46] Ebd.
[47] Ebd.
[48] Ebd.
[49] Ebd.
[50] Ebd.

teien ihre Wählerschaft zusammenidealisiert haben, die nationale Phrase zieht nicht mehr, auch die von der ‚gesicherten Volksgemeinschaft‘ nicht, auch nicht mehr die Beschwörung der großen herrlichen Vergangenheit und Tradition, das Bürgertum muß von der Demokratie, seiner Waffe gegen den Absolutismus, Abschied nehmen".[51] Man müsse sich umstellen, da „die Phrase von der Freiheit und Gleichheit der Bürger"[52] sich nicht mehr rentiere. Der „verschärften Methodik der Rationalisierung, der Abwälzung der Soziallasten, der Massenentlassungen und des Lohnabbaus"[53] entspreche die neue Methode des um seine Existenz ringenden Kapitalismus auf politischem Gebiet. „Die Demokratie wird ausgehöhlt, der Faschismus wird als Instrument und als Waffe bürgerlicher Macht ausgebildet, zunächst unter revolutionär klingenden Parolen... Man macht ‚Revolution‘, lies ‚bürgerliche Revolution‘, nicht gegen die Machtmittel des ‚Staates‘, sondern mit ihnen! Die durchsickernden Absichten der Nationalsozialisten lassen das deutlich erkennen. Es gibt keine Macht gegen die faschistische Gefahr als das klassenbewußte Proletariat."[54]

Reinhard Opitz, der sich in jüngster Zeit mit seinen Veröffentlichungen zur Faschismus-Theorie[55] einen Namen gemacht hat, hält diesen Aufsatz für „ein eindrucksvolles Zeugnis" der damaligen Auseinandersetzung um die Deutung des Faschismus „und vor allem für die relativ frühzeitige Klarsicht wie für das persönlich unerschrockene, geradlinige politische Engagement Erwin Eckerts".[56] Sein Erklärungsversuch ziele in die richtige Richtung und fasse „mit sicherem Instinkt" den Faschismus „als eine Ausgeburt und – worauf es im Gegensatz zu Thalheimer

[51] Ebd., S. 624 f.
[52] Ebd., S. 625.
[53] Ebd.
[54] Ebd.
[55] R. Opitz, Fragen der Faschismusdiskussion, Zu Reinhard Kühnls Bestimmung des Faschismusbegriffs, in: „Das Argument", Zeitschrift für Philosophie und Sozialwissenschaften, Nr. 58, 12. Jg., August 1970, S. 280–291; ders.: Über Faschismus-Theorien und ihre Konsequenzen, in: „Blätter für deutsche und internationale Politik", 12/1970, S. 1267–1284.
[56] R. Opitz in einem Brief an den Verfasser vom 17. Februar 1971.

ankommt – ein alleiniges Instrument des Kapitalismus"[57] auf. In den Grenzen des damaligen Diskussionsstandes erweise er sich als der „klarsten Position zuneigend und im übrigen als ein Mann von höchst sympathischer Konsequenz der Gesinnung".[58] Eckert sähe, „daß das Monopolkapital den Faschismus in Deutschland nicht nur objektiv benötigte, sondern auch zunehmend selbst aktiv anstrebte" und gewönne daraus die aktuelle politische Einsicht, „daß es unmöglich ist, der Entwicklung zum Faschismus durch ein Paktieren mit den Parteien des Monopolkapitals entgegenzuwirken".[59] Er gelange „zu im wesentlichen richtigen Schlußfolgerungen für die in der damaligen Situation notwendige Politik".[60]

Von Eckert vorgetragene Schlußfolgerungen waren: Hauptaufgabe der sozialistischen Agitation müsse es sein, „das Proletariat von der Illusion zu befreien, als ob die Mittel der ‚Demokratie' – welche Demokratie und welche Mittel? – ausreichen würden, um gegen das seinen Verzweiflungskampf kämpfende Bürgertum die Interessen des ganzen Volkes, also auch des Proletariats, zu verteidigen".[61] Konkrete Aufgabe der SPD sei es, „die Betriebe zu politisieren, die Erwerbslosen organisatorisch zu erfassen durch besondere Ausschüsse, das Reichsbanner zu einer Arbeiterwehr zu machen, und die Gewerkschaften aus ‚Wirtschaftsvertretungen' zu Kampforganisationen des Proletariats".[62] Neben dieser außerparlamentarischen Aktivität, auf die er besonderes Gewicht legte, sei es auch notwendig, daß die SPD-Vertreter in den Parlamenten bei jeder Gelegenheit die „Unfähigkeit der kapitalistischen Wirtschaft ... brandmarken"[63], „als Ankläger der Massen Gesetze verlangen, die den Sturz der kapitalistischen Unordnung erzwingen"[64] und die „Errichtung der sozialistischen Ordnung"[65] möglich machten.

[57] Ebd.
[58] Ebd.
[59] Ebd.
[60] Ebd.
[61] E. Eckert, Opposition, nicht Koalition, a.a.O., S. 625.
[62] Ebd., S. 626.
[63] Ebd.
[64] Ebd.
[65] Ebd.

Um den Dualismus zwischen Maximal- und Minimalprogramm zu überwinden, vertrat Eckert eine offensive Abwehrstrategie, deren Aufgabe es sein sollte, „von den unmittelbaren Bedürfnissen, Hoffnungen der Arbeiterschaft auszugehen, aber sie in solchen Forderungen auszudrücken, die sowohl dem gegebenen Bewußtseinsstand der Arbeiterschaft entsprechen, ihre augenblicklichen Nöte und Forderungen zum Ausdruck bringen, als auch eine innere Dynamik entfalten, die mit dem Weiterbestehen des kapitalistischen Systems und der bürgerlichen Ordnung immer mehr und mehr unvereinbar wird".[66] Eckerts Strategie des Minimalprogramms verlangte im einzelnen: „Aufhebung der Brüningschen Notverordnungen. Arbeitszeitgesetz zur Herabsetzung der Arbeitszeit auf 7 Stunden. Arbeitsbeschaffungsprogramm für die arbeitslos Gewordenen. Besitzsteuern. Maßnahmen gegen Steuerflucht und die Kapitalverschiebungen. Durchführung der Reichsreform. Abbau des Wehretats. Herabsetzung der hohen Gehälter und Pensionen. Einstellung des Lohnabbaus. Sicherstellung der Mittel zur Arbeitslosenunterstützung durch den Staat. Sicherung der Demokratie gegen alle Versuche, die Diktatur zu errichten. Sofortige und nachdrückliche Bestrafung aller politischen Gewalttätigkeiten."[67] Man brauche diese Forderungen nur auszusprechen, um die Unmöglichkeit zu erkennen, auf dieser Grundlage eine Koalition mit den bürgerlichen Parteien zu bilden. Opposition gegen die Brüning-Regierung sei auch dann geboten, „wenn man uns mit dem Schreckgespenst der faschistischen Diktatur bangemachen und uns veranlassen will, das ‚kleinere Übel‘ einer Duldung des Minderheitskabinetts Brüning oder gar der Beteiligung an einem Minderheitskabinett zu wählen".[68] Eindringlich warnte Eckert davor, daß die Abwälzung der Folgen der kapitalistischen Krisen auf die lohnabhängigen Schichten durch die SPD politisch toleriert werde. In dieser Situation

[66] Neokapitalismus, Rüstungswirtschaft, Westeuropäische Arbeiterbewegung, Frankfurt/M. 1966, S. 94 f.
[67] E. Eckert, Opposition, nicht Koalition, a.a.O., S. 625 f.
[68] Ebd., S. 626.

brauche „das Proletariat sein Selbstbewußtsein und seinen Mut mehr als das tägliche Brot".[69] In der kommunistischen, von Willi Münzenberg herausgegebenen Halbmonatsschrift „Der rote Aufbau" wurden Eckerts „goldene Worte, gewissermaßen in letzter Stunde ausgesprochen"[70] in dem Aufsatz „Die ‚linken' SPD-Führer und die Einheitsfront des Proletariats" von Hellmut Walther Braun ausführlich wiedergegeben, allerdings kritisch den Taten der parlamentarischen Wortführer der linken Oppositon gegenübergestellt, die drei Tage nach der Veröffentlichtung des Eckert-Aufsatzes im „Klassenkampf" nach einigem Zögern und unter dem Druck der SPD-Parteiführung das Mißtrauensvotum gegen Brüning am 18. Oktober 1930 ablehnten.

Eckert zeigte sich angesichts dieser Haltung der SPD-Reichstagsfraktion „aufs tiefste betrübt"[71] und schrieb in den seit dem 19. Oktober im „Sonntagsblatt des arbeitenden Volkes" wiederaufgenommenen Wochenberichten unter der Überschrift: „Die SPD rettet die Regierung Brüning": „Mit 318 gegen 236 Stimmen bei einer Enthaltung beschloß der Reichstag, über die vorliegenden Mißtrauensanträge zur Tagesordnung überzugehen."[72] Genau wie bei der Panzerkreuzerfrage wage die SPD sich nach der Wahl nicht zu der klaren Parole der Aufhebung oder Revision des Youngplanes, unter der sie den Reichstagswahlkampf führte, zu bekennen. Man dürfe sich „in den offiziellen Führerkreisen der SPD"[73] nicht wundern, wenn das „Vertrauen zu der ‚Partei des Proletariats' *bald restlos geschwunden* sein wird, die eine ‚Partei zur Stabilisierung der kapitalistischen Wirtschaft' zu werden droht".[74]

---

[69] Ebd.
[70] H. W. Braun, Die „linken" SPD-Führer und die Einheitsfront des Proletariats, Worte und Taten in: „Der rote Aufbau", Monatsschrift für Politik, Wirtschaft, Sozialpolitik und Arbeiterbewegung, 4. Jg., Februar 1931, Heft 2, S. 76.
[71] E. Eckert, in: „Die Woche", 12.–19. Oktober 1930, in: SAV 1930, Nr. 43, S. 343.
[72] Ebd.
[73] Ebd.
[74] Ebd.

5.1.5 Die Wochenberichte (Oktober 1930 bis August 1931)

Bis Ende August 1931 dienten Eckert die wöchentlichen Analysen der ökonomischen und politischen Entwicklung als Plattform seiner politischen Auffassungen. Diese bisher an keiner Stelle ausgewerteten Analysen stellen eine Fundgrube für jeden an der sozialwissenschaftlichen Erforschung dieser Periode Interessierten dar. Sie sind bedeutungsvoll, weil sie „nicht die Ansichten eines einzelnen oder irgendeine Idee", sondern die „objektive Situation des wirtschaftlichen und gesellschaftlichen Lebens"[75] widerspiegeln. Da Eckert in diesem Zeitraum von Oktober 1930 bis August 1931 in ganz Deutschland weit über hundert Massenversammlungen gegen den Faschismus abhielt, sind sie das Ergebnis seiner wachsenden politischen Aktivitäten und Erfahrungen. Sie beruhen ferner auf den regelmäßigen Besprechungen, die Eckert mit einem Kreis von etwa fünfzig oppositionellen sozialdemokratischen Betriebsarbeitern in Mannheim durchführte. Nach der Vorlage des Wehrprogramms 1929 und der Analyse der Septemberwahlen 1930 sind die Wochenberichte die dritte große Gelegenheit, bei der Eckert völlig auf jegliche religiöse Formulierungen verzichtete, und als Ergebnis seine wachsende, wenn auch nicht vollständige Emanzipation von religiös-theologischem Denken zum Ausdruck gelangte. Es ist an dieser Stelle nicht möglich, die umfassenden Wochenanalysen, die meist ein Viertel des Umfangs einer Ausgabe des „Sonntagsblatt des arbeitenden Volkes" ausmachten, im einzelnen darzustellen. Insgesamt zeugen sie sowohl von der Krisenentwicklung des Kapitalismus zum Faschismus als auch von den scharfen Gegensätzen in der SPD, vor allem des Drängens vieler Sozialdemokraten, mit der Politik des „kleineren Übels" zu brechen und zusammen mit der KPD einen entschiedenen Kampf gegen den Faschismus zu führen.

Ohne Kenntnis dieser detailliert dokumentierten und analytisch bewerteten Entwicklung von Mitte Oktober 1930 bis Ende August 1931 erscheint der Entschluß Pfarrer Eckerts, in die

---

[75] E. Eckert, Opposition, nicht Koalition, a.a.O., S. 624.

KPD einzutreten, unbegründet und nur als ein punktueller, spontaner und emotionsgeladener Akt auf dem Hintergrund des Ausschlusses aus der SPD, der jedoch in Wirklichkeit durch genaueste Analysen der ökonomischen und politischen Entwicklung vorbereitet war. Diese Wochenberichte widersprechen allen Motiven, die die SPD-Presse nach Eckerts KPD-Übertritt ihm und der KPD unterstellte, wenn sie einerseits fehlende „Hemmungen gegenüber dem bloßen, durch nichts regulierten Trieb des Temperamentes"[76] bei Eckert und andererseits den Wunsch der KPD mutmaßte, die „Kanone Eckert" als „Bombenattraktion" vor den „Parteikarren der KPD"[77] zu spannen. Schließlich widerlegen die Wochenanalysen die von Renate Breipohl aufgestellte These, daß die „Frage der Beziehungen von Kapitalismus und Faschismus ... bei Eckert erst bei seinem Übertritt zur KPD eine Rolle"[78] spielte, wie die am 10. Oktober 1931 in Stuttgart gehaltene Rede zeige. Im wesentlichen lassen sich drei Problemkreise aus der Fülle des Materials herausschälen: 1. die Analyse der Krisenerscheinungen und Krisenentwicklungen des kapitalistischen Gesellschaftssystems; 2. die Einschätzung der Brüning-Regierung und der Gefahr des Faschismus und 3. die politischen Schlußfolgerungen für die Politik der Arbeiterbewegung.

5.1.5.1 Die Analyse der kapitalistischen Krisenentwicklung

Von Woche zu Woche stellte Eckert eine weitere Verschärfung der Krise der kapitalistisch organisierten Weltwirtschaft fest. Das zeigte sich an der wachsenden Arbeitslosenzahl, die von Mitte Oktober 1930 bis Mitte April 1931 von 3,2 auf 4,6 Mio. amtlich gezählte Arbeitslose anstieg, ebenso wie an dem fortwährenden und sich steigernden Lohnabbau, der in keinem Verhältnis zu dem „von der bürgerlichen Presse mit großem Tam-

---

[76] „Mannheimer Volksstimme" vom 3. Oktober 1931.
[77] Ebd.
[78] R. Breipohl, Religiöser Sozialismus und bürgerliches Geschichtsbewußtsein, Zürich 1971, S. 57.

tam angekündigten ‚Preisabbau'"[79] stand, den Eckert „als Bluff und Schwindel"[80] bezeichnete, „mit dem man den Lohnraub an den Massen verkleistern will".[81] Aussperrung, Streiks, abgelehnte Schiedssprüche und solche, in denen wie beim Berliner Metallkonflikt „ein ausgesprochener Sieg des kapitalistischen Standpunktes"[82] zustande kam, seien an der Tagesordnung. „Die Kreditverknappung, die zur Rettung der Mark notwendig ist, wird die Mittel- und Kleinbetriebe konkurrenzunfähig machen, die internationalen Anleihen werden die deutsche Wirtschaft und Reichsfinanzierung so belasten, daß nur durch erneuten Druck auf die Arbeiter- und Angestelltenmassen, durch noch raffiniertere Rationalisierung, d. h. durch noch größere Arbeitslosigkeit, durch noch rücksichtsloseren Abbau der sozialpolitischen Sicherungen die Wirtschaft weiter ‚gerettet' werden kann."[83] In den vergangenen 10 Jahren habe sich die „ungehemmte privatkapitalistische Planlosigkeit der allein durch die Profitmöglichkeiten vorwärtsgetriebenen Produktion"[84] in immer neuen Krisen geäußert. „Kriegswirtschaft, Inflation, Rationalisierung, Subventionierung aus Steuermitteln, Konzentration in Trusts, Kartellen, Syndikaten, Querorganisationen der einzelnen Produktionszweige vom Rohstoff bis zur Fertigware, internationale Absatzregelung, Sicherung einer konstanten Produktionsquote und Durchschnittsprofitrate, gedehnte, langfristige internationale Privatkredite"[85], das seien die bisherigen Mittel zur Überwindung der sich steigernden Krisen des Kapitalismus gewesen. Diese Krisen seien aber durch die durchgeführten, aus der privatwirtschaftlichen Zwangsläufigkeit sich ergebenden Maßnahmen nicht überwunden, sondern größer ge-

[79] E. Eckert, „Die Woche", 10.–17. November 1930, in: SAV 1930, Nr. 47, S. 374.
[80] Ebd.
[81] Ebd.
[82] E. Eckert, „Unser täglich Brot gib uns heute", in: SAV 1930, Nr. 46, S. 362; der Aufsatz erschien anstelle des Wochenberichtes.
[83] E. Eckert, „Die Woche", 12. Juli–19. Juli 1931, in: RS 1931, Nr. 30, S. 130.
[84] E. Eckert, „Die Woche", 28. Juli–3. August 1931, in: RS 1931, Nr. 32, S. 138.
[85] Ebd.

worden, und zwar im internationalen Maßstab. „Es begann daher die Ära der internationalen staatlichen, politischen Versuche zur Rettung des bedrohten Profits."[86] Nicht mehr die Privatunternehmer verhandelten untereinander, die Regierungen seien „viel offener als früher nicht nur zu Beschützern der kapitalistischen Wirtschaftsordnung"[87] geworden, sie seien die Träger der „kapitalistischen Sanierungsversuche, natürlich ‚im Interesse des notleidenden Volkes', des ‚Vaterlandes', jedes Vaterlandes, Amerikas so gut wie Frankreichs und Englands (!!). Deutsch-Österreichische Zollunion – Briands ‚Paneuropa' – die Einschaltung Amerikas durch die ‚Hoover-Aktion' – Chequers – Paris – London – Berlin – Rom – das sind die vorbereitenden Etappen zu der neuesten Sanierungsaktion des internationalen Kapitalismus".[88] Das Kennzeichen dieser Periode sei die „Indienstnahme des Staates"[89] zur „Rettung des bedrohten Profits".[90]

„Was wir zur Zeit erleben, ist die nationale Konzentration des Kapitalismus, der mit den organisatorischen und später auch mit den machtpolitischen Mitteln des Staates die Interessen der besitzenden Schichten sicherstellen will."[91]

Besondere Aufmerksamkeit widmete Eckert dabei der „Staatsbankfusion", d. h. der engen Verflochtenheit von Staat und Finanzkapital. Die Reichsmaßnahmen zur Indienststellung der Nation für den Kapitalismus seien folgende: „Sanierung und Bürgschaftsübernahme der Danatbank. Die Führung der diese Woche liquiden Dresdner Bank durch den Ankauf von 300 Millionen Mark Aktien aus Reichsmitteln. Der Industrie wurden aus Reichsmitteln 43 Millionen zum Ankauf von Danatbankaktien auf ‚fünf Jahre vorgeschossen', natürlich um dadurch die Reihe der Danatpleiten in der Industrie abzufangen auf

[86] Ebd.
[87] Ebd.
[88] Ebd.
[89] E. Eckert, „Die Woche", 12. August—19. August 1931, in: RS 1931, Nr. 34, S. 146.
[90] S. Anm. 86.
[91] E. Eckert, „Die Woche", 28. Juli—3. August 1931, in: RS 1931, Nr. 32, S. 138.

Kosten der Steuerzahler. Im Freistaat Sachsen haben sich die Allgemeine Deutsche Creditanstalt A. G. in Leipzig und die Sächsische Staatsbank am Dienstag zu einem einheitlichen Mitteldeutschen Kredit-Institut zusammengeschlossen. Der Beitritt weiterer Banken, und zwar hauptsächlich solcher Institute, auf die die Allgemeine Deutsche Creditanstalt schon jetzt maßgebenden Einfluß hat, steht bevor. Für die gesamten Verbindlichkeiten der nunmehr vereinigten Institute hat der Sächsische Staat die volle Haftung übernommen ... Der Bremer Staat beteiligt sich maßgebend an der ,Reorganisation' der in der Werftindustrie und Schiffahrt führenden zusammengebrochenen Privatbank F. S. Schröder ... Inzwischen ist zur Festigung des Kerns, um den die Staatsbankfusion sich ankristallisieren soll, die Verordnung über die Devisenbewirtschaftung am 2. August herausgekommen ... Die Veröffentlichung einer Notverordnung des Reichspräsidenten über die Bankreform steht nahe bevor".[92] Eckert war überzeugt, daß Deutschland sich auf dem Wege zum „Staatskapitalismus"[93] befände und daß es nur noch eine Frage der Zeit sei, „bis sowohl die politische Führung im Reich und in den Ländern als auch die ,Verzweckmäßigung' der Weimarer Verlegenheitsverfas-

---

[92] Ebd. Zum Komplex Rüstung-Staat-Kapitalismus schrieb Eckert am 26. Juli 1931: „Der bekannte Großindustrielle Borsig hat nach dem Bekanntwerden der Notverordnung gedroht, seinen Betrieb stillzulegen, falls ihm nicht *Subventionen* von Reichs wegen gegeben werden. Diese Subventionsforderungen sind bezeichnenderweise an das Reichswehrministerium weitergeleitet worden. Als Besitzer eines Rüstungsbetriebes spekulierte Herr v. Borsig auf das Wohlwollen und Verständnis der Reichswehrgeneräle. Er hat nicht falsch spekuliert. Ausgerechnet in einer Zeit, wo den kleinen Sparern ihre mühsam gemachten Ersparnisse von den Banken nicht ausgezahlt werden können, kann der Großindustrielle Borsig auf Wunsch der Reichswehrgeneräle von der Brüning-Regierung 1,2 Millionen Subventionen ausbezahlt erhalten. Borsig braucht die 1,2 Millionen nicht zurückzuzahlen, sondern wird für diese im Laufe der nächsten Jahre Reichsbestellungen ausführen." In: „Die Woche", 12. Juli–19. Juli 1931, RS 1931, Nr. 30, S. 130.
Auf die Tatsache, daß trotz der gespannten Finanzlage des Reichsetats und der staatlichen Kürzungen der Fürsorgeunterstützungen und des staatlichen Lohnabbaus die Ausgaben für den Wehretat nicht etwa abgebaut, sondern erhöht wurden, hat Eckert wiederholt hingewiesen. 1930 z. B. in Nr. 45, 46, 47; 1931 in Nr. 19.
[93] E. Eckert, „Die Woche", 28. Juli–3. August 1931, in: RS 1931, Nr. 32, S. 138.

sung diesem Entwicklungsprozeß des Privatkapitalismus angeglichen sein wird, bis die politischen Herolde und Schutztruppen des Nationalkapitalismus, die Nationalsozialisten, über den Schemel der übrigen ‚nationalen Opposition' sich neben die eigentlichen Nutznießer dieser ‚Reorganisation der deutschen Wirtschaft', neben die Vertreter der Deutschen Volkspartei in die Ministersessel gesetzt haben".[94]

Die eigentliche Ursache der Krise läge „in den unmöglichen Eigentumsverhältnissen, in der Anarchie der Produktion und des Konsums".[95] Da die „Sicherung der Profitrate für das Privateigentum an den Produktionsmitteln auch dem international organisierten Kapitalismus das zentrale Anliegen"[96] sei, seien die Versuche einer „internationalen kapitalistischen Planwirtschaft"[97] zum Scheitern verurteilt. Andererseits könnten diese Experimente leicht „zu einer Art faschistischer Diktatur"[98] und zu einer „Interessenfront gegen Sowjetrußland"[99] führen, wobei Eckert ständig den „Zusammenbruch des Kapitalismus"[100] mit dem „trotz aller Schwierigkeiten unaufhaltsamen, wirtschaftlichen Aufstieg"[101] in „Räterußland"[102] kontrastierte.

5.1.5.2 Die innenpolitische Analyse und die Gefahr des Faschismus

Innenpolitisch bereite sich „eine bürgerliche Front von Dietrich bis Hitler"[103] vor. Zentrum und DVP seien mitten in der

[94] Ebd.
[95] E. Eckert, „Die Woche", 12. Juli–19. Juli 1931, in: RS 1931, Nr. 30, S. 130.
[96] E. Eckert, „Die Woche", 20. Juli–27. Juli 1931, in: RS 1931, Nr. 31, S. 134.
[97] Ebd.
[98] E. Eckert, „Die Woche", 12. Juli–19. Juli 1931, in: RS 1931, Nr. 30, S. 130.
[99] Ebd.
[100] Das Thema der Rede, die Eckert auf dem Treffen der württembergischen religiösen Sozialisten am 26. Juli in Stuttgart hielt, hieß: Der Zusammenbruch des Kapitalismus und unsere Aufgabe, vgl. RS 1931, Nr. 34, S. 146.
[101] E. Eckert, „Die Woche", 3. November–10. November 1930, in: SAV 1930, Nr. 46, S. 367.
[102] Ebd.
[103] E. Eckert, „Die Woche", 5. Mai–12. Mai 1931, in: RS 1931, Nr. 20, S. 90.

„Zähmung" der Nationalsozialisten, „die ihrerseits bei jeder Gelegenheit ihre ,Legalität' beschwören, um koalitionsfähig zu werden".[104] Genau verfolgte Eckert das rasche Vordringen der Nationalsozialisten anhand von Wahlergebnissen und führte hierzu die Stadtratswahl in der Stadt Oldenburg, die ASTA-Wahlen in Erlangen, die Kommunalwahlen in Baden und Mecklenburg, die Danziger Volkstagswahlen, die Landtagswahlen in Schaumburg-Lippe, die Landtagswahlen in Oldenburg und die Kreisratswahlen in Danzig an, die insgesamt die Tendenz verstärkten, die bereits in den Septemberwahlen 1930 sichtbar geworden war. Zur sozialen Basis der nationalsozialistischen Sammlungsbewegung führte er die Tatsache an, daß nach den polizeilichen Ermittlungen von 61 in Halle verhafteten SA-Führern sich kein einziger Arbeiter unter ihnen befunden habe, sondern ehemalige Offiziere, Landwirte, Wirtschaftsinspektoren, Kaufleute und der Sohn eines großen Warenhausbesitzers.[105] Im Gegensatz dazu wies er auf das Ergebnis der Betriebsratswahlen in der Münchener Druckerei hin, in der u. a. der „Völkische Beobachter" und sonstige nationalsozialistische Schriften gedruckt wurden. „Es erhielten freie Gewerkschaften 293 Stimmen, Kommunisten 103 und Nationalsozialisten 37 Stimmen. Die Nationalsozialisten erhielten aufgrund dieses Ergebnisses nicht einen einzigen Sitz im Betriebsrat."[106]

Die Versuche, der politischen Katastrophe Herr zu werden, wirkten sich so aus, „daß mit antidemokratischen Mitteln, mit den Mitteln einer ,legalen Diktatur' unter Ausschaltung des Reichstages als ,Notverordnung' dekretiert wird, was nach bürgerlicher Ansicht geeignet ist, die spontanen Empörungsversuche der Opfer dieser kapitalistischen Krise nicht gefährlich werden zu lassen".[107] Dabei dürfe, wie die „Deutsche Bergwerkszeitung" am 24. Juli 1931 schrieb, auch „vor verfassungs-

[104] Ebd.
[105] E. Eckert, „Die Woche", 3. Oktober–10. Oktober 1930, in: SAV 1930, Nr. 46, S. 366.
[106] E. Eckert, „Die Woche", 28. April–4. Mai 1931, in: RS 1931, Nr. 19, S. 86.
[107] E. Eckert, „Die Woche", 12. Juli–19. Juli 1931, in: RS 1931, Nr. 30, S. 130.

mäßig garantierten ‚Rechten' nicht halt gemacht werden".[108] Die gleiche Zeitung bezweifelte, ob es überhaupt sinnvoll sei, eine geschriebene Verfassung zu haben und fragte: „Ist sie überhaupt notwendig, besteht die deutsche nicht nur aus schönen Versprechungen, von denen die Wirklichkeit immer weiter abrückt, deren Einlösung mehr denn je zweifelhaft ist?"[109] Eckert verwies darauf, daß in einigen Ländern bereits ein Verbot für Versammlungen herrsche, deren Themen „den augenblicklichen Krisenerscheinungen gelten".[110] Am 17. Juli sei durch Notverordnung nach Artikel 48 „die Pressefreiheit praktisch aufgehoben"[111] worden. Durch Polizeimaßnahmen würden Demonstrationen der Erwerbslosen unmöglich gemacht. Die „objektiven Berührungsflächen zwischen der kapitalistisch-bürgerlichen Regierung Brüning und der ‚nationalen Opposition' Hugenberg-Hitler-Seldte"[112] würden zwangsläufig immer breiter. Zum Beweis führte er einen Aufruf Hugenbergs an, in dem die Alternative „Klare Rechtsregierung oder Bolschewismus"[113] gestellt wurde, die Umfrage der „Deutschen Allgemeinen Zeitung", in der sich Generaloberst v. Seeckt, der frühere Reichsbankpräsident Schacht, Herr v. Oldenburg-Januschau und andere bürgerliche Politiker für eine Regierungsbeteiligung der Nationalsozialisten ausgesprochen hatten[114], den Aufruf der rheinisch-westfälischen Schwerindustrie, des „Vereins zur Wahrung der gemeinsamen wirtschaftlichen Interessen in Rheinland und Westfalen" in der nationalsozialistischen „Nationalzeitung"

[108] Zit. n. „Die Woche", 20. Juli–27. Juli 1931, in: RS 1931, Nr. 31, S. 134.
[109] Ebd.
[110] Zit. n. „Die Woche", 12. Juli–19. Juli 1931, in: RS 1931, Nr. 30, S. 130.
[111] E. Eckert, „Die Woche", 12. Juli–19. Juli 1931, in: RS 1931, Nr. 30, S. 130.
[112] E. Eckert, „Die Woche", 20. Juli–27. Juli 1931, in: RS 1931, Nr. 31, S. 134.
[113] Zit. n. „Die Woche", 20. Juli–27. Juli 1931, in: RS 1931, Nr. 31, S. 134. In einem Telegramm Hugenbergs an die amerikanische Presse hieß es: „Es gibt nur ein Entweder – Oder. Entweder eine starke, von den gesunden nationalen Kräften des Volkes getragene Regierung oder Bolschewismus. Der Bolschewismus aber ist eine Pest, die an den Grenzen Deutschlands nicht halt macht." Ebd.
[114] E. Eckert, „Die Woche", 24. Dezember–1. Januar 1931, in: RS 1931, Nr. 1, S. 4.

vom 19. Juli 1931[115] und schließlich die Reise Brünings und Curtius' Anfang August 1931 nach Rom, die, wie es hieß, dazu diene, „den hervorragenden Chef der italienischen Regierung kennen zu lernen".[116] Diese Reise nach Rom sei ein Signal. „Das faschistisch werdende Deutschland beginnt sich mit dem faschistischen Italien zu koalieren."[117] Er sah sich in seiner Auffassung über die Regierung Brüning bestätigt, die er für „eine Wegbereiterin des Faschismus"[118] hielt. Die Politik der Brüning-Regierung werde sich der des faschistischen Italien angleichen. Die Konzentration der Wirtschaftskräfte, die „Rationalisierung von Staats wegen durch Notverordnungen"[119] habe bereits in „unerhörtem Tempo"[120] eingesetzt. Die vor 6 Jahren von Mussolini erlassenen Dekrete seien zwar anders formuliert, dienten aber demselben Zweck. Man rede bereits von einer „Auflockerung der Lohntarife, von einer ‚Zusammenfassung der Arbeitgeber- und Arbeitnehmerverbände in ‚Arbeitsgemeinschaften', von einer Verminderung der Ausgaben für Sozialpolitik".[121] Wenn das alles durch Notverordnungen gemacht oder durch die nationalistisch-kapitalistische Mehrheit des Reichstages angenommen werde, dann hätte Deutschland „auf legalen Wegen den Nationalfaschismus, das politische Instrument des Nationalkapitalismus, haben wir die ‚Sozialpolitik', die Verwaltung, die ‚Syndikate' Mussolinis".[122] „Von der Republik zur Diktatur"[123] sei dann nur noch ein kurzer Weg. Die demokratische Interessenvertretung der „hoffnungslosen liberalen Privatkapitalisten"[124], die Deutsche Staatspartei, erhebe

[115] E. Eckert, „Die Woche", 20. Juli–27. Juli 1931, in: RS 1931, Nr. 31, S. 134.
[116] Zit. n. „Die Woche", 4. August–11. August 1931, in: RS 1931, Nr. 33, S. 142.
[117] Ebd.
[118] Ebd.
[119] E. Eckert, „Die Woche", 28. Juli–3. August 1931, in: RS 1931, Nr. 32, S. 138.
[120] Ebd.
[121] Ebd.
[122] Ebd.
[123] Ebd.
[124] Ebd.

zwar ihr „Stimmchen gegen diese ‚Zwangswirtschaft' des Kapitalismus"[125], aber die Klügsten unter den Befürwortern der begonnenen Politik der Zentralisation begriffen, daß, „wenn die durchgeführten und beabsichtigten Maßnahmen nicht die Stabilisierung des Kapitalismus bedeuten, das Ende der Sozialismus sein wird, sein muß – der aus dem Chaos der Profitwirtschaft mit Blut und Tränen das Neue zu bauen berufen ist".[126]
Der Unterschied zwischen Italien und Deutschland sei nur der, daß eine „bürgerliche Regierung mit der Duldung der Sozialisten in Deutschland die Geschäfte des kapitalistischen Faschismus besorgt, schon bevor er ... die politische Macht übernommen hat".[127]

5.1.5.3 Die Schlußfolgerungen für die Politik der Arbeiterbewegung

Für die SPD und die Freien Gewerkschaften ergäbe sich aus der Analyse der „gegen die sozialistischen Massen sich bildenden Front"[128] die „Pflicht, sich aus der politischen Konkursmasse des Kapitalismus und des Bürgertums herauszuhalten, sachlich und nüchtern sich vorzubereiten auf die Übernahme der wirtschaftlichen Verantwortung und der politischen Macht *im Gegensatz zu Brüning und seinen möglichen Nachfolgern*".[129] *Es* sei ausgesprochen gefährlich, „wenn sich die freien Gewerkschaften und der Afa-Bund in ihrer Entschließung vom 29. Juli direkt identifizierten mit den Sanierungsmaßnahmen der Brüning-Regierung".[130] Es sei völlig illusorisch zu glauben, daß bei dieser Organisation des Kapitalismus die Gewerkschaften oder gar die politisch-sozialistische Interessenvertretung der werk-

---

[125] Ebd.
[126] Ebd.
[127] Ebd.
[128] Mitteilungen der Schriftleitung „Fragen und Antworten", in: RS 1931, Nr. 19, S. 86.
[129] E. Eckert, „Die Woche", 20. Juli–27. Juli 1931, in: RS 1931, Nr. 31, S. 134.
[130] E. Eckert, „Die Woche", 28. Juli–3. August 1931, in: RS 1931, Nr. 32, S. 138.

tätigen Massen irgendeinen maßgebenden Einfluß bekommen könnten. „Bestenfalls werden die Vertreter der Arbeitnehmer dazu benützt, wie bisher inner- und außerhalb der bürgerlichen Regierungen, um die bürgerlich-kapitalistische Interessenpolitik zu kaschieren, die selbstverständliche und berechtigte Empörung der Massen abzudämmen."[131] Eckert wiederholte daher von Woche zu Woche die Mahnung: „Die Führer des deutschen Proletariats dürfen sich nicht mit den Maßnahmen zur Sicherung des Nationalkapitalismus direkt oder indirekt belasten; sie dürfen sich nicht zu Schrittmachern des wirtschaftlichen und politischen Faschismus mißbrauchen lassen."[132] Die „Führer der sozialistisch überzeugten marxistisch geschulten Arbeiterklasse in allen europäischen Ländern"[133] sollten alles daran setzen, daß sie das „in der nur scheinbar hoffnungsvolleren Zeit der formalen Demokratie und der Koalitionsregierungen reichlich verloren gegangene Vertrauen der Ausgebeuteten und Entrechteten nicht in noch größerem Maße verlieren, sondern voll und ganz zurückgewinnen für die Zeiten der Entscheidung, denen wir entgegengehen".[134] Eckert lehnte daher entschieden die reformistische Politik des SPD-Vorstandes ab, der noch im Juli 1931 in einem Aufruf erklärte, daß „durch eine Stärkung des gemeinwirtschaftlichen Einflusses, die Aufsicht des Staates über die kapitalistischen Riesenunternehmen und Verhandlungen mit dem Ausland"[135] eine Abhilfe geschaffen werden könne. Er stellte sich stattdessen hinter die von der KPD geforderte, von der SPD am 17. Juli 1931 abgelehnte Einberufung des Reichstages, dem von der KPD folgende Anträge vorgelegt worden waren: „1. Alle kleineren Sparguthaben sind sicherzustellen; 2. die Auszahlung der Löhne, Gehälter und sozialen Unterstützungen sind sicherzustellen; 3. alle stillgelegten Betriebe ohne Rücksicht auf die Profitinteressen des Unterneh-

---

[131] Ebd.
[132] Ebd.
[133] E. Eckert, „Die Woche", 12. Juli–19. Juli 1931, in: RS 1931, Nr. 30, S. 130.
[134] Ebd.
[135] E. Eckert, „Die Woche", 12. Juli–19. Juli 1931, in: RS 1931, Nr. 30, S. 130.

mertums wieder zu eröffnen, um dadurch die Wiederbeschäftigung der Erwerbslosen, Arbeiter und Angestellten zu ermöglichen; 4. alle zu diesem Zweck erforderlichen Mittel durch folgende Maßnahmen aufzubringen: a) durch die entschädigungslose Enteignung aller Vermögen über 500 000 Mark und durch Heranziehung der übrigen Vermögen, soweit sie den Betrag von 3000 Mark übersteigen, zu einer gestaffelten Vermögenssteuer; b) durch Einziehung aller Einkommen, soweit sie den Betrag von 20 000 Mark jährlich übersteigen und Erhebung einer gestaffelten Sondersteuer auf alle Einkommen über 6000 Mark jährlich."[136]

In Unterschätzung der realen Kräfteverhältnisse glaubte Eckert ebenso wie die KPD[137], daß sich aus der kapitalistischen Krise die Chance und Notwendigkeit ergäbe, die sozialistische Gesellschaft zu errichten, der „tödliche Stoß nach dem Herzen des Kapitalismus"[138] könne durch den zu erzwingenden „Verzicht auf die Profitrate"[139] unmittelbar versetzt werden. Der „Zusammenbruch des Kapitalismus"[140] eröffne die „Enteignung, und zwar die entschädigungslose Enteignung der besitzenden Klasse"[141], die „Überführung der Produktionsmittel, des Grund und Bodens, der Fabriken und Verkehrsmittel usw. aus dem Privatbesitz in den Besitz der im Staat organisierten Volksgesamtheit".[142] So richtig es war, gegenüber den reformistischen Thesen der SPD, wonach sich die SPD als „Arzt und Erbe am Krankenbett des Kapitalismus"[143] verstand, die Frage der Eigentumsverhältnisse immer wieder zu betonen, so sehr mußte die Losung des Sozialismus die angestrebte Einheitsfront-

---

[136] Ebd.
[137] Vgl. Geschichte der deutschen Arbeiterbewegung, Bd. 4, Berlin 1966, S. 280 ff.
[138] E. Eckert, „Die Woche", 20. Juli–27. Juli 1931, in: RS 1931, Nr. 31, S. 134.
[139] Ebd.
[140] Siehe Anm. 100.
[141] Siehe Anm. 138.
[142] Ebd.
[143] Vgl. das Referat Fritz Tarnows auf dem Parteitag der SPD in Leipzig am 1. Juni 1931, in: Geschichte der deutschen Arbeiterbewegung, Dokument Nr. 80, S. 554 ff.

politik einengen. An dieser Einheitsfrontpolitik hielt Eckert allerdings unbeirrt fest, und „selbst die bösartigsten Beschimpfungen hüben und drüben"[144] beeinträchtigten nicht seine Hoffnung, daß gegenüber „der sich im Eiltempo bildenden faschistischen Einheitsfront"[145] „die sozialistische Einheitsfront nicht vollkommen unmöglich gemacht"[146] werde. Es wäre gut, „wenn auch die SPD-Presse die Beschimpfungen der Kommunisten unterließe".[147]

Daß es letztlich nicht zu einer antifaschistischen Einheitsfront kam, war damals zwar nicht entscheidend, aber sicherlich auch durch die falsche Strategie der KPD mitverursacht. Hätte die KPD statt nur gelegentlicher Versuche zu einer Einheitsfrontpolitik nur „von unten" in dieser Phase eine konsequentere Bündnispolitik gegen Brüning und gegen die Nationalsozialisten geführt, wäre der Prozentsatz der religiösen Sozialisten, die Eckert auf seinem Weg politisch folgten, wahrscheinlich erheblich größer gewesen.

5.1.6 Die Stellung zum Preußen-Volksentscheid

Im August 1931 wude die in dieser Zeit von Oppositionsgruppen der KPD und einem Teil der linken Sozialdemokraten angestrebte Einheitsfront durch ein Ereignis gestört, das sich in der Folgezeit als ein Hemmnis einer antifaschistischen Einheitsfrontpolitik erwies: die Teilnahme der KPD am Volksentscheid gegen die Braun-Severing-Regierung in Preußen.

Im April 1931 hatten NSDAP, DNVP und Stahlhelm durch Volksbegehren einen Volksentscheid über die Auflösung des 1928 gewählten preußischen Landtages in der Hoffnung erzwungen, die Mehrheitsverhältnisse entsprechend den Kräfteverschiebungen der Septemberwahlen 1930 zu verändern und die Regierung Braun zu stürzen. Das „Sonntagsblatt des arbei-

144 Siehe Anm. 128.
145 Ebd.
146 Ebd.
147 Ebd.

tenden Volkes" hatte anläßlich des Volksbegehrens einen Aufruf veröffentlicht, der dagegen protestierte, daß „die reaktionären Kleinbürger- und Mittelstandspolitiker im Namen des evangelischen Christentums gegen die Regierung Braun-Severing hetzen".[148] Das gemeinsame Vorgehen von NSDAP, DNVP, Stahlhelm, „Christlich-Sozialem Volksdienst"[149] und dem „Gesamtverband der evangelischen Arbeitervereine Deutschlands" sei „künstlich inszeniert und organisiert von der preußischen Herrenkaste, den Junkern und Industriellen, die das Volk aufs neue knebeln und unterdrücken wollen".[150] Es sei die Pflicht jedes evangelischen Sozialisten, „mit allen Mitteln dieser religiös-verbrämten Demagogie der nationalistisch-bürgerlich-kapitalistischen Reaktion entgegenzuarbeiten".[151]

Im gleichen Sinne hatte sich Eckert im Rundbrief der Geschäftsstelle geäußert und es dem Bund zur Aufgabe gemacht, „dem Ansturm der kirchlichen Reaktion gegen den ‚gottlosen Marxismus' entgegenzuarbeiten".[152]

Als die KPD am 22. Juli ihre beim Volksbegehren ablehnende Haltung aufgab und zur Teilnahme am Volksentscheid aufrief[153], stellte sich Eckert schützend vor die KPD und warb um Verständnis für die Entscheidung der KPD, die die „durch Notverordnung und Verwaltungsmaßnahmen auf das äußerste gestiegene Empörung auch weiter Proletariermassen nicht der Agitation und Führung der Nationalisten kampflos überlassen"[154] wolle. Er rechnete damit, daß die KPD-Beteiligung den Volksentscheid zu Fall bringen werde, obwohl er ebenso wie die

---

[148] An die evangelischen Preußen, Ein Wort zum Stahlhelm Volksbegehren, in: RS 1931, Nr. 17, S. 77.
[149] Vgl. die Stellungnahmen des Bundes gegen den „Christlich-Sozialen Volksdienst" in: SAV 1930, Nr. 23, S. 183, SAV 1930, Nr. 25, S. 199 f., ZRS 1930, Heft 4, S. 226–232, RS 1931, Nr. 19, S. 84, RS 1931, Nr. 22, S. 97.
[150] Siehe Anm. 148.
[151] Ebd.
[152] Rundbrief der Geschäftsstelle Nr. 20 vom 29. April 1931, Privatarchiv Eckert.
[153] Zur parteiinternen Diskussion der KPD und zur Einschätzung der KPD-Beteiligung als eine „folgenschwere Fehlentscheidung" siehe: Geschichte der deutschen Arbeiterbewegung, Berlin 1966, Bd. 4, S. 300 ff.
[154] E. Eckert am 9. August in: „Die Woche", RS 1931, Nr. 32, S. 138.

KPD überzeugt war, daß die preußische Regierung ihrer objektiven Funktion nach eine „kapitalistische Regierung"[155] sei. Er begrüßte das Scheitern des Volksentscheids vom 9. August, weil damit eine weitere politische Verschärfung der Krise vermieden worden sei. Die KPD hätte durch ihre Beteiligung verhindert, „daß die nationale Front unter eindeutig faschistischen Parolen den Volksentscheid durchführen, die Empörung der Massen allein auffangen konnte".[156] Im Hinblick auf die möglichen Folgen der Beteiligung der KPD am Preußen-Volksentscheid bezweifelte er allerdings, „ob die Aktivierung der proletarischen Massen im gegebenen Augenblick auch vom revolutionären Standpunkt aus richtig war".[157] Es sei jedoch „direkt lächerlich"[158], wenn die SPD-Presse von einer „Koalition Thälmann-Hitler"[159] rede. Eckert wehrte entschieden die Versuche der SPD ab, die KPD-Beteiligung am Volksentscheid dazu auszunützen, diese des Zusammengehens mit den Nationalsozialisten zu bezichtigen.[160] Als er diese Meinung auch auf den Landestreffen der württembergischen und pfälzischen religiösen Sozialisten vor Tausenden bekräftigte, löste dies heftige Empörung aus.[161] Er weigerte sich auch dann noch, „den Kampf gegen die KPD, gegen ihre Volksentscheidsbeteiligung in der Parteipresse zu decken"[162], als die „Süddeutsche Arbeiterzeitung" seine Auffassung zu agitatorischen Zwecken benutzte.

[155] Ebd.
[156] Rundbrief der Geschäftsstelle Nr. 24, ohne Datum, vermutlich Mitte August, Privatarchiv Eckert.
[157] Ebd.
[158] Ebd.
[159] Ebd.
[160] Zum Verhältnis der SPD zur KPD siehe B. Kunze, Erich Matthias' Apologie der SPD-Entwicklung, in: „Das Argument", Zeitschrift für Philosophie und Sozialwissenschaften, 13. Jg., Heft 1/2, bes. S. 60–66.
[161] Brief der SPD, Bezirk Pfalz, an Eckert vom 31. August 1931, Privatarchiv Eckert, „Die Genossen waren über Deine Ausführungen direkt empört ... Der Bezirksvorstand protestiert gegen eine solche Art des Auftretens, da sie nur parteischädigend wirken kann." Vgl. auch Rundbrief Nr. 24, aus dem hervorgeht, daß Eckerts Haltung in der SPD Württembergs „heftige Empörung" ausgelöst habe.
[162] Rundbrief Nr. 24, Privatarchiv Eckert.

Auch durch die Beteiligung der KPD am Volksentscheid ließ sich Eckert nicht davon abbringen, daß die vordringlichste Aufgabe sozialistischer Politik die Schaffung einer Einheitsfront von SPD und KPD sei.

Seine Haltung zum Volksentscheid trug ihm einen verschärften Konflikt mit der SPD ein, der am 11. August zu einem Zusammenstoß auf der Vertrauensmännerversammlung der Mannheimer SPD und letztlich zur Absetzung der Wochenberichte durch die Mehrheit des Bundesvorstandes der religiösen Sozialisten führte.[163]

5.1.7 Der Ausschluß der linken Opposition und Eckerts Stellung zur „Sozialistischen Arbeiter-Partei"

Im September 1931 spitzte sich der Konflikt zwischen der linken Opposition und dem SPD-Parteivorstand im Reich zu. Am 22. September teilte die „Freie Verlagsgesellschaft", die die Wochenzeitung „Die Fackel" herausgab, mit: „Wir haben uns auf alle Konsequenzen hin entschlossen, uns eine Unterbindung der Meinungsfreiheit nicht gefallen zu lassen."[164] Sie würde „Die Fackel" und „Die roten Bücher" weiter herausgeben und mit ihrer Person für ihre Handlungen einstehen.

---

[163] Vgl. die Mitteilung Eckerts am 30. August 1931 in RS: „Es ist mir trotz bestem Willen praktisch unmöglich, bei einer politischen Wochenübersicht eine bestimmte persönlich wertende Einschätzung der politischen Geschehnisse und Maßnahmen auszuschalten. Andererseits kann unser Bund als solcher, und darum auch sein Organ, ‚Der religiöse Sozialist', innerhalb der sozialistischen Gesamtbewegung keine besondere politische und taktische Haltung einnehmen, da er in seinen Reihen rechtsstehende, zur Koalitionspolitik geneigte Genossen, aber auch neben ausgesprochenen Parteikommunisten eine ganze Reihe Mitglieder hat, die der kommunistischen Einstellung sehr nahe stehen. Ich werde darum in Zukunft, so notwendig gerade jetzt die Überwachung und systematische Beobachtung des politischen Geschehens ist, die bisher unter dem Titel ‚Die Woche' erschienene politische Übersicht nicht mehr in unserm Blatt veröffentlichen"; in: RS 1931, Nr. 35, S. 150.
Das Verbot der weiteren Veröffentlichung der politischen Übersicht erfolgte auf Intervention des 2. Bundesvorsitzenden Göring. Eckert selbst dürfte zu diesem Zeitpunkt zu jenen gehört haben, die der KPD sehr nahe standen.
[164] Zit. n. „Vorwärts" vom 30. September 1931.

Am 26. September bekräftigten Max Seydewitz und Kurt Rosenfeld als Gesellschafter der „Freien Verlagsgesellschaft" gegenüber dem SPD-Parteiausschuß, daß sie sich einem etwaigen Verbot der „Fackel" und der „Marxistischen Büchergemeinde" nicht fügen würden.[165]

Am 29. September meldete der „Vorwärts" den Ausschluß von Rosenfeld und Seydewitz, den parlamentarischen Wortführern der linken Opposition, aus der SPD, da der Parteiausschuß in dem Bestehen der „Freien Verlagsgesellschaft" den Anfang einer „Sonderorganisation" sah.

Einen Tag nach dem Bekanntwerden des Ausschlusses der Führer der linken Opposition richtete Eckert einen Brief an den Ortsvereinsvorstand der SPD Mannheim, in dem er ihn ersuchte, über den Landesvorstand beim Parteivorstand in Berlin vorstellig zu werden und von diesem zu verlangen, daß ein Ausschuß eingesetzt werde, der die Angelegenheit Seydewitz zu untersuchen habe mit der sofortigen Aufhebung des Ausschlusses von Seydewitz aus der Partei. „Ich habe bisher mit anderen Genossen und Freunden dafür gesorgt, daß ‚Die Fackel', das Organ der oppositionell eingestellten Genossen in Deutschland, systematisch verbreitet wurde, und ich werde die Verbreitung der ‚Fackel' auch weiterhin zu organisieren versuchen, weil nur so die Meinung der mit der offiziellen Parteitaktik in Gegensatz stehenden Genossen in der Mitgliedschaft und Wählerschaft der SPD verbreitet werden kann. Ich gehöre der ‚Marxistischen Büchergemeinde' an und unterstütze die ‚Freie Verlagsgesellschaft'. Ich mache mich also desselben Vergehens schuldig, wegen dessen die Genossen Seydewitz und Rosenfeld ausgeschlossen worden sind."[166]

Er teilte außerdem mit, daß er in Berlin an der für den 2. Oktober von Seydewitz einberufenen Konferenz teilnehmen werde.

Am 1. Oktober ließ sich Eckert auf einer Versammlung von etwa 100 Personen[167] in Mannheim Vollmacht für sein weiteres

---

[165] Ebd.
[166] Zit. n. „Volksfreund" vom 3. Oktober 1931.
[167] Brief Remmele (SPD) an Kappes vom 3. Oktober 1931, in: SPK Fall Eckert/II, Blatt 66.

Vorgehen innerhalb der Partei geben und reiste am 2. Oktober nach Berlin, „um die anderen in der Opposition stehenden Genossen zu veranlassen, keine neue Partei zu gründen, sondern geschlossen zur KPD zu gehen".[168] Er lehnte die auch nur vorübergehende Gründung einer neuen Partei ab, da eine ideologisch grundsätzliche Abgrenzung zur KPD und SPD ausgeschlossen sei. „Man kann sich nicht von der KPD scharf abgrenzen und die proletarische Einheitsfront proklamieren."[169] Man könne nicht mit einer ganzen Anzahl „halbresignierter Splittergruppen aus den vergangenen Organisationskämpfen"[170], aus Friedensgesellschaft, KPO, Rote Kämpfertruppe, USP, Opposition, ehemaligen Mitgliedern des Leninbundes, sonstigen Einzelläufern und frisch gewonnenen Neusozialisten „eine zielbewußte proletarische Kampfpartei"[171] ins Leben rufen, vor allen Dingen dann nicht, wenn man von vornherein erkläre, daß alle diese Gruppen in der zentralen Leitung der neuen Partei vertreten sein sollen. „Die neue Partei hat keine eindeutige Führung: Soviel Köpfe, soviele Meinungen, daher die Verwaschenheit ihres Aktionsprogrammes, ein Zwittergebilde, das auf die Proletariermassen keine Anzugskraft haben kann."[172]

Bei seinen Besprechungen am 2. Oktober in Berlin erhielt Eckert jedoch den Eindruck, daß „keiner der maßgebenden Genossen des Kreises Seydewitz"[173] seine Auffassung teilte. Am 3. Oktober 1931 wurde die „Sozialistische Arbeiter-Partei" gegründet, während Eckert am gleichen Tag aus der Presse die Nachricht seines tags zuvor vom badischen Landesvorstand verfügten Ausschlusses aus der SPD erfuhr. Der Ausschluß war begründet mit „Zellenbildung" und „groben Vertrauens-

---

[168] Rundbrief der Geschäftsstelle Nr. 27 vom 9. Oktober 1931, Privatarchiv Eckert.
[169] Erklärung Eckerts beim Übertritt von der SPD zur KPD, zit. n. Die Kirche und der Kommunismus, a.a.O., S. 6.
[170] Ebd.
[171] Ebd.
[172] Rundbrief Nr. 27 vom 9. Oktober 1931. – Ein weiterer Grund gegen die Gründung einer neuen Partei sei die „Kürze der Zeit, in der das Proletariat auf alle möglichen Entscheidungen gefaßt sein muß." (Ebd.)
[173] Ebd.

bruch".[174] Der Karlsruher „Volksfreund" berichtete über den Ausschluß unter der Schlagzeile „Spaltpilze auch in Baden – Pfarrer Eckert aus der SPD ausgeschlossen"[175], während die Mannheimer „Volksstimme" Eckerts Ausschluß mit der Überschrift kommentierte „Ein Mann in Stalinschen Ketten".[176] Eckert hielt die „angegebenen formalen Gründe natürlich nicht für ausschlaggebend"[177] für seinen Ausschluß. Sie seien nur geeignet, die eigentlichen Ursachen zu verdecken. In Wirklichkeit sollte der „allgemeine Hinauswurf der oppositionellen Wortführer aus der SPD"[178] die Partei „verhandlungs-, koalitions- oder doch wenigstens weiterhin tolerierungsfähig machen für die Regierung Brüning"[179], die auch weiterhin die „Sanierung des kapitalistischen Systems auf Kosten der werktätigen Massen"[180] betreibe. Man habe die „unbequemen Mahner"[181], diejenigen, „die seit einem Jahrzehnt die verkehrte Taktik der SPD bekämpften, die endlich Schluß mit der Tolerierungspolitik verlangten"[182], loswerden wollen, indem man die „Meinungsfreiheit in der Partei systematisch unterband".[183]

5.2 Die Auseinandersetzungen um den Pfarrer Erwin Eckert innerhalb des Bundes der religiösen Sozialisten (1931)

Mit der zunehmenden Verschärfung der Wirtschaftskrise und der von Eckert November 1929 diagnostizierten „Klassenscheidung in die bürgerlich-kapitalistisch-faschistische und in die

[174] Zit. n. „Volksfreund" vom 3. Oktober 1931.
[175] Ebd.
[176] Mannheimer „Volksstimme" vom 3. Oktober 1931. Vgl. Vorwärts vom 9. 10. 1931, „Hofprediger Stalins? Eckert geht zur Kommunistischen Partei."
[177] Übertrittserklärung, in: Die Kirche und der Kommunismus, a.a.O., S. 4.
[178] Ebd.
[179] Ebd.
[180] Ebd., S. 4 f.
[181] Ebd., S. 5.
[182] Ebd.
[183] Ebd.

236

proletarisch-sozialistisch-demokratische Front"[184] geriet auch
der Bund der religiösen Sozialisten in eine Konfliktsituation,
die vor allem sein Verhältnis zur SPD betraf, der die meisten
Mitglieder und Wortführer des Bundes nicht nur angehörten,
sondern in der einige von ihnen Amt und Mandat innehat-
ten.[185]

Dieser Konflikt nahm wegen der besonderen politischen Entwicklung und Stellung seines Bundesvorsitzenden zunehmend
die Form der Auseinandersetzung um diesen selbst an. Zwar

---

[184] E. Eckert, Arbeitsmethoden und Taktik, a.a.O., S. 363.
An der scharfen und gegensätzlichen Scheidung in sozialdemokratisch-bür-
gerliche und kommunistische Gruppierungen ist auch die „Internationale
proletarischer Freidenker" (I.p.F.) zerbrochen. Gegründet 1925 als internationaler Zusammenschluß sozialdemokratischer und kommunistischer Freidenker, zuletzt geleitet von Hartwig, Wien, und Sievers, dem Vorsitzenden
des „Deutschen Freidenkerbundes", kam es auf dem 4. Kongreß der I.p.F. in
Bodenbach am 15. und 16. November 1930 zum offenen Bruch. Während im
März 1931 in Leipzig der kommunistische „Verband proletarischer Freidenker Deutschlands" gegründet wurde, schloß sich der sozialdemokratische in
Bodenbach übriggebliebene Teil unter der Führung von Sievers und Hartwig
im September 1931 in Berlin mit der bürgerlichen „Fédération internationale
de la libre pensée" zur „Internationalen Freidenkerunion" zusammen. 1928
umfaßte die I.p.F. 1 670 000 organisierte Mitglieder, die sich aus 16 Länder-
Organisationen zusammensetzte. Außer der Sowjetunion waren besonders
Deutschland, Österreich, CSR, Schweiz, Frankreich, Polen, Dänemark und
die USA in der I.p.F. vertreten. Am 4. Mai 1932, also nach der Kanzlerschaft Brünings, wurden durch Notverordnung der Reichsregierung die kommunistischen Freidenkerverbände, nämlich die „Internationale proletarischer
Freidenker" (Sitz der Exekutive in Berlin) und die ihr nachgeordneten oder
angeschlossenen Freidenkerorganisationen, insbesondere der Verband proletarischer Freidenker Deutschlands, einschließlich der proletarischen Freiden-
kerjugend, der Freidenker-Pioniere und der Frauenkommissionen sowie der
Kampfgemeinschaften proletarischer Freidenker mit allen dazugehörigen Ein-
richtungen, einschließlich der Verlagsbetriebe, für das Reichsgebiet mit sofortiger Wirkung aufgelöst. Die Begründung lautete: „Durch die Auflösung
dieser Organisationen soll der kommunistischen Gottlosenpropaganda, die
dazu bestimmt ist, durch Vorbereitung der bolschewistischen Revolution
christliche Kultur und Sitte zu untergraben, der Boden entzogen werden."
(Zit. n. H. Sasse, Kirchliche Zeitlage, in: KJB 1931, S. 54 f.) Zahlenmäßig
standen hinter diesen Organisationen, von denen der Verband proletarischer
Freidenker am bedeutendsten war, etwa 130 000 Kommunisten.
[185] B. Göring war hauptamtlicher Gewerkschaftsfunktionär des Afa-Bundes,
Kappes Dezember 1930 bis 1933 SPD-Stadtrat in Karlsruhe, Dietrich SPD-
Kreistagsabgeordneter in Mannheim, Rais Mitglied des württembergischen
Landtages, Fried Mitglied des preußischen Landtages, Kleinschmidt Vorsit-
zender des SPD-Ortsvereins in Eisenberg.

hatten innerhalb des Bundes seit seiner Gründung politische Gegensätze bestanden, bei denen Eckert jeweils die Rolle des Katalysators gespielt hatte. Jedoch konnten solche weitgehend intern ausgetragenen Differenzen in der Vergangenheit kompromißhaft zugunsten seines populärsten und anerkanntesten Wortführers beigelegt werden. Eckerts verstärkt aufgenommene politische Agitation führte seit Ende 1929 zu einer „Scheidung der Geister"[186] und einer Differenzierung der sozialen Basis des Bundes.[187]

Solange er im Mittelpunkt von Konflikten mit seiner Landeskirche und der Gesamtkirche stand, vermochte er den Bund immer wieder trotz starker inhaltlicher Vorbehalte zu breiten Solidarisierungsprozessen zu zwingen. Dies gilt sowohl für das Dienststrafverfahren der badischen Kirchenleitung vom Juni 1929, für seinen durch die Parteinahme für die Sowjetunion aufgedeckten Konflikt auf dem Deutschen Evangelischen Kirchentag 1930 sowie für die zahlreichen und sich steigernden Prozesse im Jahre 1931, deren vorläufigen Höhepunkt der Kampf um die Dienstentlassung im Juni 1931 bildete. Während Eckert im Kampf gegen die deutsch-nationalen Kirchen, die sich in der sozialen Krise „als Vermittlungsglieder zur Unterstützung einer antidemokratischen und nationalistischen faschistischen Massenbewegung"[188] erwiesen, breite und solidarische Unterstützung innerhalb wie außerhalb des Bundes fand, so gilt das nicht für seine wachsenden Spannungen mit der SPD, die spätestens seit den Septemberwahlen 1930 die Form von Fraktionskämpfen annahmen. Während er sich auf dem SPD-Landesparteitag im Mai 1930 als Sprecher der linken Opposition vergeblich um eine badische Reichstagskandidatur beworben hatte, wurde er dank seiner überragenden Position und Popula-

---

[186] E. Eckert, Arbeitsmethoden . . ., a.a.O., S. 363.
[187] Während sich die Wochenberichte Eckerts auf die regelmäßigen Zusammenkünfte mit ca. 50 Mannheimer Betriebsarbeitern stützten, bestanden die von Pfarrer Kappes nach Eckerts Ausscheiden aus dem Bund aufgebauten Kreise „sozialistischer Geistesarbeiter" im wesentlichen aus Angestellten, Beamten und Akademikern.
[188] W. Abendroth, Vorwort zu M. Priepke, Die ev. Jugend im Dritten Reich 1933–1936, Hannover und Frankfurt 1960, S. 3.

rität auf dem Stuttgarter Bundeskongreß im August 1930 doch erneut und sogar einstimmig zum Ersten Geschäftsführenden Bundesvorsitzenden gewählt. Mit der scharfen Frontstellung Eckerts gegen die Tolerierungspolitik der SPD seit September 1930 schieden sich jedoch auch die Geister im Bund. Es stellte sich die Frage, ob dieser seine stets proklamierte und bis zum Beginn der Wirtschaftskrise partiell durchgefochtene Selbständigkeit gegenüber der SPD-Parteiführung zu wahren und Eckert auf seinem Weg gegen die Tolerierungspolitik der SPD-Parteiführung zu folgen imstande war oder ob der Bund sich an die „Passivitätspolitik und Staatstreueideologie"[189] der SPD-Mehrheit anpaßte und ihn als Bundesvorsitzenden notwendigerweise fallen lassen würde.

5.2.1 Die Stellung des Reichsvorstandes und der Landesvorsitzenden zu Eckerts politischer Richtung

Noch am 11. April 1931 beschloß eine Reichsvorstandssitzung des Bundes, „auch weiterhin seine Selbständigkeit gegenüber der Partei"[190] zu wahren, „ohne selbst eine politische, seine Mitglieder verpflichtende Linie einzuhalten".[191] Diese Kompromißformel, die sowohl die kritische Abgrenzung zur SPD enthielt als auch den Verzicht auf eine selbständige politische Stellungnahme, konnte in der zunehmenden Zuspitzung der sozialen Widersprüche um die Mitte des Jahres 1931 auf die Dauer nicht tragfähig sein. Mitte Juli schlug Eckert daher vor, „eine Kundgebung zu der schwierigen politischen und wirtschaftlichen Lage"[192] herauszugeben, „die eine deutliche Abkehr von der bisherigen Taktik der Parteimehrheit verlangt".[193] Falls darüber keine Einstimmigkeit erzielt werden sollte, müsse

---

[189] W. Abendroth, Aufstieg und Krise der deutschen Sozialdemokratie, Frankfurt/M. 1964, S. 64.
[190] Rundbrief Nr. 20 vom 29. April 1931, Privatarchiv Eckert.
[191] Ebd.
[192] Rundbrief Nr. 22, Datum vermutlich Mitte Juli, SPK VKBrS, Generalia 1931, Blatt 120.
[193] Ebd.

davon abgesehen werden. „Jedenfalls dürfen wir die Illusionspolitik der Parteimehrheit, die sich mit an den Rettungsverversuchen des todkranken Kapitalismus beteiligen will, nicht gut heißen."[194] Sein Versuch, den Bund in Richtung auf die Linie der auf dem Leipziger Parteitag unterlegenen linken Opposition festzulegen, stieß jedoch auf Widerstand und Ablehnung. Pfarrer Kappes bat Eckert dringend, sich jetzt „nicht in die Parteipolitik der SPD einzumischen"[195] und alle eigenen politischen Pläne etwa bezüglich einer Unterstützung der Opposition oder einer Erstrebung eines Mandats zu unterdrücken, weil dies den Verlust der Unterstützung durch die SPD und den „Untergang unserer Bewegung"[196] bei den Kirchenwahlen 1932 bedeuten würde. Dieses an Wahlen und dem SPD-Vorstand fixierte Bewußtsein war vor allem für die süddeutschen Wortführer des Bundes durchaus repräsentativ. Kappes vertrat als Mandatsträger der SPD – er war Dezember 1930 zum Stadtrat in Karlsruhe gewählt worden – im übrigen den Standpunkt der Parteimehrheit und bestritt, daß es sich dabei um „Illusionspolitik" handele. Er verteidigte die These, wie sie auf dem Leipziger Parteitag am 1. Juni von Fritz Tarnow vorgetragen worden war, daß die SPD Arzt und Erbe zugleich am Krankenlager des Kapitalismus sei[197] und war überzeugt, daß „in derselben Zeit, in welcher der russische Kommunismus wächst, der Kapitalismus noch einmal eine notwendige Restauration aus dieser Krise erleben wird, weil planwirtschaftliche Funktionen im Rahmen der Weltwirtschaft noch von ihm erfüllt werden müssen, während gleichzeitig seine Umgestaltung in den Sozialismus geschieht".[198] Die kommunistische Taktik sei „wahnsinnig".[199] Unter Berufung auf Dr. Dietz hielt Kappes es für die Aufgabe des Bundes, den Massen verständlich zu machen, daß „eine andere politische Haltung als die der SPD

---

[194] Ebd.
[195] Kappes an Eckert vom 23. Juli 1931, in: SPK VKBrS, Generalia 1931, Blatt 121.
[196] Ebd.
[197] Vgl. Geschichte der deutschen Arbeiterbewegung Bd. 4, a.a.O., S. 555.
[198] Siehe Anm. 195.
[199] Ebd.

heute nicht möglich"[200] sei. Kappes bestritt, daß der Faschismus „Interesse an einer Regierung"[201] habe, es sei denn, „unsinnige kommunistische Tumulte" würden ihn „zwingen, als ‚Ordnungsdiktatur' die Macht zu ergreifen".[202] Wenn Eckert jedoch „Chaos über Deutschland", „Krieg in Deutschland", die „Zerstörung der jetzigen Wirtschaft", den „Verlust von einigen Millionen Menschen", die „Herabdrückung des Lebensstandards auf den russischen" wagen wolle, um die „Grenzen Sowjetrußlands an den Rhein zu verlegen", dann möge er die „kommunistische Taktik" wählen.[203]

Dieser Brief von Kappes macht deutlich, wie sehr er und mit ihm viele religiöse Sozialisten in der politischen Konzeption der SPD befangen waren, wonach ein unvereinbarer Gegensatz von Klasseninteressen geleugnet und der Unterschied des kapitalistischen Planungsziels, nämlich Planung zum Zwecke der Profitmaximierung auf der einen und Planung mit dem Ziel größtmöglicher gesellschaftlicher Bedürfnisbefriedigung auf der anderen Seite unberücksichtigt und die Perspektive eines reibungslosen, bruchlosen Hineinwachsens in den Sozialismus eröffnet wurde.[204]

Angesichts solcher Widerstände gab Eckert zunächst seinen Plan einer Erklärung des Bundes gegen die politische Konzeption der SPD auf. Er setzte jedoch im „Religiösen Sozialisten" seine politische Berichterstattung fort, die gleichsam wöchentliche, analytisch und dokumentarisch begründete Proteste gegen den Reformismus und die daraus abgeleitete Tolerierungspolitik der SPD-Mehrheit waren. Als seine Spannungen mit der SPD daraufhin wuchsen, unternahm er in der ersten Augusthälfte einen erneuten Vorstoß, um den Bund zu einer Oppositionsstellung gegen die Tolerierungspolitik der SPD zu bewegen. In dem als „streng vertraulich" bezeichneten Rundschreiben legte er seine politischen Auffassungen dar, wonach sich „die SPD-Führung"

[200] Ebd.
[201] Ebd.
[202] Ebd.
[203] Ebd.
[204] Siehe B. Kunze, a.a.O., S. 56–58.

„in einer beinahe ausweglosen Position"[205] befände. Sie ernte das, was ihr „die verkehrte Taktik der Koalitions- und Tolerierungspolitik"[206] eingetragen habe: das „Mißtrauen der proletarischen Massen".[207] Wenn die SPD die Führung des sozialistischen Proletariats „nicht endgültig"[208] verlieren wolle, dann müsse sie den „entscheidenden Bruch mit der politischen Tradition der letzten 10 Jahre, die radikale Abkehr von der Linie Ebert-Müller-Hilferding-Wels"[209] vollziehen. „Der psychologische Augenblick ist jetzt da. Die öffentliche Vorbereitung der bürgerlich-faschistischen Front, die den Staat zu einem Instrument des Nationalkapitalismus macht, muß die SPD in entschlossene Oppositionsstellung bringen."[210] Andernfalls sei sie nicht mehr imstande, „die klug taktierende KPD aus der Führung der Massen auszuschalten".[211]

Er bedauerte, daß es nicht möglich war, den Bund als solchen zu einem maßgebenden Faktor in dem geforderten Umstellungsprozeß der gesamtsozialistischen Bewegung zu machen. Als einzelne Funktionäre der Partei sollten die religiösen Sozialisten „alle auf dem zur Opposition drängenden Flügel stehen".[212] Er selbst werde fortfahren, „die revolutionär sozialistische Linie in Partei und Öffentlichkeit zu fordern"[213], was „selbstverständlich zu Zusammenstößen mit der Parteiapparatsmehrheit"[214] führe. Als Beispiel nannte er die Reaktion der württembergischen und pfälzischen Parteisekretäre, die Anstoß an seinen öffentlichen Reden in Zuffenhausen und Kaiserslautern genommen hatten. Vielleicht werde der Parteiapparat dazu übergehen, ihn und seine engeren Freunde „aus der Partei

[205] Rundschreiben Nr. 24, Datum vermutlich 1. Augusthälfte 1931, SPK VKBrS, Generalia 1931, Blatt 128 ff.
[206] Ebd.
[207] Ebd.
[208] Ebd.
[209] Ebd.
[210] Ebd.
[211] Ebd.
[212] Ebd.
[213] Ebd.
[214] Ebd.

hinauszuekeln".[215] Er werde aber von der seit 10 Jahren eingenommenen politischen Haltung nicht abgehen und sich aus dem Kampf mit der Führung der Partei nicht mehr zurückziehen. Er verlange, „daß wir revolutionären oppositionellen Sozialisten in der Gesamtpartei unsere Bedeutung und unser Recht bekommen, wie etwa die unabhängige Arbeiterpartei in England".[216] Da seine Zusammenstöße mit der SPD bei fortdauernder Unterstützung der SPD durch den Reichsvorstand möglicherweise eine Belastung für den Bund darstellten, sei er bereit, nach einer einzuberufenden Reichsvorstandssitzung seine Ämter im Bund niederzulegen. Vielleicht könne sein Ausscheiden aus den bisherigen Funktionen „im Bund als eine Erlösung und Befreiung empfunden werden".[217] Er überlasse es der Beurteilung durch den Reichsvorstand, ob die durch seine Einstellung „bis weithin in die KPD sich auswirkende Sympathie des klassenbewußten Proletariates diese Einbuße des ‚behördlichen' Vertrauens nicht wieder gut macht und wichtiger ist".[218] Er habe in den letzten Monaten nach 20jähriger Mitgliedschaft in der SPD „furchtbar unter dem Versagen der SPD gelitten".[219] Unter seiner Führung werde „der Bund nicht zu einem Anhängsel" der nach seiner Auffassung „katastrophal versagenden SPD-Mehrheit"[220] werden. Die Aufgabe des Bundes sei zu groß und zu wichtig, „als daß ich sie in der Konkursmasse einer kleinbürgerlichen Politik untergehen lassen möchte".[221]

Die Antworten, die auf Eckerts Rundschreiben bei der Geschäftsstelle eingingen, sind durchaus symptomatisch für die politische Zusammensetzung und den politischen Charakter des Bundes. Kappes, Löw, Dietrich, Göring, Rais, Jentzsch, Marie Sturm und Schenkel traten mehr oder weniger deutlich dafür ein, daß eine Fortsetzung der Politik, wie sie Eckert als Bundesvorsitzender betreibe, auf die Dauer für den Bund nicht tragbar

[215] Ebd.
[216] Ebd.
[217] Ebd.
[218] Ebd.
[219] Ebd.
[220] Ebd.
[221] Ebd.

sei und er daher seine Ämter niederlegen solle. Aus ihren Antworten wird deutlich, daß die Ursache dieser Opposition gegen seine Bundesführung wesentlich politisch motiviert und in der Unterstützung der revisionistischen SPD-Parteiführung zu suchen ist.

Göring wandte sich dagegen, daß der *„Religiöse Sozialist"* sich wieder in seinem politischen Inhalt „auf den *Klassenkampf,* d. h. Seydewitz und Rosenfeld, stützt bzw. sein Material aus noch linkeren Quellen schöpft".[222] Eckerts politische Haltung, die er mit der des Bundes zu verbinden suche, sei eine Belastung im Hinblick auf das Verhältnis des Bundes zur SPD. „Wir können es uns nicht leisten, als Bund mit der Partei, d. h. ihrer Führung und den vorhandenen Körperschaften in Konflikt zu geraten."[223] Als 2. Vorsitzender hielt er eine baldige Entscheidung für erforderlich, ob Eckert weiter der „Vorsitzende und also der Wortführer des Bundes"[224] bleiben könne. Ähnlich äußerte sich der württembergische SPD-Landtagsabgeordnete Rais, der 1930 in den Reichsvorstand gewählt worden war. Wenn der Bund sich Eckerts Taktik anschlösse, „so würde er Gefahr laufen, die ganze Parteileitung gegen sich aufzubringen, und wir würden damit den Ast absägen, auf dem wir sitzen".[225] Die Arbeit des Bundes fuße „auf einem positiven Verhältnis zur SPD"[226] und Eckert scheine von seinen „Illusionen betr. die KPD nicht geheilt"[227] zu sein. Typisch für die Haltung vieler religiöser Sozialisten, so vor allem von Kappes und Schenkel, war die Angst Rais', die Bewegung könne von Eckert

---

[222] Brief des 2. Bundesvorsitzenden Göring vom 3. August 1931 (vor dem Rundbrief Nr. 24), zit. n. Rundschreiben Nr. 25, Datum vermutlich 1. Septemberhälfte, in: SPK VKBrS, Generalia 1931, Blatt 127–147.

[223] Göring an Geschäftsstelle vom 13. August 1931, zit. n. Rundschreiben Nr. 25.

[224] Brief Rais vom 19. August 1931, zit. n. Rundschreiben Nr. 25. Im gleichen Sinne äußerte sich auch Dietz: „Bitte sägen Sie jetzt nicht den Ast ab, auf dem unsre Sache sitzt. Sie haben eine Aufgabe *innerhalb* der SPD, die Sie außerhalb nicht erfüllen können." Brief vom 12. August 1931, zit. n. Rundschreiben Nr. 25.

[225] Ebd.

[226] Ebd.

[227] Ebd.

„in das rein politische Fahrwasser"[228] geleitet werden, ja, er versuche, die religiösen Sozialisten „zu Schrittmachern des Kommunismus"[229] zu entwickeln. Er verrücke die eigentliche Aufgabe des Bundes, der in erster Linie dazu berufen sei, die notwendigen Kämpfe der SPD und des ADGB „aus dem Gebiet des rein Materialistischen zu entrücken und sie auf die ewigen Kräfte des Religiösen zu gründen".[230] Jentzsch, Frankfurt, der sich wie einige andere religiösen Sozialisten 1933 bereitwillig mit der NSDAP gleichschalten ließ und nach 1945 langjähriger Bundessekretär der nun völlig auf reformistischen Kurs übergehenden „Gemeinschaft für Christentum und Sozialismus, Bund der religiösen Sozialisten e. V." war[231], hielt Eckert vor, daß er durch seine Stellung zum Volksentscheid dem Bund großen Schaden zugefügt habe und riet ihm, daraus die Konsequenzen zu ziehen und von der Leitung des Bundes zurückzutreten. Marie Sturm, die den Landesverband Sachsen vertrat, glaubte, daß die „Vorteile der Beteiligung an der Regierung größer als die Nachteile"[232] seien. Kappes setzte sich ebenfalls dafür ein, daß, „wenn nicht ein außerordentlich großer Schaden für unsere Bewegung entstehen soll"[233], durch einen Vor-

---

[228] Ebd.
[229] Ebd.
[230] Ebd.
[231] Jentzsch vom 19. August 1931, zit. n. Rundschreiben Nr. 25. Zu diesem Sachverhalt siehe Brief Jentzsch an Wünsch vom 25. Mai 1933: „Es ist ganz richtig, was Sie schreiben, auch mir geht es so: es fällt mir gar nicht schwer, mich mit den Nationalsozialisten zu befreunden." Jentzsch erblickte im Mai 1933 bei den Nationalsozialisten „viel ehrliches Wollen im sozialistischen Sinne". „Wer wäre nicht auch früher bei uns schon froher gewesen, als gerade wir religiösen Sozialisten, wenn wir den Klassenkampfgedanken nicht mitzumachen brauchten ... Der mit größter Machtfülle ausgestattete Staatsapparat hat den Ausgleich zu schaffen, er kann dies auch viel eher als eine der beiden Parteien, weil eine Partei kein objektives Urteil fällen kann ... So wie bisher konnte es nicht weitergehen, die NSDAP hat gesiegt und es ist nun unsere Pflicht, dem neuen Staat mit allen unseren Kräften zu dienen, denn wir sind schon ein gutes Stück weitergekommen und werden auf dem eingeschlagenen Wege besonders zum Sozialismus hin weitere und bessere Fortschritte machen als beim alten Regime"; in: Privatsammlung Wünsch.
[232] Zit. n. Rundbrief Nr. 25, ebd.
[233] Kappes an Eckert mit Durchschrift an Dietz, Schenkel, Wünsch, Fuchs, Mertens und Göring vom 14. August 1931, in: SPK VKBrS, Generalia 1931, Blatt 131 f., hier zit. n. Rundbrief Nr. 25, ebd.

standsbeschluß festgestellt werde, daß der Bund der religiösen Sozialisten „in seiner überwiegenden Mehrheit"[234] Eckerts politische Richtung „nicht deckt" und von seinen „organisatorischen Bestrebungen in Richtung ‚Opposition' abrückt".[235]

Kappes äußerte schwere Bedenken „gegenüber der Richtung, welche ... (Eckert) durch ... (seine) Wochenübersichten dem Blatt und dem Bund"[236] gab, und bezog sich dabei auch auf „vollkommen ablehnende Urteile" über die Wochenberichte „von maßgeblichen Genossen, die nichts mit dem Funktionärskörper der Partei zu tun haben".[237] „Ich persönlich bin der Meinung, daß der Kapitalismus noch die Funktion einer Weltplanwirtschaft zu erfüllen hat, daß erst innerhalb dieser Entwicklung sich das internationale Proletariat als eine Einheit bilden und in seine späteren sozialistischen Aufgaben hineinwachsen muß."[238] Eckert trenne in der Gesamtbeurteilung der Situation von der SPD die Überzeugung, „daß jetzt, am Tiefpunkt einer Krise, mit revolutionären politischen Mitteln dem Kapitalismus ein entscheidender Stoß versetzt werden kann".[239] Er stünde damit „auf dem kommunistischen Boden, der Rußland als Basis einer politischen Weltrevolution annimmt".[240] Er müsse, wenn er in dieser Linie weitergehen wolle, „direkt in die KPD eintreten ... aus der Kirche austreten, um innerhalb des kommunistischen Proletariats als Christ zu leben und für das Christentum zu kämpfen, mit Frontalangriff gegen die politisch rechts orientierte bürgerliche Kirche und unter Verzicht auf Eroberung der Kirche auf parlamentarisch-demokratischem Wege".[241] Kappes habe davor, daß er diesen Weg gehen würde, „den tiefsten Respekt"[242], zu dem ihm selbst aber der Mut fehlen würde. Es sei wieder Eckerts „Verdienst durch ... (seine) Entschiedenheit auf diese Klärung hinzuwirken.

[234] Ebd.
[235] Ebd.
[236] Ebd.
[237] Ebd.
[238] Ebd.
[239] Ebd.
[240] Ebd.
[241] Ebd.
[242] Ebd.

Aber diese Klärung bedeutet für die Zukunft ein Nebeneinander, statt des bisherigen Miteinander".[243]

Schenkel äußerte sich ebenso wie Rais und meinte, die eigentliche Aufgabe des Bundes sei „die Gewinnung religiöser Kreise für den Sozialismus und sozialistischer Kreise für religiöse Vertiefung".[244] Er bat Eckert, „nicht allzu sehr auf das rein Politische überzugehen".[245]

Innerhalb des siebenköpfigen Reichsvorstandes[246] war Emil Fuchs der einzige, der, wenn auch begrenztes Verständnis für Eckert aufbrachte. Auch er hielt die Politik des SPD-Parteivorstandes für falsch. Andererseits vermißte er bei der SPD-Linken die „Reife, die eine andere Politik ermöglichte".[247] Von der KPD trennte Fuchs bei allem abstrakten Einheitsfrontdenken seine pazifistische Einstellung zur Gewaltfrage. Er schlug für den Fall, daß etwas gegen Eckert unternommen würde, eine Erklärung des Bundesvorstandes vor, wonach „selbstverständlich Eckerts Politik nicht die des Bundes ist"[248], da der Bund Mitglieder der verschiedenen sozialistischen Richtungen umfasse. In dieser Erklärung solle auch „bedauert" werden, „wenn man innerhalb der Partei in faschistischer Weise die Opposition abwürgen würde".[249] Er sprach sich in der jetzigen Situation

[243] Ebd.

[244] Schenkel vom 21. August 1931, zit. n. Rundbrief Nr. 25, ebd.

[245] Ebd.

[246] Der Reichsvorstand, wie er auf dem Stuttgarter Kongreß 1930 gewählt worden war, bestand aus 7 Mitgliedern. Dem 1. geschäftsführenden Vorsitzenden Eckert, dem 2. Vorsitzenden Göring sowie 5 Beisitzern, die für folgende Ressorts als Sachberater des geschäftsführenden Vorsitzenden gedacht waren: für die katholische Aktion Otto Bauer, Wien, für evangelische Kirchenpolitik Emil Fuchs, Eisenach, für Theologie Georg Wünsch, Marburg, für Schulfragen Heinrich Dietrich, Mannheim, für Politik, Rais M.d.L.
Von den 7 Mitgliedern des Reichsvorstandes waren 3 Theologen und 3 Mandats- und Funktionsträger der SPD bzw. des ADGB. Der einzige Arbeiter, Otto Bauer, wurde 1931 offenbar gegen Heinrich Mertens ausgetauscht, der im Dezember 1931 aus dem Bund austrat. Wünsch und Mertens reagierten nicht auf die Umfrage der Geschäftsstelle. Sie dürften aber kaum die Mehrheitsverhältnisse zugunsten von Eckert verändert haben, falls sie geantwortet hätten.
Alle Vorstandsmitglieder waren Mitglieder der SPD bzw. SPÖ.

[247] Fuchs vom 13. August 1931, zit. n. Rundbrief Nr. 25, ebd.

[248] Fuchs an Göring vom 15. August 1931, zit. n. Rundbrief Nr. 25, ebd.

[249] Ebd.

gegen ein Ausscheiden Eckerts aus Vorsitz und Schriftleitung aus. „Das würde einfach heißen, daß wir uns der Gewaltpolitik des PV beugen. Diese ist aber unter allen Umständen ein Verrat am Sozialismus. Freie Meinungsbildung in der Partei ist eine Lebensfrage, in der wir nicht nachgeben können."[250] Es sei Eckert nur zuzumuten, daß er seine politische Tätigkeit „nicht als eine solche des Bundes"[251] darstelle und „beides getrennt"[252] hielte. Innerhalb der Partei müsse aber auch der Vorsitzende seine Stellung klar und deutlich zum Ausdruck bringen können.

Unter den Landesvorsitzenden des Bundes war die Zustimmung für Eckerts politische Einstellung weitaus größer als im Reichsvorstand. Pfarrer Küsell, Anhalt, bestätigte die Erfahrungen, die Eckert mit der SPD gemacht habe und unterstützte seine Oppositionshaltung gegen die Parteiführung. „Ich stehe ganz hinter Dir."[253] Das gleiche gelte für Pfarrer Richter, Leopoldshall, während Pfarrer Heide, Bernburg, „den parteioffiziellen Standpunkt"[254] vertrete. Alle seien sich jedoch einig, daß der Bundesvorsitzende „auf keinen Fall"[255] wegen seiner Spannungen mit der SPD seine Ämter niederlegen dürfe. Unzufrieden mit der Haltung der SPD, „insbesondere mit der sträflich klugen Regie auf dem Parteitag in Leipzig"[256], war auch der Landesvorsitzende Bayerns, v. Falkenhausen. Eine wirklich sozialistische Politik sei bei der augenblicklichen SPD ganz unmöglich. Die religiösen Sozialisten müßten versuchen, „den linken Flügel der SPD zu stärken".[257] Da die Kräfteverhältnisse im Bund ähnlich wie in der SPD seien, sei es die Aufgabe der Führung vor allem, „im Bunde die linke, d. h. die wirklich soziali-

[250] Ebd.
[251] Ebd.
[252] Ebd.
[253] Küsell, Bernburg/Anhalt, vom 23. August 1931, zit. n. Rundbrief Nr. 25, ebd.
[254] Ebd.
[255] Ebd.
[256] v. Falkenhausen, München, vom 27. August 1931, zit. n. Rundbrief Nr. 25, ebd.
[257] Ebd.

stische Richtung zu stärken".[258] Der hessische Landesvorsitzende, Pfarrer Quack, fand, daß die „Politik der Sozialdemokratie zur Zeit weder sozialistisch noch demokratisch ist".[259] Er sah in Eckerts gespanntem Verhältnis zur SPD keinen Grund, weshalb er nicht weiter Vorsitzender des Bundes sein wolle und sein solle. „Wir sind doch keine Dependance der Partei."[260] Eine „Distanzierung des Bundes der religiösen Sozialisten von der Politik der SPD-Mehrheit"[261] hielt auch der thüringische Pfarrer und Landesvorsitzende Kleinschmidt für notwendig. Sowohl der Oberkirchenrat als auch die SPD-Bürokraten würden „ihre helle Freude haben, wenn Sie draußen sind".[262]

Pfarrer v. Jüchen, Möhrenbach/Thüringen, hielt die Kritik an der SPD-Parteiführung für „absolut notwendig"[263] und stimmte auch mit Eckerts Analysen in der „Woche" überein. In Thüringen, „wo wir uns auf keine kirchliche Tradition in den Massen, auf keine religiöse Grundhaltung (im Gegensatz zu Süddeutschland, d. Verf.) verlassen können"[264], könne man es auf einen Bruch mit der SPD nicht ankommen lassen. Der Bund müsse es aber ertragen, wenn der Bundesvorsitzende „vorübergehend das ‚behördliche' Vertrauen"[265] verliere. Eckert müsse auf jeden Fall alle Ämter weiterführen.

Pfarrer Piechowski, Berlin, wandte sich energisch dagegen, daß Eckert seine Ämter niederlege. „Nach Lage der Dinge würde das das Ende des Bundes bedeuten."[266] Unter keinen Umständen dürften die religiösen Sozialisten Eckert „als Führer den Parteitaktikern, die auf sehr schwachen Füßen stehen, opfern".[267] Die von Eckert eingenommene politische Haltung

[258] Ebd.
[259] Quack, Stockstadt/Hessen, vom 17. August 1931, zit. n. Rundbrief Nr. 25, ebd.
[260] Ebd.
[261] Kleinschmidt, Eisenberg/Thüringen, vom 21. August 1931, zit. n. Rundbrief Nr. 25, ebd.
[262] Ebd.
[263] v. Jüchen, Möhrenbach/Thüringen, zit. n. Rundbrief Nr. 25, ebd.
[264] Ebd.
[265] Ebd.
[266] Piechowski, Berlin, vom 21. August 1931, zit. n. Rundbrief Nr. 25, ebd.
[267] Ebd.

dürfe dem Reichsvorstand keine Veranlassung geben, ihn von seinen Funktionen zu entbinden. „Wir haben wirklich alle Ursache, den Eindruck zu vermeiden, als wäre der Bund der religiösen Sozialisten eine sozialdemokratische Kulturorganisation."[268] Die politische Haltung der Bundesmitglieder könne allein „vom Evangelium und vom Sozialismus"[269] her, nicht aber von der taktischen Haltung aus kritisiert werden, die die SPD augenblicklich einnähme, „mit der wir als Bund weder verheiratet sind noch sonst irgend etwas zu tun haben".[270] Selbst wenn Eckert zur KPD ginge, „hätte der Bundesvorstand kein Recht ... (ihn) *deswegen* von seinen Funktionen zu entbinden".[271]

Die entschiedensten Fürsprecher fand Eckert im Aktionsausschuß des Landesverbandes Lippe, der „dem Genossen Eckert für seine bisherige Tätigkeit als geschäftsführender Vorsitzender des Bundes und als Schriftleiter des ‚Religiösen Sozialisten'"[272] dankte und ihm sein „volles Vertrauen"[273] aussprach. Ausdrücklich bezog sich diese Zustimmungserklärung auch auf die wirtschaftliche und politische Analyse der Wochenberichte.

[268] Ebd.
[269] Ebd.
[270] Ebd.
[271] Ebd.
[272] Schwartze, Schötmar/Lippe, außerdem Brenker, Capelle, Hagemann, Helmhausen, Sprenger, Dr. Walter vom 22. August 1931, zit. n. Rundbrief Nr. 25 ebd. Schwartze wurde 1933 vom Volksfeuerbestattungsverein in Berlin wegen „staatsfeindlicher Betätigung" fristlos entlassen. Lehrer Capelle in Bad Salzuflen, Lehrer Hagemann in Brake, Lehrer Helmhausen in Bad Salzuflen, Lehrer Sprenger in Jersen und Studiendirektor Dr. Walter in Lemgo, außerdem die der lipp. Volkskirche bzw. dem lipp. Landesverband der religiösen Sozialisten angehörenden Lehrer Lambracht in Schötmar (dem ich diese Information verdanke), Bruns in Schötmar und Kuhlemeier in Brake wurden laut „Lippischer Kurier" vom 18. 3. 1933 („Der eiserne Besen kehrt in Lippe") mit sofortiger Wirkung beurlaubt. Von diesen mit Berufsverbot belegten religiös-sozialistischen Lehrern konnten vier ihre Tätigkeit im öffentlichen Schuldienst während des „Dritten Reiches" nicht ausüben. Vgl. Schreiben des Reichsverbandes Deutscher Evang. Schulgemeinden e. V. Gau Lippe an den Reichsstatthalter: „Es wurde freudig begrüßt, daß durch die Maßnahme der nationalen Regierung Lippes unsere Schulen gesäubert werden sollen von den freidenkerischen, marxistischen Elementen" (zit. n. M. Wolf, Geschichte der lipp. Volksschule, Lemgo 1964, S. 226).
[273] Ebd.

Sie sei „richtig und doppelt notwendig, weil die Parteipresse auch hier versagt".[274] Die Zusammenstöße mit der Parteimehrheit, die sich aus der „revolutionären sozialistischen Einstellung"[275] Eckerts ergäben, seien mit Gleichmut zu ertragen. „Das Vertrauen der proletarischen Masse muß uns mehr wert sein als die Gewogenheit der heutigen Parteiführer."[276] Innerhalb eines halben Jahres würde Klarheit darüber geschaffen werden, ob die Partei Eckert in seinem Kampf unterstützen werde oder ob die Partei „als ernsthafte Vertretung des sozialistischen Proletariats ihre Bedeutung verloren haben wird".[277] Über die „Bedenken reformistisch-liberalistischer Freunde"[278] müsse in dieser Frage hinweggegangen werden. „Der Reformismus ist theoretisch wie praktisch ebenso bankerott wie der bürgerliche Liberalismus."[279] Der Aktionsausschuß forderte daher, daß Eckert weiterhin Vorsitzender des Bundes und Schriftleiter des Bundesorgans bleibe. Seine Tätigkeit als Schriftleiter dürfe unter keinen Umständen durch eine „offene oder verkappte Kontrollkommission"[280] eingeschränkt werden.

Eckert zog aus der von ihm um der Klarheit willen herbeigeführten Umfrage den Schluß, daß „weitaus die Mehrheit"[281] es für eine „Torheit"[282] halte, wenn er seine Ämter niederlegen würde. Soweit es sich um die angesprochenen Wortführer und Landesvorsitzenden handelte, war dies sicher ein Fehlschluß. Rein zahlenmäßig standen den acht Befürwortern seines Rücktritts acht Gegner eines solchen gegenüber. Die Rücktrittsforderungen waren zwar nicht in der Mehrheit, so daß sich noch keine unmittelbaren Konsequenzen ergeben mußten. Es war aber vorhersehbar, daß der Bund eine verschärfte Konfrontation des Vorsitzenden mit der SPD, etwa durch einen Ausschluß Eckerts aus der SPD, nicht werde überstehen können,

274 Ebd.
275 Ebd.
276 Ebd.
277 Ebd.
278 Ebd.
279 Ebd.
280 Ebd.
281 Rundbrief Nr. 25, ebd.
282 Ebd.

ohne entweder seine proklamierte Selbständigkeit gegenüber der revisionistischen SPD-Politik völlig zu verlieren oder auseinanderzubrechen. Diese Einschätzung ergibt sich vor allem aus der Analyse der Einschränkungen derjenigen, die sich für Eckerts Verbleib als Bundesvorsitzender einsetzten und seine Kritik an der Parteiführung teilten. Auch hier gab es Stimmen, die bei aller solidarischen Kritik an der Partei davor warnten, Eckerts innerparteiliche Opposition zur Bundespolitik machen zu wollen (Fuchs, Küsell), Stimmen, die trotz aller Kritik an der SPD diese als das „kleinste Übel" (Quack) oder gegenüber der KPD als das „kleinere Übel" (Kleinschmidt) auffaßten, bei dem man „auszuharren" (Falkenhausen) habe, mit dem man einen „Bruch" (Jüchen) nicht zu riskieren wage. Innerhalb des Reichsvorstandes waren die politischen Mehrheitsverhältnisse für eine Oppositionspolitik gegenüber der SPD noch ungünstiger, so daß Eckert sich der Mehrheitsentscheidung beugte, die Wochenberichte abzusetzen. Er verzichtete „der augenblicklichen Situation in der Reichsführung Rechnung tragend"[283] darauf, „vom Bund aus und im Organ des Bundes eine Beeinflussung der politischen Haltung der SPD zu versuchen"[284] und nannte als Bedingung, daß auch die Gegenseite nichts unternähme, „um den Bund durch politische Aktionen etwa auf die revisionistische Linie festzulegen".[285] Solange die Entscheidungen des Bundes aus „demokratischen" Abstimmungen gewonnen würden, bliebe ihm nichts anderes übrig, als „sehr zum Schaden unserer Bewegung"[286] auf die politische Berichterstattung zu verzichten, obwohl nicht der geringste Zweifel daran bestünde, daß eine Befragung der Mitgliedschaft und Leserschaft des „Religiösen Sozialisten" „eine erdrückende Mehrheit"[287] für seine Auffassungen ergeben würde. Ob Eckert auch hier die Stärke des linken Flügels des Bundes überschätzte, läßt sich nicht eindeutig beantworten. Sicher ist, daß keiner der

283 Ebd.
284 Ebd.
285 Ebd.
286 Ebd.
287 Ebd.

übrigen religiösen Sozialisten eine vergleichbar starke Resonanz bei den werktätigen Massen fand. Hier wirkte sich die von Dietrich zu Recht kritisierte „kraftlose Usurpation"[288] der Landesvorsitzenden aus, deren Entscheidungen keinem organisierten Willensbildungsprozeß der Mitglieder unterworfen waren. Die Organisationsstruktur des Bundes war zu locker und zu schwach, als daß sich die breite Unterstützung, die Eckert an der Basis zweifellos fand, organisatorisch bis in den Reichsvorstand hätte kombinieren lassen. Aufgrund dieser Organisationsstruktur und der revisionistischen Mentalität des Reichsvorstandes konnten die Wochenberichte abgesetzt und Eckert politisch innerhalb des Bundes praktisch „kaltgestellt" werden, noch bevor die SPD wenige Wochen später seinen Ausschluß beschloß.

5.2.2 Die Bundesausschußsitzung in Frankfurt (September 1931)

Um nach der informellen Umfrage eine Entscheidung durch die Bundesausschußsitzung herbeizuführen, lud Eckert zu einer Sitzung nach Frankfurt ein und legte hierzu Thesen zur politischen Lage und Aufgabe des Bundes vor.

Diese Thesen gingen davon aus, daß die Lage durch eine „Periode des sich bildenden Nationalkapitalismus, der auch durch internationale Interessenverbindung und Querorganisationen die gegenwärtige Krisis überwinden will"[289], gekennzeichnet sei. Von der in der „Woche" feststellbaren Zusammenbruchserwartung bzw. unmittelbaren Sozialismusprogrammatik hoben sich die Thesen insofern ab, als Eckert es immerhin als „fraglich"[290] hinstellte, „ob dieses Experiment gelingen wird, ohne die Lage der arbeitenden Klasse und der Zwischenschichten des Kleinbürgertums so zu verschlimmern, daß in abseh-

[288] Dietrich an Eckert vom 12. September 1930, in Privatsammlung Wünsch.
[289] Rundbrief Nr. 26 vom 14. September 1931, in: Privatarchiv Eckert.
[290] Ebd.

barer Zeit eine ‚revolutionäre Situation' entsteht".[291] Der Bund müsse daher mit beiden Möglichkeiten rechnen, „dem vorübergehenden Gelingen der kapitalistischen Reorganisation, aber auch mit dem Zusammenbruch".[292] Aufgabe des Bundes sei es, die sich „je nach der Einschätzung der Lage ergebenden verschiedenartigen politisch-taktischen Auffassungen innerhalb der sozialistisch-kommunistischen Bewegung ... vorurteilslos und ohne Ressentiment"[293] zu prüfen und die zu ergreifenden Maßnahmen „auf alle möglichen Wirkungen hin"[294] abzuwägen. Die Aufgabe des Bundes sei „nicht als eine allgemeine und rein geistige, sondern eine vielgestaltige und als direkte Einwirkung auf die politisch-wirtschaftlich-taktische Haltung der gesamtsozialistischen Bewegung anzusehen".[295]

Eckert widersprach mit dieser These allen Beschwörungen der Gegenseite (Kappes, Schenkel, Rais, Dietrich), den Bund nicht in ein „rein politisches" Fahrwasser zu führen, sondern die Aufgabe darin zu sehen, den Sozialismus durch das „Religiöse" zu „vertiefen", zu „ergänzen" und letztlich zu „begründen". Er schloß zwar den Kampf gegen die „bürgerlich-faschistische Einheitsfront" der Kirche nicht aus, betonte aber den „Klassencharakter" dieses Kampfes. Alles, was auf diesem und auf allen anderen Teilabschnitten des Klassenkampfes getan wird, „muß den Zweck der unlöslichen Verflochtenheit unserer Bewegung mit dem proletarischen Kampf zum Sturz der kapitalistischen Wirtschaft und Gesellschaft erfüllen".[296] Hinsichtlich der Kirche betonte er vor allem die Notwendigkeit des ideologischen Kampfes und setzte sich dafür ein, das sogenannte „Christentum" in der NSDAP und die NSDAP in der Kirche zu neutralisieren. Es war kein Ausdruck der Wissenschaftsfeindlichkeit, sondern eine Abwehr gegenüber den bürgerlich-akademischen Vertretern des Revisionismus (Beispiel: Heimann), wenn er die

[291] Ebd.
[292] Ebd.
[293] Ebd.
[294] Ebd.
[295] Ebd.
[296] Ebd.

Analyse der gegenwärtigen Lage nicht allein den Historikern und Nationalökonomen überlassen wollte. Aus dieser Abwehr sprach das Selbstbewußtsein, daß seine Analyse in den Wochenberichten das Ergebnis der Erfahrungen der „unlöslichen Verflochtenheit mit dem proletarischen Kampf" und des genauesten Studiums der tatsächlichen sozialen Prozesse war. Bei dieser Analyse müßten die „Hoffnungen der Kapitalisten"[297] registriert, die „Ausweglosigkeit der kapitalistischen Methode"[298] betont und die „relativen Erfolgsmöglichkeiten des bürgerlichen Sanierungsversuches"[299] nicht unterstrichen werden. Der Bund müsse den „Kontakt mit den revolutionär-sozialistischen Kräften in der SPD und der KPD"[300] suchen und dazu beitragen, „Aussprachemöglichkeiten zwischen der SPD und KPD"[301] zu schaffen.

Auf dieser Bundesausschußsitzung, die am 23. September im Frankfurter Gewerkschaftshaus stattfand, setzte sich Eckert mit seinen Thesen jedoch nicht durch. Bis auf den Landesvorsitzenden von Lippe, Schwartze, standen alle Bundesausschuß- und Bundesvorstandsmitglieder gegen ihn.[302] Ragaz, der, mit Eckert vom internationalen Kongreß der religiösen Sozialisten in Liévin, Frankreich, kommend, an der Bundesausschußsitzung teilnahm, berichtete über die „sozialdemokratische Konferenz"[303], in der Eckert „eine energische Haltung gegenüber dem Nazismus"[304] verlangte: „Aber er fand keinen Anklang, sondern stieß auf höhnische Opposition."[305] Der Widerstand gegen Eckert galt seinem Bestreben zur Politisierung des Bun-

[297] Ebd.
[298] Ebd.
[299] Ebd.
[300] Ebd.
[301] Ebd.
[302] Rundbrief Nr. 1 (Göring) vom 10. Oktober 1931, in: SPK VKBrS Fall Eckert 1931/II, Blatt 77.
[303] L. Ragaz, Mein Weg, a.a.O., S. 206.
[304] Ebd.
[305] Ebd. Ragaz selbst bekannte, daß er Eckert gerne zu Hilfe gekommen wäre, aber in dieser wichtigen Situation völlig versagt habe. „Einen tiefen, aber schlimmen Eindruck machte auf mich der fanatische Nationalismus dieser sozialdemokratischen Elite, die so wenig als der Mennicke-Tillich-Kreis etwas von einer deutschen Schuld wissen wollte"; ebd.

des. „Eckert hatte immer die Tendenz, eine politische Aufgabe durch den Bund zu lösen: die Vereinigung von KPD und SPD."[306] Gegenüber diesen Plänen einer Aktionseinheit der Arbeiterklasse und einer antifaschistischen Einheitsfront wandte Kappes ein, daß der Bund „aus dem rein Literarischen und rein Politischen"[307] wieder herausgesteuert werden müsse. Er warnte Eckert davor, „Gott zu einem ‚Wehr und Waffen' im Klassenkampf"[308] zu machen. Der Bund müsse statt dessen wieder ausgehen „von dem Fundament, aus dem unsere Bewegung gewachsen ist, vom Evangelium, von der Bibel".[309] Bewußt brach man den Eckertschen Weg ab und wollte einen Weg „im lebendigen Glauben an Christus"[310] gehen, „damit wir das Proletariat verstehen und ihm helfen können gegen die Autonomie des Rationalismus"[311], die Kappes als „einen gefährlichen Feind des Sozialismus"[312] diskriminierte.

---

[306] Kappes an E. Blum vom 22. Januar 1932, in: SPK VKBrS, Fall Eckert 1931/II, Blatt 203 ff.

[307] Kappes an Göring, Schenkel, Dietrich, Wünsch, Löw vom 29. Dezember 1931, in: SPK VKBrS Generalia 1931, Blatt 196 f. In dem gleichen Brief heißt es ferner, daß der Bund Kirchenpolitik nur treiben könne, wenn er aus einer „lebendigen religiösen, und nicht nur soziologischen (gemeint ist sozialen, d. Verf.) Bewegung besteht". „Unseren spezifischen Dienst am Sozialismus können wir nur leisten, wenn wir starke seelische und geistige Kräfte für die kommende sozialistische Gesellschaft jetzt schon *in uns* verwirklichen (Hervorhebung d. Verf.)." – „Wir dürfen mit unserem Bund nicht noch einmal unter die Räder der politischen Parteien kommen." Die Aufgabe des Bundes müsse so gefaßt werden, daß sie über „die aktuellen Geschehnisse im Proletariat hinausreicht und von diesen Geschehnissen *relativ unabhängig* wird (Hervorhebung F. M. B.)"; ebd.
Zustimmung von Dietrich im Brief an Kappes vom 1. Januar 1932, Generalia 1932/33, Blatt 4.

[308] Kappes an Wünsch vom 6. Januar 1932, Generalia 1932/33, Blatt 12; Wünsch hatte befürchtet, daß nach Eckerts Weggang „das Fahrwasser in der Richtung Blumhardt–Ragaz lenkt" und hielt dies für einen „Rückschritt". „Das eigentliche Proletariat entgleitet unseren Händen." Wünsch an Kappes vom 4. Januar 1932, Generalia 1932/33, Blatt 10.

[309] Kappes an Kennrich und Müller vom 24. Dezember 1931, Fall Eckert 1931/II, Blatt 193; Kennrich und Müller sympathisierten mit Eckert. Kennrich trat in die KPD ein und aus dem Bund und der Kirche aus. Siehe Müller an Kappes vom 29. Dezember 1931, Fall Eckert 1931/II, Blatt 194 f.

[310] Kappes an Wünsch vom 6. Januar 1932, Generalia 1932/33, Blatt 12.

[311] Ebd.

[312] Ebd.

Auf dem Scheitelpunkt der Bewegung „religiöser Sozialisten" lief diese in zwei entgegengesetzte Pole auseinander. Eckert als der Vertreter der radikalsten und am engsten mit dem Kampf der Arbeiterklasse verbundenen Richtung[313] war den Weg von der Religion zum Sozialismus gegangen.[314] Das, was an religiös-weltanschaulichem Denken übrigblieb, war höchstens noch „Wehr und Waffe im Klassenkampf"; ein Widerspruch zwischen der religiösen Überzeugung und dem dialektischen Materialismus, „ein nur ihn allein angehender, persönlicher Widerspruch"[315] und keine Hemmung des revolutionären Klassenkampfes. Auf der anderen Seite ging Kappes den Weg vom Sozialismus zur Religion. Am Ende dieser durch die Wirtschaftskrise bedingten Polarisierung stand Eckerts Eintritt in die KPD und Kappes' revisionistische, wissenschaftsfeindliche Einstellung sowie sein Bemühen um den Aufbau religiöser Gemeinschaften, das mit dem Kampf der Arbeiterbewegung politisch nicht mehr viel zu tun hatte.

Was als Reaktion auf Eckerts Übertritt zur KPD von seiten des Bundes erfolgte, war nur ein Nachspiel. Es ergab sich aus der Haltung des Bundesausschusses auf der Septembertagung in Frankfurt und den vorausgegangenen Konflikten.

5.2.3 Das Zusammenspiel von Bund und SPD-Vorstand

Am 2. Oktober informierte Kappes den badischen SPD-Reichstagsabgeordneten Remmele über das Ergebnis der Bundesausschußsitzung, wonach „der Bundesvorstand eine politische Festlegung des Bundes etwa in der Richtung der Opposition wie überhaupt eine Politisierung des Bundes ablehnt und sich ein-

---

[313] Vgl. H. Beyer, Der „religiöse Sozialismus" in der Weimarer Republik, in: „Zeitschrift für Philosophie", 1960, S. 1470. „Die radikalste und am engsten mit dem Kampf der Arbeiterklasse verbundene Richtung wurde von dem Vorsitzenden des Bundes, Pfarrer Erwin Eckert, repräsentiert."
[314] Vgl. Lenin, Über das Verhältnis der Arbeiterpartei zur Religion. „Die These ‚Sozialismus ist Religion' (bzw. vom ‚religiösen Sozialismus', F. M. B.) ist für die einen eine Form des Übergangs *von* der Religion zum Sozialismus, für die anderen *vom* Sozialismus zur Religion."
[315] Lenin, Marx-Engels-Marxismus, Moskau 1947, S. 210.

mütig in Frankfurt gegen die von Eckert geplante Politisierung des Bundes erklärt"[316] habe. Diese Mitteilung spielte bei der am gleichen Tag stattfindenden Beratung über den Ausschluß Eckerts aus der SPD sicher eine Rolle und führte am folgenden Tag zu einer, wenn auch unautorisierten Notiz in der Mannheimer „Volksstimme", in der es im Anschluß an die Bekanntgabe des Ausschlusses Eckerts aus der SPD unter der Überschrift „Die religiösen Sozialisten und Eckerts Ausschluß" hieß: „Wie wir aus sicherer Quelle hören, tritt am Dienstag nächster Woche der *Vorstand der religiösen Sozialisten* zusammen, um zu der durch *Eckerts* Gesamthaltung und der durch diesen unvermeidlich gewordenen Ausschluß Eckerts aus der sozialdemokratischen Partei geschaffenen Lage Stellung zu nehmen. Alle Wahrscheinlichkeit spricht dafür, daß der Vorstand der religiösen Sozialisten, der aus lauter Mitgliedern der SPD besteht, das Verhalten Eckerts *mißbilligen* und daß Eckert selbst *die Ämter niederlegen* wird, die er im Verband der Religiösen Sozialisten bis jetzt bekleidet hat. Schon am 23. September fand in Frankfurt eine *Reichsvorstandssitzung* der religiösen Sozialisten statt, an der auch alle Landesvorstände teilnahmen und die sich mit der Angelegenheit Eckert beschäftigte. Reichsvorstand und sämtliche Landesvorstände *verurteilten* in gleicher Weise die politische Haltung, die Eckert auf einer Tagung in Stuttgart und Kaiserslautern eingenommen hatte. Der Reichsvorstand sah damals noch von weiteren Maßnahmen ab, behielt sich aber solche für einen späteren Termin vor. Über die *Richtung* seiner Beschlüsse kann danach kaum mehr irgendein Zweifel sein und, da Eckert über das alles hinreichend unterrichtet ist, wird er wohl selbst wissen, daß seine Trennung von der Sozialdemokratie *zugleich auch seine Trennung von den religiösen Sozialisten* bedeuten wird."[317]

Diese Erklärung macht deutlich, wie gering man auf seiten der SPD die Selbständigkeit des Bundes einschätzte und wie unglaubwürdig die Gründe der SPD für Eckerts Ausschluß waren,

---

[316] Kappes an Eckert vom 23. Dezember 1931, in: Fall Eckert 1931/II, Blatt 190 f.

[317] Mannheimer „Volksstimme" vom 3. Oktober 1931.

die mit „Treuebruch", „Vertrauensbruch", „Zellenbildung"
und „Sonderbündelei" angegeben wurden, wenn man gleichzeitig auf den Bund Druck ausübte, mit Eckert wegen seiner politischen Gesamthaltung ebenso zu verfahren wie die SPD. Die
Mehrheit des Bundesvorstandes hatte sich durch ihre Anpassung
an die SPD-Politik bereits so sehr ihrer politischen Entschei-
dungsfreiheit begeben, daß sie von der SPD auch nach außen
hin nicht mehr respektiert wurde. Mit dem etappenweise vollzogenen Entzug der Wirkungsmöglichkeiten Eckerts innerhalb
des Bundes beschritt der Bund jene schiefe Ebene, die zu einer
„schwächlichen und unproletarischen"[318] Linie führte und ihn
der vormals errungenen politischen Wirksamkeit beraubte, noch
bevor er von der NSDAP endgültig verboten wurde.

[318] P. Piechowski auf der Bundesausschußsitzung am 3. April 1932 in Frank-
furt/Main: „Der ‚Religiöse Sozialist' ist in seiner neuen Haltung einseitig
SPD, schwächlich und unproletarisch" in: Rundbrief Nr. 7 vom 25. April
1932, Generalia 1932/33, Blatt 123.

6 Der Übertritt Pfarrer Eckerts zur KPD

6.1 Umstände, Begründung, Wirkung des Parteiwechsels

Nach dem vergeblichen Versuch, die Gründung der „Sozialistischen Arbeiterpartei" (SAP) zu verhindern und den Kreis um Seydewitz zu bewegen, geschlossen zur KPD überzugehen, trat Eckert am 3. Oktober 1931 nach einer Unterredung mit dem Zentralkomitee der KPD in Berlin in die KPD ein.[1]
Dieser Schritt war für die gesamte Öffentlichkeit eine Sensation und erregte weit über Baden hinaus Aufsehen. Dabei richtete sich die Aufmerksamkeit sowohl auf die Tatsache, daß erstmalig ein amtierender Pfarrer in die KPD eintrat, als auch auf die Überraschung, daß die KPD einen protestantischen Pfarrer in die Partei aufnahm, ohne ihm wegen seiner religiösen Überzeugung und seines Pfarramtes Schwierigkeiten zu machen.
Bevor Eckert am 13. Oktober auf Einladung des „Bundes der Freunde der Sowjetunion" zu einer mehrwöchigen Reise mit

---

[1] Nach dem Bericht der „Süddeutschen Arbeiterzeitung" vom 6. Oktober 1931, wurde Eckert gar nicht erst zu der Tagung der SAPD zugelassen, weil er, so vermutete die SAZ, sich durch seine angekündigte Teilnahme an der Arbeiterdelegation in die Sowjetunion schon zu sehr mit der KPD eingelassen habe. Seydewitz vollzog die Wendung zur KPD 1936/37 in der Emigration in Skandinavien, wurde 1945 Mitglied der KPD, 1946 Mitglied der SED und übte führende gesellschaftliche Funktionen in der DDR aus.
Siehe die Kurzbiographie von Seydewitz in: H. Drechsler, Die Sozialistische Arbeiterpartei Deutschlands (SAPD), Ein Beitrag zur Geschichte der deutschen Arbeiterbewegung am Ende der Weimarer Republik, Meisenheim/Glan 1965, S. 369. Neben Seydewitz vollzogen auch andere Spitzenfunktionäre der SAPD den Übertritt zur KPD und SED, so der DDR-Staatssekretär für Kirchenfragen Seigewasser, der 1932 als Leiter einer KPD-freundlichen Fraktion der SAPD ausgeschlossen wurde und zur KPD übertrat und 1946 Mitglied der SED wurde. Edith Baumann (SED 1946), Dr. Klaus Zweiling (SED 1946) und Jacob Walcher (SED 1947). Alle Angaben bei Drechsler, a.a.O., S. 363–371. Vgl. hierzu auch die Stuttgarter Rede Eckerts vom 10. Oktober: „Viele werden meinen Schritt jetzt noch nicht verstehen. Das ist bitter, aber ich kann es nicht ändern. Es kommt die Zeit, in der auch sie begreifen, daß es gar keinen anderen Weg gibt, als den, den ich ihnen vorangegangen bin". In: „Die Kirche und der Kommunismus", a.a.O., S. 19.

einer Arbeiterdelegation in die Sowjetunion aufbrach, begründete er auf Massenversammlungen in Mannheim, Karlsruhe, Stuttgart und Berlin seinen sensationellen Schritt.

Seine Begründung ging von der Einschätzung der wirtschaftlichen und politischen Lage und der Rolle und Funktion der Sozialdemokratischen Partei in dieser Situation aus.

Die kapitalistische Wirtschaftsordnung sei „gerichtet und muß fallen, sie mögen machen, was sie wollen".[2] Andererseits werde der Kapitalismus „nie in einer absolut ausweglosen Situation sein".[3] Er werde, je schwieriger er sich wirtschaftlich durchzusetzen vermöge, „versuchen, mit dem Mittel der physischen Macht, der Ausnutzung der Staatsgewalt, sich an der Macht zu halten, und wenn dagegen nicht alle, die unter ihm leiden, zusammenhalten in einer großen gewaltigen Einheitsfront, dann ist gar nicht daran zu denken, daß wir den Kapitalismus zu beseitigen vermögen".[4] Dieses Einheitsfrontdenken bestimmte weithin den Tenor seiner ersten Auftritte als kommunistischer Versammlungsredner. Es sei das „Schmerzvollste überhaupt"[5], daß die „Arbeiterklasse gespalten und auseinandergerissen" sei.[6] Die Kommunisten wollten dagegen erreichen, daß unter der Führung der KPD „eine so breite Einheitsfront aller unter der gegenwärtigen Not Leidenden geschaffen wird, daß dem Faschismus die Lust vergeht, etwa wie in Italien in Deutschland seine Diktatur aufzurichten".[7] In den vergangenen 10 Jahren habe er sich stets darum bemüht, diese Einheitsfront der proletarischen Massen von der SPD aus herbeizuführen.[8] Immer wieder habe er zu der „Verratspolitik der SPD in den verschie-

[2] Die Kirche und der Kommunismus, a.a.O., S. 12.
[3] Ebd., S. 13.
[4] Ebd.
[5] Ebd., S. 20.
[6] Ebd.
[7] Ebd.
[8] So z. B. bei der Reichspräsidentenwahl 1925, der Fürstenenteignung 1925/26, dem KPD-Volksbegehren gegen Panzerkreuzer und Kriegsgefahr 1928, der Frage der Einstellung zur Sowjetunion 1930, der KPD-Volksentscheidungsbeteiligung für die Auflösung des preußischen Landtages 1931 und dem Kampf gegen die Koalitions- und Tolerierungspolitik der SPD 1928–1931.

densten Situationen"[9] Stellung genommen. Die SPD-Führer seien gewarnt worden, daß sie nicht die „Macht des Proletariats in die Waagschale werfen für Regierungen und ihre Maßnahmen, die nicht von uns, sondern von den Interessenvertretungen des Groß-Bürgertums bestimmt waren".[10] Umsonst habe man vor den Koalitionsregierungen gewarnt, „die in ihrer Wirkung immer gegen die Arbeiterklasse beschlossen haben".[11] Umsonst habe man die Tolerierungspolitik der SPD bekämpft. Besonders nach den Septemberwahlen 1930 habe man in den Organisationen der SPD die Parole durchzusetzen versucht: „Nun aber Schluß mit aller Beteiligung oder Duldung dieses Kabinetts durch die Arbeiterklasse. Nun mögen diejenigen, die zwangsläufig aus der Situation des Kapitalismus die Verantwortung auch politisch tragen, die Regierung bilden."[12] Damals habe die SPD ihre Politik mit dem „größeren Übel" des Faschismus begründet, weil dieser die Errungenschaften von 1918, Arbeitslosenversicherung, Sozialversicherung, Presse- und Versammlungsfreiheit aufheben würde. „Doch was man vom Faschismus fürchtete, führte Brüning mit Unterstützung der SPD durch".[13] Der Ausschluß der parlamentarischen Führer der Opposition habe ihn endgültig von der Illusion befreit, „die SPD könne noch einmal die Führung des Proletariats in seinem Kampf um die Freiheit aufnehmen".[14] An der „Spaltung der Arbeiterklasse"[15] sei die SPD schuld, „weil sie durch ihre politisch-taktische Haltung die revolutionär-sozialistische Tradition der früheren Sozialdemokratie aufgegeben und in der revisionistischen Taktik des ‚kleineren Übels' versandete".[16] Die SPD sei keine revolutionäre Partei, wofür die „maßlosen, oft lügnerischen Verdächtigungen des tapferen und erfolgreichen soziali-

[9] Rede in Stuttgart am 10. Oktober 1931, a.a.O., S. 13.
[10] Ebd.
[11] Ebd.
[12] Ebd., S. 14.
[13] Ebd.
[14] Erklärung Eckerts beim Übertritt zur KPD gegenüber der Bezirksleitung Baden-Pfalz, zuerst veröffentlicht in: „Volkstribüne" vom 10. Oktober 1931. Hier zit. n. „Die Kirche und der Kommunismus", a.a.O., S. 6.
[15] Ebd., S. 5.
[16] Ebd.

stischen Aufbaus in Sowjetrußland durch die SPD"[17] ihm schon lange als ein deutliches Symptom erschienen seien. Die SPD sei „zu einem Stillhaltekonsortium, zu einem Beruhigungsapparat der Arbeiterschaft in der Periode der nationalkapitalistischen Reorganisationsversuche, zur festesten Stütze der Regierung Brüning geworden".[18] Die SPD-Politik führe zur „Schwächung der Kampfkraft der Arbeiterklasse".[19] Gegenüber einer geschlossenen Opposition der Arbeiterschaft hätten „die Kapitalisten es nicht gewagt, dem Proletariat die Lasten der Brüningschen Notverordnungen aufzuerlegen".[20] Der von der SPD proklamierte Kampf gegen den Faschismus werde „mit einem politischen Fiasko"[21] endigen. Um den Graben zwischen der KPD und SPD nicht zu vertiefen, werde „nicht der Kampf gegen die SPD, aber schärfster Kampf gegen die zum revolutionären Kampf unfähig gewordenen Führer"[22] seine Aufgabe in der KPD sein, „solange, bis die Massen sich von diesen Führern abgewandt haben werden und in die gemeinsame Front des Proletariats eintreten unter der Führung der kommunistischen Partei".[23]

Die taktischen Einwände, die er vor seinem Eintritt gegen die KPD gehabt habe, so in der Gewerkschaftsfrage, der Putschtaktik, der weltanschaulichen Unduldsamkeit, der Frage des zentralistischen „diktatorischen Apparates" und der ‚brutalen Sprache in der Presse' seien, nachdem er „den entscheidenden ganzen Schritt grundsätzlich tun mußte"[24], gegenstandslos geworden. „Die KPD ist mehr als jede andere Partei zu einer rücksichtslosen Selbstkritik bereit."[25]

Auch habe er erkannt, daß bei ihm „die Hetze der bürgerlichen und sozialdemokratischen Presse Voreingenommenheit und

[17] Ebd.
[18] Ebd.
[19] Ebd.
[20] Ebd.
[21] Ebd.
[22] „Neue Badische Landeszeitung" vom 8. Oktober 1931.
[23] Ebd.
[24] Übertrittserklärung, a.a.O., S. 7.
[25] Übertrittserklärung, a.a.O., S. 7.

Mißtrauen gesät"[26] habe. Im übrigen könne die Gewerkschafts-
taktik der KPD nicht verglichen werden mit der Taktik des
bürokratischen Apparats des ADGB, der im Begriffe stehe, die
Gewerkschaften durch die „Arbeitsgemeinschaft zwischen Unternehmern und Arbeitnehmern" zu staatlich sanktionierten
Syndikaten nach dem Beispiel des faschistischen Italien zu machen.

Wenn der Weg der SPD nicht zur Einigung des Proletariats
führe und wenn die neue Zwischenpartei höchstens neue Zer-
splitterung schaffe, dann könne es doch eigentlich nur noch
„den anderen Weg geben, nämlich den, der Kommunistischen
Partei zu vertrauen und zusammen mit ihr die Zukunftsaufga-
ben in Angriff zu nehmen".[27]

Eckert betonte, er sei der KPD „nicht als Pfarrer, sondern als
revolutionärer Marxist beigetreten, um in ihr für die Befreiung
der Arbeiterklasse zu kämpfen".[28] Er sei in die KPD gegangen,
„nicht um dort als Pfarrer zu wirken, sondern um dort einer
von vielen Tausenden und Millionen zu sein, die es nicht mehr
ertragen können, daß Ungerechtigkeit und Gemeinheit das Leben der Menschen zerstört. Ich bin zur KPD gegangen, weil ich
glaube und überzeugt bin, aus marxistischer Erkenntnis und
heißem Glauben an die Kraft des Guten, daß nur in der kommunistischen Bewegung der ganzen Welt die Kräfte sich zu-
sammenfinden, die einmal imstande sein werden, diese ganze
heutige Unmöglichkeit hinwegzufegen, die imstande sein werden, eine gerechte Ordnung aufzurichten, eine Ordnung, in der
jene, die nicht arbeiten, nicht essen werden, eine Ordnung, in
der das Kriegsgeschrei verstummen, in der Friede und Gemeinschaft unter den Menschen sein wird".[29] Dadurch, daß die Kirche ihn nun seines Amtes enthoben habe, schließe sie ihn aus der
Kirche aus. „Die KPD, die Gottlosen, haben mich als Pfarrer,
so wie ich bin, genommen und getragen und haben mich zu verstehen gesucht, aber die Kirche, die kann mich nicht als Kom-

[26] Ebd.
[27] Rede in Stuttgart am 10. Oktober 1931, a.a.O., S. 20.
[28] Übertrittserklärung, a.a.O., S. 7.
[29] Rede in Stuttgart am 10. Oktober 1931, a.a.O., S. 16.

munisten tragen, weil sie christlich ist und duldungsvoll."[30]
Aber weder die Amtsenthebung durch die Kirche noch die „unwahren, verleumderischen Behauptungen"[31], die die SPD nach
seinem Übertritt zur KPD verbreitet habe, hätten ihn von seinem prinzipiellen Schritt abbringen können.

Zum Schluß seiner Stuttgarter Rede am 10. Oktober 1931 sagte
Eckert: „Sie müssen nicht denken, daß der Weg, den ich gegangen bin, einfach war und einfach sein wird. Aber ich freue mich
auf diesen Weg, freue mich, weil ich die Überzeugung habe,
daß mein Leben *nicht besser* eingesetzt werden kann, als bei den
Kommunisten, als da, wo es sich darum handelt, den Massen zu
helfen, die leiden, die Kinder zu sättigen, die hungern, die
Frauen zu unterstützen, die krank sind, als da, wo es sich darum handelt, die Leidenden zum Licht, die Unterdrückten durch
Kampf zum Sieg zu führen. Mein Leben kann keinen besseren
Inhalt haben als den, entschlossen mitten im Proletariat zu
kämpfen um Freiheit und Sozialismus, um ein menschenwür-
digeres Dasein, um Frieden und Gemeinschaft auf dieser
Erde."[32]

Eckerts Rede wurde mehrfach von großen Beifallsstürmen
unterbrochen. „Ob sozialdemokratische oder christliche Arbeiter, kommunistische oder parteilose Arbeiter, ob Angestellter
oder kleiner Beamter, niemand im Saal konnte sich dem Eindruck solcher Worte entziehen. Jeder empfand: Hier spricht ein
Mann, durchdrungen von dem glühenden Gedanken, die Einheitsfront aller Werktätigen unter revolutionärer Führung her-
zustellen im Kampfe gegen Not und Reaktion, für Arbeit, Brot
und Freiheit."[33] Der Übertritt Eckerts zur KPD und die Art
und Weise seiner Begründung hatten vor allem in Süddeutschland eine außerordentlich große öffentliche Wirkung. 25 000
Menschen dürften allein auf den drei dort abgehaltenen Massenversammlungen, auf denen er seinen Übertritt begründete,

[30] Ebd., S. 18.
[31] Ebd., S. 15.
[32] Ebd., S. 20.
[33] Willy Grimm, Ein Schritt von großer Bedeutung, Vorwort zu „Die Kirche und der Kommunismus", a.a.O., S. 3.

zusammengekommen sein. Die von der Bezirksleitung Baden-Pfalz der KPD herausgegebene Broschüre „Die Kirche und der Kommunismus – Stadtpfarrer Eckert kommt zur KPD" wurde in einer Auflage von 100 000 verbreitet.[34] Nikolaus Rist schilderte im Anschluß an die Karlsruher Versammlung Eckert als einen Mann „von einer geradezu unerhört eindrucksvollen Beredsamkeit, von großer Klarheit und Volkstümlichkeit, dazu noch getragen von einer unbedingten Reinheit der Gesinnung".[35]

Daß „seine Tat vielen Tausenden von proletarischen Kämpfern, die gestern noch ihre Kraft nutzlos in den Reihen der SPD vergeudeten, die Augen geöffnet hat und daß es von ungeheurer Wichtigkeit für die kommunistische Partei ist, diese Chance hundertprozentig auszunützen, haben uns schon diese wenigen Tage gezeigt".[36]

Aus der Bewegung der „religiösen Sozialisten" folgten nach den Schätzungen von Abram Poljak insgesamt etwa 1000 seinem Beispiel und traten aus dem Bund aus.[37] In Mannheim waren es ungefähr ein Drittel der Mitglieder.[38] Eckert selbst berichtete, daß 130 Mitglieder des Bundes in Mannheim nach einer Mitgliederversammlung, an der er noch selbst teilnahm, aus dem Bund austraten.[39] Die Ausgetretenen sprachen sich für die Auflösung des Bundes und für den Beitritt seiner ehemaligen Mitglieder in die antifaschistische Organisation des Arbeiterselbstschutzes, den „Roten Frontkämpferbund", aus. Zehn der Ausgetretenen traten der KPD bei.[40] Die Wirkung seines Übertritts

[34] Mitteilung in: Kultur und Politik, Notizen und Informationen, hrsg. vom Aktionsausschuß der religiösen Sozialisten in Westfalen-Ost und Lippe, Dezember 1931, 1. Jg., Nr. 4, S. 4.
[35] N. Rist, Karlsruhe, in: „Der rote Aufbau", Halbmonatsschrift für Politik, Wirtschaft, Sozialpolitik und Arbeiterbewegung, hrsg. von W. Münzenberg, 4. Jg., 1931, 15. November 1931, S. 807.
[36] Ebd.
[37] Abram Poljak, Das Kreuz im Davidsstern. Wien 1937, S. 15 ff.
[38] Kappes an Wünsch vom 6. Januar 1932, in: SPK VKBrS Generalia 1932/33, Blatt 12.
[39] E. Eckert, Methoden der Verzweiflung, in: „Mannheimer Arbeiterzeitung" vom 22. Dezember 1931.
[40] M. M. Sejnman, Christianskij socializm. Istorija i ideologija, Moskau 1969, S. 209 f.

ging aber weit über den Rahmen des Bundes der religiösen Sozialisten hinaus. Ebenso wie Eckerts Ausstrahlung längst vor seinem Ausschluß aus der SPD weit über den engen Kreis der Mitglieder des Bundes hinausreichte, war auch die Wirkung seines Eintritts in die KPD keineswegs auf den Bund beschränkt.[41] So berichtete die „Süddeutsche Arbeiterzeitung" unter der Überschrift „Wir folgen Eckerts Beispiel"[42] über zahlreiche Eintritte sozialdemokratischer und parteiloser Arbeiter in die KPD.

Aber neben dieser Mitgliederbewegung war der Übertritt von einer politischen Bedeutung, die sich nicht in Zahlen fassen läßt. Sie lag vor allem in der verstärkten und spontanen Hinwendung zu antifaschistischem Einheitsfrontdenken. Eckerts erstes Auftreten in Mannheim war von einem „Einheitskomitee sozialdemokratischer und kommunistischer Arbeiter" organisiert worden. Solche Einheitskomitees entstanden auch in anderen Städten Süddeutschlands. In Mannheim wurde Jakob Faulhaber[43], der den Aufruf des Einheitskomitees als Mitglied des sozialdemokratischen Bezirksparteivorstandes der SPD mitunterzeichnet hatte, daraufhin von der Mitgliederliste der SPD gestrichen.[44] Er erklärte am 8. Oktober zusammen mit Eckert und dem sozialdemokratischen Funktionär und Kameradschaftsführer des Reichsbanners, Jakob Schäfer, „unter dem

[41] Die „Süddeutsche Arbeiterzeitung" schrieb am 6. Oktober 1931, daß Eckert sich „wegen seiner offenen und radikalen Sprache unter den sozialdemokratischen Arbeitern großer Sympathien erfreute" und daß er „vielleicht noch das einzige Bindeglied" war, das „sehr viele Sozialdemokraten" mit der SPD verband.

[42] „Wir folgen Eckerts Beispiel", in: „Süddeutsche Arbeiterzeitung" vom 10. Oktober 1931. In Mannheim erklärten 65, in Berlin 50 Kundgebungsteilnehmer ihren Eintritt in die KPD.

[43] Zur Biographie Jakob Faulhabers siehe: Deutsche Widerstandskämpfer 1933–1945, Biographien und Briefe, Bd. 1, hrsg. vom Institut für Marxismus-Leninismus beim ZK der SED, Berlin (DDR) 1970, S. 242–246.

[44] „Mannheimer Volksstimme" vom 7. Oktober 1931 bezeichnete die Unterschrift von Faulhaber unter dem „sogenannten Einheitskomitee" als „grobe Täuschung der Öffentlichkeit". „Faulhaber wurde sofort nach seiner Erklärung, zum Seydewitzkreis zu stehen, aber in die KPD einzutreten, von der Mitgliederliste der SPD gestrichen. Er gehört also nicht mehr der SPD an, kann sich also auch nicht mehr als Sozialdemokrat bezeichnen."

stürmischen Beifall und begeisterten Zurufen der Massen"[45] seinen Beitritt zur KPD. In Stuttgart stand die Massenversammlung unter dem Thema „Wie einigen wir das werktätige Volk?"[46] Der SPD-Reichstagsabgeordnete Dr. Kurt Schumacher wurde als Korreferent eingeladen. Die Versammlung wurde von der kommunistischen Tagespresse mit den Worten angekündigt: „Heute abend werden sich in der Stadthalle zu Tausenden die Angehörigen der verschiedenen Parteien, besonders der KPD und der SPD, einfinden, um zu hören, was Pfarrer Eckert über die so notwendige Bildung der Einheitsfront der Arbeiterklasse zum Kampf gegen den Kapitalismus zu sagen hat... Wir wollen ehrlich die Einheitsfront des Volkes unter revolutionärer Führung. Da reichen wir auch allen jenen mit Freude und Begeisterung die Hände, die gewillt sind, untergeordnete Fragen zurückzustellen und mit uns ehrlich und gemeinsam an der Lösung der wichtigsten Fragen des Tages zu arbeiten."[47] Am 31. Oktober fand in Mannheim eine Einheitskonferenz statt, nachdem der Aufruf des Einheitskomitees sozialdemokratischer und kommunistischer Arbeiter der Neckarvorstadt großen Widerhall gefunden hatte. Jakob Faulhaber sprach zu dem Thema: „Wie stellen wir die einheitliche Kampffront aller Arbeiter, Angestellten und Beamten gegen Not, Reaktion und Faschismus her?"[48] Diese Aktivitäten waren Vorläufer des antifaschistischen Widerstandes in Mannheim[49], bei dem unter der Führung der KPD Sozialdemokraten, Parteilose und Kommunisten zusammenarbeiteten. Im September 1942 wurde Faulhaber von den Nazis umgebracht.

---

[45] „Volkstribüne" vom 10. Oktober 1931.
[46] Vgl. „Süddeutsche Arbeiterzeitung" vom 10. Oktober 1931.
[47] Ebd.
[48] „Mannheimer Arbeiterzeitung" vom 29. Oktober 1931: „Alle sozialdemokratischen und kommunistischen Betriebsräte, Vertrauensleute, alle Funktionäre der KPD und der Massenorganisationen, Sportler, Mieter, Freidenker, RGO-Delegierte der Betriebe und sozialdemokratische Arbeiter, die für die rote Einheitskonferenz sind, nehmen an dieser Konferenz teil."
[49] Zum antifaschistischen Widerstandskampf in Mannheim siehe: M. Oppenheimer, „Der Fall Vorbote", Zeugnisse des Mannheimer Widerstandes, Frankfurt/M. 1969.

Der Antrag Pfarrer Eckerts um Aufnahme in die KPD stellte die Kommunistische Partei vor eine neue Situation, in der die Stellung der KPD zur Aufnahme von Pfarrer Eckert in die Partei, so kann man vermuten, heftig diskutiert wurde. Letzten Endes berief sich die KPD als eine Organisation, die programmatisch auf dem Boden des historischen und dialektischen Materialismus stand[50], auf Lenin, der einerseits streng an der Unvereinbarkeit von wissenschaftlichem Sozialismus und jeglicher Form von Religion festgehalten, andererseits aber betont hatte, daß eine „absolute, unüberwindliche Schranke zwischen der theoretischen Propaganda des Atheismus, d. h. der Vernichtung des religiösen Glaubens bei gewissen Schichten des Proletariats, und dem Erfolg, dem Verlauf, den Bedingungen des Klassenkampfes dieser Schichten aufrichten... undialektisch denken"[51] hieße. Lenin hatte diesen dialektischen Grundsatz in seinem 1909 erschienenen Aufsatz „Über das Verhältnis der Arbeiterpartei zur Religion" an folgendem Beispiel illustriert: „Das Proletariat eines gegebenen Gebietes und eines gegebenen Industriezweiges teilt sich, sagen wir, in eine fortgeschrittene Schicht ziemlich klassenbewußter Sozialdemokraten, die natürlich Atheisten sind, und in ziemlich rückständige Arbeiter, die noch mit dem Dorf und der Bauernschaft verbunden sind, die an Gott glauben, in die Kirche gehen oder gar noch unter dem direkten Einfluß des Ortsgeistlichen stehen, der, sagen wir,

---

[50] Siehe das „Programm der Kommunistischen Internationale", angenommen vom 6. Weltkongreß der Komintern 1928, das auch für die KPD maßgebend war: „Die Kommunistische Internationale verficht und propagiert den dialektischen Materialismus von Marx und Engels und wendet ihn als revolutionäre Methode der Erkenntnis der Wirklichkeit zu ihrer revolutionären Umgestaltung an; sie kämpft aktiv gegen alle Spielarten der bürgerlichen Weltanschauung sowie des theoretischen und praktischen Opportunismus." Zit. n. Anklageschrift von Oberkirchenrat Friedrich vom 13. November 1931, in: SPK VKBrS Fall Eckert 1931/II, Blatt 100.

[51] Lenin, Über das Verhältnis der Arbeiterpartei zur Religion, zuerst veröffentlicht 1909, hier zit. n. Anklageschrift, a.a.O., Blatt 125. Der Anklageschrift lag der von H. Duncker besorgte Band 4 der Kleinen Leninbibliothek, W. I. Lenin, Über Religion, 1931, zugrunde.

einen christlichen Arbeiterverein gründet. Angenommen ferner, daß der Wirtschaftskampf in diesem Orte zu einem Streik geführt hat. Der Marxist muß unbedingt den Erfolg der Streikbewegung in den Vordergrund rücken, muß entschlossen in diesem Kampf einer Trennung der Arbeiter in Atheisten und Christen entgegenarbeiten, muß energisch eine solche Trennung bekämpfen. Atheistische Propaganda kann unter solchen Umständen nicht nur überflüssig, sondern schädlich sein – nicht vom Standpunkt der spießbürgerlichen Erwägungen aus, man könnte die rückständigen Schichten abschrecken, das Wahlmandat einbüßen usw., sondern vom Standpunkt des wirklichen Fortschritts des Klassenkampfes, der in der Situation der modernen kapitalistischen Gesellschaft die christlichen Arbeiter hundertmal besser zur Sozialdemokratie und zum Atheismus bringen wird als die nackte atheistische Propaganda. Der Prediger des Atheismus würde in einem solchen Moment und unter solchen Umständen nur den Pfaffen Vorschub leisten, die nichts sehnlicher herbeiwünschen, als die Einteilung der Arbeiter nach ihrer Beteiligung am Streik durch eine solche nach ihrem Glauben an Gott zu ersetzen ... Der Marxist muß Materialist sein, d. h. ein Feind der Religion, aber ein dialektischer Materialist, d. h. ein solcher, der den Kampf gegen die Religion nicht abstrakt, nicht auf dem Boden einer abstrakten, rein theoretischen, sich stets gleich bleibenden Propaganda stellt, sondern konkret auf den Boden des Klassenkampfes, der tatsächlich erzieht."[52] In diesem Zusammenhang erörterte Lenin auch das Problem, ob ein Geistlicher Mitglied der Kommunistischen Partei, die er im Jahre 1909 noch als sozialdemokratisch bezeichnete, sein könne. Er wandte sich dagegen, diese Frage ohne jeglichen Vorbehalt im positiven Sinne zu beantworten. „Man kann nicht ein für allemal und für alle Verhältnisse erklären, daß Geistliche nicht Mitglieder der sozialdemokratischen Partei sein können, aber man kann auch nicht ein für allemal die entgegengesetzte Regel aufstellen ... Kommt ein Geistlicher zu uns zwecks gemeinsamer, politischer Arbeit und leistet er gewis-

---

[52] Zit. n. Anklageschrift, a.a.O., Blatt 125 ff.

senhaft Parteiarbeit, ohne gegen das Parteiprogramm aufzutreten, so können wir ihn in die Reihen der Sozialdemokratie aufnehmen, denn der Widerspruch zwischen dem Geist und den Grundlagen unseres Programms einerseits und der religiösen Überzeugung des Geistlichen andererseits könnte unter solchen Umständen ein nur ihn allein betreffender, persönlicher Widerspruch bleiben, und eine politische Organisation kann ihre Mitglieder nicht darauf examinieren, ob zwischen ihren Anschauungen und dem Parteiprogramm nicht ein Widerspruch besteht... Und träte z. B. ein Geistlicher in die sozialdemokratische Partei ein und begänne in dieser Partei als seine wichtigste und fast ausschließliche Arbeit eine aktive Propaganda religiöser Anschauungen zu betreiben, so müßte die Partei ihn unbedingt aus ihrer Mitte entfernen."[53] Lenin hielt aber den Fall, daß ein Pfarrer in eine auf dem Boden des atheistischen, historischen und dialektischen Materialismus stehende Partei einträte in Europa für „eine seltene Ausnahme"[54], während er dort, wo das Privateigentum an den Produktionsmitteln abgeschafft sei, schon ganz „unwahrscheinlich"[55] sei.

Mit Eckerts Aufnahmeantrag war diese von Lenin erörterte seltene und erstmalige Ausnahme eingetreten. Die KPD besann sich auf das dialektische Erbe des Marxismus-Leninismus und nahm gleichzeitig Abstand von der teilweise abstrakten undifferenzierten Bekämpfung der „religiösen Sozialisten", wie sie seit 1926, wenn auch nicht ungebrochen, vorherrschend gewesen war.

Am 15. Oktober 1931 schrieb der KPD-Reichstagsabgeordnete Ernst Schneller[56] dem Vorsitzenden der theologischen Bruder-

[53] Zit. n. Lenin, Über die Religion, Berlin 1968, S. 28 f. Auf diese Stelle Lenins bezog sich auch der Bezirksleiter der KP, Baden-Pfalz, bei seiner Erklärung zum Eintritt von Pfarrer Eckert in die KPD. Vgl. Die Kirche und der Kommunismus, a.a.O., S. 10.
[54] Lenin, Über die Religion, Berlin 1968, S. 28.
[55] Ebd.
[56] Ernst Schneller, geboren 1890, Lehrer, 1919 Mitglied der SPD, 1920 KPD, 1921 Landtagsabgeordneter in Sachsen, 1924–1933 Reichstagsabgeordneter, 1925 und 1927 in das Zentralkomitee gewählt, 1924–1928 Mitglied des Politbüros und Sekretär des ZK, auf dem VI. Weltkongreß der KI 1928 zum Kandidaten in das Exekutivkomitee der KI gewählt, 1929–1932 politischer

schaft der religiösen Sozialisten, Paul Piechowski[57], einen Brief, aus dem das Ergebnis der parteiinternen Beratungen über die Stellung zu Eckert als Pfarrer deutlich wurde: „Beim Übertritt des Genossen Eckert zur Kommunistischen Partei sind ihm wegen seiner Zugehörigkeit zur Kirche und wegen seiner Tätigkeit als Pfarrer keinerlei Bedingungen gestellt worden. Die Aufnahme des Genossen Eckert ist für uns keine Frage der Opportunität, sie erfolgte in voller Übereinstimmung mit unseren Grundsätzen. Genosse Eckert ist zu uns als revolutionärer Marxist gekommen. Wir haben diesen Übertritt freudig begrüßt. Daß gerade in Ihrem Kreis in Verbindung mit diesem Übertritt des Genossen Eckert die Stellung des Kommunismus zu Religion

Leiter der Reichsparteischule „Rosa Luxemburg" in Fichtenau bei Berlin, Mai 1932 Leiter der Kommission zur Entwicklung der Antifaschistischen Aktion, 1. März 1933 Verhaftung, November 1933 zu 6 Jahren Zuchthaus verurteilt, Juli 1939 KZ Sachsenhausen, beteiligt an der Leitung der illegalen Parteiorganisation im KZ Sachsenhausen, 11. Oktober 1944 erschossen. Kurzbiographie in: Deutsche Widerstandskämpfer 1933–1945, Biographien und Briefe, Bd. 2, Berlin (DDR) 1970, S. 186–190.

[57] Piechowski, Vorsitzender der Bruderschaft Sozialistischer Theologen Deutschlands, hatte Schneller am 12. Oktober 1931 zu einem Gespräch eingeladen, das noch am gleichen Tag stattfand. An der Unterredung nahmen außer Schneller Piechowski, Pfarrer Rackwitz, Pfarrer Tittmann, Pfarrer Michaelis und Heinrich Schwartze teil, der seine theol. Ausbildung nicht zu Ende geführt bzw. abgebrochen hatte. Die Gesprächspartner Schnellers sympathisierten alle mit Eckerts Übertritt zur KPD. Piechowski, Rackwitz und Schwartze traten 1946 der SED bei. (Siehe die Kurzbiografien Piechowski, Rackwitz.) Von dem weiteren Werdegang der Pfarrer Michaelis und Tittmann ist dem Verfasser nichts bekannt. Nach dem Bericht von Pfarrer Schümer betonte Schneller „sehr stark ... die Dialektik. Wichtig sei nicht das Endziel, sondern die Aufgabe der Gegenwart." Schümer an Kappes vom 10. Dezember 1932, in: SPK VKBrS Generalia 1932/33, Blatt 289. Pfarrer Rackwitz erinnerte sich dieses Gesprächs: „Der von Genossen Schneller vertretenen Parteilinie gegenüber hatten die anwesenden religiösen Sozialisten keinen leichten Stand. Schon deswegen, weil jeder von ihnen eine andere Art von Christentum vertrat. So erlebte Schneller nicht ohne inneres Vergnügen, wie jeder der Pfarrer, die ihm gegenübersaßen, etwas anderes sagte und wollte. Der eine bemühte sich, den christlichen Glauben dadurch empfehlenswert zu machen, daß er ihn von allen supranaturalen Elementen säuberte, um den dünnen Rest, der dann noch verblieb, als ganz vernünftig schmackhaft zu machen. Der andere redete von der christlichen Ethik, der dritte unterstrich den christlichen Friedensgedanken, oder einer wollte das unverkürzte biblische Glaubensgut in die KPD hinüberretten." Zit. n. W. Kießling. Ernst Schneller, Lebensbild eines Revolutionärs, Berlin (DDR), o. J. S. 176 f.

und Kirche besonders interessiert, ist für uns verständlich. Wir sind gerne bereit, darüber mit Ihnen in Erörterungen einzutreten. Ich schreibe Ihnen diesen Brief in Übereinstimmung mit dem Sekretariat des Zentralkomitees der KPD."[58]

Ausdrücklich bezog sich die Erklärung, die Karl Fischer[59], der politische Sekretär der Bezirksorganisation Pfalz der KPD und Kandidat des Zentralkomitees der KPD, im Namen der Bezirksleitung Baden-Pfalz auf der Mannheimer Kundgebung am 7. Oktober abgab, auf die oben zitierte Stellungnahme Lenins zur Aufnahme eines Pfarrers in eine marxistische Partei und fügte folgende Sätze Lenins hinzu: „Die Einheitlichkeit dieses wirklichen revolutionären Kampfes der unterdrückten Klasse um die Schaffung eines Paradieses auf Erden ist uns wichtiger als die Einheitlichkeit der Meinungen der Proletarier über das Paradies im Himmel."[60]

Auch die kommunistischen proletarischen Freidenker meldeten sich anläßlich des Eintritts Pfarrer Eckerts in die KPD zu Wort. Johannes Karl König, der Sprecher der proletarischen Freidenker, trat zusammen mit Eckert am 12. Oktober 1931 in den Spichernsälen in Berlin-Wilmersdorf auf[61] und erkannte an, daß Eckert innerhalb der SPD „immer auf dem linken Flügel stand und die Koalitions- und Tolerierungspolitik des Hauptvorstandes ablehnte".[62] Er sei nach seinem Ausschluß aus

---

[58] Zit. n. ZRS 1932, Heft 1, S. 17 f.

[59] Karl Fischer, geboren 1893, Schlosser, 1920 Mitglied der SPD, 1920 Mitglied der KPD, 1926–1933 politischer Sekretär der Bezirksorganisation Pfalz, 1927 und 1929 zum Kandidaten des Zentralkomitees gewählt, 1932–1933 Abgeordneter des Preußischen Landtages, Verhaftung am 20. November 1933, 3 Jahre Zuchthaus, 1937 in das KZ Sachsenhausen verschleppt, führend in der Organisation des illegalen Widerstandes im Lager, März 1940 an einem durch Mißhandlungen und schwere Haftbedingungen hervorgerufenen Herzleiden gestorben. Kurzbiographie in: Deutsche Widerstandskämpfer, Bd. 1, a.a.O., S. 261 f.

[60] Der Standpunkt der KPD, in: Die Kirche und der Kommunismus, a.a.O., S. 9.

[61] Siehe Presseberichte in der „Täglichen Rundschau" vom 14. Oktober 1931, in der „Neuen badischen Landeszeitung" vom 13. Oktober 1931 und in „Berlin am Morgen" vom 13. Oktober 1931.

[62] J. K. König, Pfarrer Eckert und wir, in: „Die Linkskurve", November 1931, S. 11; König übersah keineswegs, daß Eckert mit seinem Eintritt in die KPD noch kein dialektischer Materialist auf dem Gebiet der Weltanschauung

der SPD „nicht den Weg zum prinzipienlosen Parteisumpf der Seydewitz und Rosenfeld"[63] gegangen. Dieser erste Fall des Übertritts eines Pfarrers zur KPD beweise „einen so starken Willen zur Konsequenz, einen solchen Mut zur Tragung aller sich daraus ergebenden Konflikte, daß dieser Pfarrer als politischer und persönlicher Charakter aus dem stinkenden Morast bürgerlicher und reformistischer Gesinnungslosigkeit turmhoch hervorragt".[64] Es müsse anerkannt werden, „daß dieser Pfarrer, wenn auch von illusionären Voraussetzungen aus, einen tapferen Kampf gegen die Kirchenbonzen, gegen die Stahlhelm- und Hakenkreuzpfaffen geführt hat. Es muß anerkannt werden, daß dieser Pfarrer in einer Zeit wutschäumender Pfaffenhetze gegen die angeblichen Religionsverfolgungen (in der Sowjetunion, F. M. B.) als einziger auf dem Bundestag der evangelischen Kirchen in Nürnberg 1930 dieser Hetze entgegengetreten ist".[65] Eckert habe in Stuttgart und in Berlin vor seiner Abreise in die Sowjetunion das öffentliche Bekenntnis abgelegt, daß er das Programm der KPD anerkenne. Er habe erklärt, daß er „als einfacher Soldat der Revolution seine Pflicht erfülle und mit seinem Leben für den Befreiungskampf der Arbeiterklasse einstehe".[66] Er habe in der Berliner Versammlung ausgesprochen, daß die Kirche zugrunde gehen müsse, genauso wie der Kapitalismus. „Damit hat er alle Voraussetzungen zum Eintritt in die KPD erfüllt und kein Genosse hat das Recht, leninistischer als Lenin selbst zu sein. Pfarrer Eckert ist Kommunist. Er bejaht die ökonomischen und politischen Grundlehren des Marxismus-Leninismus."[67]

Erwin Eckerts Weg führte von der Kanzel zur Kommunistischen Partei, von religiös-sozialistischen Übergangspositionen

---

wurde. „Wer sich darüber wundert, hat den Wunderglauben noch nicht ganz abgelehnt. Es wäre seltsam, wenn über Nacht aus einem Pfarrer, der in der Kirche aus tief innerer Überzeugung gewirkt hat, ein marxistischer Atheist ausschlüpfen würde." Ebd., S. 12.
[63] Ebd.
[64] Ebd.
[65] Ebd.
[66] Ebd.
[67] Ebd., S. 11 f.

und der Sozialdemokratie zum aktiven revolutionären Kampf gegen Reaktion, Faschismus und Krieg, für die Befreiung der Arbeiterklasse und den Sozialismus. Diesen Kampf setzte er auch nach 1933 im antifaschistischen Widerstand und nach 1945 in seinen Bemühungen um die Schaffung eines antifaschistischen demokratischen Deutschland konsequent fort.

Diese individuelle Lösung des Problems bei Eckert hat das Gesamtproblem der Annäherung der christlich denkenden Teile der Unter- und Mittelschichten an den realen Kampf um die Verwirklichung einer sozialen Demokratie noch nicht gelöst, wie das Eckert durchaus bewußt war. Das Problem wird sich bei jeder Veränderung der Machtverhältnisse in der gegenwärtigen Gesellschaft in stets neuen Formen immer wieder stellen.

7 Dokumentarischer Anhang

7.1 Kurzbiographien

Heinrich Dietrich

Geboren 1886. Studium der Geschichte und neueren Sprachen. Promotion. Realschuldirektor in Karlsruhe. 1919 Eintritt in die SPD. Mitbegründer des Volkskirchenbundes in Baden. Landesvorsitzender der religiösen Sozialisten Badens von 1926–1933. Mitglied der Badischen Synode von 1920–1933. Mitglied der badischen Kirchenregierung von 1926–1932. Vorstandsmitglied der Verlagsgenossenschaft des Bundes der religiösen Sozialisten. Nach 1945 Landesdirektor für Kultus und Unterricht in Nordbaden. Einige Jahre Leiter des Ortsvereins der SPD Karlsruhe. Ministerialrat. SPD-Stadtrat bis 1953. Gestorben Dezember 1953.

Eduard Dietz

Geboren am 1. November 1866. 1885 Abitur am Humanistischen Gymnasium Karlsruhe. 1885–1889 Studium der Rechtswissenschaften in Heidelberg und Berlin. 1889 Promotion. 1893 Ministerialsekretär im Badischen Ministerium der Justiz, des Kultus und Unterrichts in Karlsruhe. 1894 Amtsrichter in Offenburg. 1897 Amtsrichter in Karlsruhe. Seit 1900 Rechtsanwalt in Karlsruhe. Vermutlich 1900 Eintritt in die Sozialdemokratie. 1911–1920 SPD-Stadtrat in Karlsruhe. 1918/19 Mitglied der Badischen Nationalversammlung, des SPD-Fraktionsvorstandes, Vorsitzender des Verfassungsausschusses, Mitverfasser der Badischen Verfassung von 1919. Seit 1919 Mitglied der Bewegung der religiösen Sozialisten in Baden. 1920/21 Austritt aus der SPD wegen Linksabweichung. Langjähriger Vorsitzender des Badischen Anwaltsvereins. Berühmter Strafverteidiger. Verteidiger Eckerts in allen Prozessen. Vorsitzender der Verlagsgenossenschaft der religiösen Sozialisten bis 1930.

Mitglied des badischen Landesvorstandes. Gestorben am 17. Dezember 1940 in Stuttgart.

Erwin Eckert

Geboren am 16. Juni 1893 in Zaisenhausen, Kreis Bretten/Baden. Ältestes von 8 Kindern eines Hauptlehrers. Jugend in der Mannheimer Neckarvorstadt. Humanistisches Gymnasium. 1911 Eintritt in die SPD. Studium der Theologie und Philosophie in Heidelberg, Göttingen und Basel bei den Professoren Windelband, Husserl, Troeltsch, Bauer und Wobbermin. 1914 Kriegsfreiwilliger. 1919 Vikar in Pforzheim. 1920 Gründung des „Bundes evangelischer Proletarier". 1922 Verschmelzung mit dem badischen „Volkskirchenbund". 1922 Diasporapfarrer in Meersburg/Bodensee. 1923 Entwurf zu einem „Programm der evangelischen Sozialisten Süddeutschlands". 1924 in Meersburg Gründung der „Arbeitsgemeinschaft der religiösen Sozialisten Deutschlands". 1925 wegen seiner antimonarchistischen und antimilitaristischen Haltung in der Frage der Hindenburgwahl durch die badische Kirchenleitung zu einer Strafe von 50 RM verurteilt. Von 1926 bis Oktober 1931 Schriftleiter des Bundesorgans „Sonntagsblatt des arbeitenden Volkes", ab 1931 „Der religiöse Sozialist", zuletzt mit einer Auflage von 17 000. Verfasser Hunderter von Aufsätzen. 1926 öffentliche Agitation für die entschädigungslose Fürstenenteignung. Konflikt mit der badischen Kirchenleitung. Von 1926 bis 1931 geschäftsführender Vorsitzender des „Bundes der religiösen Sozialisten Deutschlands". Mitglied der badischen Landessynode von 1926 bis 1931. 1927 Stadtpfarrer an der Trinitatiskirche in Mannheim. Vorlage einer Programmschrift „Was wollen die religiösen Sozialisten". 1928 Konflikt mit der SPD in der Frage des Panzerkreuzerbaus. Teilnahme am KPD-Volksbegehren gegen Panzerkreuzerbau und Kriegsgefahr. 1929 Vorlage eines eigenen Wehrprogramms. Juni 1929 Verurteilung zu einer Geldstrafe in Höhe von 100 RM und zur Ordnungsstrafe der Verwarnung wegen „herabwürdigender und beleidigender Angriffe gegen die Kirche" in dem 1928 erschienenen Flugblatt „Was wollen die religiösen Sozialisten". Seit Anfang 1930 Sprecher der linken Opposition („Klassenkampfgruppe") in Baden. 1930 Beginn einer groß angelegten Verteidigungskampagne für die Sowjetunion und gegen die kirchliche „Gebetskampagne" gegen die Sowjetunion. Parteinahme für die Sowjetunion als einziger religiös-sozialistischer Delegierter auf dem Deutschen Evangelischen Kirchentag in Nürnberg. Von Ende November 1930 bis Juli 1931 auf 100 Versammlungen in ganz Deutschland (u. a. in München, Augsburg, Nürnberg, Tübingen, Stuttgart, Karlsruhe, Mannheim, Kaiserslautern, Heidelberg, Ludwigshafen, Frankfurt, Düsseldorf, Köln, Münster, Ulm, Eisenach, Freiburg, Baden-Baden) gegen die Gefahr des Faschismus gesprochen. Dezember 1930 Zusammenstoß mit den Nazis in Neustadt a. d. Hardt anläßlich seiner Rede „Die große Lüge des Nationalsozialismus". Januar 1931 wegen seiner antifaschistischen Agitation mit einem Verweis bestraft. Januar 1931 Versammlungs- und Redeverbot durch die Kirchenleitung in Baden verfügt. Februar 1931 vorläufige Enthebung vom Amt und Eröffnung eines Dienststrafverfahrens mit dem Ziel der Dienstentlassung. Sammlung von annähernd 100 000 Unterschriften badischer Protestanten gegen die Dienstentlassung Eckerts. Juni 1931 zu einer Zurückversetzung im Dienstalter um 6 Jahre und zur Tragung der Prozeßkosten verurteilt. Zunehmende Konflikte mit der SPD und innerhalb des Bundes wegen seiner Opposition gegen die Tolerierungspolitik der SPD und der angestrebten antifaschistischen Einheitsfront mit der KPD. 2. Oktober 1931 Ausschluß aus der SPD. 3. Oktober 1931 Eintritt in die KPD. 10. Oktober vorläufige Enthebung vom Pfarramt. Oktober/November 1931 Teilnahme an einer Delegationsreise in die Sowjetunion auf Einladung des „Bundes der Freunde der Sowjetunion". November 1931 Absetzung von seinen Ämtern innerhalb des Bundes der religiösen Sozialisten. Dezember 1931 Entlassung aus dem Kirchendienst mit der Wirkung des Verlustes der Amtsbezeichnung, des Einkommens, des Anspruchs auf Ruhegehalt und Hinterbliebenenversorgung. Dezember 1931 Austritt aus der Kirche und dem Bund der religiösen Sozialisten.

Dezember 1931 bis Februar 1933 Mitarbeiter der „Roten Fahne" in Berlin und der „Freiheit" in Düsseldorf. Redner auf ca. 150 Massenversammlungen in ganz Deutschland (u. a. in Berlin, Frankfurt, Mannheim, Düsseldorf, Dortmund, Hannover, Magdeburg, Breslau, Kassel, Dresden, Leipzig, Braunschweig, Essen, Solingen, Hagen, Osnabrück, Stuttgart, Karlsruhe, Ulm, Nürnberg, Frankfurt/Oder, Hamburg, Lübeck, Bremen, Stettin, Greifswald) und im Ausland (u. a. in Wien, St. Pölten, Graz, Klagenfurt, Basel, Prag, Luzern, Bern, St. Gallen, Amsterdam) gegen Faschismus und Krieg und für ein antifaschistisches Aktionsbündnis. Zeitweilige Redeverbote in Baden, Bayern, der Pfalz, Hamburg, Bremen und Berlin. Juli 1932 Reichstagskandidat der KPD in Mannheim. September 1932 Teilnahme am „Internationalen Kongreß gegen den imperialistischen Krieg" in Amsterdam.

1. März 1933 bis Juli 1933 „Schutzhaft". Juli bis Oktober 1933 Gefängnis. Illegale Arbeit bis zur Verhaftung durch die Gestapo im Juni 1936. Mitverfasser der illegal verbreiteten Broschüre „Das proletarische Volksgericht". Oktober 1936 wegen „Vorbereitung zum Hochverrat" zu drei Jahren 8 Monaten Zuchthaus vom Volksgerichtshof in Kassel verurteilt. Anschließend unter Polizeiaufsicht bis zum Ende des „Dritten Reiches". November 1945 geschäftsführender Vorsitzender der antifaschistischen Bewegung „Das neue Deutschland" in Südbaden. Lizenzträger der später von der Besatzungsmacht verbotenen Zeitschrift „Die neue Demokratie". Januar 1946 Aufruf der KP Badens „Arbeit-Freiheit-Frieden". März 1946 bis 1950 1. Vorsitzender der KP Badens. März 1946 „Manifest der Kommunisten Badens". April 1946 Staatsrat der provisorischen Regierung Südbadens für besondere Aufgaben und Entnazifizierungskommissar. November 1946 Mitglied und Vizepräsident der verfassungsgebenden Versammlung Badens und Mitglied des ersten badischen Allparteienkabinetts als Staatskommissar für den Wiederaufbau. Abgeordneter des badischen Landtages von 1947 bis 1952. Juli 1949 mit einem Stimmenanteil von 34,7 % Oberbürgermeisterkandidat der KPD in Mannheim. 1952 bis zum Verbot der KPD im Jahre 1956

Landtagsabgeordneter der KPD in Baden-Württemberg. 1953 Bundestagskandidat der KPD in Mannheim. 1950 bis 1962 Mitglied des Weltfriedensrates. Teilnahme an den Kongressen in Warschau (1950), Wien (1951), Wien (1952), Budapest (1953), Wien (1953), Stockholm (1954), Helsinki (1955), Colombo (1957), Neu Delhi (1958), Stockholm (1958), Stockholm (1959) und Moskau (1962). Von 1950 bis 1952 geschäftsführender Vorsitzender des „Westdeutschen Friedenskomitees". In dieser Eigenschaft maßgeblich beteiligt an der Vorbereitung und Durchführung der Unterschriftensammlung unter den „Stockholmer Appell" der Weltfriedensbewegung gegen Atombewaffnung (1950), der Volksbefragungsaktion gegen Remilitarisierung und Wiederaufrüstung (1950), der Unterstützung des Appells der Volkskammer der DDR vom 15. August 1951 nach einer friedensvertraglichen Regelung der deutschen Frage, am Kampf gegen Abschluß und Durchführung des Generalvertrages, der Pariser Verträge und des Natopaktes und an der Gründung der „Deutschen Sammlung".

Juli 1952 bis zum Verbot des Friedenskomitees der BRD im März 1959 einer der leitenden Vorsitzenden des Friedenskomitees. Mai 1959 Verleihung der goldenen Friedensmedaille durch den Weltfriedensrat. November 1959 Eröffnung des Prozesses gegen Eckert und andere führende Mitglieder des Friedenskomitees wegen „Rädelsführerschaft in einer verfassungsfeindlichen Organisation". April 1960 nach 56 Verhandlungstagen Verurteilung zu 9 Monaten Gefängnis mit Bewährung. Oktober 1964 Verleihung der Carl-von-Ossietzky-Medaille durch den Friedensrat der DDR „für Verdienste im Kampf gegen den deutschen Militarismus, gegen Faschismus und Krieg". 1969 Teilnahme an einer DKP-Delegation in Dresden zur 20-Jahr-Feier der Gründung der DDR. 1971 Verleihung der Lenin-Gedächtnismedaille durch die DKP. Gestorben am 20. Dezember 1972 in Mannheim. In einem Nachruf der DKP hieß es: „Erwin Eckert war ein hervorragender Kämpfer für die Interessen der arbeitenden Bevölkerung Mannheims, eine Persönlichkeit des weltweiten Kampfes um Entspannung und Frieden, für friedliche Koexistenz zwischen Staaten unterschiedlicher Gesellschaftsordnungen. Bis kurz vor seinem Tode nahm Erwin Eckert regen Anteil an der Politik der DKP. Er konnte noch erleben, wie die Ideen der Entspannung, der Verständigung und der friedlichen Koexistenz, für die er einst von der Justiz der Bundesrepublik verfolgt wurde, begannen, Wirklichkeit zu werden. Erwin Eckert, sein kämpferischer Geist, seine Hingabe zur Sache der Arbeiterklasse und sein unbeugsames Eintreten für die Ideen von Marx, Engels und Lenin werden uns immer Vorbild sein." Sein Tod sei „ein schwerer Verlust für die DKP und die Arbeiterbewegung unseres Landes".

Georg Fritze

Geboren am 1. August 1874 als Sohn eines Kaufmanns in Magdeburg. Eintritt in die SPD vermutlich 1919. Pfarrer in Köln. Gründer des Bundes der religiösen Sozialisten in Köln. 15. August 1938 Verweigerung der Auszahlung der Dienstbezüge wegen Verweigerung des Diensteides. Ab 20. September 1938 wiederholte Verhöre durch die Gestapo Köln. Am 17. Oktober 1938 Verbot der Amtsausübung als evangelischer Pfarrer. Gestorben am 3. Januar 1939.

Emil Fuchs

Geboren am 13. Mai 1874 in Beerfelden/Hessen als Sohn eines Pfarrers. Theologiestudium in Gießen. 1897 I. theologisches Examen. 1897/98 Militärdienst. 1898/99 Predigerseminar in Friedberg. Vikar in Brauerschwend/Vogelsberg. Ordination. 1900 Licentiat bei Kattenbusch in Gießen. 1900 Pfarrassistent in Lampertsheim. Erste Kontakte zur Arbeiterbewegung als Vikar in Manchester 1902. 1903–1905 Repetent in Gießen. 1905 Pfarrer in Rüsselsheim. 1914 Ehrendoktor der theologischen Fakultät Gießen. 1918 Pfarrer in Eisenach. 1921 Begründer der Gruppe der religiösen Sozialisten in Thüringen und Eintritt in die SPD. 1925 Verantwortlicher des Mitteldeutschen Kreises der religiösen Sozialisten, 1926–1930 Vorsitzender des

Landesverbandes Thüringen, 1926–1928 und 1930–1933 Mitglied des Bundesvorstandes. 1927–1931 Mitglied des thüringischen Landeskirchentages. 1931 Professor für Religionswissenschaft an der Pädagogischen Akademie in Kiel. März 1933 Entlassung, Gefängnis, Berufsverbot. 1933/34 Freienwalde, 1934 Autoverleih in Britz. Bis 1943 in Berlin Erwerb des Lebensunterhaltes durch Auslegung des Neuen Testaments und maschinenschriftlichen Versand an Freunde. 1943 Gortipohl/Montafon (Vorarlberg). 1945 Frankfurt/Main. 1945–1949 Mitglied der SPD. 1947/48 Reise nach England. 1948/49 Reise in die USA, Gastvorlesungen in Philadelphia. 1949 Professor für christliche Ethik und Religionsphilosophie in Leipzig. 1954 Ehrenmitglied der CDU in der DDR, Ehrenmitglied des Bundes evangelischer Pfarrer in der DDR, Mitglied des Friedensrates der DDR und des Präsidiums des Friedensrates. 9. Februar 1961 Gespräch mit Walter Ulbricht, das grundlegend für die Kirchenpolitik der SED wurde. Ehrungen und Auszeichnungen: 1954 Vaterländischer Verdienstorden in Gold, 1958 Otto-Nuschke-Ehrenzeichen (ONE) in Silber, 1959 Ehrendoktor der theologischen Fakultät in Prag, 1960 ONE in Gold, 1962 Ehrennadel der Deutsch-Sowjetischen Freundschaft in Gold, 1964 „Banner der Arbeit", 1969 „Stern der Völkerfreundschaft" in Silber. Gestorben am 13. März 1971 in Berlin (DDR).

Bernhard Göring

Geboren am 21. November 1897 in Berlin. 1903–1911 Besuch der Volksschule in Berlin. Drei Jahre kaufmännische Lehre; gleichzeitig Erwerb der mittleren Reife. Seit 1915 Verkäufer, Lagerist, Einkäufer und Buchhalter in der Metallindustrie und Abteilungsleiter in der Eisenbewirtschaftung und Reichstreuhandgesellschaft in Berlin. 1916 Eintritt in den Zentralverband der Handlungsgehilfen und in die SPD. 1919 Mitbegründer der Bewegung religiöser Sozialisten in Berlin. Seit 1925 Landesvorsitzender der religiösen Sozialisten in Preußen, 1926–1930 Mitglied des dreiköpfigen Bundesvorstandes, 1930–1931 2. Vor-

sitzender des BrS, 1931–1933 1. Vorsitzender des BrS. 1921/22
Sekretär des Zentralverbandes der Handlungsgehilfen. 1922 bis
1933 Sekretär des Vorstandes des Allgemeinen freien Angestelltenbundes (Afa-Bund). 1933 als Gewerkschaftsbeamter entlassen. Lebensunterhalt als selbständiger Gewerbetreibender (Zi-
garren-Versand). Im illegalen Angestellten-Widerstand tätig, in
Verbindung mit dem Internationalen Bund der Privatangestellten in Amsterdam, illegalen Gruppen des Allgemeinen Deutschen Gewerkschaftsbundes, der sozialdemokratischen Gruppe
„Neu-Beginnen" und Gruppen ehemaliger religiöser Sozialisten.
1941–1945 Abteilungsleiter der Wirtschaftsgruppe Elektroindu-
strie. Mehrere Verhaftungen zwischen 1937–1940. Nach 1945
Mitunterzeichner des Aufrufs des Zentralausschusses der SPD
(15. Juni 1945), Mitglied des Zentralausschusses seit dem
17. Juni 1945, Mitglied des Vorbereitenden Gewerkschaftsaus-
schusses für Groß-Berlin. Mitunterzeichner des Aufrufs zur
Schaffung neuer freier Gewerkschaften (15. Juni 1945). Seit
dem 1. Kongreß des Freien Deutschen Gewerkschaftsbundes
(FDGB) (9.–11. Februar 1946) 2. Vorsitzender des Bundesvorstandes, Teilnahme an der gemeinsamen Konferenz des ZK der
KPD und des ZA der SPD mit den Vertretern der Bezirke (erste Sechziger-Konferenz; 20./21. Dezember 1945), am 40. Parteitag der SPD 1946, am Vereinigungsparteitag von SPD und
KPD 1946 sowie am II. Parteitag der SED 1947. Mitglied des
Parteivorstandes der SED seit ihrer Gründung. 1947/48 Mitherausgeber der theoretischen Zeitschrift des FDGB „Die Arbeit". Teilnahme an allen neun Interzonenkonferenzen der
deutschen Gewerkschaften. 1948/49 Mitglied des Präsidiums
des Deutschen Volksrats, 1949 Mitglied der Provisorischen
Volkskammer der DDR. 1949 Mitglied des Deutschen Komitees
der Kämpfer für den Frieden. Als Leiter und Sprecher der
deutschen Delegation Teilnahme am Weltkongreß der Friedens-
anhänger in Prag (20.–25. April 1949) und an der Tagung des
Komitees des Weltkongresses der Kämpfer für den Frieden in
Rom Ende Oktober 1949. Auf dem II. Weltgewerkschaftskon-
greß in Mailand (29. Juni–9. Juli 1949) Wahl in den Generalrat
des Weltgewerkschaftsbundes. Gestorben am 1. Dezember 1949.

Heinz Kappes

Geboren am 30. November 1893 in Fahrenbach/Baden als Sohn eines Pfarrers. 1914–1918 Kriegsteilnehmer. Studium in Tübingen, Berlin, Heidelberg. 1919 Vikar in Brötzingen/Pforzheim. 1920 Pfarrer in Mannheim. Kontakte zur Arbeiterbewegung durch die Jugendbewegung. Seit 1922 Jugendpfarrer in Karlsruhe. Begründer des Evangelischen Jugend- und Wohlfahrtsdienstes. Seit 1924 Mitglied der SPD Karlsruhe. 1926 Mitglied des Bürgerausschusses. 1930–1933 SPD-Stadtrat in Karlsruhe. 1923 Mitglied des Badischen Volkskirchenbundes evangelischer Sozialisten. 1926–1933 Mitglied der badischen Landessynode. 1931 Verteidiger Erwin Eckerts vor dem kirchlichen Dienstgericht. Mehrere Verfahren der badischen Kirchenleitung. Februar 1932 wegen „Verletzung seiner Dienstpflicht mit der Ordnungsstrafe der Verwarnung" bestraft. Nach 1933 von Karlsruhe nach Büchenbronn/Pforzheim als Pfarrverweser versetzt. Verhaftung am 21. August 1933, zehn Tage Haft, anschließend unter Polizeiaufsicht bis zum Verfahren am 1. Dezember 1933 in Badenweiler. Zwangspensionierung am 1. Dezember 1933. Vom badischen Staat Ausweisung verfügt. Berufsverbot. Von Ende 1933 bis Ende 1934 in Unterjesingen bei Tübingen. Neun Monate in Jerusalem im Syrischen Waisenhaus. März 1935 definitive Auswanderung nach Palästina, dort Erziehungs- und Sozialarbeit. Vortragstätigkeit über die Mystik der Hochreligionen, als Quäker Verständigungsarbeit Araber-Juden. Rückkehr nach Karlsruhe 1948. Wiederaufnahme unter die badischen Pfarrkandidaten. Seither keine Kontakte zur Arbeiterbewegung. Religionslehrer. Fürsorgedienst. Lehrauftrag am Diakoniewissenschaftlichen Institut der Heidelberger Theologischen Fakultät. 1952 Pfarrer im Gemeindedienst Karlsruhe. Pensionierung 1959. 1959/60 und 1962/63 insgesamt 18 Monate in Indien. Herausgabe deutscher Übersetzungen aus den Werken Sri Aurobindos (1964–1969). Gründung der „Anonymen Alkoholiker", Übersetzung ihrer Hauptbücher, Vortragstätigkeit.

Karl Kleinschmidt

Geboren am 26. April 1902 in Hannover als Sohn eines Oberstudiendirektors. Erste Kontakte zur Arbeiterbewegung als Werkstudent in Gerthe bei Bochum auf dem Schacht Konstantin der Große. Studium der Theologie in Jena. Pfarrer. Eintritt in den Bund der religiösen Sozialisten 1926 in Weißbach/Thüringen. 1927 Eintritt in die SPD. Mandats- und Funktionsträger der SPD seit 1927. Als Nachfolger von Emil Fuchs Landesvorsitzender des Bundes der religiösen Sozialisten in Thüringen (1930–1933). Während der Weimarer Republik mehrere kirchliche Repressionen, so Verweis, verschärfter Verweis, Disziplinarverfahren mit 300 Mark Geldstrafe und vorläufige Amtsenthebung zur Durchführung eines Verfahrens mit dem Ziel der Ausstoßung aus dem Pfarrerstand. Mitglied der thüringischen Landessynode. Während der Zeit des „Dritten Reiches" Haussuchungen, 3 Wochen „Schutzhaft", 4 Wochen Gefängnis wegen „Beleidigung des Führers und Reichskanzlers", neuerliche vorläufige Amtsenthebung wegen des eines „deutschen Pfarrers unwürdigen Verhaltens in der Judenfrage". Vertrauensmann des Büros „Grüber" in Mecklenburg. Nach 1945 Mitglied der SED und des FDGB seit ihrer Gründung. In der DDR Vizepräsident des Kulturbundes. Landesvorsitzender des Kulturbundes in Mecklenburg-Vorpommern. Dompredigter in Schwerin. 1949–1953 Mitglied der Volkskammer und des Mecklenburgischen Landesparlaments. Mitglied der Synode der Ev. Luth. Landeskirche in Mecklenburg. Gründungsmitglied und Mitglied des engeren Vorstandes des Deutschen Schriftstellerverbandes. Gründungsmitglied und Mitglied des Regionalkomitees der Christlichen Friedenskonferenz in der DDR. Gründer und Chefredakteur des „Evangelischen Pfarrerblattes". Mitbegründer und Mitherausgeber von „Glaube und Gewissen". Vaterländischer Verdienstorden in Bronze und Silber, Vaterländische Verdienstmedaille, Medaille für Bodenreform, Ernst-Moritz-Arndt-Medaille der Nationalen Front, Carl von Ossietzky-Medaille des Friedensrates und andere Auszeichnungen.

Geboren 1889. Pfarrer in Mehlauken (Ostpr.). Mitglied der SPD, des Bundes der religiösen Sozialisten seit 1926. Strafanstaltspfarrer in Berlin-Tegel. Zusammen mit Fritz Erler in der Reichsleitung von „Neu-Beginnen". 1938–1945 Zuchthaus. Seit 1946 Mitglied der SED. Austritt aus der Kirche. Hauptamtsleiter für Wissenschaft und Kunst in Berlin. Wissenschaftlicher Mitarbeiter im Ministerium für Auswärtige Angelegenheiten des Ministerrates der DDR. 1959 Vaterländischer Verdienstorden in Silber. 1962 Pension. Zuletzt gesellschaftswissenschaftlich tätig.

Paul Piechowski

Geboren am 30. Juni 1892 in Turoscheln/Ostpreußen als zweiter Sohn eines Gendarmen. 1911 Abitur am Gymnasium in Insterburg. Studium der protestantischen Theologie in Königsberg. 1914 und 1916 Ablegung des ersten und zweiten theologischen Examens. 1916 Promotion mit einer Arbeit „Die Kriegspredigt als homiletisches genus proprium" in Königsberg. Oktober 1916 Prediger an der Kaiser-Friedrich-Gedächtniskirche in Königsberg. Frühjahr 1917 Feldgeistlicher. Im März 1918 als Feldgeistlicher zur Marine versetzt. Entlassung aus dem Kriegsdienst am 30. November 1918. 1919 nochmals für einige Monate Divisionspfarrer bei der Brigade Schaulen. 1919 „Die Kriegspredigten 1870/71", Predigtsammlung „Vorwärts und Aufwärts. Zeitpredigten und Grabreden". Oktober 1919 Eintritt in die SPD. 1919 Mitbegründer des Berliner Bundes der religiösen Sozialisten. 1923 Dr. phil. an der Philosophischen Fakultät in Frankfurt/Main bei Professor Julius Ziehen über „Friedrich Ludwig Jahn als Volkserzieher". 1922 Herausgabe der Schrift „Kirche und Proletariat", 1926 „Die Seele des Proletariats", 1927 „Proletarischer Glaube", 1928 im Verlag des Bundes „Proletarische Feierklänge". 1926 Gründer und seit dieser Zeit 1. Vorsitzender der „Bruderschaft sozialistischer Theologen". Im Wintersemester 1932/33 Beginn des Medizinstudiums an der Berliner Fakultät. 1. Februar 1934 Entlassung aus dem Dienst der Evangelischen Kirche der APU. 1938 medizinisches Staatsexamen. Dissertation über Selbstmordfälle im Städt. Robert-Koch-Krankenhaus in Moabit unter besonderer Berücksichtigung der Schlafmittelvergiftungen. Aus politischen Gründen Verweigerung der Erlaubnis zur Niederlassung als praktischer Arzt durch die Ärztekammer. 1944 Werkarzt bei der AEG in Berlin. 1945 Eröffnung einer Arztpraxis in Berlin-Babelsberg. August 1945 Eintritt in den Dienst des Provinzialgesundheitsamtes der Mark Brandenburg in Potsdam. Ärztlicher Direktor in der Deutschen Zentralverwaltung für die SBZ. 1945 Eintritt in die SPD, nach dem Vereinigungsparteitag April 1946 Eintritt in die SED. Am 14. September 1946 vom Magistrat von Groß-Berlin zum stellvertretenden Leiter der Abteilung Gesundheitswesen gewählt. 1953 Ausscheiden aus dem Dienst des Landes Berlin. Von 1953 bis 1961 ärztliche Praxis in Moabit. 1961 Übersiedlung nach Bad Godesberg. Dort am 9. Juni 1966 gestorben.

Arthur Rackwitz

Geboren am 4. 8. 1895 als Sohn eines Pfarrers in Landsberg/Warthe. Pfarrer in Möhrenbach, Eisenberg und Berlin-Neukölln, Mitglied der SPD und des Bundes der religiösen Sozialisten seit 1926. 1929–1933 Leitung der Ortsgruppe Berlin-Neukölln. Während des „Dritten Reiches" zahlreiche Verhöre vor der Gestapo. 1937 und 1939 kurze Inhaftierungen. Am 29. 9. 1944 in Berlin verhaftet, da er Ernst von Harnack, einem Mitglied des Gördeler-Kreises Asyl gewährt hatte. Gestapohaft in Moabit. Einlieferung in das KZ Dachau am 1. 12. 1944, daselbst bis zur Befreiung. 1946–1950 Mitglied der SED in Westberlin. 1946–1949 Gründung und Leitung einer Arbeitsgemeinschaft religiöser Sozialisten. 1946–1962 Mitglied der Provinzialsynode Berlin-Brandenburg.

Gotthilf Schenkel

Geboren am 19. Juli 1889 in Udipi/Ostindien als Sohn eines
Missionars. 1909–1914 Studium der Theologie und Philosophie
in Tübingen. 1914–1918 Kriegsteilnehmer. Vikar. Stadtpfarrer
in Zuffenhausen (Stuttgart). 1926 Promotion. Landesvorsitzender des Bundes der religiösen Sozialisten in Württemberg.
Schriftleiter des „Religiösen Sozialisten" von Oktober 1931 bis
März 1933. 1933 versetzt nach Unterdeufstetten. 1951–1953
Kultusminister der Stuttgarter Landesregierung. 1951–1960
Landtagsabgeordneter der SPD in Baden-Württemberg. Mitglied des Bundespräsidiums der Gemeinschaft für Christentum
und Sozialismus. 1947–1951 Lehrauftrag für Sozialethik an der
Technischen Hochschule Stuttgart. Pensioniert 1952. Gestorben
am 11. Dezember 1960.

Georg Wünsch

Geboren am 29. April 1887 als Sohn eines Schriftsetzers in
Lechhausen bei Augsburg. 1908–1911 Studium der ev. Theologie an den Universitäten Erlangen, Berlin und Heidelberg (u. a.
bei Ernst Troeltsch). Vikariat in der badischen Landeskirche.
1912 2. theol. Examen in Karlsruhe. Stadtvikar in Offenburg.
1914 freiwilliger Kriegsdienst bei der Infanterie. Nach der Entlassung als Kriegsverwundeter 1916 Pfarrer in Meßkirch. Seit
1919 dem badischen Volkskirchenbund angeschlossen. Aus-
arbeitung eines Programmentwurfs. 1920–1922 volkskirchlicher
Abgeordneter in der badischen Landessynode. Seit 1920 Mitglied der SPD. 1919 in Erlangen Promotion zum Lic. theol. im
Fach Kirchengeschichte bei H. Jordan über „Die Bergpredigt
bei Luther". 1922 Habilitation in Marburg. Privat-
dozent für Systematische Theologie in Marburg. 1927
a.o. und 1931 o. Professor für Ethik, Sozialethik und
Apologetik in Marburg. 1928 Ehrendoktor der Berliner
Theol. Fakultät. Die wichtigsten Veröffentlichungen: „Evangelische Wirtschaftsethik" (1927), „Wirklichkeitschristentum"
(1932) und „Evangelische Ethik des Politischen" (1936) sowie

zahlreiche Aufsätze in religiös-sozialistischen Organen und in der „Christlichen Welt". 1929–1933 Herausgeber der „Zeitschrift für Religion und Sozialismus". 1929 dreimal vergebliche Bewerbung um ein Pfarramt in der badischen Landeskirche, 1930–1933 Mitglied des Reichsvorstandes und des Aufsichtsrates der Verlagsgenossenschaft des Bundes der religiösen Sozialisten. Am 24. April 1933 Entfernung aus dem Amt des Dekans der Marburger Theol. Fakultät, staatliche Verbote, Universitätsämter zu übernehmen, öffentliche Vorträge und Auslandsreisen zu unternehmen. Als Lehrstuhlinhaber nicht entlassen. Nach eigenen Angaben „weder Mitglied der Partei noch der Deutschen Christen, noch einer sonstigen Parteigliederung". 1944 als einziger Marburger Theologe bei den Westwallarbeiten eingesetzt. Nach 1945 Entnazifizierungsverfahren, vor allem wegen der „Politischen Ethik" von 1936 und einer 1941 gehaltenen Kriegspredigt. 1947 endgültiger und einstimmiger Freispruch seitens der Spruchkammer. 1950 Wiederzulassung und -aufnahme der Lehr- und Vorlesungstätigkeit. 1955 Emeritierung, 1953–1960 1. Vorsitzender des „Bundes für Freies Christentum", langjähriger Ehrenpräsident der „Gemeinschaft für Christentum und Sozialismus. Bund der Religiösen Sozialisten Deutschlands e. V." 1952–1955 SPD-Stadtverordneter in Marburg. 1952–1960 Lehrtätigkeit an der „Akademie der Arbeit" in Frankfurt. Unterstützung politisch linksgerichteter Aktionen in der BRD, z. B. der Kampagne gegen die atomare Bewaffnung der Bundeswehr und gegen das Berufsverbot von Renate Riemeck. Gestorben am 22. November 1964 in Hofgeismar.

7.2 Ortsgruppen des Bundes der religiösen Sozialisten (SAV 1922–1931)

1922

Durlach (B), Freiburg (B), Grötzingen (B), Heidelberg (B), Karlsruhe (B), Mannheim (B), Mannheim-Käfertal (B), Mannheim-Neckarau (B), Pforzheim (B), Pforzheim-Brötzingen (B), Malterdingen (B), Seckenheim (B), Teningen (B).

1923

Eggenstein (B), Eppelheim (B), Heidelberg-Handschuhsheim (B), Kirchheim a. N. (B), Köln (Rh), Leimen (B), Ludwigshafen (Pf), Sandhausen (B), Schönnau (B), Schriesheim (B), Walldorf (B).

1924

Bezirksgruppe Groß-Berlin: Ortsgruppe Berlin-Südwest, Berlin-Südost, Berlin-Moabit-Norden, Berlin-Neukölln, Berlin-Treptow,
Königsberg (Pr), Kaiserslautern (Pf), Pirmasens (Pf), Speyer (Pf), Zweibrücken (Pf),
Karlsruhe-Rüppurr, Karlsruhe-Mühlburg, Karlsruhe-Rintheim (B), Zwickau (Sa).

1925

Dansenberg (Pf), Hochspeyer (Pf), Rodenbach (Pf), Rastatt (B), Stuttgart (Württ).

1926

Berghausen (B), Blankenloch (B), Ettlingen (B), Gölshausen (B), Breslau (Pr), Eisenach (Th), Erfurt (Th), Jena (Th), Gera (Th), Weimar (Th), Frankfurt/Main (He), Leipzig (Sa), Rheingönheim (Pf), Waldfischbach (Pf), Waiblingen (Württ), Wieblingen (Württ), Weinheim (B)- Weilerbach (Pf).

1927

Bretten (B), Grünwettersbach (B), Gladbeck (W), Ludwigs-hafen-Friesenheim (Pf), Luckenwalde (Pr).

1928

Aue b. Durlach (B), Bötzingen (B), Bruchsal (B), Darmstadt (He), Schopfheim (B).

1929

Barntrup (L), Brake (L), Blomberg (L), Detmold (L), Heiden-oldendorf (L), Hiddesen (L), Horn (L), Lage (L), Lemgo (L), Leopoldshöhe (L), Oerlinghausen (L), Salzuflen (L), Schötmar (L), Silixen (L), Bischmisheim b. Saarbrücken, Bernburg/An-halt, Dresden (Sa), Eberswalde (Pr), Eisenberg (Th), Eppingen (B), Halle/S. (Sa), Landesverband Groß-Hamburg, Möhren-bach (Th), Neuhofen (Pf), München (Bay), Stuttgart-Vaihin-gen (Württ), Offenbach/M. (He).

1930

Bacharach (Rh), Chemnitz (Sa), Nördlingen (Bay), Tettau (Bay), Ulm (Württ), Thaleischweiler (Pf), Morlautern (Pf), Stuttgart-Feuerbach, Stuttgart-Zuffenhausen (Württ).

1931

Bielefeld (W), Herford (W), Nürnberg (Bay), Neckargartach (Württ), Neckarzimmern (B), Altenburg (Th).

B = Baden, Bay = Bayern, L = Lippe, He = Hessen, Pf = Pfalz, Th = Thüringen, Pr = Preußen, Sa = Sachsen, Württ = Württemberg, W = Westfalen, Rh = Rheinland.

7.3 Der Anteil der religiösen Sozialisten bei den badischen Landessynodalwahlen 1920, 1926 und 1932

	1920 11763/8,2	1926 27473/14,5	1932 30482/14,2
Wahlkreis I	10,1	12,7	9,5
Kirchenbezirk:			
Konstanz	7,3	12,6	0,9
Schopfheim	12,9	25,7	17,1
Lörrach	8,6	10,2	5,9
Müllheim	8,8	5,2	4,6
Freiburg	6,5	11,4	9,2
Emmendingen	14,1	12,6	10,3
Hornberg	14,1	14,3	11,6
Wahlkreis II	7	16,9	14,5
Kirchenbezirk:			
Lahr	2,5	9,5	6,5
Rheinbischofsheim	3,8	10,9	7,1
Baden	10,6	14,7	14,8
Karlsruhe-Stadt	11,2	24,4	21,5
Karlsruhe-Land	7,5	13,1	12,2
Wahlkreis III	8,6	16,1	17,3
Kirchenbezirk:			
Durlach	12,2	25,8	27,7
Pforzheim-Stadt	6,8	14,0	13,6
Pforzheim-Land	13,6	17,1	20,9
Bretten	6,3	7,9	10,8
Eppingen	2,6	7,6	11,3
Wahlkreis IV	6,9	20,4	21,3
Kirchenbenzirk:			
Mannheim	2,5	26,0	26,3
Ladenburg-Weinheim	7,2	16,0	17,6
Oberheidelberg	14,3	12,4	14,4
Wahlkreis V	7,4	6,9	9,2
Kirchenbezirk:			
Heidelberg	9,1	9,6	16,0
Neckargmünd	17,1	13,5	11,3
Sinsheim	7,8	3,4	6,5
Neckarbischofsheim	2,5	4,8	3,1
Mosbach	4,8	6,4	6,6
Adelsheim	5,1	3,2	8,4
Boxberg	4,1	1,2	1,2
Wertheim	1,2	3,1	5,5

292

Wolfgang Abendroth, Aufgaben einer deutschen Linken, in: Was ist heute links? München 1963, S. 130—157.

Wolfgang Abendroth, Aufstieg und Krise der deutschen Sozialdemokratie. Das Problem der Zweckentfremdung einer politischen Partei durch die Anpassungstendenz von Institutionen an vorgegebene Machtverhältnisse, Frankfurt/M. 1964.

Wolfgang Abendroth, Antagonistische Gesellschaft und politische Demokratie, Neuwied 1967.

Friedrich-Martin Balzer, Vom Pfarrer zum Arbeiterführer. Erwin Eckert 75 Jahre, in: „Die Andere Zeitung", Nr. 24, vom 13. Juni 1968, S. 4.

Friedrich-Martin Balzer, Zur Geschichte der religiös-sozialistischen Strömungen in der Weimarer Republik. Aktuelle Anmerkungen, in: Internationale „Dialog"-Zeitschrift, 5. Jg. 1972, Heft 1, S. 37—41.

Friedrich-Martin Balzer, Das Problem der Assoziation nichtproletarischer demokratischer Kräfte an die Arbeiterbewegung. Das Beispiel von Pfarrer Heinz Kappes, in: Internationale „Dialog"-Zeitschrift, 2/1974, S. 170—181.

Friedrich-Martin Balzer, Aktualität der Religiösen Sozialisten, Interview, in: Der rote Himmel, Marburg, Nr. 3/4, 1974, S. 11 ff.

Friedrich-Martin Balzer, Kirchliche Berufsverbote einst und jetzt, Berufsverbot gegen sozialdemokratische Pfarrer 1933, in: neue stimme, 6/1974, S. 6 ff.

Friedrich-Martin Balzer, Kirche und Klassenbindung in der Weimarer Republik, in: Yorick Spiegel (Hrsg.), Kirche und Klassenbindung, Studien zur Situation der Kirchen in der Bundesrepublik, Frankfurt/Main 1974, S. 45 ff. (= überarbeitete Fassung des Teiles 2 dieser Arbeit).

Friedrich-Martin Balzer, Zur Bedeutung des Bundes der Religiösen Sozialisten Deutschlands in der Weimarer Republik, in: neue stimme, 8/1974, S. 15.

Friedrich-Martin Balzer/Gert Meyer, Erwin Eckert ist gestorben, in: Kritischer Katholizismus, 2/1973.

Friedrich-Martin Balzer/Richard Sorg, Ausgewählte Bibliographie zur marxistischen Kritik und Soziologie der Religion in der DDR seit 1963, in: Internationale „Dialog"-Zeitschrift, 3/1973, S. 281 f.

Hans Beyer, Der „religiöse Sozialismus" in der Weimarer Republik, in: „Deutsche Zeitschrift für Philosophie", Heft 11—12/1960, S. 1464—1482.

Biografisches Lexikon, Geschichte der deutschen Arbeiterbewegung, Berlin (DDR) 1970.

Norman Birnbaum, Ideologiebegriff und Religionssoziologie, in: Probleme der Religionssoziologie, Köln und Opladen 1962, S. 78 ff.

Norman Birnbaum, The Sociological Study of Ideology, in: Current Sociology, Bd. IX, 1962, S. 91 ff.

Walter Bredendiek, Irrwege und Warnlichter. Anmerkungen zur Kirchengeschichte der neueren Zeit. Hamburg 1966.

Walter Bredendiek, Lenin und die Sowjetunion im Urteil evang. Theologen in den letzten Jahren der Weimarer Republik, in: „Stimme" der Gemeinde zum kirchlichen Leben, zur Politik, Wirtschaft und Kultur, Jg. 22, 8/1970, 15. April 1970.

Walter Bredendiek, Zum Polarisierungsprozeß im deutschen Protestantismus um 1930 — dargestellt an dessen Verhältnis zur Sowjetunion, in: Erkenntnis und Wegweisung, Lenins Werk und wir Christen heute. Hrsg. von Gerald Götting, Berlin (DDR) 1970.

Renate Breipohl, Religiöser Sozialismus und bürgerliches Geschichtsbewußtsein zur Zeit der Weimarer Republik. Zürich 1971.

Renate Breipohl (Hrsg.), Dokumente zum religiösen Sozialismus in Deutschland, München 1972.

Die Bürgerlichen Parteien in Deutschland, Handbuch der Geschichte der bürgerlichen Parteien und anderer bürgerlichen Interessenorganisationen vom Vormärz bis zum Jahre 1945, 2 Bände, Berlin 1968.

K.-W. Dahm, Pfarrer und Politik. Soziale Position und politische Mentalität des deutschen evangelischen Pfarrerstandes zwischen 1918 und 1933. Köln/Opladen 1965.

Günther Dehn, Religiös-sozialistische Bewegung, in: ESL, 4. Auflage 1963, Sp. 1037—1039.

Wolfgang Deresch, Predigt und Agitation der religiösen Sozialisten, Hamburg 1971.

Wolfgang Deresch (Hrsg.), Der Glaube der religiösen Sozialisten, Ausgewählte Texte, Hamburg 1972.

Heinrich Dietrich, Wie es zum Bund der religiösen Sozialisten kam. Karlsruhe-Rüppurr o. J. (1927).

Heinrich Dietrich, Die Kirchenwahlen in Baden, in: CW, 1926, Nr. 17, 9. September 1926, Sp. 856 f.

Hanno Drechsler, Die Sozialistische Arbeiterpartei Deutschlands. Ein Beitrag zur Geschichte der deutschen Arbeiterbewegung am Ende der Weimarer Republik. Meisenheim 1964.

Hermann Duncker, Vorwort zu „W. I. Lenin über Religion" aus Artikeln und Briefen. Kleine Lenin-Bibliothek Bd. 4, Wien-Berlin 1931, 2. Auflage, S. 3—11.

Emil Fuchs, Mein Leben, Bd. 1 und 2, Leipzig 1957/59.

Emil Fuchs, Erwin Eckert, die Kirche, die Kommunistische Partei, in: CW, 1932, Nr. 4, Sp. 178—181.

Friedrich Fürstenberg (Hrsg.), Religionssoziologie. Neuwied 1964.

Geschichte der deutschen Arbeiterbewegung, Bd. 4, Berlin (DDR) 1966.

Rudi Goguel, Erinnerungen an Erwin Eckert, in: Standpunkt, Evangelische Monatsschrift, Berlin (DDR), 12/1974, S. 331 f.

Carl Grünberg/Hendrik Grossmann, Christlicher und religiöser Sozialismus, in: Wörterbuch der Volkswirtschaft, hrsg. von L. Elster, I. 4. Auflage, 1931, S. 538—559.

Werner Hofmann, Ideengeschichte der sozialen Bewegung des 19. und 20. Jahrhunderts, Berlin 1968.

Karl Holl, Konfessionalität, Konfessionalismus und demokratische Republik. — Zu einigen Aspekten der Reichspräsidentenwahl von 1925, in: Vierteljahreshefte für Zeitgeschichte, 1969, S. 254—275.

Die Industrie in Baden, hrsg. vom Badischen Statistischen Landesamt, Karlsruhe 1926.

Heinz Kappes, Der dritte Kongreß der religiösen Sozialisten Deutschlands in Meersburg, in: CW, Jg. 40, 1926, Nr. 18.

Günter Kehrer, Religionssoziologie, Berlin 1968.

Wolfgang Kießling, Ernst Schneller — Lebensbild eines Revolutionärs, Berlin (DDR) o. J.

Karl Kleinschmidt, Kirchenkampf und Widerstand. Erinnerung und Dokumente (ungedrucktes Manuskript), Schwerin 1968.

Olof Klohr (Hrsg.), Religion und Atheismus heute. Ergebnisse und Aufgaben marxistischer Religionssoziologie. Berlin (DDR) 1966.

Johann Klügl, Die bürgerliche Religionssoziologie und ihre Funktion im ideologischen System des staatsmonopolistischen Kapitalismus, in: „Deutsche Zeitschrift für Philosophie" 6/1967, S. 671 ff.

Reinhard Knitt, Zur Geschichte der religiösen Sozialisten in der Weimarer Republik, in: Helmut Dressler (Hrsg.), Neuorientierung, Berlin (DDR) 1966, S. 28—56.

Johannes Karl König, Pfarrer Eckert und wir, in: „Die Linkskurve". Monatsschrift des Bundes proletarischer Schriftsteller, November 1931, S. 9 ff.

Bärbel Kunze, Erich Matthias' Apologie der SPD-Entwicklung, in: „Das Argument", 13. Jg., 1971, Heft 1/2, S. 54 ff.

Karl Kupisch, Die deutschen Landeskirchen im 19. und 20. Jahrhundert, Göttingen 1966.

Karl Kupisch, Strömungen der Evangelischen Kirche in der Weimarer Republik, in: Archiv für Sozialgeschichte, Bd. 11, Hannover 1971, S. 373—415.

Eberhard Lempp, Die revolutionäre Botschaft des Evangeliums. Eine Auswahl von Aufsätzen und Briefen von 1933—1964, hrsg. von Daniel Jäger, Hamburg 1966.

W. I. Lenin, Über die Religion, Berlin (DDR) 1968.

Karl Marx/Friedrich Engels, Über Religion, Berlin (DDR) 1968.

Hans Müller, Kritische Gedanken über die Eckert-marxistischen „Richtlinien" für den Bund religiöser Sozialisten. Denkschrift für die religiössozialistische Gruppe im Thüringer Landeskirchentag, verfaßt von deren Mitglied H. Müller, Jena, im Dezember 1927, 16 Seiten.

Martin Offenbacher, Konfession und soziale Schichtung. Eine Studie über die wirtschaftliche Lage der Katholiken und Protestanten in Baden. Tübingen und Leipzig 1901.

Reinhard Opitz, Fragen der Faschismusdiskussion. Zu Reinhard Kühnls Bestimmung des Faschismusbegriffs, in: „Das Argument", Zeitschrift für Philosophie und Sozialwissenschaften, Nr. 58, 12. Jg., August 1970, S. 280—291.

Paul Piechowski, Die religiös-sozialistische Bewegung in Deutschland, in: Stockholm, Internationale sozialkirchliche Zeitschrift, 3. Jg., 1930, S. 148 ff.

Paul Polte, Der Pfarrer und die Proletarier, in: ders. Literatur im Kampf und im Gefängnis, in: Der rote Großvater erzählt, Frankfurt/Main 1974, S. 128 ff.

Martin Rade, Das konfessionelle Motiv bei der Reichspräsidentenwahl, in: CW, 1925, Nr. 22/23 vom 1. Juni 1925.

Leonhard Ragaz, Pfarrer Eckerts Weg und unser Weg, in: Neue Wege, Blätter für religiöse Arbeit, Oktober 1931, Heft 10, S. 444—449.

Leonhard Ragaz, Mein Weg, Bd. 2, Zürich 1952.

Die Religionszugehörigkeit in Baden, hrsg. vom Badischen Statistischen Landesamt, Freiburg/Br. 1928.

Nikolaus Rist, Karlsruhe, in: „Der rote Aufbau", Halbmonatsschrift für Politik, Wirtschaft, Sozialpolitik und Arbeiterbewegung, hrsg. von Willi Münzenberg, IV. Jg. 1931, Heft 19, S. 806 f.

Martin Robbe, Ideologische Aspekte des antiimperialistischen Bündnisses von Marxisten und Christen, in: „Deutsche Zeitschrift für Philosophie", Heft 2/1971, S. 176—192.

Heinz Röhr, Prof. D. Georg Wünsch zum Gedächtnis, in: „Christ und Sozialist", Blätter der Gemeinschaft für Christentum und Sozialismus, Nr. 1, 1965, S. 4—5.

Fritz Salm, Im Schatten des Henkers, Vom Arbeiterwiderstand in Mannheim, Frankfurt/Main 1973.

Hermann Sasse, Kirchliche Zeitlage. Der religiöse Sozialismus — Der „Fall Eckert", in: KJB 1932, S. 40—54.

Heinrich Schleich, Dr. Gotthilf Schenkel zum Gedächtnis, in: „Christ und Sozialist", 1. Vierteljahr 1961, S. 5 f.

Johannes Schneider (Hrsg.), Kirchliches Jahrbuch für die evangelischen Landeskirchen Deutschlands 1925—1932. Ein Hilfsbuch zur Kirchenkunde der Gegenwart. Gütersloh o. J.

M. M. Sejnman, Christianskij socializm posle pervoj mirovoj vojny (Der christliche Sozialismus nach dem Ersten Weltkrieg), in: Christianskij socializm. Istcrija i ideologija. Moskwa 1969, S. 195—210 (Übersetzer: Kohlmeyer).

Richard Sorg, Marxismus und Protestantismus in Deutschland. Eine religionssoziologisch-sozialgeschichtliche Studie zur Marxismus-Rezeption in der evangelischen Kirche 1848—1948, Köln 1974.

Robert Steigerwald, Erwin Eckert 75 Jahre, in: „Deutsche Volkszeitung" vom 14. Juni 1968.

Robert Steigerwald, Marxismus und christlicher (religiöser) Sozialismus. Einige kritische Bemerkungen, in: Internationale „Dialog"-Zeitschrift, 1/1972, S. 53 ff.

Robert Steigerwald, Marxismus — Religion — Gegenwart, Frankfurt/Main 1973.

Manfred Stürzbecher, Paul Piechowski — Theologe, Sozialist und Arzt, in: „Medizinische Monatsschrift" Nr. 5, 1968, Stuttgart, S. 211—214.

Ernst August Suck, Der religiöse Sozialismus in der Weimarer Republik, Diss. phil., Marburg 1953 (Masch.).

Verhandlungen des Dritten Deutschen Evangelischen Kirchentages 1930, Hrsg. Deutscher Evangelischer Kirchenausschuß Nürnberg 1930, Berlin-Steglitz o. J.

Ernst Werner, Messianische Bewegungen im Mittelalter, in: „Zeitschrift für Geschichtswissenschaft", Heft 2, X. Jg., 1962, S. 371—396; Heft 3, X. Jg., 1962, S. 598—622.

Deutsche Widerstandskämpfer 1933—1945, Biographien und Briefe, B. 1 und 2, Berlin (DDR) 1970.

Wörterbuch der marxistisch-leninistischen Soziologie, 2. Aufl. Opladen 1971.
Siegfried Wollgast, Rezension von M. M. Scheinman „Christianski Sozialism", in: „Deutsche Zeitschrift für Philosophie", 19. Jg., 9/1971, S. 1169 bis 1173.
Lore Wolf, Ein Leben ist viel zu wenig, Frankfurt/Main 1974.
Georg Wünsch, Dr. Heinrich Dietrich †, in: „Christ und Sozialist", Jg. 1953, Nr. 12/52, S. 9—11.
Georg Wünsch, Erfahrungen und Gedanken eines religiösen Sozialisten, Frankfurt/M. 1964.

Abkürzungsverzeichnis

CVB	=	Christliches Volksblatt
CW	=	Christliche Welt
DZfPh	=	Deutsche Zeitschrift für Philosophie
EOK	=	Evangelischer Oberkirchenrat
ESL	=	Evangelisches Soziallexikon
IDZ	=	Internationale Dialog Zeitschrift
KJB	=	Kirchliches Jahrbuch
MEW	=	Marx-Engels-Werke
OKR	=	Oberkirchenrat
RS	=	Der Religiöse Sozialist
SAV	=	Sonntagsblatt des arbeitenden Volkes
SPK	=	Sammlung Pfarrer Kappes
VKBrS	=	Volkskirchenbund religiöser Sozialisten
ZRS	=	Zeitschrift für Religion und Sozialismus

(Nicht mitenthaltend die im Vorwort, in der Vorbemerkung und im Literaturverzeichnis angeführten Personen)

Verzeichnis der erklärten Begriffe

In den Teilen 1) und 2) sind am Ende der jeweiligen Kapitel die wesentlichen Begriffe definitorisch als Glossarbegriffe aufgeführt.
Das vorliegende Verzeichnis ermöglicht dem Leser den Überblick über alle in diesem Buch erklärten Begriffe.

Religionssoziologie · Politik

Richard Sorg
**Marxismus und Protestantismus
in Deutschland**
Eine religionssoziologisch-sozialgeschichtliche Studie
zur Marxismus-Rezeption in der evangelischen
Kirche 1848—1948
237 Seiten, 14,80 DM

Inhalt: 1. Zur Konzeption einer marxistischen Soziologie der
Religion: Grundzüge der marxistischen Religionstheorie —
Zum historischen Prozeß des Rückgangs der Religion — Marxistische und bürgerliche Religionssoziologie. 2. Zur Marxis-
musrezeption im deutschen Protestantismus von 1848 bis 1948:
Von der Märzrevolution bis zum Ausgang des 19. Jh. (*Wichern, Todt*) — Vom beginnenden Imperialismus bis zum
1. Weltkrieg (*von Wächter, Göhre, Blumhardt, „Carring"*) —
Weimarer Republik (*Eckert, Tillich*) — Restauration in Westdeutschland 1945 bis 1948 — Protestantische Marxismusrezep-
tion seit 1949. Literatur.

Günther Wirth
Heinrich Böll
Essayistische Studie über religiöse und gesellschaftliche Motive im Prosawerk des Dichters
244 Seiten, 6,— DM

Heinrich Werner (Hrsg.)
Christen und Revolution
Konvergenz und Theologie
154 Seiten, 9,80 DM

Inhalt: G. *Gassarak*, Konvergenztheorie in der Theologie? —
H. *Treblin*, Theologiegeschichtliche Voraussetzungen der Kon-
vergenztheorie von Wichern bis Dibelius — A. *Schweizer*,
Konvergenztheorie in der Ökumene — I. *Roer*, Konvergenz-
theoretische Elemente in der Theologie der Gesellschaft —
K.-J. *Jockers*, Zum Dialog zwischen Christen und Marxisten —
H. *Werner*, Zur Funktion der „Theologie der Revolution" —
H. *Stuckmann*, Konvergenztheorie in theologischen Infor-
mationstheorien — H. *Werner*, Versöhnung und Parteinahme.

Pahl-Rugenstein

Erziehung und Bildung

Pahl-Rugenstein